FUTURE
CHANGERS

FUTURE CHANGERS

[퓨처 체인저스 : 미래의 정복자들]

초판 1쇄 발행 | 2026년 4월 10일

지은이 | 김택균
펴낸이 | 이원범
기획 · 편집 | 김은숙
마케팅 | 안오영
표지 및 본문 디자인 | 강선욱
펴낸곳 | 어바웃어북 about a book
출판등록 | 2010년 12월 24일 제2010-000377호
주소 | 서울시 강서구 마곡중앙로 161-8(마곡동, 두산더랜드파크) C동 808호
전화 | (편집팀) 070-4232-6071 (영업팀) 070-4233-6070
팩스 | 02-335-6078

ISBN | 979-11-92229-77-5 03320

불확실성의 시대, 비선형적 변화를 읽는 힘 | 김택균 지음 |

FUTURE

CHANGERS

퓨처 체인저스 : 미래의 정복자들

어바웃어북

불확실한 시간을 버티는 법에 관한
121가지 문답

이 책을 쓰기 시작한 건 하나의 질문에서였다.

왜 누군가는 세상을 바꾸고, 또 누군가는 그렇지 못하는가?

처음에는 그 답이 재능이나 운이라고 생각했다. 아서 클라크처럼 수학에 통달하거나, 아디 다슬러처럼 손재주가 남다르거나, 젠슨 황처럼 타이밍이 절묘하게 맞아떨어지는 것.

하지만 이 책에 담긴 수십 명의 삶을 들여다보면 볼수록 그 생각은 흔들렸다. 그들 대부분은 처음부터 특별하지 않았다. 시작점은 오히려 평범했고, 때로는 불리했다. 그런데도 궁극에는 다른 결과를 만들어냈다. 무엇이 그 차이를 만들었는지가 이 책의 출발점이다.

클라크는 1945년에 위성궤도를 계산했지만 세상이 그걸 현실로 만드는 데 20년이 걸렸다. 다이슨은 5,126번 실패했고, 바수츠키는 7년간 투자자들에게 외면당했다. 럭킨의 창업자는 회계부정으로 몰락했지만 그가 깔아놓은 인프라 위에서 회사는 오히려 더 단단하게 성장했다. 영화배우이자 무예가 소룡은 만 가지 킥보다 한 가지 킥을 만 번 반복하라고 했고, 아르노는 평생 장인의 바느질을 점검하며 자신의 명품제국을 키웠다. 무너질 만한 순간에도 이들은 멈추지 않고 지난한 세월을 살아냈다. 그 고집이 결국 결과를 바꿨다.

이들이 공유한 건 특별한 능력이 아니었다. 자신이 옳다고 믿는 방향을 포기하지 않는 집요함이었다. 그리고 그 집요함은 대체로 화려한 무대가 아니라 창고 구석이나 지하실 또는 트럭 위에서, 혹은 혼자 앉아 계산식을 써 내려가는 새벽에 만들어졌다. 누군가의 응원도, 언론의 조명도, 투자자의 확신도 없는 그 시간에 이미 승패는 갈리고 있었다. 세상이 알아채기 훨씬 전부터. 성공은 대부분 아무도 보지 않는 곳에서 조용히 시작된다.

이 책은 성공한 사람들의 이야기이지만 성공을 찬양하려고 쓴 것이 아니다. 오히려 그 반대다. 이 책이 주목하는 건 성공의 결과가 아니라 그것을 향해 나아가던 중간의 시간들, 즉 아무도 믿어주지 않았던 시간, 스스로도 확신이 흔들렸던 순간, 그럼에도 멈추지 않은 이유다. 우리는 흔히 결과를 보고 필연이라고 말하지만, 당사자에게 그 과정은 언제나 불확실의 연속이었다. 결과를 알고 나서 읽는 전기는 늘 실제보다 매끄럽게 보인다. 이 책은 그 매끄러운 표면 아래, 울퉁불퉁하고 불안했던 시간의 질감을 복원하려 했다. 찬사 이전의 시간, 그것이 진짜 이야기다.

페이지와 머스크는 AI를 두고 지금도 논쟁 중이고, 아모데이는 확장보다 안전을 선택했다는 이유로 비판받았다. 랄리베르테는 절정에서 스스로 물러났고, 크누센은 아무도 주목하지 않던 실험쥐의 이상행동을 놓치지 않았다. 옳은 선택이란 결과가 나와 봐야 알 수 있는 것이고, 그 전까지는 그저 자신의 판단을 믿고 버티는 수밖에 없다. 그 버팀이 얼마나 외롭고 긴 싸움인지를, 이 책에 등장하는 사람들은 저마다의 방식으로 증언한다. 정답은 사후에 주어지지만 결정은 사전에 해야 한다. 그것이 이들이 감내해야 했던 근본적인 조건이었다. 그 조건 앞에서 누군가는 멈췄고, 누군가는 계속 걸었다.

자료를 모으고 원고를 쓰는 내내 가장 많이 떠올린 단어는 '기준'이었다. 세상이 흔들릴 때, 주변이 다른 방향을 가리킬 때, 자기 내부에 단단한 기준 하나를 가진 사람은 쉽게 무너지지 않았다. 그 기준은 거창한 철학이 아니어도 됐다. 다이슨에게는 먼지봉투 없는 청소기였고, 아르노에게는 바느질 한 땀의 완성도였으며, 템플턴에게는 공포가 왜곡한 가격이었다. 기준이 선명할수록 흔들림은 줄었고, 방향은 오래 유지됐다. 반대로 기준이 없는 사람은 주변의 소음에 가장 먼저 무너졌다. 기준은 거창하게 세울 필요가 없다. 작고 구체적일수록 오히려 강력하다.

집필을 마무리하면서 한 가지를 더 고백하고 싶다. 이 책을 쓰는 동안 나 역시 여러 번 방향을 잃었다. 어떤 인물을 넣고 뺄지, 어디에 무게를 둘지, 무엇을 말하고 무엇을 생략할지. 그때마다 돌아간 건 처음의 질문이었다. 왜 어떤 사람은 세상을 바꾸는가. 그 질문이 나침반이었다. 그 나침반 덕분에 원고를 끝낼 수 있었다. 그리고 이 책을 덮는 순간, 그 나침반이 독자에게도 전해지기를 바란다. 어떤 형태로든, 어떤 속도로든.

이 책을 읽는 당신이 지금 무언가를 시작하려 한다면, 혹은 포기하려 한다면, 그 결정 앞에서 이 책 속 누군가의 이야기가 작은 기준점이 되기를 바란다. 히로타케가 말했듯이, 팔 물건이 있는 한 좌판을 접지 않는 것. 인생은 잘 나가는 것만큼 잘 견디는 것이 중요하다는 랄리베르테의 말처럼. 버티는 사람이 결국 도착하고, 도착한 사람만이 다음 출발선에 설 수 있다는 것을, 이 책에 담긴 삶들이 오래도록 반복해서 보여준다.

상상은 현실이 된다. 단, 그것을 믿고 반복한 사람에게만.

이 책이 세상에 나올 수 있었던 건 많은 분의 도움 덕분이다. 특히 부족한 원고를 기꺼이 받아 출판의 길을 열어준 어바웃어북 에디터들에게 깊은 감사의 마음을 전한다. 그들의 안목과 신뢰가 없었다면 이 책은 세상에 나올 수 없었을 것이다.

오랜 집필 기간 동안 응원해준 딸 민주, 지금 이 순간 강원도 인제에서 묵묵히 군복무 중인 아들 재민, 그리고 24년째 한결같이 내 곁을 지켜온 아내 정은에게 이 책을 바친다. 멀리서도, 가까이서도 나를 지탱해준 것은 가족이었다.

봄과 함께

김택균

CONTENTS

CHAPTER · 1

Thought Changers : 생각의 정복자들

CHAPTER • 2

Intelligence Changers : 지능의 성복자들

CHAPTER 3

Strategy Changers : 전략의 정복자들

FUTURE

Opportunity Changers : 기회의 정복자들

CHAPTER · 5

Capital Changers : 자본의 정복자들

C H A P T E R • 6

Market Changers : 시장의 정복자들

| 일러두기 |
• 본문에 등장하는 인명의 영문명 및 생몰연도를 첨자 스타일로 국문명과 함께 표기하였다.
 (예 : 스티브 잡스Steve Jobs, 1955-2011)
• 단행본은 『 』, 논문이나 정기간행물은 「 」, 영화와 프로그램 등 작품은 〈 〉로 묶었다.
• 본문 뒤에 '인명 찾아보기(색인)'를 두어, 가나다 순으로 인명을 찾아볼 수 있도록 하였다.
• 인명, 지명의 한글 표기는 원칙적으로 외래어 표기법에 따랐으나, 일부는 통용되는 표기를 따랐다

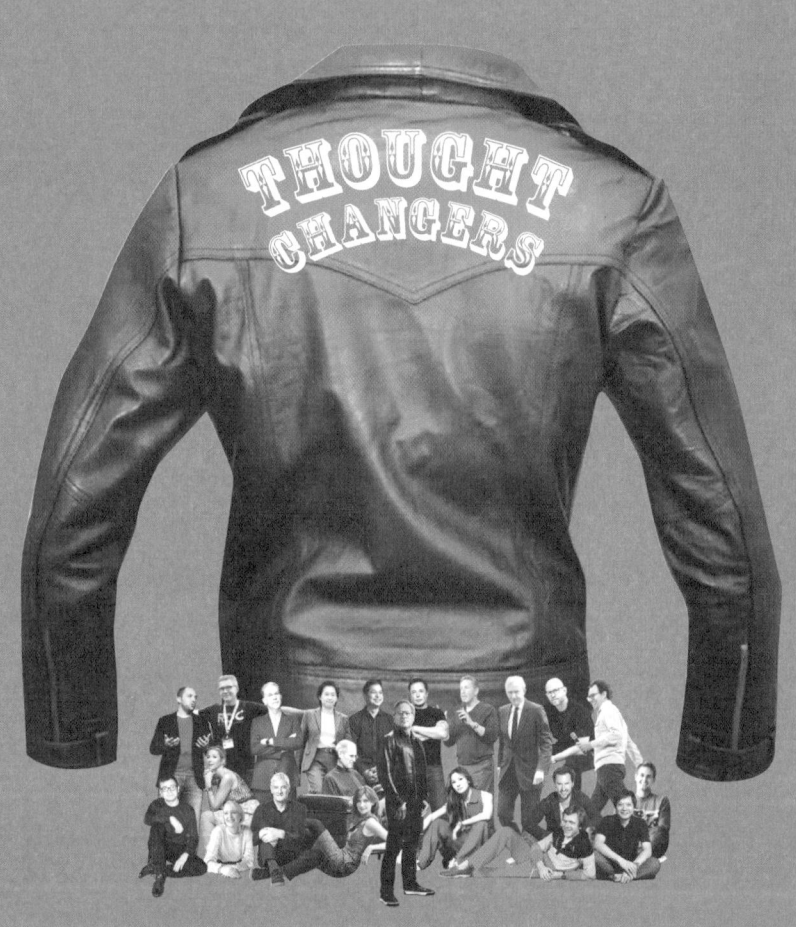

CHAPTER·1

생각의 정복자들

예언자의 궤도

클라크의 상상

제2차 세계대전이 막바지에 이른 1945년 2월 영국공군에서 복무 중이던 한 청년이 「무선세계 : Wireless World」란 매거진에 편지 한 통을 보냈다. 독일의 V2 로켓기술을 파괴가 아닌 평화적 목적으로 활용하자는 내용이었다. 그의 이름은 아서 C. 클라크 Arthur C. Clarke, 1917-2008.

같은 해 10월 그는 「지구 밖 중계소 : 로켓정거장이 전 세계 무선통신망을 제공할 수 있을까?」라는 논문을 발표했다. 논문의 골자는 지구 상공 약 4만 2,000km 궤도에 인공중계소를 띄워 전 세계를 하나로 연결하자는 것이었다. 당시 사람들은 이를 황당한 공상이라 여겼다. 그러나 클라크는 지구자전 주기와 동일한 24시간 주기의 정지궤도 개념을 정확히 계산해냈다.

클라크의 놀라운 예측력은 어디서 나온 것일까? 그는 공상가가 아니었다. 수학과 물리학에 정통했던 그는 과학적 원리를 바탕으로 '미래를 설계'했다. 특히 제2차 세계대전 중 영국공군에서 레이더 기술자로 근무하며 최첨단 무선통신 기술을 직접 다뤘던 경험이 결정적이었다.

그의 예측은 철저히 과학에 근거했다. V2 로켓의 속도를 두 배로 높이면 궤도에 진입할 수 있다는 계산, 지구자전 주기와 일치하는 정지궤도의 정확한 고도산출 등 모든 것이 수식에서 출발했다. 과학지식과 상상력 그리고 현실을 바꾸려는 의지, 이 삼박자가 클라크를 단순한 SF작가가 아닌 미래의 설계자로 만들었다.*

클라크의 논문 발표가 있은 후 정확하게 20년 뒤인 1965년 최초의 상업용 통신위성 인텔샛 1호 얼리버드는 그가 예측한 바로 그 궤도를 향해 발사됐다. 오늘날 그 궤도에는 500여 개의 위성이 떠 있다. 우리가 스마트폰으로 지구 반대편과 통화하고 실시간으로 영상을 주고받는 것도 모두 클라크의 1945년 아이디어 덕분이다. 현재 그 궤도는 '클라크 궤도(Clarke Orbit)'라고 불린다. 한 청년의 상상이 현실이 된 것이다.

클라크의 통찰은 우주와 통신을 넘어 미래의 인간과 기계의 관계로까지 확장되었다. 1964년 BBC와 가진 인터뷰에서 그는 이렇게 말했다.

* 클라크의 대표작 『2001 스페이스 오디세이』가 SF소설을 뛰어넘는 '미래문명의 예언서'로 불리는 까닭이다. 거장 스탠리 큐브릭이 이를 원작으로 1968년에 감독한 동명타이틀은 '20세기 최고 영화 중 하나'로 꼽힌다. 이미지는 영화의 오리지널 포스터.

"미래세계에서 가장 지능이 높은 존재는
인간도 원숭이도 아닐 것입니다. 그들은 기계인 것입니다.
오늘날의 전자두뇌는 아직 미숙하지만 머지않아
생각하기 시작할 것이고, 결국 우리를 능가할 것입니다.
그러니 그것을 두려워할 필요는 없습니다.
인류가 네안데르탈인을 대체했듯
우리는 더 높은 존재를 위한 디딤돌이 될 수 있습니다.
유기적 진화는 거의 끝났고 이제는 무기물적·기계적 진화가
시작되고 있으며, 그 속도는 수천 배 빠를 것입니다."

클라크의 말은 허무맹랑한 예언이 아니었다. 그는 인류가 만들어낸 도구가 결국 인간 자체를 뛰어넘는 새로운 존재로 발전하리라는 점을 직관적으로 내다봤다. 그리고 반세기가 지난 지금 그의 예언은 현실의 문턱에 와 있다. 인공지능은 언어를 이해하고 스스로 학습하며 창작과 과학연구, 의사결정의 영역으로까지 확장되고 있다. 인간이 꿈꾸던 우주통신망이 현실이 됐듯 기계지능의 진화 또한 이제 만약이 아니라 언제의 문제가 되었다.

우리가 지구 반대편 사람과 실시간으로 대화하는 것이 더 이상 기적이 아니듯 언젠가 인간을 넘어서는 기계지능과 공존하는 것도 특별한 일이 아닐지 모른다. 클라크가 남긴 말처럼 인류는 더 높은 존재를 위한 디딤돌이 될 수 있다는 생각을 받아들일 준비를 해야 할지 모른다. 그의 상상은 통신위성을 통해 세계를 연결했고, 그의 또 다른 예언은 오늘날 인공지능이라는 형태로 우리 앞에 나타나고 있다. 클라크의 미래는 이미 시작되었다.

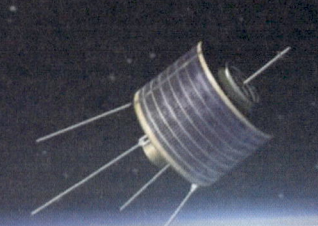

1965년 인류 최초의 상업용 통신위성 인텔샛 1호 얼리버드는 클라크가 예측한 바로 그 궤도를 향해 발사됐다. 오늘날 그 궤도에는 500여 개의 위성이 떠 있다. 우리가 스마트폰으로 지구 반대편과 통화하고 실시간으로 영상을 주고받는 것도 모두 클라크의 1945년 아이디어 덕분이다. 한 청년의 상상은 현실이 되었고, 심지어 상상을 초월한 미래를 예고하고 있다.

시골 구두공이 꿰맨 것

아디의 손

1900년 독일의 작은 마을 헤르초게나우라흐. 신발공장 노동자의 아들로 태어난 아돌프 아디 다슬러Adolf "Adi" Dassler, 1900-1978는 제1차 세계대전 후 고향으로 돌아와 집 창고에 재봉틀 하나를 들여 운동화를 만들기 시작했다.

아디는 신발이 경기력에 영향을 줄 수 있다고 믿었다. 당시 누구도 생각지 않던 스터드 박힌 축구화, 초경량 육상화, 유연한 고무창 같은 발상을 현실로 만들었다. 그는 1924년에 형 루디와 함께 다슬러형제 공장을 세웠다. 형은 영업과 유통을 맡았고 동생은 제작에 몰두했다.

전환점은 1936년 베를린올림픽. 아디는 미국 흑인 육상선수 제시 오언스에게 스파이크화를 제공했고 오언스는 그 신발을 신고 금메달 4개를 따냈다. 히틀러의 인종주의를 무너뜨리는 이 장면은 전 세계에 중계됐고 아디의 품 네임도 그 순간 세계무대로 올라섰다.

그러나 형제의 동업관계는 오래가지 못했다. 제2차 세계대전 중 서로를 나치에 밀고했다는 오해로 갈등이 깊어졌고 결국 갈라섰다. 1948년 형 루디는 '푸마', 동생 아디는 '아디다스(adidas)'를 설립하며 치열하게 경쟁했다.

1954년 스위스월드컵 당시 서독 축구대표팀은 아디가 개발한 교체형 스터드 축구화를 신고 출전했다. 서독 대표팀은 비 오는 결승전에서 완벽한 접지력을 발휘하며 우승컵을 들어올렸고, 아디다스는 승리의 상징이 되었다. 이후 아디다스는 축구를 넘어 육상, 농구, 테니스 등으로 확장했다.

아디다스의 상징인 3선 박음질은 1972년 뮌헨올림픽을 기점으로 지금의 세 잎 로고(trefoil, 삼엽식물)로 진화했다. 세 잎사귀는 전 세계로 뻗어나가는 브랜드의 세계성과 대륙 간의 결속이라는 가치를 담고 있다.

아디는 단 한 번도 스스로를 '기업가'라 부르지 않았다. 그는 늘 현장에 있었고 마지막까지 선수들과 대화를 나누면서 이렇게 물었다.

"어디가 가장 불편했나요?"

그는 평생을 경영자가 아닌 기술자이자 장인으로 살았다. 비좁은 창고 구석에서 피어오른 삼엽식물이 어느덧 온 세상을 뒤덮었지만, 아디의 손은 여전히 신발 밑창에 스터드를 박고 있었다. 그의 일성이 웅숭깊게 들리는 까닭이다.

"성공은 거창한 곳에서 이뤄지지 않습니다.
그것은 창고 한 켠에서 조용히
신발을 꿰매던 손에서 시작되지요."

1936년 베를린올림픽. 아디는 미국 흑인 육
상선수 제시 오언스에게 스파이크화를 제공
했고 오언스는 그 신발을 신고 금메달 4개를
땄냈다. 히틀러의 인종주의를 무너뜨리는 이
장면은 전 세계에 중계됐고, 그 순간 아디의
풀 네임도 세계무대로 올라섰다.

1954년 스위스월드컵 당시 서독 대표팀은 아디가
개발한 교체형 스터드 축구화를 신고 출전했다.
서독 대표팀은 비 오는 결승전에서 완벽한 접지력
을 발휘하며 우승컵을 들어올렸다.

[이미지 출서 : https://www.designboom.com/design/adi-dassiers-first-shoes-an-exhibition-by]

023

경쟁할 것인가 독점할 것인가

틸의 ONE

실리콘밸리를 대표하는 투자가이자 사업가인 피터 틸Peter Thiel, 1967-에게 수식어 하나를 더 붙인다면 '시장의 철학자'가 어떨까 싶다. 늘 시장을 다른 시각으로 바라보는 관점은 그만의 오래된 사고법에서 비롯했다.

틸의 가치관은 전통적인 교육방식에 대한 근본적인 의문에서 출발했다. 그는 스탠퍼드대에서 철학을 전공하며 프랑스 출신 철학자 르네 지라르의 '모방이론'을 깊이 연구했는데, 이 경험은 그의 독특한 관점의 토대가 됐다. 지라르의 이론은 인간이 서로를 모방하며 경쟁한다는 것인데, 틸은 이를 통해 남들과 다른 길을 가야 한다는 핵심가치를 확고히 다졌다.

"남들이 동의하지 않지만 당신이 옳다고 생각하는 진실은 무엇인가요?"

이 문장은 직원채용 면접 때 그가 자주 던지는 질문으로, 고정관념을 깨는 사고력을 측정했다. 어떤 문제에 봉착했을 때 틸 자신도 스스로에게 같은 질문을 던졌다. 페이팔(PayPal) 창업 당시 모든 전문가들이 아직 온라인결제는 위험하다고 할 때 그는 이렇게 맞섰다.

"현금이 더 위험합니다!"

결제시스템의 안전성이 강화되면서 시장은 그의 생각이 옳았음을 입증했다. 틸은 특히 자신의 저작 타이틀이기도 한 '제로 투 원(Zero to One)' 개념을 강조했다. 기존의 것을 복사하는 것(1에서 n)이 아니라 완전히 새로운 것을 만드는 것(0에서 1)을 추구해야 한다는 것이다. 그는 구글을 예로 들었다.

"구글은 검색엔진을 최초로 개발하지는 않았지만, 압도적으로 더 좋게 만들었지요."

이를테면 빅데이터 사업도 마찬가지로 단순히 정보를 축적하는 것이 아니라 새로운 연결고리를 찾아야 한다는 게 틸의 지론이다. 그는 같은 맥락에서 '독점적 지식'을 강조한다. 모든 사람이 아는 것을 습득하는 것은 의미가 없다. 남들이 모르거나 간과하는 아이디어를 찾아 실행해야 한다. 페이스북에 대한 초기투자 당시 많은 사람들이 그저 또 다른 SNS 정도로 여겼지만, 틸은 네트워크 효과의 '독점적' 현상을 간파했다. 그가 주창한 독점은 경쟁자의 아이템을 침탈하는 게 아니라, 아예 새로운 무언가를 개발하는 것에 맞닿아 있다. 단순히 독점(monopoly)을 좇는 것이 아니라 브랜드만의 독창성(originality)이 시장에서 인정받아 결과적으로 독점적 지위를 확보하게 되는 것이다.

"경쟁은 패자를 희생시킬 뿐입니다. 경쟁이 치열한 시장은 피하세요."

시장에서는 늘 선의의 경쟁을 미덕처럼 얘기하지만, 틸은 정면으로 반박했다. 모방에서 비롯한 비슷한 것들의 싸움에서 선의란 존재할 수 없으며, 결국 수많은 패자가 진흙탕에 매몰될 것이란 얘기다.

틸은 시장의 철학자답게 미래를 내다보는 태도를 크게 4가지 담론으로 구분했다.

- **확실한 낙관주의** : 미래는 더 좋아질 것이라는 신념으로, 어떻게 발전할지에 대한 구체적인 로드맵이 존재한다. 1960년대 미국 나사의 아폴로 계획과 초기 실리콘밸리 개발환경이 해당된다.

- **확실한 비관주의** : 미래는 지금보다 나빠질 것이라는 우려에서, 구체적인 대비책을 세운다. 친환경 정책들과 신재생에너지 산업들의 배경과 맞닿아 있다.
- **불확실한 낙관주의** : 구체적인 계획 없이 미래가 지금보다 더 나아질 것이라는 막연한 생각을 갖고 있다. 지금껏 그래왔듯이 미국이 AI시대 역시 주도할 것이라는 안일한 기대감이 대표적이다.
- **불확실한 비관주의** : 미래는 퇴보한다고 믿지만, 어떻게 나빠질지에 대한 분석이나 대안이 없다. 종말론적 세계관이나 과학기술, 교육, 시장 등에 대한 회의적 사고가 해당된다.

이 가운데 틸이 주창한 '제로 투 원'은 확실한 낙관주의와 조응한다. '모방 → 경쟁 → 불확실성'의 굴레에서 벗어나 '탈모방 → 독창성 → 확실성'으로 나아갈 때 비로소 밝은(=낙관적) 미래를 설계할 수 있다는 것이다. 그의 목표지향적 사고는 미래에 대한 명확한 비전을 제시한다. 단순히 트렌드를 따르는 것이 아니라, 지금까지 어느 누구도 하지 않은 생각과 행동을 설계하고 실천하는 것이다.

"당신의 열망이 실현불가능하다고 여기는 사람들이 많다는 건
오히려 좋은 일입니다. 그들은 당신을 진지하게 받아들이지 않을 것입니다.
따라서 경쟁에서 자유롭게 당신이 확신하는 바를 이뤄낼 수 있습니다.
그들이 뒤늦게 알아차렸을 때 당신은 이미 독점하고 있을 것입니다."

외줄 위에서 균형을 잃지 않는 자세

랄리베르테의 곡예

캐나다 퀘벡 출신의 청년은 평범한 대학생활이 지루해 견딜 수 없었다. 스무 살이 되기도 전에 고향을 떠나 유럽을 배회했다. 그는 끼와 열정을 주체할 수 없었다. 거리를 무대삼아 아코디언을 연주하고 죽마를 타고 저글링을 하며 입에서 불을 뿜는 파이어 브리딩 묘기도 익혔다. 끼니는 굶을지언정 군중들의 환호 없이는 하루도 버틸 수가 없었다. 청년의 이름은 가이 랄리베르테Guy Laliberté, 1959-.

1980년대 초 고향으로 돌아온 랄리베르테는 거리예술가들과 어울리며, '레 샤스(Les Échassiers de Baie-Saint-Paul, 죽마 탄 사람들)'라는 공연집단을 만들었다. 그들의 공연은 서커스처럼 보였지만 음악과 연극, 춤을 섞어 스토리를 짠 일종의 행위예술이었다.

관객들의 호응도가 늘어갈 즈음 기회가 찾아왔다 1984년 주정부는 퀘벡주 탄생 450주년을 기념하는 행사에 공연단을 모집했다. 랄리베르테는 천막 안에서 피에로와 새끼곰이 재주를 부리고 곡예사가 덤블링을 하는 서커스가 아니라 음악과 연기, 춤과 기예로 한편의 서사를 완성한 퍼포먼스 쇼를 기획했고, 정부관계자를 매료시켰다.

"우리 쇼는 밤에 잠깐 반짝하고 사라지는 곡예가 아니라, 매일 눈부시게 떠오르는 태양처럼 환희의 예술을 지향합니다."

태양의 서커스(Cirque du Soleil)는 그렇게 탄생했다. 랄리베르테는 규모가 작은 공연단으로 시작했지만, 전통 서커스의 공식을 깨뜨리며 완전히 새로운 무대를 창작했다. 동물조련이나 스타곡예사 중심의 구성을 버리고 발레와 연극, 뮤지컬 요소를 결합해 스토리와 예술성을 담은 공연을 선보였다. 그것은 눈요기 쇼가 아니라 예술애호가들까지도 몰입할 수 있는 서사적 경험이었다.

태양의 서커스는 빠른 속도로 성장했다. 서커스가 브로드웨이 뮤지컬을 압도하는 흥행성과 예술성을 갖춘 경이로운 일이 벌어진 것이다. 관람객들은 공연자가 얼마나 위험한 곡예를 펼치는지가 아니라 무대미술과 조명, 의상, 음악, 연기에 매료됐다. 묘기보다는 무대의 미장센을 즐겼던 것이다.

태양의 서커스는 라스베이거스 상설공연을 비롯해 전 세계 순회공연을 돌며 명실상부한 세계 최고의 아트서커스로 자리매김했다. 어느새 누적 관객 수는 1억 명을 넘어섰고, 연간 매출은 10억 달러(약 1조4,000억 원)에 달했다.

태양의 서커스가 성공하는 데는 리더 랄리베르테의 철학이 절대적이었다. 그는 곡예사에서 퍼포먼스 크리에이터로 그리고 공연회사의 CEO로 역할을 확장해나갔지만, 전형적인 경영마인드는 없었고 오히려 그 점이 주효했다. 랄리베르테는 아이러니하게도 회사의 성장성과 확장성을 경계한 경영자였다. 무리한 프랜차이즈 창설을 반대했고, 작품 수를 늘리는 것에 매우 신중했다. 그는 농담처럼 말했다.

"태양의 서커스가 맥도날드처럼 되는 것을 경멸합니다."

공연규모가 커질수록 공장에서 찍어낸 것 같은 복제된 퍼포먼스가 반복될 것을 그는 우려했다. 회사의 경영과 조직도 매우 신선했다. 재무와 마케팅, 홍

태양의 서커스 공연을 찾는 관람객들은 위험천만한 곡예가 아니라 무대 미술과 의상, 조명, 음악, 연기 등에 매료됐다. 묘기보다는 무대의 미장센을 즐겼던 것이다.

보 정도만 전문가에게 위임했고, 창작자들에게 회사의 최상위 의사결정권을 부여했다. 비용절감이나 수익보다 예술성을 우선하겠다는 랄리베르테의 기준은 확고했고, 이는 태양의 서커스를 대체불가한 '총체예술'로 만드는 기반이 됐다.

기존의 공연산업에서는 예술가를 통제해야 할 비용으로 봤다면, 랄리베르테는 회사의 IP 즉 자산으로 생각했다. 공연자들을 장기고용했고, 전 세계에서 몰려온 수많은 오디션 참가자들은 태양의 서커스 아티스트가 되는 것을 궁극의 목표와 성취로 여겼다.

태양의 서커스가 흥행기록을 갈아치우던 2013년경 랄리베르테는 CEO 자리에서 스스로 물러났다. 언젠가부터 그는 진지하게 퇴임을 고려해왔지만, 많은 사람들은 그의 결정에 의아해 했다. 회사가 커지니까 돈만 챙기고 빠진 게 아니냐는 소문이 돌았다. 하지만 랄리베르테는 자신의 역할이 거기까지임을 잘 알고 있었다.

"조직의 성장을 더 이상 거부할 수는 없었어요. 태양의 서커스는 이제 예술가의 감각보다는 규모에 맞는 전문경영인이 필요했어요. 분명한 건 나는 다음 단계의 리더는 아니었습니다."

랄리베르테가 떠나고 한참 뒤 태양의 서커스에도 예기치 못한 시련이 찾아왔다. 코로나19로 전 세계 44개 쇼가 모두 취소돼 거의 모든 수입원이 사라져 버렸다. 팬데믹은 장기화됐고 회사는 결국 파산보호를 신청했다.

많은 사람들은 태양의 서커스 종말을 예상했지만 뜻밖의 일이 벌어졌다. 공연단의 진가를 높게 평가해온 투자자들이 나서기 시작한 것이다. 태양의 서커스는 2020년 11월 채권단 주도의 투자그룹에 매각되며 파산보호에서 벗어났고, 2021년 가을부터 라스베이거스 상설공연들이 차례로 재개됐다. 팬데믹이 잦아들자 공연에 목말랐던 팬덤이 폭발했고, 회사는 다시 일어났다.

위기를 기회로 전환하는 선택도 탁월했다. 팬데믹 동안 디지털 플랫폼 써큐 커넥트를 론칭해 6,500만 뷰 이상을 기록했고, 디즈니플러스와 아마존 등 글로벌 스트리밍 플랫폼과의 협업으로까지 발전했다. 라이브 공연에만 의존했던 태양의 서커스가 디지털 세계로 진출하면서 새로운 수익원을 창출했고, 멀티미디어에 친숙한 팬층까지 확보할 수 있었다.

우주모험가가 된 랄리베르테

태양의 서커스는 회생했지만, 그 사이 랄리베르테의 삶도 궁금하다. 그는 공연단을 되살리기 위해 회사 밖에서 각계각층에 호소하며 지지를 이끌어냈고, 채권단에 넘어간 뒤에는 공연자들의 지위가 보장받을 수 있도록 경영진을 설득했다. 이후 랄리베르테는 모아놓은 돈으로 실험적인 공연과 젊은 예술가들을 후원했고, 물부족 해결을 위한 NGO를 설립하는 등 사회활동을 이어갔다. 또한 캐나다 최초의 민간 우주여행자가 되기도 했다. 젊은 시절 뼛속까지 보헤미안이었던 영혼이 대기권을 지나 우주까지 향한 것이다. 어느덧 칠순을 바라보지만, 그의 모험은 멈추지 않고 있다.

"인생은 외줄타기와 같아요. 멈추는 순간 균형을 잃지요."

예언적 논쟁의 승자

페이지의 절연

구글(Google) 공동창업자 래리 페이지Larry Page, 1973-는 테슬라의 일론 머스크와 함께 AI논쟁의 출발점에 선 인물이다. 두 사람의 AI철학은 단순한 기술적 견해 차이를 넘어 어린 시절 경험과 성장환경에서 비롯됐다.

페이지의 아버지 칼 빅터 페이지는 미시간 주립대 컴퓨터과학 교수이자 인공지능 연구의 선구자였다. 그는 컴퓨터가 단순히 계산도구가 아니라 인간의 사고과정을 모방하고 학습할 수 있는 지능적 시스템이 될 수 있다는 가능성에 매료됐다. 칼은 규칙기반 시스템과 탐색 알고리즘, 초기 기계학습 모델을 개발하며 컴퓨터가 사고할 수 있다는 개념을 실험했다.

컴퓨터과학자 아버지에게 영향을 받으며 페이지는 자연스럽게 AI의 개념을 접했다. 여섯 살 때 엑시디 소서러와 같은 초기 컴퓨터를 다루며 문제해결과 실험의 즐거움을 배웠고, 아버지 연구실에서 데이터와 알고리즘이 다양한 문제를 해결하는 방식과 한계를 관찰했다. 어머니 글로리아 역시 컴퓨터 프로그래밍을 가르치며 기술적 사고를 강조했다. 이러한 분위기는 페이지가 AI의 경이로운 진화에 매료되는 배경이 됐다.

반면 1971년 남아공에서 태어난 머스크는 17세에 캐나다로 이주하기 전까지 정치적 격변과 사회적 불안, 인종문제 등을 지켜봐야 했다. 그에게 과학기술은 인간의 존립과 문제해결을 위한 도구로 여겨졌다. 머스크의 기술철학과 비전이 인류의 생존과 밀접한 친환경차와 에너지전환, 화성이주 프로젝트 등으로 수렴하는 까닭이다. 이러한 배경은 AI를 바라보는 시선에도 적지 않은 영향을 미쳤다.

2000년대 초반 페이지와 머스크는 실리콘밸리의 한 사교모임에서 처음 만났다. 두 사람은 수십 년 이후 미래의 담론을 나누며 교감했다. 머지않아 AI가 세상을 뒤엎을 거라는 이슈가 폭발하기 전까지 머스크는 자주 구글캠퍼스를 방문했고, 페이지는 친구를 반겼다. 2010년을 전후로 AI에 대한 기대와 우려가 확산되면서 두 사람은 견해를 달리했지만 심각하진 않았다.

2013년 머스크의 44세 생일파티에서 두 사람은 AI를 두고 날선 대화를 주고받았다. 페이지는 AI가 점차 인간의 지능을 뛰어넘는 방향으로 발전할 것이라는 비전을 강조했고, 머스크는 AI의 위험성으로부터 인간사회의 안정과 질서를 우선해야 한다고 맞섰다.

그날 두 사람의 대립은 단순한 해프닝으로 끝나지 않았다. AI기술이 발전하고 이에 시장이 반응할수록 둘의 관계는 언쟁에서 끝나지 않고 충돌과 균열을 일으켰다. 머스크는 구글이 주도하는 AI사업을 우려하며 실리콘밸리 로즈우드 호텔에서 샘 알트먼, 다리오 아모데이 등 AI연구자들과 만남을 가졌고, 이는 오픈AI의 창립으로 이어졌다. 머스크와 투자자들은 수억 달러를 지원하며 AI연구의 안전성을 강화하겠다고 약속했다. 오픈AI는 비영리법인으로 설립되어 영리기업 구글과는 AI에 대해서 다른 행보를 보였다. 두 사람의 갈등은 머스크가 구글 딥마인드의 핵심인재인 일리아 수츠케버를 오픈AI로 영입히면서 절정에 달했다. 페이지는 분노했으며 머스크의 인연을 끊었다.

페이지는 AI의 초지능(superintelligence) 자체를 위협이 아닌 새로운 생명(digital life)처럼 바라봐야 한다고 역설했다. 가령 인간보다 더 나은 판단을 하는 존재가 등장하는 것이야말로 진정한 의미의 진화라는 것이다. 반면 머스크는 AI가 핵무기보다 위험하다면서, 중요한 건 의도가 아니라 통제불가능성이라 경고했다.

하지만 오픈AI는 현실의 벽에 부딪쳤다. 순수한 비영리적 의도로 법인을 유지하기에는 비용 감당이 쉽지 않았다. 결국 머스크의 반대에도 불구하고 이사회의 의결로 오픈AI는 수익상한(cap-profit) 구조를 취하는 영리자회사를 설립했고, 마이크로소프트로부터 투자도 유치했다. 머스크는 OpenAI가 결국 ClosedAI가 되고 말았다고 강하게 질타하며, 오픈AI 이사회와 결별을 선언했다. 그리고 2023년 새로운 스타트업 xAI를 설립했다. xAI는 범용 인공지능(AGI) 개발을 목표로, 2024년 3월 언어모델 그록-1을 출시하고 오픈소스로 공개해 연구자와 개발자들이 자유롭게 활용하고 개선할 수 있도록 했다.

다만 2026년 AI생태계는 머스크보다는 페이지의 주장에 힘이 실리고 있다. AI기술은 예상보다 훨씬 빠르게 발전하며, 시장도 급속도로 팽창하고 있다. 심지어 머스크가 경고한 대로 강력한 사전규제 대신 국가 단위의 AI패권 경쟁으로까지 치닫는 분위기다. 하지만 현재로선 머스크의 입장이 틀렸다고 단언할 수는 없다. 시장의 성장과는 별도로 AI의 안전성 문제 역시 국제사회에서 간과할 수 없는 핵심의제로 삼고 있다.

머스크의 생일파티 이후 12년이 지난 지금 두 사람의 논쟁은 '예언적'이었다는 평가를 받는다. AI에 대한 '미래의 판결문'은 아직 미결상태에 있다.

확장성이냐, 안전성이냐

아모데이의 진중함

오픈AI의 라이벌로 평가되는 미국 AI 스타트업 앤트로픽(Anthropic)의 창업자 다리오 아모데이[Dario Amodei, 1983-]. 그는 프린스턴대에서 물리학 박사학위를 받고 스탠퍼드 의학전문대학원에서는 박사후연구원으로 신경회로와 전기생리학을 연구했다. 젊은 시절 아모데이는 순수하게 과학적 진리를 발견하는 것에만 관심이 있었다. 그는 당시를 이렇게 회고했다.

"웹사이트를 만드는 것에는 전혀 흥미가 없었습니다. 나는 근본적인 과학적 진리를 발견하는 데 관심이 있었습니다."

그 시절 아모데이에게 AI는 SF로만 여겨졌을 정도로 관심권 밖이었다. 학부 말기에 무어의 법칙(Moore's Law)*과 레이 커즈와일의 저작을 접하기 전까진 말이다. 그는 AI가 허무맹랑한 공상과학이 아님을 깨달았다. AI의 잠재력을 가

---

*1965년경 인텔의 공동창업자 고든 무어는 반도체 집적회로에서 트랜지스터 수가 18~24개월마다 2배로 증가하는 기술적 통계에 착안해 컴퓨터의 연산능력이 2년마다 2배씩 향상될 경우 컴퓨팅 성능이 무서운 속도로 빨라질 것으로 봤다. 무어의 예측은 AI시대를 통해 입증됐다. 이후 구글 수석 엔지니어링 디렉터 레이 커즈와일은 무어의 법칙을 확장해 기술이 발전할수록 가속도가 붙어 이로 인한 수익도 극대화될 것이라는 이른바 '가속수익의 법칙(Law of Accelerating Returns)'을 구상했다.

지한 것이다. 특히 2012년 알렉스넷(AlexNet)이 실제로 작동하는 것을 보고 AI가 현실적으로 가능하다고 확신을 갖게 되었다.

2014년 11월 그는 중국기업 바이두에 입사해 본격적으로 AI연구를 시작했다. 프린스턴의 물리학 박사 소지자로선 이례적인 행보였다. 시작은 순탄치 않았다. 조직 안에서 통제권을 둘러싼 내부균열이 일어나면서 바이두 AI팀은 해체되었고, 그는 바이두를 떠나 구글 AI팀에 합류했다.

그 무렵 AI의 신흥 잠재력을 일찌감치 알아본 일론 머스크는 아모데이를 비롯해 샘 알트먼, 그렉 브록먼, 일리야 수츠케버 등을 실리콘밸리 로즈우드 호텔 만찬에 초청해 공감대를 형성했다. 그리고 2015년 12월 오픈AI가 설립되자 아모데이는 이듬해 구글을 떠나 오픈AI에 합류해 AI 안전작업을 담당했다. 그는 GPT-2와 GPT-3 개발을 주도하며 단숨에 AI업계 핵심인물로 떠올랐다.

그런데 이 전도유망한 브레인은 브레이크가 고장 난 것 같은 AI의 가속페달이 못내 불안했다. 아모데이는 여느 개발천재들과는 결을 달리했다. AI의 잠재력과 위험에 대해 균형 잡힌 시각을 잃지 않았던 것이다.

"대부분의 사람들이 AI의 잠재적 장점이 얼마나 극적일 수 있는지 과소평

AI에는 '경이'와 '경고'가 양립한다. 아모데이는 후자에 방점을 찍는다. 그의 우직한 속도가 종종 경이로움을 좇는 라이벌에 뒤처질 때마다 조급한 투자자들은 애가 탄다. 하지만 역사적으로 눈부신 기술발전의 이면은 늘 혹독했다. 무어의 법칙을 경고음으로 받아들이고, 커즈와일의 지나친 기술적 낙관론을 경계해야 할 때다. 아모데이의 진중한 혜안이 과소평가되어선 곤란한 까닭이다.

가하고 있다고 생각합니다. 마찬가지로 대부분의 사람들이 위험이 얼마나 심각한지도 과소평가하고 있다고 봅니다."

안전보다 속도를 최우선하는 조직문화에 의문을 품은 그는, 결국 2021년 오픈AI를 떠나 앤트로픽을 설립했다. 앤트로픽은 오픈AI와 정반대로 기술적 발전보다는 본질적 가치를 우선한다. 오픈AI의 챗GPT가 '확장성'에 무게중심을 두고 있다면, 앤트로픽의 클로드 챗봇은 '안전성'에 방점을 찍는다. 일례로 앤트로픽은 클로드 챗봇의 출시를 경쟁사인 오픈AI의 챗GPT 보다 4개월 늦추면서까지 안전성 검증을 철저히 진행했다.

이 결정은 일부 투자자들에게 큰 비판을 받았지만 그는 '책임 있는 AI'라는 철학을 끝내 굽히지 않았다. 우여곡절 끝에 아마존과 구글 등 주요 기업으로부터 수십억 달러의 투자를 유치하는 데 성공했지만, 초기자금을 조달하기까지 험난한 길이 이어졌다.

아모데이는 기술적 성취만을 좇는 개발자가 아니다. 그는 기술과 윤리의 균형을 고민하는 리더로서의 애티튜드를 견지하려 애쓴다. 실리콘밸리에는 성공과 성취에 도취한 천재들이 적지 않다. 금융과 산업 자본은 욕망으로 가득 찬 그들의 전차에 기름을 퍼붓는다. 그런 까닭에 AI산업이 공동체에 해를 끼치지 않도록 '헌법적 원칙(Constitutional AI)'* 같은 안전장치를 도입하자는 아모데이의 일성은 매우 시의적절하다.

"위험을 연구하는 이유는 그것이 우리가 근본적으로
긍정적인 미래에 도달하는 데 유일한 장애물이기 때문입니다."

---

* AI가 스스로 일정한 원칙과 규범(헌법)을 학습해 답변을 조율하도록 설계한 방식. 즉 인간의 직접적인 피드백 대신 인권과 민주적 가치, 윤리적 기준을 AI 학습과정에 내재화하여, 더 책임 있고 안전한 결과를 이끄는 시스템.

'체민주화'는 수익모델이
될 수 있을까

미스트랄AI의 숙제

2023년 4월 프랑스 파리에서 세 명의 연구자가 스타트업을 창업했다. 회사 이름은 남프랑스의 신선한 바람에서 따온 미스트랄AI(Mistral AI). 실리콘밸리 대기업이 주도하는 AI질서를 흔들겠다는 의지가 담긴 이름이었다.

공동창업자인 아서 멘쉬Arthur Mensch, 1992-와 기욤 람플Guillaume Lample, 1990-, 티모테 라크루아Timothée Lacroix 세 사람은 프랑스 명문 에콜 폴리테크니크에서 함께 AI를 공부한 동기였다. 멘쉬는 구글 딥마인드에서 3년간 첨단 AI시스템 전문가로 일했고, 람플은 메타에서 AI언어모델 라마(LLaMA) 개발을 주도했다. 라크루아 역시 메타에서 연구자로 활동했다.

이들이 미스트랄AI를 창업하기 얼마 전 의미심장한 사건이 발생했다. 한 연구자가 메타로부터 받은 원본 다운로드 링크를 토렌트 파일에 실수로 포함시켰고 이로 인해 메타가 개발한 대규모 언어모델인 라마소스가 순식간에 전 세계 개발자들에게 유출된 것이다. 이 사건은 전 세계 개발자들에게 AI모델에 대한 접근권을 열어주었고 오픈소스 AI혁명의 신호탄이 되었다.

당시 대기업에서 AI를 개발하던 세 명은 공통된 의문을 갖고 있었다.

"왜 이 놀라운 기술이 소수의 거대 기업에만 집중되어야 하는 걸까?"

그들은 더 개방적이고 접근가능한 AI를 만들기 위해 뭉쳤다. 그리고 놀라운 일이 벌어졌다. 미스트랄AI를 창업한지 불과 두 달 만에 1억1,300만 달러(약1,445억 원)의 시드투자를 유치하며 업계를 놀라게 했다. 구글 전 CEO 에릭 슈미트, 프랑스 통신재벌 자비에 니엘, 라이트스피드 벤처파트너스 등 유력 투자자들이 그들의 비전에 합류했다. 기술력만이 아니라 그들의 철학과 방향성이 그토록 냉혹한 자본시장을 설득한 것이다.

미스트랄AI가 내세운 방향은 명확했다.

"최첨단 AI를 모든 사람의 손에!"

이는 오픈AI나 구글, 메타 등 기존 AI업체들의 폐쇄적 전략에 대한 명확한 대응이자 오픈소스에 기반한 기술생태계를 향한 선언이었다. 그들은 코드와 모델을 공개하고 누구나 활용할 수 있도록 했다.

"사이버 보안에서 그랬고 운영체제에서도 마찬가지였습니다. 오늘날 가장 안전한 기술들은 모두 오픈소스 기술들입니다."

이후 미스트랄AI의 성장은 더욱 가팔라졌다. 2023년 12월 시리즈A에서 3억8,500만 유로(약 5,640억 원), 2024년 6월 시리즈B에서 6억 유로(약 8,850억 원)를 유치했다. 창립 1년 만에 기업가치는 58억 유로(약 8조5,000억 원)에 달했고, 10억 달러(약 1조3,400억 원) 규모의 후속투자도 논의 중이다.

미스트랄AI의 공동창업자 세 명은 AI는 민주화되어야 한다는 신념이 확고하다. 기술은 누구에게나 열려 있어야 하며 AI는 특정 대기업의 자산이 아니라 사회적 자산이 되어야 한다는 믿음이다

그들은 AI에 대한 과도한 낙관도 경계한다.

"우리는 강력한 기술을 만들고 있지만, 이것이 모든 문제를 해결한다는 가정은 위험합니다."

AI는 어디까지나 생산성과 창의성을 증강하는 도구일 뿐이라는 시각이다. 그들은 유럽의 AI주권에 대해서도 명확하다. 비록 아마존의 AWS, 구글 클라우드, 마이크로소프트 애저 등 다양한 대기업 클라우드 서비스를 활용하지만 독립성(cloud-agnostic by design)을 유지하겠다는 것이다.

"우리는 설계부터가 클라우드 독립적입니다. 이것이 첫날부터 우리의 전략이었습니다."

최근에는 더욱 구체적인 미래비전을 내놓았다. 각 국가나 기업이 자체적으로 AI모델을 호스팅하고 관리할 수 있도록 지원함으로써 데이터 프라이버시 및 보안에 대한 우려를 해소하고, AI기술의 주권을 확보하는 데 기여하겠다는 것이다.

미스트랄AI는 단순한 AI기업을 넘어 하나의 '선언'이 되고 있다. 유럽중심의 AI생태계를 구축하려는 실험이자 기술민주화를 실현하려는 시도다. 이들의 출발점은 세 명의 연구자가 가진 공통된 신념이었지만, 지금은 글로벌 AI 질서를 새로 쓰는 작업으로 이어지고 있다.

다만 회사의 수익구조를 두고 우려의 목소리도 존재한다. 영리회사는 캠페인과 투자유치만으로 존재할 순 없기 때문이다. 오픈소스 전략은 양날의 검이다. 확산은 빠르지만, 무료 사용자가 많아 매출 전환이 쉽지 않다. 기업 등이 미스트랄AI의 고성능 모델을 사용하려면 API를 호출할 때마다 비용을 지불하는 사용량 기반(pay-as-you-go) 과금을 적용하는 등 여러 비즈니스 모델을 찾고 있지만, 지표상 의미 있는 이익을 내려면 좀더 시간이 필요해 보인다. 미스트랄AI가 불러일으킨 바람은 아직 미풍에 머물고 있다.

파도에 올라타는 희열보다
휩쓸리는 위험을 포착하라

우드먼의 weather

닉 우드먼^{Nick Woodman, 1975-}은 원래 서핑광이었다. 대학 졸업 후 여러 스타트업을 시도했지만 번번이 실패했고 2002년엔 인도네시아로 휴식을 위해 여행을 떠났다. 그는 서핑을 하며 한 가지 불편함을 느꼈다.

"내가 파도를 타는 모습을 누가 찍어주면 참 좋을 텐데."

그에겐 방수 카메라도 없었고 파도 위에서 카메라를 들고 촬영할 수도 없었다. 결국 그는 고무밴드를 이용해 35mm 카메라를 손목에 묶고 서핑을 했는데 이때 번뜩 아이디어가 떠올랐다.

"이걸 제대로 만들기만 한다면 다들 사고 싶어 하지 않을까?"

여행에서 돌아온 그는 부모님에게 자금을 빌려 제품개발에 착수했다. 우드먼은 처음엔 손목에 착용가능한 소형 필름카메라를 만들었고, 이를 고프로(GoPro)라고 이름 붙였다. 지금은 서투르지만 머지않아 능숙한 프로페셔널이 될 거라는 다소 진부한 각오를 브랜드에 담았다. 하지만 그는 절실했다. 부족한 개발자금을 모으기 위해 해변에서 슬리퍼를 팔기도 했고, 박람회를 돌며 시제품을 홍보하기도 했다.

입소문이 퍼지면서 해양스포츠 선수들 사이에서 고프로를 찾는 이들이 늘어났고, 브랜드 인지도가 서서히 올라갔다. 우드먼은 안주하지 않고 몇 가지 기능을 업그레이드하는 데 주력했다. 이후 HD영상 촬영기능을 갖춘 디지털 모델이 출시되자 일반 소비자로까지 확산되면서 불티나게 팔리기 시작했다.

"사람들이 고프로를 구매하는 이유는 단지 성능이 좋아서가 아니라 그들의 삶에 대한 다큐멘터리를 찍기 위해서입니다."

우드먼의 말에는 고프로를 이용한 촬영을 하나의 문화로 삼으려는 의도가 담겨있었다. 놀라운 일들은 멈추지 않았다. 2010년대가 되자 유튜브와 SNS가 폭발하면서 고프로로 찍은 영상들은 마치 산소처럼 공유되기 시작했다. 구독자 팬덤을 갖춘 인플루언서들의 손에는 고프로가 들려있었고, 그 자체가 엄청난 광고효과를 일으켰다. 고프로는 글로벌 액션카메라 시장에서 독보적인 점유율을 기록했고, 최고 절정기인 2015년에 연매출이 무려 16억 달러(2조3,000억 원)를 찍기도 했다. 1년 전 고프로는 이미 나스닥에 상장되어 시가총액 100억 달러(10조6,000억 원)를 기록했고, 우드먼은 어느새 억만장자가 되어 있었다.

하지만 곧이어 고프로의 여정에 먹구름이 몰려왔다. 2015년부터 스마트폰 카메라 성능이 급격히 향상되면서 액션카메라 시장이 위축되기 시작한 것이다. 특히 아이폰과 갤럭시의 방수기능과 손떨림 보정기술이 발달하면서 일반 소비자들은 굳이 별도의 액션카메라를 구매할 필요성을 느끼지 못했다.

설상가상으로 2016년 드론사업 진출이 치명타가 됐다. 고프로는 카르마 드론을 출시했지만 갑자기 추락하는 품질문제로 전량 리콜해야 했고, 중요한 연말 쇼핑시즌을 완전히 놓쳤다. 2018년에는 결국 드론사업에서 철수하며 전체 인력의 20%인 254명을 해고하는 대규모 구조조정을 단행했다. 주가는 최고점 대비 80% 이상 폭락했고, 우드먼은 CEO인 자신의 연봉을 1달러로 책정해야 했다.

위기를 극복하기 위해 고프로는 핵심 고객층에 다시 집중하기 시작했다. 유튜버를 비롯한 익스트림 스포츠 선수들을 위해 보다 전문성을 강화했다. 2020년부터는 클라우드 기반 구독서비스를 통해 하드웨어 판매에만 의존하던 수익구조를 다변화했다. 또한 SNS와 유튜브 콘텐츠 제작자들을 위한 편집도구와 앱을 제공하며 새로운 시장을 개척했다.

팬데믹 시기 혼자만의 캠핑과 여행 수요가 늘어나면서 액션카메라에 대한 관심이 다시 높아졌고, 마케팅 전략을 수정한 타이밍이 맞아 떨어지면서 고프로는 다시 회복세에 진입할 수 있었다. 다만 최고 전성기 시절의 실적에는 훨씬 미치지 못했다. 비록 큰 폭의 적자에서는 벗어났지만 재정효율성 개선에 초점을 맞춘 경영은 지금도 여전히 진행 중이다.

기업이 위기를 버텨낸다는 비유적 표현으로 'weather'가 있다. 서퍼가 파도에 올라타는 순간 어쩌나 희열을 맛보지만, 갑자기 날씨가 급변해 거센 바람이 몰려오면 중심을 잃고 쓰러지기 마련이다. 기업도 서핑과 다르지 않다. 한때 고프로는 파도를 타듯 호재 위에 올라타 번영을 누렸지만, 스마트폰이라는 더 큰 파도에 휩쓸리며 지금은 잠시 숨고르기를 하고 있다. 서핑도 사업도 인생도 잘 니기는 것만큼 '잘 건디는 것(weather)'이 중요하다.

실리콘밸리에서 만난
간디의 후예들

나델라와 피차이의 조율

마이크로소프트(Microsoft)의 CEO 사티아 나델라Satya Nadella, 1967- 와 알파벳 (Alphabet)의 CEO 순다르 피차이Sundar Pichai, 1972-. 두 사람의 행보는 놀라울 만큼 유사하다. 모두 인도의 명문 공과대학을 거쳐 미국 유학길에 올라 석사 학위와 MBA를 취득했다. 이후 각각 마이크로소프트와 구글에 합류해 조용히 실력을 쌓았다.

각자의 길을 걷던 두 사람은 나란히 실리콘밸리에서 리더로 성장했다. 나델라는 마이크로소프트에서 기업고객 대상 제품과 클라우드 부문을 담당하며 입지를 다졌고, 피차이는 구글에서 크롬 브라우저를 성공적으로 이끌며 차세대 주자로 떠올랐다.

2014년 실리콘밸리의 가장 큰 이슈 중 하나는 마이크로소프트가 스티브 발머의 후임 CEO를 물색하고 나선 것이었다. 내부에선 나델라, 외부에선 피차이가 물망에 올랐다. 업계에선 마이크로소프트가 구글의 피차이를 차기 CEO 후보로 유력하게 고려하고 있다는 소문이 돌았다. 양사는 브라우저와 운영체계를 둘러싸고 치열한 경쟁을 벌이고 있었는데, 경쟁사 출신 피차이의 경험과 글로벌 감각이 마이크로소프트의 보수적 문화를 혁신할 카드로 비쳤기 때문이다.

하지만 피차이는 구글에 남기로 결정했다. 2014년 구글은 피차이에게 좀 더 큰 책임을 맡기고 있었고, 그는 크롬과 안드로이드 두 핵심 플랫폼을 총괄하게 되면서 사실상 구글의 2인자이자 차기 CEO로 부상 중이었다. 무엇보다 피차이는 협업적이고 실험적인 조직을 중시했는데, 구글의 문화와 잘 맞아 떨어졌다. 반면 여전히 폐쇄적이고 내부경쟁이 심했던 마이크로소프트는 자신의 철학과 충돌을 빚을 가능성이 크다고 생각했다. 그 결과 마이크로소프트의 3대 CEO 자리는 나델라에게 돌아갔다. 이 선택은 훗날 두 기업은 물론 테크업계 전체의 흐름을 바꾸는 계기가 됐다.

두 사람의 리더십에는 중요한 공통분모가 있었다. 나델라는 공감의 리더십으로 폐쇄적이던 마이크로소프트 문화를 개방적이고 협력적으로 바꾸었다. 그는 오픈AI와의 파트너십을 비롯한 과감한 투자로 AI시대를 선도하며 마이크로소프트를 다시 세계 최고 수준의 빅테크로 끌어올렸다.

피차이 역시 협업의 조직문화를 중시하는 리더였다. 존중과 협력이 뒷받침된 팀이 가장 큰 성과를 낸다는 철학 아래 구글 내부의 갈등을 조율하며 소통을 이끌어갔다. 특히 안드로이드 부서의 불협화음을 해결하며 조용한 리더십의 힘을 입증했다.

현재 두 사람의 위상에 대한 시각은 복합적이다. 나델라는 오픈AI와 긴밀한 관계를 구축함으로써 AI시대의 주요 승자로 자리매김하며 마이크로소프트의 성공적인 전환을 이끌었다는 평가를 받고 있다.

피차이의 경우 초기 AI 대응에서 보수적 접근을 취했다는 비판이 있었지만 최근 들어 그의 신중한 리더십이 재평가받고 있다. 제미나이 출시과정에서의 혼선에도 불구하고 구글의 AI기술력은 여전히 세계 최고 수준을 유지하고 있다. 알파벳의 시가총액 증가가 이를 뒷받침한다. 특히 피차이는 급진적 변화보다는 지속가능한 혁신을 추구하는 방식으로 구글의 다양한 사업영역에서 안정적 성과를 이끌어냈다. 검색, 유튜브, 클라우드 등 핵심사업의 견실한 성장과 함께 AI분야에서도 체계적인 발전을 도모하고 있다는 평가다.

만약 2014년 피차이가 마이크로소프트 CEO 자리를 받아들였다면 어떻게 되었을까? 피차이의 협업형 리더십이 마이크로소프트의 변화를 어떻게 이끌었을지, 반대로 나델라가 구글을 맡았다면 AI경쟁의 판도가 달라졌을지 알 수는 없다. 다만 두 사람이 보여준 인도 출신 기업가로서의 경영철학은 많은 것을 생각하게 한다.

인도는 세계에서 가장 많은 인구를 보유한 나라로, 사용하는 언어만 해도 수백 개에 이른다. 여기에 종교와 계층, 문화가 복잡하게 혼재되어 있다. 그런 까닭에 인도의 교육은 갈등을 이기는 기술이 아니라, 갈등을 키우지 않는 법을 강조한다. 강한 어투로 타인을 압도하기보다는 절제된 어조로 자신의 생각을 피력하라는 것이다. 나델라와 피차이가 리더십의 덕목으로 설득보다 조율을 우선하는 까닭이다. 두 사람 모두 갈등에 봉착했을 때 충돌지점을 분석하는 데 앞서 완충지대를 제공하려 애쓴다.

나델라와 피차이처럼 실리콘밸리에는 인도 출신 엔지니어와 기업인들이 적지 않다. 이들은 전문가가 되어서도 자신의 지식과 경험만으로 단정하기 보다는 질문을 던지는 자세를 선호한다. 질문의 근저에는 스스로를 낮춰서 배우려는 마인드가 깔려 있다. 이른바 겸양의 리더십이다. 나델라와 피차이가 경영일선에서 무모한 승리보다 지속가능한 존립을 강조하는 건 이 때문이다. 그들은 시장을 이기려 들지 않고 시대를 통찰하는 법을 숙고한다. 그래서 일까. 나델라의 말에서 마하트마 간디의 세계관이 겹쳐지는 건 조금도 이상하지 않다.

"싸우지 않고 이겨야 진정한 승자입니다."

작게 접혀 사라지는 자전거

리치의 폴딩

앤드류 리치Andrew Ritchie, 1947-는 케임브리지대에서 기계공학을 전공한 후 컴퓨터 프로그래머로 일하다가 자영업 조경사로 전업해 런던에서 5년간 생활하고 있었다. 그는 복잡하고 정체가 심한 런던의 출퇴근길이 늘 불편했다. 2층버스가 다니기에 도로는 비좁았고, 자동차는 오히려 더 느렸으며, 협소한 아파트에 자전거를 둘 곳은 없었다. 그러던 중 그는 친구들의 조언을 듣고 접이식 자전거에 관심을 갖게 됐다. 기성제품들을 꼼꼼히 비교해 가며 살펴본 리치는 결국 구매를 포기했다.

"기존 폴딩 바이크는 접히지만 충분히 작아지지 않았어요."

변화는 자신도 모르게 조용히 찾아왔다. 자전거의 접이식 구조가 계속 머리를 맴돌았다. 무심코 편 종이에 자전거의 설계도면을 스케치하기 시작했다, 한동안 잊고 있었던 'Mechanic DNA'가 스멀거리며 올라왔다. 어느새 그는 낮엔 일하고 밤에는 접이식 자전거 설계에 몰두하고 있었다.

새로운 디자인 결과물이 나오자 그는 결국 하던 일까지 그만두고 말았다. 말이 프리랜서 엔지니어이지 백수가 된 것이다. 1975년 우여곡절 끝에 사우스

브롬톤과 앤드류 리치

켄싱턴의 좁은 아파트 침실에서 접이식 자전거 브롬톤(Brompton)을 개발했고, 이듬해 동명의 회사를 설립했다.

늘 그렇듯이 창업 초반은 순탄치 않았다. 끊임없이 자금난에 시달렸고 제품의 완성도를 끌어올리는 과정은 예상보다 훨씬 오래 걸렸다. 그는 첫 번째 프로토타입인 마크원을 시작으로 수차례 디자인을 개선해나갔다. 완벽주의 기질 탓에 성능과 접이 메커니즘, 소재, 무게까지 모든 면에서 타협하지 않았다. 이런 성향이 사업을 더디게 만들기도 했지만 결과적으로 경쟁사들이 흉내 낼 수 없는 독창적인 제품으로 론칭하는 기반이 됐다.

회사는 1980년대 초반부터 소규모 생산을 시작했지만 자금부족과 수요를 감당하지 못하는 운영상의 한계로 결국 생산을 중단하고 말았다. 대략 500대의 브롬톤 자전거가 제작 및 판매됐지만 파일럿 생산을 지속할 가치가 없다고 판단한 것이다. 벤처캐피탈을 찾기 위해 노력했지만 여의치 않았다. 리치는 아르바이트로 생계를 유지하며 개발과 생산을 재개할 방법을 끊임없이 모색했다.

1986년 마침내 투자자를 설득하는 데 성공했다. 투자자 앞에서 그가 만든 제품을 직접 시연했다. 자전거는 불과 20초 만에 완전히 접혔고, 접은 뒤 바퀴로 끌며 이동도 쉬웠다. 자전거 동체는 확연히 작아졌지만, 바퀴 크기는 16인치를 유지했다. 그는 투자자에게 브롬톤을 이렇게 정의했다.

"접히는 자전거가 아니라 사라지는 자전거입니다."

자전거를 접어서 현관에 두는 게 아니라 작은 수납장에 넣어 보이지 않게 할 정도로 작게 접힌다는 얘기다. 비결은 3단계 접이구조였다. 실물을 본 투자자는 의심하지 않았다. 1988년부터 본격적인 대량생산에 돌입한 브롬톤은 빠르게 주목받기 시작했다. 기존 접이식 자전거보다 훨씬 작은 크기로 접히면서 휴대성과 보관성을 모두 만족시켰다. 수많은 도시 통근자들이 대중교통과 자전거를 병행할 수 있는 새로운 가능성을 보았고, 브롬톤은 자연스럽게 접이식 자전거의 리더로 자리 잡았다. 창업 10년 만에 매출은 8배 이상 증가했고, 브롬톤은 프리미엄 접이식 자전거의 대명사가 됐다.

브롬톤은 단지 기술력에만 의존하지 않았다. 독특한 접이방식과 미학은 전세계 어디서든 한눈에 인식될 만큼 탁월한 아이덴티티가 되었고, 이는 다시 든든한 브랜드 충성도로 이어졌다. 무엇보다 단순한 이동수단에 머물지 않고 도시인의 라이프스타일을 반영하는 브랜드로 론칭한 것이 적중했다.

어느덧 창업한지 50년 가까운 중견기업에 접어들면서 브롬톤 역시 많은 도전에 직면해 있다. 중국에서 제작된 저가 모조품들과의 치열한 경쟁으로 실적 하락세를 감수해야 했다. 브롬톤은 다행히 투자유치에 성공했다. 칠십대 후반이 된 리치는 여전히 자전거가 좀더 작고 손쉽게 접히는 디자인에 골몰하고 있다.

"디자인은 눈에 보이는 것이 아니라,
사용했을 때 느껴지는 것이지요."

테슬라 대신 프랭클린인 까닭

일론에게 벤자민

일론 머스크^{Elon Musk, 1971-}에게 가장 영향을 끼친 인물로 전기모터와 전력 시스템의 기초를 마련한 니콜라 테슬라^{Nikola Tesla, 1856-1943}가 아닐까 생각하기 쉽다. 그의 전기차 브랜드명 때문이다. 물론 테슬라가 머스크의 사업에 적지 않은 영향을 끼친 건 사실이다. 머스크는 테슬라라는 사명에 대한 질문을 받을 때면 이렇게 답하곤 했다.

"나는 에디슨보다 니콜라 테슬라에게서 훨씬 더 많은 기술적 영감을 받았습니다. 그는 전 세계가 사용하는 교류유도모터(AC Induction Motor)를 발명한 인물이기 때문입니다."

하지만 머스크는 자신의 경영철학을 이끈 사표(師表)는 따로 있다고 했다. 미국 건국의 아버지라 불리는 벤자민 프랭클린^{Benjamin Franklin, 1706-1790}이다.

"테슬라처럼 상상하되, 에디슨처럼 사업화하지 않고, 프랭클린처럼 시스템을 만들 것입니다."

머스크는 테슬라의 경영마인드에는 회의적이었다. 테슬라는 에디슨과의 '직류 vs. 교류 전류전쟁'에서는 승리했지만, 이후 특허를 제대로 관리하지 못했고, 투자자와 자주 갈등을 빚었으며, 상업화는 등한시한 채 무선에너지 전송과 같은 당시로서는 급진적인 구상에만 몰두했던 고독한 발명가였다. 머스크는 회사 구성원들에게 아이디어만으론 생존할 수 없다고 늘 강조했다. 테슬라는 머스크가 반면교사로 삼았던 대상인 셈이다.

반면 프랭클린은 머스크에게 있어서 '삶의 운영체계(OS)'를 이끌어 준 인물로 회자된다. 프랭클린의 전기를 집필한 작가 월터 아이작슨은 머스크의 사고방식 곳곳에서 프랭클린이 살아온 궤적이 겹쳐진다고 했다. 공교롭게도 아이작슨은 프랭클린의 전기에 이어 머스크의 평전을 쓰기도 했다. 이는 단순한 우연이라고 보긴 어렵다. 아이작슨은 혁신적 사고를 통해 부와 명예를 거머쥔 두 사람에게서 몇 가지 공통된 특징을 발견했다.

먼저 '자기계발형 인간모델'이라는 점이다. 프랭클린은 가난한 인쇄공에서 발명가로, 사업가에서 미국의 건국을 주도한 정치가로 분야와 지위를 넘나들며 성장했다. 프랭클린을 가리켜 머스크는 "스스로를 만들어낸 인간(Self-made Polymath)의 전범"이라 평가했다. 머스크 역시 독학으로 로켓공학을 공부했고, 전기차와 AI, 에너지로까지 업종을 허물며 거침없는 행보를 이어갔다. 머스크의 발언에서 프랭클린식 사고가 읽히는 까닭이다.

"전공 따위에서 비롯한 경계는 무의미합니다."

'실용적 합리주의'는 두 사람에게서 빼놓을 수 없는 가치다. 프랭클린은 항상 이론보다 '쓸모'를 강조했다. 그가 번개를 연구한 이유도 순수한 과학적 호기심이 아니라 피뢰침이라는 실용적 해결책 때문이었다. 머스크도 마찬가지다. 그는 스페이스X와 테슬라를 경영하는 매순간 어려운 선택과 판단에 봉착할 때마다 이렇게 질문했다.

"이게 실제로 세상에서 필요한가?"

"필요하다면 실용화하는 데 비용을 얼마나 낮출 수 있는가?"

프랭클린은 사업가에 머물지 않고 대중에게 존경을 받는 공인이 되고자 했다. 그는 부를 쌓는 데만 몰두하지 않고 도서관을 짓고 대학을 설립하는 등 공익을 위해 큰돈을 환원했다. 머스크에게도 프랭클린 같은 '기업가적 공화주의자'로서의 면모가 엿보인다. 머스크가 다루는 사업은 인류가 처한 문명적 리스크와 맞닿아 있다. 기후위기와 전기차, 행성멸종 대비 화성이주 프로젝트, 정보격차 해소를 위한 스타링크 등이다.

하지만 머스크의 행보는 종종 이율배반적이라는 비판에 직면한다. 무엇보다 그는 노동문제에서 한계를 드러냈다. 그는 경영방침에 따르지 않으면 떠나라는 식으로 노동자에게 냉소적이라는 비판에서 자유롭지 못하다. 노조에 대해 적대적이거나 과도한 장시간 노동을 묵인하는 태도도 문제다. 더 큰 지적은 일종의 선민의식이다. 자신의 기술이 인류를 구한다는 지나친 자부심이 테크노-메시아니즘이라는 비판을 향해, 머스크는 문명진화를 방해한다고 되받아친다.

프랭클린의 가치가 '시민적 공익(Civic Good)'으로 모아진다면, 머스크의 지향은 '기술적 편익(Techno-Utilitarian Good)'을 추구한다. 프랭클린은 "좋은 시민이 많아져야 국가와 사회가 좋아진다"고 했고, 머스크는 "좋은 세상은 혁신가들이 만든다"고 했다.

결국 머스크가 오마주한 것은 프랭클린의 정치적 소신이 아니라 그에 대한 역사적 평가가 아닐까. 머스크가 놓치는 게 있다면, 시장의 가치와 역사적 가치는 분명히 다르다는 점이다. 머스크를 역사적으로 평가하는 것 또한 아직은 섣부르다. 그의 행보는 여전히 진행형이기 때문이다.

머스크는 어렸을 때 자신의 책상에 항상 프랭클린의 전기가 펼쳐져 있었다고 했다. 책의 어떤 단락에 밑줄이 쳐져 있었을까 자못 궁금하다.

트렌드보다 표준을 생각하다

버렐과 카오의 신호

1980년대 후반 게리 버렐Gary Burrell, 1937-2019은 항공전자 회사 킹라디오의 엔지니어링 담당 임원이었고, 대만계 미국인 민 카오Min H. Kao, 1949-는 신호처리 알고리즘으로 MIT에서 박사학위를 받은 연구원이었다. 두 사람은 GPS 기술의 민간활용 가능성을 주제로 열린 업계회의에서 처음 만났다. 나이가 12살이나 차이 났지만 기술에 대한 관점과 비전은 서로 비슷했다. 두 사람은 천문학적인 국가예산이 투입된 GPS기술이 군사적 목적으로만 쓰이다 사라지진 않을 거라고 생각했다. 버렐이 먼저 운을 뗐다.

"이 기술에 채워진 자물쇠가 풀리는 순간 세상이 바뀔 거야."

당시 은퇴를 고려하고 있었던 버렐은 카오의 기술적 잠재력과 GPS의 미래 가능성에 확신을 갖고 있었다. 카오는 버렐의 강한 의지에 흔들렸지만 안정적인 연구직을 떠나는 것이 고민이었다. 버렐은 급기야 가오의 집까지 찾아와 그를 설득했다.

"지금 아니면 영영 기회는 오지 않을 걸세."

가오는 더 이상 거절할 수 없었다. 두 사람은 1989년 프로택이라는 회사를 창업했다. 책상과 접이식 의자 2개가 있는 사무실이 전부였다. 그리고 두 사람 이름의 앞 글자를 따 가민(Garmin)으로 회사명을 바꿨다.

당시 GPS는 군사용 기술로만 활용되었고 민간에는 고의적으로 정확도를 떨어뜨린 신호만 제공됐다. 그러나 두 창업자는 GPS가 장기적으로 민간영역에 필수적인 기술이 될 것이라고 확신했다. 민간용GPS는 정확도가 제한되어 있었지만, 이들은 자체 보정 알고리즘을 통해 보다 정밀한 위치정보를 제공하려고 연구를 거듭했다.

버렐과 카오는 사용자경험을 고려한 기술설계를 지향했다. 그들은 가장 먼저 정밀항해를 필요로 하는 해양·항공 시장을 공략 대상으로 삼았다. 초기 제품부터 군사수준의 정밀도를 요구하던 전문가 시장에서 신뢰를 얻기 시작했고, 이는 민간시장 확장의 기반이 됐다.

전환점은 2000년 미국정부가 GPS의 정확도를 제한하는 선택적 가용성 정책을 해제하면서 찾아왔다. 그동안 쌓아온 기술력과 신뢰를 바탕으로 가민은 자동차 내비게이션, 피트니스 트래커, 아웃도어 스마트워치 등 대중들의 니즈로 빠르게 침투했다. 특히 피트니스 웨어러블 시장에서 가민은 정밀한 생체데이터 측정과 직관적인 사용자 인터페이스로 독보적인 입지를 구축했다. 한때 군의 전유물이던 GPS를 '항공 → 해양 → 자동차 → 아웃도어 → 웨어러블'에 이르기까지 단계적으로 확장해 나간 것이다.

카오는 처음부터 알고 있었다. 반도체가 미세화되고 전력효율이 개선되며 연산능력이 월등해질수록 GPS도 반드시 더 작아지고 싸지며 정확해질 것이라고. GPS는 '확산형 기술(S-curve)'임을 일찌감치 간파한 것이다. 그의 예측은 틀리지 않았다. 현재 가민 전체 매출의 절반 이상은 항공·해양을 포함해 아웃도어와 피트니스 부문에서 발생하고 있다. 특히 웨어러블 시장에선 애플과 삼성전자 등 세계적인 빅테크와의 경쟁에서도 밀리지 않는다.

가민의 Avionics는 단순한 GPS기능을 넘어 항법 · 자동화 · 조종지원을 통합한 항공전자 시스템으로, 전 세계 민항기에 폭넓게 적용되고 있다.

　　카오는 지난 2019년 타계한 버렐의 철학을 받들어, 가민이 트렌드와 이익만을 좇는 기회주의 집단이 아니라 기술의 정밀도를 최고 가치로 여기는 곳임을 강조한다.

　　"우리는 단지 신박한 장난감을 만드는 회사가 아닙니다."

　　가민은 대부분의 공정에 수직통합 모델을 적용해오고 있다. 시간과 비용 부담이 높아지더라도 외부 공급업체에 대한 의존도를 없애고 모든 단계에서 품질을 관리함으로써 기술적 완성도를 유지하겠다는 의지다. 2025년 현재 가민의 시가총액은 약 400억 달러(55조5,360억 원)에 이르지만, 카오는 성공한 기업가이기 이전에 엔지니어로서의 자존감과 책임감을 강조한다.

"GPS의 가치는 편익이 아니라 안전에 있습니다.
그것을 잊는 순간 비극이 찾아옵니다.
GPS가 기술을 넘어 표준이 되어야 하는 까닭입니다."

윈프리를 섹시하게 만든
자신감이란

블레이클리의 스타킹

희극배우를 꿈꾸던 젊은 여성이 있었다. 오랫동안 준비한 스탠딩 코미디는 오디션에서 심사위원의 환심조차 사지 못했다. 대학 졸업 후 디즈니월드에서 구피 역할에 응모했지만 키가 작다는 이유로 그것마저 거절당했다. 세상에서 자신의 능력을 인정받고 싶었고, 로스쿨에도 도전했지만 입학시험조차 통과하지 못했다. 보다 못한 아버지는 그녀에게 이렇게 말했다.

"오늘 실패한 건 또 뭐니?"

언제까지 부모님에게 의지하며 살 수 없었고, 팩스기 방문판매원으로 일하며 생계를 해결했다. 무려 7년 동안 이 일을 하며 그녀가 겪었던 건 문전박대와 차가운 냉대였다. 그럼에도 그녀가 놓치지 않았던 건 밝은 기운이었다. 잦은 실패로 생긴 굳은살은 인생의 맷집으로 응축됐다. 그녀의 몸에 의기소침한 DNA 따위가 들어올 틈은 없었다.

어느 날 그녀에게 중요한 영업 프레젠테이션 기회가 주워졌다. 클라이언트에게 밝고 깔끔한 인상을 주기 위해 하얀바지를 입고 싶었지만, 속옷라인이 심하게 티가 나 고민에 빠졌다. 당시 보정속옷들은 너무 꽉 조이고 라인이 드러나 불편했다. 임기응변으로 팬티스타킹의 발끝을 잘라 입던 순간 고민이 말끔히 사라졌다. 그날 프레젠테이션은 역시나 성공적이지 못했다. 집에 돌아와 거울 앞에서 바지를 벗는 순간 발끝을 자른 팬티스타킹만큼은 더 없이 섹시해 보였다. 순간 뜬금없는 생각이 스쳤다.

"왜 여성이 입고 싶은 속옷을 여성이 직접 만들지 않는 걸까?"

생각은 똬리를 틀고 이어졌다. 오늘처럼 자신의 몸매에 자신감이 붙는다면, 좀더 의욕적으로 일을 할 수 있을 것 같았다. 여성인권가들에게 비난받을 만 했지만 솔직한 심정이었다. 몸매가 하루아침에 가꿔지지 않기에 보정속옷이 필요했고, 여성의 몸은 여성이 가장 잘 알았다.

그녀는 속옷 디자인을 한 번도 해본 경험이 없었지만, 어느새 도화지에 가슴과 허리, 히프라인을 스케치하고 있었다. 옷감을 사다 가위질과 재봉질도 해봤다. 시도할수록 아이디어가 샘솟았고, 그동안 모아둔 전 재산을 시제품 개발에 쓰기로 결심했다. 그래봤자 고작 5,000달러였지만.

그녀는 예상했던 것보다 훨씬 만족스런 시제품을 완성했고, 보정속옷의 대명사 스팽스(Spanx)는 그렇게 시작됐다. 실패의 맷집만큼은 누구보다도 단단했던 그녀의 이름은 사라 블레이클리[Sara Blakely, 1971-], 스팽스의 창업자다.

블레이클리가 디자인한 시제품은 무봉제 구조여서 겉옷에 속옷선이 드러나지 않았다. 기능성은 있지만 미적 요소가 부족했던 기존 보정속옷의 단점을 보완한 것이다. 또 보정속옷은 몸매를 잡아주는 만큼 답답하고 불편하다는 인식이 강해지만 그녀는 신축성 좋고, 통기성 있는 소개를 사용해 잠시간 착용에도 부담 없도록 디자인했다. 로스쿨을 준비하며 익혔던 법률지식을 바탕으로 특허도 출원했다.

하지만 당시 속옷업계는 대부분 남성중심이 경영자들이 지배하고 있었고, 투자지들은 경첩도 없는 젊은 여성의 아이디어를 우습게 여겼다. 수십 명의 투자자에게 거절당했지만 블레이클리는 멀쩡했다. 여러 공장을 직접 찾아다니던 끝에 한 공장주의 딸이 제품디자인에 감동해 아버지를 직접 설득하면서 첫 생산계약을 따냈다.

제품을 만드는 데는 성공했지만 그녀에겐 판매할 대형 유통채널이 없었다. 기존 백화점은 초짜 창업자의 제품을 신뢰하지 않았고 홍보할 기회도 주지 않았다. 백화점 바이어를 찾아간 그녀는 자신이 직접 제품을 입고 착용감을 증명하기도 했다. 심지어 친구들을 동원해 백화점에서 이 브랜드를 써봤는데 너무 좋다는 식의 파편적인 입소문 전략을 동원하기도 했지만, 큰 소득은 없었다.

결정적인 전환점은 2000년에 찾아왔다. 블레이클리는 당시 미국에서 가장 영향력 있는 방송인 오프라 윈프리에게 제품을 직접 보냈다. 그녀의 위대한(!) 쇼에는 'Favorite Things'라는 코너가 있었는데, 윈프리가 직접 사용해보고 진심으로 좋아한 제품들을 시청자에게 소개하는 콘셉트였다. 믿기지 않게 스팽스의 보정속옷이 윈프리의 쇼에 등장한 것이었다.

미국 전역에서 수백만 명이 시청하는 방송 프로그램이었고, 윈프리의 몸매를 섹시하게 보정해주는 속옷이라는 멘트가 바로 다음날 판매폭증을 일으켰다. 이른바 '오프라 이펙트'의 파급력은 엄청났다. 그것은 PPL 같은 계산된 광고효과가 아니라 미국 소비문화에서 가장 강력한 큐레이션 플랫폼 역할을 했다.

하지만 제품의 질이 오프라 이펙트에 부응하지 못하면 밀리언셀러도 단기에서 멈추었을 것이다. 스팽스 속옷은 수많은 미국여성들이 반복해서 구매할 만큼 훌륭했다. 이후 블레이클리는 한동안 외부 투자자본 없이 회사를 이끌었지만, 해외로 진출하기엔 한계를 느꼈다. 세계적인 사모펀드 블랙스톤에 스팽스를 매각한 이유는 간단했다. 글로벌 브랜드로 확장하기 위해서는 전문경영진과 자본이 필요했고, 블레이클리는 제품의 제작을 어시스트하는 총괄 디렉터로 스팽스에 남아 실무를 도왔다.

블랙스톤에 스팽스를 매각한 대가로 그녀는 「포브스」가 선정한 최연소 자수성가 여성 억만장자에 올랐다. 항상 겸손함을 잃지 않은 그녀는 억만장자가 되던 날 스팽스의 모든 직원에게 1등석 항공권과 1만 달러의 보너스를 자비로 선물하며 이렇게 말했다.

"당신들이 함께 했기에 가능했어요."

반복된 실패로 견고해진 맷집은 고집불통의 아집이 아니라 타인을 배려할 줄 아는 따뜻한 집념으로 피어났다. 그녀는 세상에서 받은 엄청난 냉소를 온기로 데울 줄 아는 사람이었고, 원프리의 선택을 받을 충분한 자격이 있는 인품의 소유자였다.

언젠가 그녀는 잦은 실패로 고통 받는 사람들에게 이런 말도 덧붙였다.

"모르는 것을 너무 두려워하지 마세요.
그 모름이 당신의 가장 큰 자산이 될 수도 있답니다."

실패에서 벗어나기에는 좀더 경험이 필요할 뿐 성공할 자격이 없거나 능력이 부족해서가 아니란 얘기다. 팬티스타킹의 발끝을 잘라 입던 순간 그녀는 자신이 누구보다 섹시하다고 생각했고, 그 경험을 많은 여성들과 나누고 싶었던 것이다.

픽사에서의 20년

잡스의 버디무비

스티브 잡스Steve Jobs, 1955-2011는 1985년 애플에서 물러난 뒤 새로운 도전을 찾고 있었다. 1986년 그는 루카스필름의 컴퓨터그래픽 사업부를 약 1,000만 달러에 인수해 픽사(Pixar)를 설립했다. 그러나 초기의 픽사는 우리가 아는 화려한 애니메이션 스튜디오와는 거리가 멀었다. 그들은 주로 픽사 이미지 컴퓨터라는 고성능 그래픽 워크스테이션을 병원과 기업, 정부 등에 판매했다. 잡스는 경영과 재정에 매달렸지만 시장의 반응은 미지근했다. 잡스는 문제를 직시하고 회사의 운영궤도를 수정하며 이렇게 말했다.

"픽사는 더 이상 컴퓨터 회사가 아니라 스토리텔링 창작집단입니다."

당시 크리에이티브를 맡았던 존 라세터와 기술책임자 에드 캣멀은 짧은 단편 애니메이션을 제작하며 가능성을 보여주려 했다. 잡스는 매출 부진으로 매년 수백만 달러의 적자를 감수해야 했지만, 크리에이터들의 실험을 끊지 않았다. 캣멀은 훗날 이렇게 회상했다.

"잡스는 애니메이션에 대해 잘 모른다고 고백했고, 우리를 통해 알아가려고 노력했죠. 팀원을 신뢰하지 않는다면 어려운 일이었죠. 대개 돈을 댄 자본

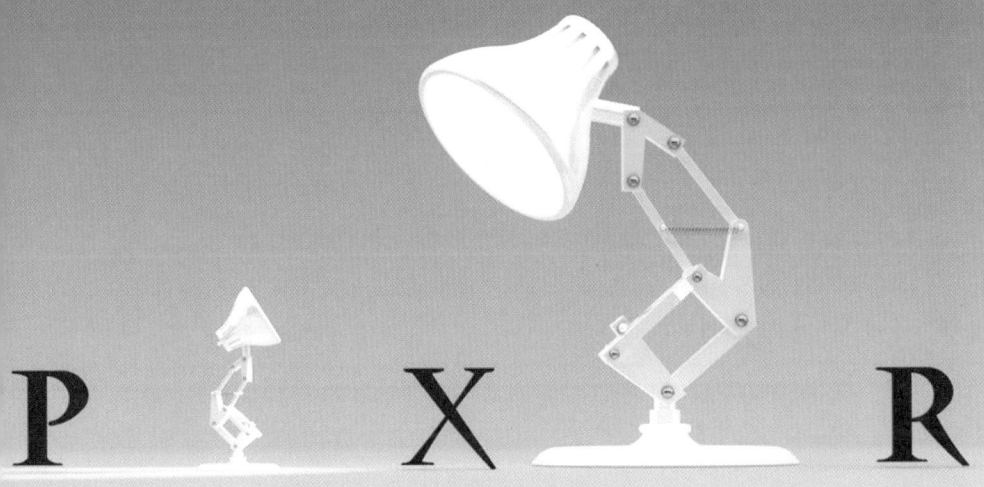

Jobs Buddy Movie

가와 경영자는 실무자를 믿지 않았지만 그는 달랐습니다. 우리가 최고의 성과를 낼 수 있도록 지지해줬습니다."

1991년 픽사는 디즈니와 장편 애니메이션 공동제작 계약을 체결했다. 이 계약의 첫 결과물이 바로 1995년 개봉한 〈토이스토리〉였다. 제작은 무려 4년에 걸쳐 진행됐고, 기술적 도전과 창의적 논쟁이 끊이지 않았다. 이 과정에서 직급에 상관없이 아이디어는 비판하되 인격은 공격하지 않음을 원칙으로 삼았다. 잡스는 제작현장에 관여하지 않았지만, 프로젝트가 방향을 잃지 않도록 사업적 · 전략적 지원을 아끼지 않았다.

1995년 11월 〈토이스토리〉는 역사상 최초의 CG 장편 애니메이션으로 개봉했다. 자체 3D 렌더링 소프트웨어를 개발해 적용한 작품으로, 결과는 대성공이었다. 전 세계 박스오피스 3억 달러를 기록했고, 픽사는 하루아침에 업계의 선두주자가 됐다. 〈토이스토리〉를 발판으로 픽사는 상장했고, 잡스의 지분 가치는 단숨에 수억 달러로 뛰어올랐다. 기술기업 뿐만 아니라 콘텐츠회사도 증시에서 성장주가 될 수 있음을 입증한 사례였다. 그즈음 잡스는 인터뷰에서 여러 차례 픽사에서 깨달은 것을 얘기했다.

"픽사는 똑똑한 사람들을 찾아 고용했습니다. 그들에게 무엇을 지시하려 고용한 게 아닙니다. 그들이 우리에게 무엇을 해야 하는지 말하도록 하기 위해 고용한 겁니다. 나의 역할은 그들이 최고의 일을 할 수 있는 환경을 만들고 기다리는 것입니다."

또한 2003년 한 강연에서 그는 픽사와 애플의 차이에 대해 이렇게 언급하기도 했다.

"나는 애플에서 제품을 만드는 법을 배웠다면,
픽사에서는 사람을 믿는 법을 배웠습니다."

캐멀은 자신의 책에서, 잡스가 픽사에서 실천한 조직문화를 가리켜 '브레인트러스트(Braintrust)'라고 했다. 신뢰와 존중을 바탕으로 한 집단지성의 결정체라는 것이다.

2006년 디즈니가 픽사를 인수하면서 잡스는 디즈니의 최대 개인주주가 되기도 했다. 언젠가 잡스는 자신의 인생에서 '픽사에서의 20년'이 애플 못지 않게 특별했다고 밝혔다. 그것은 잡스가 아이디어를 통제하는 리더에서 동료를 신뢰하는 파트너로 변화하는 과정을 보여준 한 편의 버디무비(Buddy Movie)였다.

상대가 살아야 나도 산다

델루카의 상생

1965년 열일곱 살의 프레드 델루카Fred DeLuca, 1947-2015는 대학등록금을 걱정하는 가난한 고교졸업생이었다. 당시 원자력발전소 설계분야에서 일하던 물리학박사 피터 벅Peter Buck, 1930-2021은 친구아들이 등록금을 걱정하는 모습에 그에게 1,000달러를 선뜻 빌려줬다. 고민 끝에 델루카는 이 돈을 종자돈 삼아 코네티컷 브리지포트에 샌드위치 가게를 열었고, 두 사람은 파트너이자 공동창업자가 되었다. 투자금을 대준 벅의 이름을 따서 'Pete's Super Submarines'을 간판에 새겼다. 잠수함(Submarine) 모양의 긴 샌드위치가 시그니처였다.

"현장에서 사람들과 대면하면서 그들이 한 끼 식사로 빠르고 간편하면서도 든든하고 건강한 음식을 원한다는 걸 알게 됐죠."

델루카와 벅은 초기사업부터 고객맞춤형 샌드위치 모델에 집중했다. 당시 패스트푸드점들이 정해진 메뉴만을 제공하던 시절 고객이 직접 재료를 고르고 조합할 수 있는 방식을 도입한 것은 큰 혁신이었다. 무엇보다 패스트푸드가 정크푸드라는 인식을 바꾸는 데 집중했다. 이른바 'Eat fresh' 전략이었다.

식재료를 기름에 튀기지 않았고, 채소가 눈에 보이는 조리과정을 정착시켰으며, 칼로리와 지방을 최대한 줄였다. 이른바 'Guilty Pleasure'의 굴레에서 자유로운 메뉴개발은 사람들의 니즈를 충족시켰다.

두 사람의 팀워크도 조화로웠다. 벅은 엔지니어 출신답게 매장운영 시스템을 효율적으로 설계하며 비용을 최소화하고 품질을 높이는 데 힘썼다. 델루카는 현장에서 직접 고객과 소통하며 서비스 품질향상에 전념했다.

가게가 점차 인기를 끌자 델루카는 학업 대신 사업에 전념하기로 했다. 다만 샌드위치가 아무리 많이 팔려도 작은 매장으론 한계가 있었다. 두 사람은 가맹사업을 통해 사세확장을 결심했다. 무엇보다 'Pete's Super Submarines'이란 상호부터 손봐야 했다. 너무 길고 발음도 쉽지 않았다. 고민 끝에 둘은 잠수함에서 지하철(Subway)로 환승했다. 일단 어감이 친숙하고, 빠르고 일상적이며, 저렴한 지하철운임과 샌드위치 가격이 조응했다. 델루카는 유동인구가 많은 도심의 지하철역마다 서브웨이 간판이 보이길 내심 희망했다.

상상은 현실이 됐다. 가맹점이 늘기 시작했다. 그 배경에는 델루카의 진정성이 한몫했다. 그는 가맹점주를 단순한 고객이 아닌 진정한 파트너로 여겼다. 자신이 경제적 난관에 봉착했을 때 손을 내밀어 준 벅의 배려가 동기가 됐다. 서브웨이의 가맹점 상생전략은 당시 업계에서 매우 파격적이었다. 일반적인 프랜차이즈가 높은 가맹비와 로열티로 수익을 극대화할 때 서브웨이는 가맹점주의 성공을 우선순위에 두었다.

델루카는 가맹점주들이 안정적으로 수익을 낼 수 있도록 낮은 초기 투자비용을 설정했다. 당시 맥도날드 가맹점 개설에 수십만 달러가 필요했던 반면, 서브웨이는 1만 달러 내외로 시작할 수 있었다. 이는 중산층도 부담 없이 창업할 수 있는 수준이었다.

또한 본사는 가맹점주에게 단순히 매뉴얼만 제공하는 것이 아니라 지역별 특성에 맞는 마케팅 지원과 메뉴 개발에도 적극 나섰다. 가맹점주들의 의견을 정기적으로 수렴해 신메뉴 개발에 반영했고, 지역별 판매데이터를 공유해 매장운영 최적화를 도왔다.

가장 특별했던 것은 다중 매장소유 시스템이었다. 성공적으로 매장을 운영하는 가맹점주에게는 추가 매장개설을 적극 지원했고, 이를 통해 가맹점주들이 단순한 매장운영자가 아닌 지역사업가로 성장할 수 있게 했다. 실제로 많은 서브웨이 가맹점주들이 수십 개의 매장을 운영하는 성공한 사업가가 되었다.

델루카는 정기적으로 가맹점주들과 직접 만나는 파트너 미팅을 개최해 소통을 강화했다. 이 자리에서 가맹점주들의 애로사항을 듣고 해결책을 함께 모색했으며 성공사례를 공유해 전체 네트워크의 경쟁력을 높였다. 델루카의 마인드는 서브웨이의 빠른 확장과 장기적 성공의 밑거름이 됐다. 특히 프랜차이즈 업계에서는 드물게 본사와 가맹점이 함께 성장하는 구조를 만들어냈다.

서브웨이는 가맹점 이탈율이 업계평균보다 현저히 낮았고 가맹점주들의 만족도도 높은 수준을 유지했다. 가맹점주들은 불평 대신 자발적으로 브랜드 홍보에 적극 나섰다. 오늘날 서브웨이는 전 세계 100여 개국에 2만5,000개가 넘는 매장을 운영하는 글로벌 브랜드로 성장했다. 기업가치는 약 100억 달러(약 13조7,000억 원)에 이른다.

통계청에 따르면 2025년 기준 한국의 자영업자는 대략 560만 명에 이른다. 자영업은 영세한 소시민이 선택하는 마지막 생존수단인 경우가 적지 않다. 그림에도 한국에서 대형 프랜차이즈는 여전히 '울며 겨자먹기' 같은 존재다. 델루카의 지론은 많은 것을 돌아보게 한다.

좋아하는 것 말고
잘하는 걸 팔아라

토비의 질문

쇼피파이(Shopify)의 창업자 토비아스 뤼트케Tobias Lütke, 1980-는 독일 출신의 프로그래머였다. 토비(뤼트케의 애칭)는 22세 때 스노보드 여행에서 만난 캐나다 여성과 사랑에 빠져 2002년 그녀가 사는 곳으로 이주했다. 사랑은 찾았지만 이제 타지에서 먹고사는 문제를 해결해야 한다.

2년 뒤 그는 친구들과 함께 스노보드 쇼핑몰 스노데블을 창업했다. 문제는 당시 사용가능한 온라인쇼핑몰 플랫폼들이 지나치게 불편하고 제한적이었다. 야후 스토어나 마젠토 시스템은 느리고 비효율적이었다. 프로그래머 출신인 그는 의문이 들었다.

"왜 온라인에서 물건을 파는 일이 이토록 복잡하지?"

토비는 차라리 자신이 직접 만드는 게 낫겠다고 판단했고, 쇼핑몰 플랫폼을 개발하기 시작했다. 그런데 플랫폼 개발이 완료되자 정작 스노보드보다 더 큰 관심을 받은 건 그가 만든 쇼핑몰 시스템이었다. 이 플랫폼을 우리도 쓸 수 있냐는 요청이 쏟아지자 그는 깨달았다.

"우리가 팔아야 할 진짜 제품은 스노보드가 아니라 플랫폼이다!"

결국 그는 스노데블 사업을 접고 2006년 쇼피파이라는 이름으로 전자상거래 플랫폼을 공식출시했다.

초기쇼피파이는 개발자 중심의 조직문화를 바탕으로 운영됐다. 당시는 소규모 팀이었고 이메일이나 공식회의보다는 IRC(인터넷 릴레이 챗) 채팅 등 실시간 메시지 기반의 유연한 커뮤니케이션을 선호했다. 전통적인 회사처럼 움직이지 않고 코드로 말하는 문화가 자리잡으며 기술적 완성도를 끌어올렸다. 이러한 분위기 속에서 쇼피파이를 이용하면 누구나 쉽게 온라인 상점을 만들 수 있다는 인식이 빠르게 퍼져나갔다.

결정적 분기점은 2020년 코로나19 팬데믹이었다. 오프라인 판매가 얼어붙고 온라인 판매 수요가 급증하자 쇼피파이는 폭발적인 성장을 경험했다. 쇼피파이는 이 시기 미국 내 전자상거래 시장에서 아마존에 이은 2위 플랫폼으로 올라섰다.

순식간에 억만장자 반열에 오른 토비는 2025년 기준 약 123억 달러(약 17조 원)의 자산을 보유한 캐나다 최상위권 부호가 됐다. 놀라운 점은 그가 지금도 쇼피파이의 CEO로서 코딩을 직접하고 개발자 커뮤니티와 적극적으로 소통하고 있다는 사실이다. 기술자에서 창업자로, 창업자에서 리더로 성장했지만 그는 여전히 문제를 찾고 해결하려는 개발자로서의 본능적 질문을 던진다.

> "지금 내가 불편해하는 그 문제를
> 혹시 다른 이들도 겪고 있지 않을까?"

토비의 킥은 크게 두 가지다. 첫째는 좋아하는 것(스노보드) 말고 잘하는 걸(플랫폼 개발) 사업 아이템으로 선택했다. 동시에 현장에서 겪는 문제점을 지시하자마자 그것을 해결할 수 있는 기술을 개발해 사업에 적용했다.

카트에 무엇을 담을 것인가

시네갈의 투자가치

세계적인 유통기업 코스트코(Costco)의 공동창업자 제임스 시네갈James Sinegal, 1936-은 매우 소탈한 사람이다. 정장 대신 폴로셔츠에 이름표를 달고, 전용 사무실도 없이 직원들과 같은 책상에서 일했다. 출장 때는 이코노미 클래스석에 앉았고, 호텔은 직원과 같은 체인모텔을 이용했다.

대개 재벌의 알뜰한 생활습관은 직원들을 향한 야박한 대우로 이어져 눈살을 찌푸리게 한다. 리더인 내가 검소하니 직원들도 동참하란 논리는 참 비루하다. 하지만 시네갈은 달랐다. 그는 이렇게 말했다.

"고객보다 먼저 챙겨야 할 사람은 직원입니다. 직원이 행복해야 고객도 행복해집니다."

그의 발언은 빈말이 아니었다. 그가 CEO로 재임하던 시절 코스트코는 업계 최고 수준의 급여와 복지를 제공했고, 구조조정 없는 고용을 원칙으로 삼았다. 투자자들이 비용을 줄이라고 강하게 압박했을 때 그는 이렇게 설득했다.

"우리는 주식을 사는 사람이 아니라 매장에서 일하는 사람을 먼저 봅니다."

유통은 전 세계적으로 비정규 채용과 이직률이 특히 심한 업종 가운데 하나다. 이유는 평일과 주말, 비수기와 성수기 사이 수요변동성이 큰 탓에 유통업체들은 필요한 시기에 맞춰 파트타임 채용을 선호한다. 아울러 진열·피킹·포장·계산 등 비교적 짧은 교육으로도 업무투입이 가능함에 따라 노동의 숙련가치를 낮게 평가한다. 무엇보다 유통은 저마진 산업구조이기 때문에, 인건비는 가장 큰 비용조정 레버리지라는 인식이 강하다.

하지만 시네갈은 다르게 접근했다. 우선 업계 최고 수준의 임금과 복지 혜택으로 이직율과 노사갈등을 크게 줄였다. 그는 직원이 자주 바뀔수록 전체적인 업무효율이 떨어질 뿐 아니라 신규채용과 교육, 노사대립 자체가 결국 또 다른 비용부담을 초래한다고 판단했다.

시네갈은 물건 수를 줄이고 진열도 단순화하면서 매장을 창고처럼 만들었다. 그러자 판촉광고비가 크게 절감되었고, 직원들의 업무부담도 덜어지면서 결과적으로 고객서비스에 좀더 집중할 수 있게 됐다. 이는 회원제로 운영하는 코스트코의 판매구조에 안성맞춤이었다.

이른바 시네갈의 '사람중심 경영효과'는 수치로 나타났다. 연매출 약 1,880억 달러(250조 원), 시가총액 약 3,200억 달러(430조 원)에 이르는 세계적인 유통강자로 자리매김한 것이다. 주가는 1985년 상장 이후 약 40년간 19,000%p 상승하면서 일부 투자자들의 우려가 기우에 지나지 않았음을 확인시켰다.

시네갈은 검소 뿐 아니라 겸손이 몸에 밴 리더였다. 그는 회장자리에 있을 때에도 물건을 사기 위해 계산대 줄에 조용히 서 있는 사람이었다. 전국 매장을 직접 돌며 지원과 악수할 때는 먼저 감사인사를 건넸다. 수많은 구루들은 이러한 그의 품격 있는 경영철학에 찬사를 보냈다.

동종 업계인 아마존의 제프 베이조스는 "코스트코는 고객신뢰를 가격으로 증명하는 회사"라며 자신이 놓친 지점을 일궈낸 시네갈의 혜안에 경의를 표했다. 하버드 경영대학원의 클레이튼 크리스텐슨은 "코스트코는 '좋은 일자리 전략'이 실제로 성장을 이끄는 증거"라며 분석적 코멘트를 남기기도 했다. 평소 경영자의 품성에 대한 평가에 인색했던 버크셔해서웨이의 찰리 멍거는 매우 이례적으로 시네갈을 자신이 만난 리테일 경영자 중 단연 최고라고 치켜세웠다. 실제로 버크셔해서웨이는 한때 코스트코 주식을 430만 주나 보유했었다.

코스트코의 전 세계 매장 출점 현황(2023년 기준)

시네갈의 경영철학은 그의 말대로 특별해 보이지 않지만, 그것을 실천에 옮기려면 인간중심의 가치관과 투자자들을 설득하기 위한 용기가 필요하다. 때론 월스트리트와의 관계가 소원해지더라도 그가 카트에 담으려 했던 것은 파편적인 이익이 아니라 지속가능한 신뢰와 공존이었다.

"유통회사의 비전이요? 별거 없어요.
현장의 직원들을 제대로 존중하면,
직원들은 고객들을 성심껏 응대하고,
그러면 고객들이 다시 찾아오며,
결과적으로 회사의 수익이 증가해 주주들도 이익을 봅니다."

단지 서류상의 가치일 뿐

루시의 자각

스케일AI(Scale AI)에서 알렉산더 왕만을 언급하는 건 아쉬운 일이다. 공동창업자 루시 궈^{Lucy Guo, 1994-}를 빼놓을 수 없다. 1994년 미국 캘리포니아주 프리몬트에서 중국계 이민자 부모 밑에서 태어난 루시는 학창 시절부터 수학과 과학에 두각을 나타냈다. 청소년기에는 온라인게임 네오펫용 봇을 개발해 수익을 올리기도 했다.

카네기멜론대에서 컴퓨터과학을 전공하던 그녀는 2014년 '틸 펠로우십*'에 선발되면서 학업을 접었다. 대학 중퇴 후 루시는 페이스북 인턴십을 거쳤고 스냅챗에서는 첫 여성 디자이너로 스냅맵 개발에 참여했다. 그녀는 이후 사용자들이 질문을 올리면 전문가와 일반인이 답변하는 지식공유 플랫폼 쿼라(Quora)에 합류했다. 쿼라는 실리콘밸리에서 집단지성이 모이는 공간으로 펴

* Thiel Fellowship. 페이팔 창립자 피터 틸이 2011년 창립한 장학재단으로, 대학 중퇴자에게 20만 달러를 지원하며 창업을 후원한다. 재단의 공동창립자인 짐 오닐은 한때 미국의 과학기술 혁신이 멈춘 원인을 대학에서 찾았다. 그는 "1950~1960년대까지만 해도 가장 똑똑한 젊은이들이 혁신적 사고에 몰두했지만, 1970년대부터는 이사, 1980년대에는 변호사로 몰렸고, 1990년대에는 월가로 진출했다"고 지적했다. 재단은 대학 졸업장은 평범함의 증시일 뿐이라며, 비범한 인재들이 학위의 굴레에서 벗어나 스타트업에 도전할 것을 독려해오고 있다.

가받는 곳이다.

쿼라에서 근무하며 루시는 데이터의 중요성에 주목했다. 많은 이들이 AI알고리즘만 바라볼 때 루시는 AI모델이 아무리 뛰어나도 학습데이터가 부실하면 제대로 작동하지 않는다는 핵심을 꿰뚫었다. 쿼라에서 함께 근무하던 알렉산더 왕 또한 AI와 데이터 처리에 깊은 관심을 가지고 있었고, 두 사람은 데이터와 AI에 대한 공감대를 형성했다. 정확하고 풍부한 학습데이터 없이는 AI가 완전해질 수 없다는 생각이 두 사람을 창업동지로 만들었고, 이는 2016년 스케일AI 공동창업으로 이어졌다.

스케일AI에서 루시는 데이터 라벨링과 플랫폼 구축을, 알렉산더는 기술구현과 성장전략을 담당하며 각자의 강점을 살렸다. 스케일AI가 운영한 데이터 라벨링 팩토리는 날로 성장했고, 테슬라와 토요타, GM 등의 글로벌 기업들을 클라이언트로 확보하면서 회사는 단숨에 거대해졌다.

하지만 공동창업자 간의 갈등은 결국 그녀의 퇴사로 이어졌다. 당시 스케일AI의 CEO였던 루시는 계약직 직원의 처우와 기업문화의 중요성을 강조했지만, 알렉산더는 빠른 확장과 성장을 우선시했다. 2018년 이사회가 알렉산더의 손을 들어주면서 루시는 결국 회사를 떠났다. 하지만 그녀는 스케일AI의 지분 5%를 매각하지 않고 유지했다. 그것은 본인이 주도했던 개발 프로젝트에 대한 확신이자 자신의 정체성을 지켜내려는 전략적 선택이었다.

퇴사 이후 그녀는 백엔드 캐피탈을 설립해 초기 스타트업에 투자했다. 특히 핀테크 스타트업 램프(Ramp)의 성장으로 투자자로서의 명성을 쌓았다. 2022년 설립한 크리에이터 이코노미 플랫폼 패세스(Passes)는 2024년 시리즈A에서 4,000만 달러(약 545억 원) 규모의 자금조달에 성공했다.

극적인 상황반전은 2025년 6월에 벌어졌다. 메타가 스케일AI 지분 49%를 143억 달러(19조5,300억 원)에 인수하면서 그녀의 5% 보유지분 가치는 7억

5,000만 달러(약 1조400억 원)로 평가받으며 억만장자의 반열에 오른 것이다. 단숨에 세계 최연소 자수성가 여성 억만장자가 됐지만 그녀는 검소한 삶을 잃지 않았다.

"부자들이 슈퍼카나 명품 브랜드에 돈을 쓰는 것은 자신의 성공을 겉으로 증명하고 싶기 때문이에요. 나는 돈 낭비를 싫어해요. 평소 혼다 시빅을 운전하고 쉬인에서 옷을 구매하는 현실적인 삶을 여전히 유지하고 있죠."

그녀는 삼십대 초반의 슈퍼리치답지 않게 '검소하게 생활하며 부자로 남아라(Act broke, stay rich)'의 철학을 실천했다.

루시는 AI와 창업에 대해서도 독특한 관점을 제시했다.

"AI가 발전할수록 사람들은 더욱 창의적으로 바뀔 거예요. AI는 인간의 창의성을 바탕으로 학습하지요. 우리 안에는 창의성에 깊이 연결된 무언가가 있을 거라 믿어요. 결국 세상은 모든 사람이 '창업자'가 되는 방향으로 나아갈 게 분명해요."

틸 펠로우십 출신다운 주장이다. 그녀는 실리콘밸리의 여느 테크리치들과 다르다. 어린 나이에 실패를 경험했지만, 그것을 바탕으로 투자자와 창업가로 또 다른 길을 열었다. 데이터의 중요성을 일찍 간파했고, 갈등 속에서도 냉철한 판단으로 지분을 매각하지 않았으며, 검소한 삶을 유지하면서 새로운 도전을 멈추지 않았다. 루시의 담대함은 젊은 창업가들에게 성공의 본령을 되새기게 한다.

"솔직히 지금의 재산이 지금은 황당하게 느껴져요. 단지 서류상의 가치일 뿐이죠."

반복의 道[도]

소룡의 킥

이소룡Bruce Lee, 1940-1973은 단지 무술가나 영화배우가 아니었다. 그는 철학자였고 행동가였으며 시대를 초월한 혁신가였다. 그가 남긴 가장 유명한 말이 있다.

"나는 만 가지 킥을 한 번씩 연습한 사람을 두려워하지 않습니다.
하지만 한 가지 킥을 만 번 연습한 사람은 두렵습니다."

이 명언은 그가 단련의 깊이를 얼마나 중시했는지를 상징적으로 보여준다. 그는 세련된 폼보다는 실전에서 통하는 기술 하나를 집요하게 연마하는 것의 중요성을 설파했다. 이소룡은 실제로 하루에 500번 이상의 킥 연습을 했다고 전해진다. 심지어 휴식 중에도 다리를 들고 벽에 대어 자세를 유지하며 근력을 단련했다. 그는 말했다.

"기술은 단련에서 나오고 단련은 반복에서 나옵니다.
반복은 지루하지만 숙련은 지루함을 통과한 자의 것입니다."

李小龍

BRUCE LEE

소룡의 이런 철학은 단지 무술의 세계에만 국한되지 않는다. 어떤 분야든 진짜 강자는 하나를 파고드는 사람이다. 세상의 빠른 변화 속에서도 본질에 집중하는 것이다. 오늘날처럼 수많은 정보와 기술이 쏟아지는 시대에 그의 테마는 더욱 강렬하게 다가온다. 많은 것을 얕게 아는 것보다 하나라도 확실히 해내는 힘, 그것이 진짜 '무기'라고 이소룡의 생애는 말한다.

지금 당신은 무엇을, 또 얼마나 반복하고 있는가? 그가 우리에게 던지는 질문은 여전히 유효하다.

바람과 함께 사라지지
말아야 할 것

마윈의 2101년

알리바바(Alibaba) 마윈Ma Yun, Jack Ma, 1964-은 가난한 집안에서 자랐지만 영어에 남다른 호기심을 보였다. 매일 새벽 자전거를 타고 호텔로 가 외국인과 대화를 나누며 영어를 익혔다. 관광객에게 무료가이드를 하면서 실력을 키웠고, 한 관광객에게서 '잭'이라는 영어이름까지 얻었다.

그러나 학업성적은 시원찮았다. 특히 수학에 약했고, 대학입시인 가오카오에서는 두 번 연속 낙방했다. 첫해에는 입시원서조차 넣을 수 없었고 두 번째에도 커트라인에 미치지 못했다. 세 번째 도전 끝에 항저우 사범대 영어교육과에 입학했다.

졸업 후에도 실패는 계속됐다. 경찰시험 탈락, 호텔·마트·외국계 기업 등 수십 번도 넘게 입사지원서를 넣은 회사들에서는 불합격통지서가 오거나 아예 감감 무소식이었다. 언젠가 그는 쓴웃음을 지으며 어려운 시절을 회고했다.

"나는 너무 많이 실패했어요. KFC 면접에서 24명 중 23명이 합격했는데, 나 혼자만 떨어졌을 정도였으니까요."

결국 시간제 영어교사로 일할 기회가 주어졌지만 월급은 고작 12달러에 불과했다. 그는 여전히 외국인 관광가이드와 통역을 병행하며 생계를 유지해야 했다.

그러던 어느 날 미국 시애틀 출장길에 들른 친구 집에서 처음 접한 인터넷에서 'China'라는 단어를 검색했는데 중국 관련 정보는 하나도 찾을 수 없었다. 전 세계가 온라인으로 연결되어가는 1995년에 중국만 소외되고 있음을 알게 됐고, 순간 그는 무릎을 쳤다.

"중국에게 인터넷은 기회다!"

하지만 그의 첫 번째 인터넷사업 도전은 실패로 끝났다. 중국문서를 영어로 번역하거나 통역을 해주는 사이트를 오픈했지만 당시 중국인들의 인터넷에 대한 인식은 매우 낮았다. 중국 최초의 인터넷기업인 차이나옐로우페이지를 세웠지만 준비 미흡과 여전히 중국 내 인터넷 인프라가 취약한 나머지 고전만 거듭했을 뿐 남는 게 없었다.

"1995년께 중국에서 인터넷사업을 하면서 매우 답답했습니다. 어느 누구도 날 믿지 않았고 나도 내가 세상을 향해 뭘 하려는지 제대로 파악하고 있지 못했어요."

1999년 자택에서 자본금 50만 위안으로 18명의 창업멤버가 하루 17시간씩 일한 끝에 알리바바 홈페이지를 완성했다. 하지만 현실은 참담했다. 같은 해 7월에 빚을 내서 직원들 월급을 줘야 할 지경에 이르렀다.

기회는 생각지도 못한 데서 찾아왔다. 마윈은 한 해 전인 1998년 비영리 전자상거래 벤치사업 부문에서 일하고 있었는데 이후 친입자 제리 양이 중국을 방문했을 때 우연히 그의 민리징성 여행가이드를 밑게 되었다. 이 만남이 훗날 알리바바 성공의 단초가 되었다. 제리 양의 소개로 일본 소프트뱅크 손정의 회장과의 미팅이 성시되었기 때문이다. 손정의는 훗날 마윈과의 첫 만남을 이렇게 회고했다.

"처음 만났을 때 마윈은 돈 이야기를 하지 않았습니다. 다른 벤처기업가들은 투자금 얘기부터 꺼냈는데, 그는 자신이 앞으로 펼칠 꿈에 대해서만 설명했어요."

대부분의 사람들이 이미 거부가 된 셀럽의 성공사례를 복사할 때, 마윈은 오랫동안 준비해온 자신만의 사업모델을 제시했다. 알리바바는 거대 기업이 아닌 수출에 어려움을 겪는 중국의 중소 제조업체를 겨냥했다. 당시 중국에는 수많은 제조공장이 있었지만, 해외 바이어와 직접 연결하기가 쉽지 않았다. 알리바바는 이들을 대신해 온라인 무역창구가 되어주었다.

중국에서 온라인거래에 대한 신뢰가 거의 없던 시절에 알리바바는 기업인증 시스템을 도입했고, 공급업체 등급을 표시했다. 마윈은 수익보다 생태계를 먼저 키웠다. 회원 수와 거래량 확대에 집중한 것이다.

"먼저 판을 키운 뒤 수익을 내는 게 우리의 계획입니다."

마윈의 전략은 매우 설득력 있었고, 손정의는 그의 사업모델을 듣고 단 6분 만에 2,000만 달러(약 200억 원)를 투자했다. 손정의의 투자금을 지렛대삼아 마윈은 중국 온라인쇼핑 시장을 지배하고 있던 이베이에 정식으로 도전장을 냈다.

알리바바는 C2C플랫폼 '타오바오'를 출시하며 파격적으로 수수료를 받지 않았다. 반면 이베이는 여전히 판매수수료를 부과했고, 유료등록 구조를 고수했다. 가격에 민감한 중국의 판매업자들은 자연스럽게 타오바오로 이동했다. 그리고 이어서 도입한 결제시스템 알리페이가 결정타였다. 당시 중국에서는 온라인결제에 대한 신뢰가 매우 낮았다. 알리바바는 구매자가 돈을 알리페이에 예치하게 했고, 상품수령을 확인한 뒤 판매업자에게 대금을 지급했다. 선입금 사기불안을 깔끔하게 해소한 것이다.

2014년 9월 뉴욕증시 상장 당시 알리바바의 기업가치는 1,667억 달러(약

174조 원)에 이르렀고, 손정의에게는 첫 투자액의 3,000배에 달하는 수익을 안겨주었다. 당시 마윈은 한동안 루저에서 벗어나지 못했던 자신의 젊은 시절을 회고하면서 성공을 꿈꾸는 후배세대에게 이렇게 덧붙였다.

"오늘 힘든 건 견딜 수 있어요. 내일은 더 힘들겠죠. 하지만 모레는 멋질 겁니다. 대부분의 사람들은 내일 밤을 넘기지 못합니다. 포기하지 않으면 여전히 기회는 있습니다. 다만 포기하는 순간 루저에서 벗어날 뾰족한 방법은 없습니다."

마윈의 말은 마치 마거릿 미첼의 소설 『바람과 함께 사라지다』에 나오는 주인공 스칼렛 오하라의 그 유명한 대사 "내일은 내일의 태양이 뜬다"를 소환한다. 희망을 잃지 말고 포기하지 말라는 얘긴데, 요즈음 MZ세대가 들으면 이 얼마나 고리타분한 계몽적 수사인가.

2026년은 미첼이 『바람과 함께 사라지다』를 쓰기 시작한 지 꼭 100년이 되는 해다. 미첼은 1926년에 집필을 시작해 10년 만에 탈고했다. 그럼에도 이 진부한 표현이 100년이 다 되도록 바람처럼 사라지지 않고 많은 이들에게 회자되는 까닭은 분명하다. 희망에 관해서 이 보다 더 강렬한 설득은 없기 때문이다.

"우리는 102년 기업이 될 것입니다."

마윈은 이런 선언을 한 적이 있다. 이 말에는 단지 장수기업의 목표만 담겨 있지 않다. 알리바바가 창업한 1999년에 102년을 더하면 2101년이 된다. 그의 선언에는 20세기와 21세기, 22세기를 모두 경험하는 회사가 되겠다는 포부가 담겨 있다. 그 옛날 스칼렛의 대사기 이직도 강렬하게 살아있듯이, 마윈의 102년 선언은 결코 허황되지 않다. "성공하고 싶다면 희망을 포기하지 말라"는 진부함은, 아마 2101년에도 "내일은 내일의 태양이 뜬다"는 진리와 함께 여전히 루저들을 설득하고 있을 것이다. '진부'하단 선입견을 버리면 '진리'를 얻는 이치다.

그렇게 아버지가 된다

스프링스틴의 온성〔溫聲〕

제2차 세계대전 이후 미국은 세계 최대 산업국가로 부상했다. 자동차, 가전, 철강 등 제조업과 중공업을 중심으로 급성장했고, 산업현장에는 고임금과 안정적인 일자리가 넘쳐났다. 백인들을 중심으로 이른바 중산층이 확산되었고, 2층짜리 주택과 자동차가 대중화되었다. 다만 유감스럽게도 미국의 모든 노동자계급에 해당되는 얘긴 아니었다. 여전히 인종차별이 심했고, 흑인노동자들은 저임금과 실업에 시달려야 했다. 백인 중에서도 경제부흥에 올라타지 못한 사람들이 적지 않았다.

미국 록음악의 상징적 존재 브루스 스프링스틴Bruce Springsteen, 1949-의 유년기는 절망에 가까웠다. 아버지 더글라스는 뉴저지의 한 카펫공장 노동자였고 언젠가 기술을 갈고닦아 인정받는 장인이 되기를 꿈꿨다. 하지만 카펫을 짜는 일은 당시 미국에서 활황한 산업군과는 거리가 멀었다. 공장이 문을 닫자 그의 숙련된 손은 더 이상 설 자리를 찾지 못했다. 남은 건 술과 폭력이었다.

아버지의 왕좌는 주방의 낡은 식탁의자였다. 매일 밤 술에 취한 채 그곳에 앉아 말없이 시간을 보냈고 어린 스프링스틴은 그 모습을 '침묵의 휴화산'이라고 불렀다. 화산이 폭발할 때마다 집안 곳곳이 부서지고 욕설과 폭력이 쏟아졌다. 그나마 버팀목은 가정을 이끌던 어머니였다. 법률사무소 비서로 일하며 생계를 책임진 사람도 그녀였다.

7살의 스프링스틴은 TV쇼 〈토스트 오브 더 타운〉에서 본 엘비스 프레슬리의 무대에 전율했다. 그것이 음악의 시작이었다. 13살 되던 해 그는 집안 형편으로는 감당하기 어려운 돈 18달러를 모아 첫 기타를 손에 넣었다. 기타는 절망의 집을 벗어나게 해줄 유일한 도구였다. 1960년대 후반 어린 로커는 고향 뉴저지에서 여러 밴드를 전전하며 무대경험을 쌓았다. 하지만 오랫동안 그는 무명가수에 머물러야 했다.

스프링스틴은 뉴욕과 필라델피아의 작은 클럽에서 밤마다 연주하며 언론의 눈길을 끌 기회를 기다렸고, 전환점은 1972년에 찾아왔다. 음악평론가 존 랜도가 우연히 그의 무대를 봤고, 거칠지만 진정성이 느껴지는 보컬과 가사에 매료됐다. 랜도는 스프링스틴을 프로듀서 클라이브 데이비스에게 소개했고, 오디션에 합격해 음반계약을 체결했다. 첫 두 장의 앨범은 큰 반향을 얻지 못했으나 젊은 노동계층의 삶을 생생하게 담은 가사와 무대 에너지는 점점 입소문을 타기 시작했다.

그리고 1974년 랜도는 그의 공연을 본 후 유명한 음악저널에 이렇게 썼다.

"나는 로큰롤의 미래를 보았다. 그 이름은 브루스 스프링스틴이다."

랜도의 평론은 미국의 록애호가들의 가슴에 불을 지폈다. 미국인들은 비틀스와 롤링스톤스, 레드 제플린 같은 영국의 슈퍼밴드들에 아메리카 대륙이 속수무책으로 침략 당했디고 느끼던 참이었다. 언론은 그를 차세대 밥 딜런으로 치켜세웠고, 레이블은 모든 자원을 그의 세 번째 앨범에 쏟아 부었다. 그 결과물이 비로 1975년에 나온 〈Born to Run〉이었다. 빽빽하게 채워 넣은 사운드와 희망과 절망이 교차하는 가사는 젊은 세대의 영혼을 긁다했다. 앨범은 빌보드

3위에 오르고 600만 장 이상 판매되며 스프링스틴을 단숨에 스타로 만들었다.

그는 레코딩이나 방송출연보다는 라이브콘서트에서 빛나는 전형적인 로커였다. 이스트리트밴드(E Street Band)의 탄탄한 연주력이 그의 야성적인 보컬에 깊이를 더했고, 미국의 하층민을 대변하는 노래가사는 록의 저항정신을 표출하기에 충분했다. 스프링스틴의 음악적 성취는 1984년에 발매된 〈Born in the U.S.A.〉에서 정점을 찍었다. 앨범 제목만 봐서는 위대한 미국을 상찬하는 이른바 '국뽕' 냄새가 짙지만, 앨범에 실린 노래가사에는 베트남전 참전용사의 비참한 삶, 실업과 계급 등 미국사회의 그늘과 모순을 날카롭게 풍자했다. 앨범 동명 타이틀곡 〈Born in the U.S.A.〉는 당시 미국 정치인들이 선거 캠페인에 사용하려 스프링스틴이 공개적으로 반대하면서 화제를 모으기도 했다. 앨범은 전 세계에서 약 3,000만 장 이상 판매됐고, 1980년대 미국 록가수의 가장 상징적인 앨범 중 하나로 기록됐다. 무엇보다 스프링스틴은 이 앨범으로 '노동자의 시인'이자 '미국의 양심'이라는 이미지로 굳어졌다.

이후 그는 음반활동을 넘어 영화음악에서도 두각을 드러냈다. 1993년 톰

스프링스틴의 음악적 성취는 1984년에 발매된 〈Born in the U.S.A.〉에서 정점을 찍었다. 앨범 제목만 봐서는 위대한 미국을 상찬하는 이른바 '국뽕' 냄새가 짙지만, 앨범에 실린 노래가사에는 베트남전 참전용사의 비참한 삶, 실업과 계급 등 미국사회의 그늘과 모순을 날카롭게 풍자했다.

행크스 주연의 영화 〈필라델피아〉를 위해 만든 〈Streets of Philadelphia〉는 에이즈와 사회적 편견을 다룬 작품의 메시지를 깊이 있게 담아냈다. 이 곡은 아카데미 주제가상과 골든글로브상 및 그래미상을 모두 휩쓸며 스프링스틴의 음악세계가 대중문화 전반으로 확장되는 계기가 되었다.

한편, 눈부신 성공 뒤에도 아버지의 그림자는 지워지지 않았다. 그는 여전히 아버지 얘기만 나오면 움츠러들었다.

"삼십대 중반부터 우울증과 씨름해왔습니다. 때로는 침대에서 일어나는 것조차 힘들었어요. 성공은 생활을 편하게 만들어 주었지만, 삶 자체를 쉽게 만들어주지는 않았습니다."

스프링스틴은 나중에서야 아버지가 편집증적 조현병을 앓고 있었다는 사실을 알게 되었고, 그제야 오래 묻어둔 상처의 맥락이 드러났다. 그리고 그는 아버지를 위해 〈Factory〉를 만들어 노래했다. 아버지에게서 공장 노동자로의 기회조차 앗아갔던 산업주의의 이면을 저격하며 우회적으로 자신과 가족을 위로했던 것이다.

세월은 또 다른 반전을 만들었다. 2021년 스프링스틴은 소니뮤직에 전곡의 판권을 5억5,000만 달러(약 7,300억 원)에 매각하며 음악역사상 최대 규모의 계약을 성사시켰다. 2022년에는 전 세계에서 가장 많은 수입을 올린 팝스타가 되었고, 2025년 「포브스」는 그를 12억 달러(약 1조6,000억 원) 자산을 보유한 억만장자로 발표했다.

스프링스틴은 오래 전에 자신과 약속했다. 아버지가 그를 잃은 방식으로 자신의 아이들을 잃지 않겠다고. 그는 무대 위에서 보스로 불리는 카리스마 로키였지만, 1991년 밴드의 멤버 패티 스기얼파와 결혼해 가정을 꾸리며 세 아이의 아버지로서 헌신적인 삶을

살았다. 2022년에는 첫 손녀를 보기도 했고, 한때 골수암을 앓았던 아내를 극진히 보살폈다.

큰돈과 인기를 얻은 수많은 팝스타가 약물과 이성문제로 불행한 부모가 되곤 했지만, 스프링스틴은 달랐다. 가족주의가 강한 한국에서도 스프링스틴 같은 아버지 뮤지션은 많지 않다. 하물며 개인주의의 나라 미국에서, 스프링스틴의 삶과 노래는 특별할 수밖에 없다.

칠십대 중반 고령의 로커는 여전히 무대 위에서 자신의 아버지 같은 노동자의 삶을 우렁차게 위로하며 이렇게 읊조렸다.

"가족은 용서를 배우는 곳이지요."

당신을 바꿀 수 있는 것

젠슨의 가죽재킷

스티브 잡스나 마크 저커버그 같은 사람들의 키노트*를 보고 있으면 그들의 성향이 읽히곤 한다. 최근 가장 인상적인 인물은 단연 젠슨 황^{Jensen Huang, 1963-}이다. 특유의 가죽재킷을 입고 무대에 오른 모습은 흡사 록스타 같다. 언젠가 그는 한 행사장에서 이렇게 외쳤고, 이 말은 4차 산업혁명의 패러다임을 바꾸는 가장 중요한 선언이 되었다.

"AI는 새로운 전기다!(AI is the new electricity)"

젠슨이기에 할 수 있는 말이었고 늘 그렇듯 기백이 차 있었다. 그의 자신감 넘치는 풍모는 조금도 불편하거나 어색함이 없다. 그의 언행은 언제 어디서나 압도적이다.

사람에게는 자기만의 기억과 서사가 있기 마련이다. 젠슨이 어린 시절을 소환해보면 믿기지 않을 만큼 지금의 모습과는 딴판이었다. 소년 젠슨은 심각할 정도로 내성적인 아이였다. 대만에서 태어나 태국에서 잠시 생활한 뒤 아

---

* keynote. 기업의 제품발표회나 컨퍼런스 행사에서 가장 핵심이 되는 기조연설.

홉 살 무렵 미국으로 건너온 그는 낯선 언어와 문화에 눌려 말수가 적었고, 지나치게 소심했다.

항상 주눅이 든 이방인 소년의 성향이 바뀐 건 뜻밖에도 식당 아르바이트에서였다. 그는 15세 무렵부터 오리건주의 한 레스토랑에서 접시를 닦고 웨이터로 손님을 응대했다. 그는 처음엔 주문을 받는 것조차 두려워했고, 식당주인은 혀를 찼다. 식당에서 잘리지 않으려면 먼저 다가가 손님과 눈을 맞춰야 했고, 최대한 친절하면서도 또박또박 말해야 했으며, 때론 거친 말투의 사람에게도 겁먹지 말고 침착하게 상대해야 했다. 젠슨은 아침에 일어나면 거울 앞에서 대화법은 물론 표정과 몸짓까지 연습했다. 어린 젠슨의 생존을 위한 훈련은 그렇게 시작됐고, 조금씩 바뀌기 시작했다.

사람들은 동양계의 키 작은 웨이터에겐 눈길조차 주지 않았지만, 어느 날 한 고객의 '고마워요'라는 한마디는 그에게 큰 위로가 됐다. 좀더 마음을 열고 세상에 적극적으로 다가가는 계기가 된 것이다. 물론 그 고객에게는 너무나 사소한 일상이라 기억하지 못하겠지만, 이 억만장자는 작은 에피소드를 또렷이 회고하며 이렇게 말했다.

"작은 상호작용의 반복이 결국 나를 바꿨습니다."

식당에서의 서빙 경험을 통해 그는 사람들과 눈을 마주치는 법, 타인의 요구를 이해하고 대응하는 법, 자기생각을 분명히 표현하는 법을 체득했다. 이 모든 것은 책이나 강의로는 배울 수 없는, 몸으로 익힐 수밖에 없는 생존법이었다.

그는 고등학교 시절 탁구선수로의 활동도 매우 중요한 경험이었다고 했다. 경기 중 상대의 움직임을 읽고 순간적으로 반응하는 훈련은 나중에 신속하게 상황판단을 하는 DNA를 함양해 줬다고도 했다. 그러면서 그는 이렇게 덧붙였다.

**-Packaged Optics
um-X Photonic Switch**

내성적인 성격 때문에 고민하는 사람에게 필요한 건
성격을 바꾸는 방법이 아니라 성격을 단련시킬 수 있
는 환경에 자신을 던지는 용기일지도 모른다. 재력과
권력을 쥐었다고 누구나 당당해 보이진 않는다. 가죽
재킷은 아무에게나 어울리지 않는 법이다.

기업의 사회적 책임에
대한 오해와 진실

마이코스키의 이너프

'착한 소비'를 하나의 사업모델로 만든 브랜드 탐스의 창립자 블레이크 마이코스키Blake Mycoskie, 1976-. 그는 10살 때부터 테니스를 시작해 운동특기생으로 대학에서 장학금을 받으며 프로선수를 꿈꿨다. 하지만 2학년 때 아킬레스건 부상으로 모든 꿈이 무너졌다.

운동만 해오던 청년이 학업을 시작하는 건 만만치 않은 일이다. 마이코스키는 책 대신 창업을 택했다. 운동선수 특유의 강한 승부욕과 적극적인 마인드는 중요한 밑천이 됐다. 선택과 실행도 빨랐다. 재학 중에 캠퍼스 안에서 세탁서비스업을 시작했고 결과는 놀라웠다. 40명을 고용하며 연매출 100만 달러를 올릴 정도였다.

하지만 의욕이 너무 앞섰다. 그는 옥외광고와 케이블 네트워크 등 돈이 될 만한 아이템이란 주변 사람들의 말만 믿고 새 사업에 뛰어들었지만, 현실은 녹록지 않았다. 특히 리얼리티 센트럴이라는 케이블방송 사업은 2005년 문을 닫으며 쓰라린 경험을 안겨줬다.

2006년 삼십대에 접어들기 직전 마이코스키는 재충전을 위해 아르헨티나를 여행했다. 그곳에서 우연히 만난 미국인 자원봉사자와 함께 마을을 돌며 맨발로 공을 차는 아이들을 본 순간 그의 인생은 완전히 바뀌었다. 그는 당시를 이렇게 회상했다.

"번화한 도심에서 조금만 벗어나도 심각한 빈민가를 목격할 수 있었어요. 축구의 나라였지만, 맨발로 공을 차는 아이들이 적지 않았습니다. 어린 아이들의 발바닥엔 온통 물집과 상처, 감염투성이였지요."

물론 그의 고향 텍사스에도 가난한 사람들은 있었지만, 최소한 신발도 없이 맨발로 다니는 아이들은 없었다. 마이코스키는 돈을 많이 벌기 위해 이십 대를 좌충우돌하며 보냈지만, 정작 왜 그토록 돈을 벌어야 하는지에 대해서는 깊이 생각해 보지 않았다. 그는 막연히 돈을 많이 버는 데 그치지 않고 좀더 나은 세상을 만드는 기업에 대해 생각했고, CSR* 같은 개념에 경도됐다.

"신발 한 켤레를 팔면 한 켤레를 기부한다."

맨발의 아르헨티나 아이들이 눈에 밟혀 뛰어든 신발사업에 그가 내건 슬로건은 단순하지만 파격적이었다. 이른바 원포원(One for One) 모델. 그는 '착한 소비'에 대한 소비자들의 의중을 파악하기 위해 다양한 사람들을 만나 모니터링했고, 의외로 많은 이들에게서 긍정적 신호를 읽었다.

'더 나은 내일을 위한 신발(Shoes for Better Tomorrow)'에서 출발한 회사명은 '내일의 신발(Tomorrow's Shoes)'을 줄여 탐스(TOMS)가 됐다. 아메리칸 래그라는 매장에서 첫 판매를 시작했는데, 반응은 기대이상이었다. 소비자들은 탐스 신발을 구매하는 순간 기부행시의 사회적 참여를 경험하며 보람을 느꼈다. 입소문을 타기 시작하면서 미디어가 주목했고, 「LA타임스」 기사는 대중의 관심을 폭발시켰다.

---

* Corporate Social Responsibility. 기업의 사회적 책임.

탐스라는 브랜드 자체가 하나의 캠페인으로 인식되었고, 사람들은 사회공헌에 기여하는 사업모델에 감동했다. 회사는 빠르게 성장했고 전통적인 광고 없이 언론보도만으로 전 세계에 알려졌다. 2014년 그는 베인캐피탈에 보유지분 50%를 매각했고, 탐스는 6억2,500만 달러(약 6,500억 원)의 기업가치를 평가받았다. 이를 두고 일각에서는 창업자의 엑시트(개인현금화)로 보기도 했지만, 마이코스키는 회사가 커질수록 전문경영과 글로벌전략, 자금확보가 필연적임을 깨달았다.

아무튼 결과적으로 마이코스키는 3억 달러(3,000억 원)의 개인자산가가 됐고, 이를 기반으로 사회적 기업가를 지원하는 펀드도 만들었다. 또 개인적으로는 단란한 가정도 꾸렸다. 겉으로 보기에 그는 완벽하게 성공한 셀럽이었다.

하지만 마이코스키는 깊은 우울의 늪에 빠져 있었다. 그는 고백했다.

"늘 불안했고 산만해졌으며 가족과 함께 있을 때도 행복하지 않았어요. 우울증이 찾아왔고 그런 감정은 처음이었죠. 침대에서 나오고 싶지 않을 정도로 에너지는 바닥났고 뭔가 목적의식을 상실한 느낌이었죠.

그를 더욱 고통스럽게 했던 것은 주변의 반응이었다. 투자유치 이후 그를 바라보는 삐딱한 시선이 있었고, 기부규모가 늘수록 신발소매상들 사이에서 볼멘소리가 커졌다. 기부로는 구조적 빈곤을 해결할 수 없다는 한계의 목소리와 함께 궁극적으로 착한 기업이라는 이미지효과 덕에 개인적인 부를 창출한 게 아니냐는 조롱을 들어야 했다. 그가 우울증을 앓는다는 것에 대해서도 사람들은 곱지 않게 여겼다. 원하는 것을 다 가졌는데 우울하다니, 배부른 투정이라고 비아냥거렸다. 그는 이렇게 회고했다.

"우울증에 더해진 수치심은 정말 독한 칵테일 같았습니다."

무엇보다 마이코스키는, 회사가 성장할수록 더 많은 기부를 해야 한다는 강박에 시달렸다. 하지만 현실은 결코 낭만적이지 않았다. 기부물량이 증가할

수록 물류 및 운영 비용이 크게 상승했다. 패션브랜드이기 때문에 디자인의 차별화에 대한 부담 또한 컸다. 착한 소비란 미덕에 숨어 디자인이 촌스럽다는 시장의 냉혹한 판단을 피해갈 수 없었다. 의류업계의 덤핑관행에 따른 가격경쟁 압박도 심각했다.

물론 마법 같은 해결책이 없음을 그는 잘 알고 있었다. 스스로 극복하지 않으면 안 되었다. 중요한 것은 본인의 경영마인드부터 바꾸는 것이었다. 더 많이 기부해야 한다는 성과중심의 사고부터 내려놓아야 했다. 내가 왜 이 일을 시작했는지를 소환했고, 자신의 선한 의도를 복기했다. 그리고 회사가 곧 자신이 아님을 직시했다. 그는 늘 회사의 평가와 자신의 평판을 혼동했고, 회사를 향한 수많은 루머와 비판을 혼자 감당하려 했다.

마이코스키는 자신의 상태를 객관적으로 받아들였고, 전문적인 심리치료를 꾸준히 받았다. 경영일선에서 한 걸음 물러나 과도한 외부노출을 삼가며 강연과 집필 활동으로 분위기도 쇄신했다.

마이코스키와 같은 사회적 기업가들은 대개 헌신적이어야 하고 사익을 추구하면 안 되며 검소해야 한다는 서사에 갇히기 쉽다. 하지만 '사명'과 '사업'은 다른 것이다. 기업가 스스로도 이를 구별해야만 버틸 수 있다. 세상의 인식도 마찬가지다. 사업은 종종 잘 안 될 때도 있고 실적이 떨어지면 기부성과가 줄어들 수도 있는데, 이것을 도덕적 해이로 받아들여선 곤란하다.

지금까지 탐스는 1억 켤레에 가까운 신발을 전 세계의 헐벗은 아이들에게 기부했고, 36만 명 이상에게 시력을 되찾아 주었다. 탐스는 이미 차고 넘칠 만큼 제 역할을 다했다. 마이코스키는 현재 이너프(Enough)라는 비영리단체를 세워 정신건강 프로젝트를 운영해나가고 있다. 이제 세상사람들은 그에게 더 이상 지나친 도덕적 기대를 거두고, '그만 하면 더할 나위 없다'는 위로와 존경, 찬사를 보낼 때가 됐다.

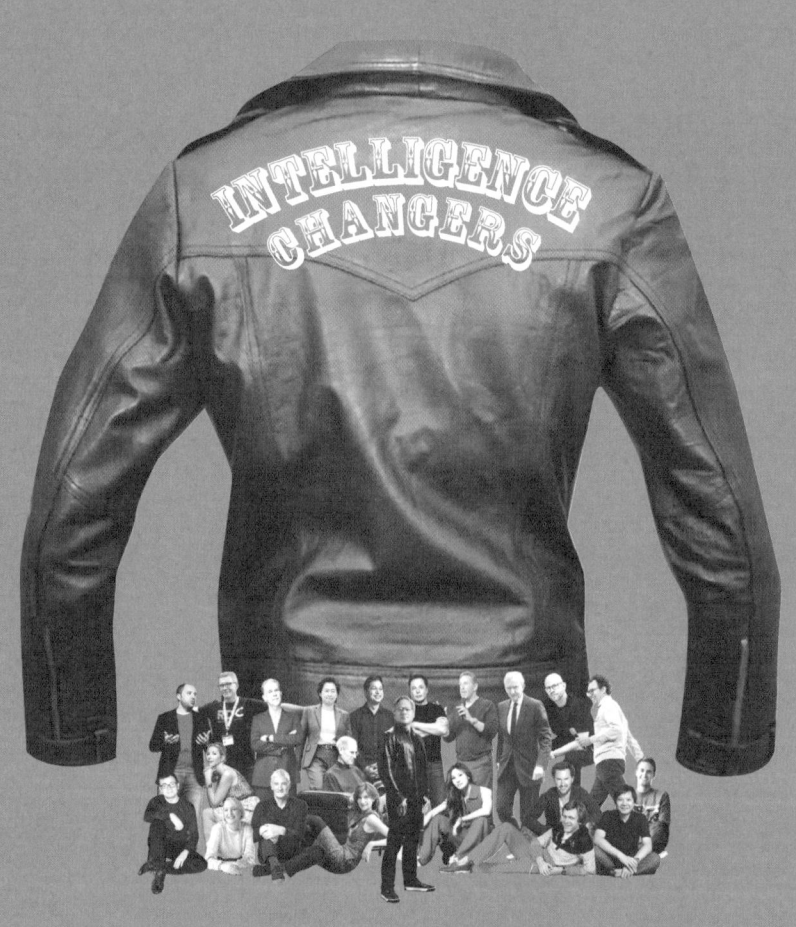

CHAPTER 2

지능의 정복자들

인간의 마음을 읽는 지능

잡스의 뇌

스티브 잡스Steve Jobs, 1955-2011가 유명을 달리한지 15년 가까이 흘렀지만, 그의 통합적 인지능력과 서사적 사고력은 여전히 실리콘밸리의 수많은 스타트업 키즈들 사이에서 회자된다.

잡스는 전통적인 교육시스템에 잘 맞지 않았지만 자신만의 독특한 방식으로 세상을 바꾼 혁신을 이뤄냈다. 그는 어린 시절부터 기존의 틀에 얽매이지 않고 다르게 생각하는 법에 몰두했다. 리드 칼리지에서 1학기만 정규수업을 듣고 중퇴했지만 18개월 동안 청강생으로 남아 자신이 흥미로워하는 과목들을 골라 들었다. 그중에서도 '서체(typography)' 수업은 그의 인생을 바꾼 결정적 경험이었다. 잡스는 당시를 이렇게 회상했다.

"만약 그 강의를 듣지 않았다면 맥(Mac)에는 아름다운 서체가 없었을 것이고, 윈도우가 맥을 베끼지 않았다면* 지금처럼 누구나 PC에서 다양한 서체를 자유롭게 사용하는 일은 일어나지 않았을 것입니다."

잡스만의 탁월한 지능은 '패턴의 포착'과 '점의 연결'에 있었다. 컴퓨터의 서체(폰트)는 본질적으로 패턴의 문제이고, 그 패턴이 표현되는 방식 중 하나가

점(픽셀)과 선(벡터)이다. 인간이 인식하는 구조가 패턴이라면, 컴퓨터가 저장하는 방식은 벡터이고, 디스플레이가 표현하는 방식은 픽셀이기 때문이다.

"가장 똑똑한 사람들은 남들이 놓치는 패턴을 포착하고 독특한 아이디어로 이어지는 점들을 연결하는 능력이 뛰어납니다."

같은 맥락에서 그는 한 연설에서 지능을 구체적으로 정의했다.

"지능이란 멀리서 볼 수 있는 능력입니다. 전체를 한눈에 볼 수 있고 또 파악할 수 있기 때문에 명백해 보이는 연결고리를 만들 수 있습니다."

흥미롭게도 최근 과학저널 「코텍스」에 게재된 신경과학 연구는 이러한 그의 견해를 뒷받침한다. 연구에 따르면 지능이 높은 사람들의 뇌는 효율적으로 작동하며 학습과정에서 일시적으로 회백질**이 증가했다가 정상화되는 현상을 보이는데, 이는 빠르고 유연한 신경회로망의 증거로 해석된다. 뇌에서 통합적 인지능력은 회백질의 양이 아니라 불필요한 연결은 끊고 핵심 루프만 유지하는 데서 비롯한다는 것이다. 가령 잡스의 '전체를 파악하는 지능'은 회백질이 많아서가 아니라, 뇌의 여러 영역에 분포한 회백질들이 서로 충돌하지 않고 조화롭게 연결되기 때문이다. 이러한 연결과 통합은 단순함을 강조하는 그의 철학과 조응한다.

"단순함은 복잡함보다 어렵습니다. 단순하게 만들기 위해 생각을 정리하는 데 엄청난 노력이 필요하죠. 하지만 단순함에는 그만한 가치가 있습니다. 일단 거기에 도달하면 산을 움직일 수 있습니다."

---

* 잡스의 발언에는 자신의 아이디어를 모방한 마이크로소프트를 저격하는 동시에 윈도우 덕분에 맥의 서체가 대중화되었음을 인정하는 뉘앙스가 담겼다. 실제로 윈도우는 맥의 서체를 그대로 베끼지는 않았지만, 맥을 기준으로 '비슷한 크기와 느낌의 대체서체'를 전략적으로 설계했다는 게 업계의 통설이다. 다만 애플과 마이크로소프트가 서체 자체를 두고 송사를 벌인 적은 없었고, 아이콘과 창, 메뉴 등 GUI(그래픽 사용자 인터페이스)를 놓고 법적으로 대립했다.

** Gray Matter. 뇌와 척수에서 정보를 처리·통합하는 핵심영역으로, 육안으로 회색을 띤다. 학습·기억·판단·언어·감성 등 대부분의 인지기능이 회백질에서 시작된다.

거대한 숲 전체를 움직이는 능력은 복잡한 사안을 한눈에 조망한다는 것과 맞닿아 있다. 이러한 지능은 결국 아이폰에서 홈 버튼 하나로 모든 것을 조작하는 직관적 인터페이스로 구현되었다. 그리고 아이팟, 아이패드 같은 혁신적인 제품들이 연달아 탄생했다.

"고객은 제품을 보기 전까지는 자신이 무엇을 원하는지 모릅니다. 우리의 임무는 고객이 아직 원한다고 생각하지 못한 것을 읽어내는 것입니다."

그가 인지능력을 키우는 학습법에는 경계를 넘나드는 사고도 포함된다. 그는 종종 과학기술과 인문학의 교차점에서 영감을 얻었다.

"애플의 DNA에는 기술만으로는 충분하지 않다는 믿음이 있습니다. 기술은 인문학과 결혼해야 하고 인간의 마음을 감동시키는 결과물을 만들어내야 합니다."

잡스는 혁신적인 연결고리를 만들려면 같은 업종의 사람들과 비슷한 경험만을 공유해서는 곤란하다고 봤다. 즉, 다양한 경험이 독창성의 원천이 된다고 믿었다. 이는 심리학자 하워드 가드너의 '다중지능 이론'과도 맥을 같이한다. 가드너는 언어지능부터 공간지능, 대인관계 지능에 이르기까지 지능에는 최소 8가지 형태의 다면적 특성이 있다고 설명했는데, 이 가운데 잡스의 학습법은 지식을 축적하는 '결정성 지능'과 새로운 상황에서의 학습 및 문제해결 능력인 '유동성 지능'의 조합을 보여준다.

실제로 잡스의 독서목록을 훑어보면 다면적 지능이 읽힌다. 그는 최첨단 과학기술을 제품화하는 전문가였지만, 뜻밖에도 영성과 심리학에 깊이 경도되어 있었다. 파라마한사 요가난다의 『어느 요기의 자서전』은 그가 십대 때 처음 읽고 매년 다시 읽었던 고전으로, 2011년 잡스의 추도식에서 애플이 참석자들에게 나눠준 유일한 책이기도 했다. 슌류 스즈키의 『선심, 초심』은 잡스가 어려운 순간마다 마음을 다잡는 데 사용했던 명상법을 담고 있으며, 그는 일본에 가서 선 수행을 계속할 정도로 깊이 빠져들었다. 램 다스의 『BE HERE NOW』는 그의 영적 탐구의 여정에 로드맵 역할을 했고, 실제로 이 책의 영향으로 인도여행을 떠나기도 했다.

이처럼 잡스는 공학적 마인드에만 매몰되지 않고 융합적이고 통섭적인 학습법을 통해 인간의 마음을 여는 기술을 제품에 녹여내는 데 초점을 맞췄다. 그는 고객에게 좀더 다가가려면 편리성을 넘어 기술과 제품에 스토리텔링이 담겨야 한다고 봤다. 그가 직접 나선 애플의 신제품 출시 프레젠테이션 행사는 단순한 기능 설명이 아닌, 한편의 감동적인 이야기를 들려주는 시간이었다.

"가장 강력한 사람은 이야기꾼입니다.

서사를 만들 수 있는 자가

다음 세대의 비전, 가치, 의제를 설정합니다."

2005년 스탠퍼드대 졸업식 연설에서 "점들을 연결하라(Connecting the Dots)"고 말한 것처럼 그는 인생의 다양한 경험들이 어떻게 연결되어 의미를 만드는지 깊이 이해하고 있었다.

결국 잡스의 지능은 타고난 게 아니라 평소의 생각과 경험을 축적해 스스로 만들어 낸 것이다. 그가 남긴 수많은 말에는 자신의 전문분야를 끊임없이 공부하고 확장하는 '평생학습자'로서의 면모가 담겨있다. 무엇보다 개발자로선 흔치 않게, 인간의 마음을 이해하려는 태도는 그의 뇌구조마저 바꾸지 않았을까 싶다.

어느 날 갑자기 찾아온 죽음의 고통 속에서도 그는 매순간 치열하게 살아냈다. 그래서인까, 어느 순간 멈춰야만 했던 잡스의 열정적인 삶이 더욱 가슴 아픈 까닭이다.

뱅크시(Banksy)가 프랑스 북부 칼레의 난민 캠프에 그린 잡스의 그래피티. 작품의 제목은 〈시리아 이주민의 아들〉이다. 잡스의 생물학적 아버지는 시리아 출신 이민자로, 잡스는 태어나자마자 입양됐다. 뱅크시는 잡스가 생전에 입버릇처럼 말한 "창의성은 연결에서 비롯한다"는 얘기에서 영감을 얻어 그의 초상화를 난민 캠프에 그린 뒤 "연결은 국경을 넘어올 때 시작된다"고 말했다. 실제로 잡스는 실리콘밸리를 이민자들이 일군 기술생태계의 요람으로 여기며, 미국정부의 H-1B비자(고급 기술인력 비자) 확대를 지지했다.

체스판 위 무한한 묘수들

하사비스의 한 수

4살 되던 해 아버지가 사준 체스세트는 그의 삶을 송두리 채 바꿔놓았다. 어린 꼬마는 64개 칸 위의 작은 말들이 복잡한 조합으로 움직이며 만들어내는 무한한 경우의 수에 금방 매료됐다. 그는 곧 13세에 체스 마스터 수준까지 도달했다. 소년의 이름은 데미스 하사비스Demis Hassabis, 1976- .

체스에서 익힌 패턴감각과 전략적 사고는 자연스럽게 컴퓨터로 향했다. 십대 시절 아미가(Amiga) 컴퓨터로 직접 게임을 만들어보며 그는 깨달았다. 컴퓨터도 체스처럼 규칙과 논리로 작동한다는 사실을.

특히 인공지능이 체스를 두는 모습을 보며 언젠가는 컴퓨터가 인간처럼 사고할 수 있으리라는 믿음을 갖게 됐다. 이 확신이 그를 케임브리지대 컴퓨터 과학과로 이끌었다.

하지만 하사비스는 졸업 후 예상과 다른 길을 택했다. 17세였던 1994년 그는 게임회사 불프로그 프로덕션에 입사해 테마파크 개발에 참여했다. 게임은 당시 대부분의 사람들에게 그저 킬링타임용 오락거리였지만 하사비스에겐 달랐다. 그에게 게임은 인공지능을 위한 완벽한 실험실이었다. 복잡한 규칙, 불완전한 정보, 실시간 의사결정이 게임 안에 모두 담겨있었기 때문이다. 그는 게임을 통해 AI를 실험하고 훈련할 수 있다는 가능성을 일찍 내다본 것이다.

성공한 게임개발자로 자리 잡은 하사비스는 또 다시 방향을 틀었다. 30세에 그는 UCL(University College London)에서 인지신경과학 박사과정을 시작했다. 이미 많은 걸 이뤘는데 왜 다시 학생이 되려 하느냐는 질문이 쏟아졌다. 그는 이렇게 답했다.

"인간의 뇌를 이해해야 인간친화적인 인공지능을 만들 수 있습니다."

박사과정에서 그는 기억과 상상력 사이의 관계를 탐구했고, 인간은 과거를 회상할 때와 미래를 상상할 때 거의 동일한 뇌영역을 사용한다는 사실을 발견했다. 이 통찰은 딥마인드의 핵심개념이 되었다. 과거의 데이터를 학습해 미래를 예측하는 AI. 인간사고 구조에 근접한 인공지능에 대한 실질적 모델이 이때부터 그려지기 시작했다.

2010년 하사비스는 딥마인드(DeepMind)를 설립했다. 목표는 단 하나. 범용 인공지능을 개발해 과학적 발견을 가속화하겠다는 것이었다. 그는 AI를 게

하사비스에게 체스와 게임은 단지 두뇌유희를 만끽하는 오락거리가 아니라 AI의 진화를 위한 실험도구였다. 알파고의 성취를 뒤로 하고 그가 몰두한 건 인간의 뇌. 단백질 구조에 얽힌 오랜 난제를 풀어낸 그에게 스웨덴 왕립 과학한림원은 주저 없이 노벨화학상을 수여했다.

임으로 훈련시킬 계획이었다. 아타리 게임으로 시작해 궁극적으로는 바둑에 도전할 생각이었다.

계획은 2016년 현실이 됐다. '알파고'가 이세돌을 이긴 그날 하사비스는 성취의 희열과 동시에 만감이 교차했다. AI가 인간의 직관을 뛰어넘을 수 있음을 증명한 역사적 순간이었다.

하지만 그의 진짜 목적지는 거기가 아니었다. 알파고로 AI파워를 과시한 하사비스는 후속 AI모델인 '알파폴드2'를 선보였다. 알파폴드2는 단백질 구조분석 전문 AI모델이다.

2020년 알파폴드2는 단백질 구조예측에 대한 획기적인 해법을 제시하며 생물학계의 오랜 난제를 풀어냈다. 50년간 과학자들이 풀지 못한 난제를 그가 개발한 AI가 마침내 해결한 것이다. AI의 역할이 추상적인 기술이 아니라 구체적이고 실질적인 과학적 진보로 이어질 수 있다는 사실을 증명한 사건이었다. 하사비스는 이 업적으로 2024년 노벨화학상을 수상했다.

체스천재, 게임개발자, 신경과학자 그리고 AI프런티어에 이르기까지 그는 과학과 산업, 예술과 공학의 경계를 넘나드는 인물로 평가받는다. 하사비스가 믿는 AI의 미래는 명확하다.

"AI는 도구가 아니라 파트너가 되어야 합니다. 그리고
인간의 창의성을 대체하는 것이 아니라 증폭하는 존재여야 합니다."

AI를 중심축으로 제편되는 글로벌 기술패권의 흐름 속에서 기술과 과학, 철학을 아우를 수 있는 인물로서 하사비스만큼 입체적인 리더는 드물다. 그는 늘 미래를 상상해왔고 그 상상을 실현해왔다. 융합의 힘을 몸소 증명해온 그의 다음 한 수는 과연 무엇일까.

YouTubication의 발화점

스티브와 헐리, 카림의 끼워넣기(embed)

2002년 이베이가 페이팔을 15억 달러(약 2조850억 원)에 인수하면서 페이팔 지분을 갖고 있던 스티브 첸Steve Chen, 1978-, 차드 헐리Chad Hurley, 1977-, 자베드 카림Jawed Karim, 1979-은 수백만 달러의 수익을 얻게 됐다. 거금으로 그들은 새로운 창업에 도전할 수 있는 경제적 기반을 확보했다. 회사매각 이후에도 3년간 페이팔에서 근무하던 세 사람은 마침내 2005년 초 회사를 떠났다. 스티브는 당시를 이렇게 회고했다.

"2년 간 혹은 100만 달러(약 13억9,000만 원)를 다 쓸 때까지 창업에 도전해보자고 생각했었죠. 실패하면 다시 평범한 커리어로 돌아가겠지만 적어도 한 번은 시도해보고 싶었어요."

세 사람은 자주 만나 창업 아이디어를 브레인스토밍하기 시작했다. 당시 사진은 인터넷에서 간단히 보낼 수 있었지만 동영상은 용량과 포맷 문제로 공유가 번거로웠다. 카림은 2004년 인도양에서 발생한 쓰나미 영상을 온라인에서 쉽게 찾을 수 없었던 경험을 강조했다. 다소 민망한 계기도 있었다. 2004년 2월 슈퍼볼 하프타임 쇼에서 발생한 자넷 잭슨의 가슴노출 영상을 온라인에서 쉽게 볼 수 없었던 점에 착안해 글·사진·오디오에 비해 훨씬 어려운 동영상 공유의 문제를 해결해야겠다고 그들은 결심했다.

문제의식은 곧 유튜브의 탄생으로 이어졌다. 2005년 2월 이들은 유튜브 웹사이트를 등록했다. 초기 콘셉트는 당시 유행하던 비디오 데이팅 플랫폼이었다. 사용자가 자기소개 영상을 올려 이성과 연결되도록 하는 방식이었지만 실제 이용자들은 데이팅보다 일상, 반려동물, 뉴스클립 등 다양한 영상을 업로드했다. 세 사람은 이 흐름을 빠르게 받아들여 누구나 어떤 영상이든 올리고 공유할 수 있는 플랫폼으로 방향을 전환했다.

운영자금은 창업자들의 사비와 엔젤투자 그리고 실리콘밸리의 대표적 벤처캐피탈인 세쿼이아캐피탈로부터 조달받았다. 특히 세쿼이아의 파트너이자 전 페이팔 CFO였던 롤로프 보타가 유튜브의 가능성을 높게 보고 350만 달러(약 48억 7,000만 원)를 투자한 것이 전환점이 됐다. 이 자금은 서버인프라 구축과 플랫폼 확장에 결정적 지렛대가 됐고, 유튜브는 입소문을 타며 빠르게 퍼져나갔다.

창업 1년 반 만에 유튜브는 하루 1억 건 이상의 영상조회 수를 기록하며 야후와 구글 등 대형 인터넷업체의 관심을 끌었다. 인수논의는 먼저 야후와 시작됐다. 스티브가 대만계 미국인이었고 야후의 공동설립자 제리 양이 대만 출신이라는 인연 덕에 협상은 순조로웠다.

하지만 다음 날 모든 게 뒤집어졌다. 세 사람은 구글의 CEO 에릭 슈미트를 만난 뒤 구글을 파트너로 선택했다. 야후의 CEO 테리 시멜이 철저히 수익계산을 중시한 반면, 구글은 이미 자사 서비스가 있음에도 유튜브의 잠재적 가치를 인정했다는 점이 셋의 마음을 사로잡았다.

실제로 당시 구글은 자체 서비스인 구글비디오를 운영했지만 유튜브의 사용자 경험과 커뮤니티 영향력에는 미치지 못했다. 차드와 스티브가 매직을

차드 헐리(왼쪽)와 스티브 첸

문화 · 미디어 · 비즈니스가 유튜브를 중심으로 재편되는 YouTubication 현상은 사람들의 사소한 욕구를 해소해
주는 작은 발상에서 비롯했다.

결심한 이유는 단순한 금전적 이익 때문만은 아니었다. 서비스 시작 당시 하루 업로드 100만 건 정도를 예상했지만, 불과 1년 만에 1억 건에 도달하자 확장성과 안정성을 위해 구글의 서버와 자본이 필요하다고 판단했다.

2006년 10월 구글은 유튜브를 16억5,000만 달러(약 2조2,935억 원) 상당의 자사주로 인수한다고 발표했고, 거래는 11월에 완료됐다. 당시 업계에서는 뚜렷한 수익모델이 없고 저작권 문제까지 안고 있던 유튜브를 구글이 지나치게 비싸게 샀다는 비판이 쏟아졌다. 실제로 유튜브는 인수 후 2009년까지 매년 약 4억5,000만 달러(약 6,255억 원)의 적자를 기록했다.

그러나 시간이 흐를수록 구글경영진의 판단이 옳았다는 게 입증됐다. 2019년 처음 공개된 유튜브 광고매출은 151억 달러(약 20조9,890억 원)에 달했고, 2024년 2분기 광고수익만 86억6,000만 달러(약 12조377억 원)에 이르며, 미국 동영상광고 시장점유율 약 20%를 차지했다.

구글경영진이 투자를 단행한 결정적 한 끗은 유튜브의 'iframe embed'였다. 이는 유튜브에 올린 영상을 개인 사이트나 블로그, 카페 안에 액자처럼 끼워 넣는(embed) HTML 태그를 가리킨다. 기술 자체는 그다지 새롭지 않았지만 활용방식이 킥이었다. 한마디로 'iframe embed'는 유입을 요구하지 않으면서 존재 자체를 퍼뜨리는 기술이었다.

당시 대부분의 영상플랫폼이 '영상을 우리 사이트에서만 보세요'였다면, 유튜브는 '어디든 가져가서 틀어도 됩니다'라는 방식이었다. 그러자 블로그나 카페, 싸이월드 심지어 경쟁 플랫폼으로까지 유튜브 플레이어가 퍼져나갔다. 유튜브는 따로 콘텐츠 생산자를 고용하지 않고, 심지어 마케팅 비용 없이도 네트워크 효과를 폭발시켰다. 트래픽의 독점이 아니라 확산을 선택한 것이다.

결과적으로 구글의 유튜브 인수는 인터넷 콘텐츠의 시장판도를 바꿔놓았다. 구글은 유튜브를 통해 동영상 검색과 광고, 모바일 생태계에서 절대적 우위를 확보하며 단숨에 세계 최대 영상플랫폼으로 자리 잡았다. 1인 뉴스미디어 '스트레터처리'를 운영하는 벤 톰슨은 이렇게 말했다.

"유튜브는 콘텐츠를 소유하지 않음으로써
콘텐츠 시장 전체를 점유하게 되었습니다."

어린 아이에서 노인까지 이제는 유튜브를 보지 않는 사람을 찾기란 어렵다. 실리콘밸리의 수많은 천재들과 돈 벼락기를 돕리멘 VC(벤처캐피털)들이 애타게 혁신을 갈구하지만, 뜻밖에도 그것은 평범한 사람들의 일상에 존재한다. 그들의 사소한 욕망을 해소하려는 지점에서 유튜브가 출발했기 때문이다.

엔비디아 없이도 AI는 돌아간다

천윈지 · 천텐스 형제의 연산

중국판 엔비디아로 불리는 캠브리콘은 천윈지Chen Yunji, 1983- 와 천텐스Chen Tianshi, 1985- 형제에 의해 2016년 설립됐다. 중국 장시성 난창에서 태어난 형제는 중국과학원의 천재 엘리트 청년반 출신이다. 중국이 국가 차원에서 수학과 과학 천재를 조기선발해 키우는 엘리트 트랙이다. 형제는 컴퓨터 아키텍처와 AI칩 설계에서 두각을 나타냈다. 형 천윈지가 이론중심의 아카데믹한 인재라면, 동생 천텐스는 연구성과를 제품으로 바꾸는 사업가적 기질이 탁월했다.

형제는 각자의 전문성을 키워나갔다. 형 천윈지는 반도체 분야에, 동생 천텐스는 AI에 집중했지만 둘 다 칩 설계에 대한 열정을 공유했다. 2014년 그들이 공동으로 집필한 머신러닝에 관한 논문이 주요 컴퓨터 아키텍처 컨퍼런스인 ASPLOS에서 최고상을 수상했고, 이것이 전환점이 됐다. 형제는 중국과학원의 지원을 받아 딥러닝 프로세서 프로토타입을 테이프-아웃*했고, 곧이어

---

* tape-out. 반도체 설계팀이 물리적 설계도면을 반도체 제조팀에 보내는 프로세스로, 반도체칩 설계가 모두 완료된 뒤, 설계 데이터를 포토마스크 제작을 위해 파운드리(반도체 위탁생산 업체)로 전달하는 마지막 단계.

스타트업 캠브리콘을 창업했다.

　캠브리콘(Cambricon)이라는 회사명은 생명체의 종류가 폭발적으로 증가한 고생대 캄브리아기에서 따온 것으로, AI시대의 폭발적인 성장을 이끌겠다는 포부를 담고 있다. 단순한 기업명이 아니라 설립취지를 내포한 '비전 선언문'인 셈이다. 캄브리아기처럼 생명체가 기하급수적으로 진화하듯 AI시대에 고성능 칩도 폭발적으로 발전할 것이라고 통찰한 것이다. CEO를 맡은 천톈스의 야심은 명확했다.

　"향후 3년 이내에 중국 AI칩 시장의 30%를 점유하고, 전 세계 10억 대 이상의 스마트 디바이스에 캠브리콘의 칩을 장착하도록 할 것입니다."

　허황된 꿈이 아니었다. 캠브리콘은 지난 2016년 캠브리콘 1A칩을 개발해, 세계 최초로 드론과 스마트폰, 웨어러블 기기 등에 장착가능한 딥러닝과 신경망 전용 칩을 출시했다. 형제의 역량이 시장에서 인정받기 시작한 순간이었다. 2017년에는 화웨이 메이트10에 캠브리콘의 칩이 탑재되며 또 한 번 화제를 모았다. 세계적인 스마트폰에 그들의 기술이 들어간 것이다.

　캠브리콘은 AI연산에 특화된 칩과 아키텍처 설계를 주력 사업으로 하는 AI 신경망 가속기 전문기업이다. AI신경망 가속기란 딥러닝의 핵심연산을 훨씬 빠르고 효율적으로 처리하도록 설계된 전용 칩이다. 엔비디아 GPU의 범용적인 쓰임새에 비해 캠브리콘의 칩은 딥러닝 연산에 최적화됐다. GPU가 '연산 → 메모리 → 연산'을 반복하며 전력소모에 취약하다면, 캠브리콘의 칩은 데이터 흐름 중심의 설계로 메모리 병목을 줄여 전력사용을 절감시켰다.

　"굳이 범용계산을 다 할 필요가 있을까요? 딥러닝의 연산만 극단적으로 빠르게 수행하는 칩을 개발합시다!"

　형제의 선택과 집중은 적중했다. 2017년 8월 알리바바, 커다쉰페이, 레노버 등 굴지의 기업들은 캠브리콘의 잠재력을 높게 평가해 시리즈A 투자금을 지원했다. 펀딩에 성공한 캠브리콘의 기업가치는 20억 달러(2조2,600억 원)로 뛰면서 유니콘 기업에 등극했다. 성장탄력을 받은 캠브리콘은 자본시장으로의 진출을 준비했고, 2020년 7월 마침내 상하이 증권시장에 상장했다.

성공의 길은 순탄치만은 않았다. 미-중 무역갈등이 본격화되면서 캠브리콘을 포함한 수많은 중국의 기술과 브랜드가 2022년 미국의 거래제한 명단에 포함되고 말았다. 그러나 역설적으로 미-중 무역갈등은 캠브리콘에게 기회가 됐다. 미국정부로부터 공급망 통제를 받는 엔비디아의 GPU 대신 캠브리콘의 신경망 가속기가 중국 AI산업의 엔진이 된 것이다. 미국의 첨단 칩 수출제한이 오히려 중국 내 자급수요를 키운 결과가 됐다. 외부의 압박이 내재적 성장동력으로 전환된 셈이다.

극적인 반전은 수치로 입증됐다. 2025년 중간보고서에 따르면, 매출은 전년 대비 4,348% 증가한 288억1천만 위안(약 5조4,770억 원)을 기록했고, 순이익은 103억8천만 위안(약 1조9,736억 원)으로 296% 급증했다. 누가 봐도 믿기 어려운 성장률이다. 주요 고객사인 틱톡의 모회사 바이트댄스와 검색포털 바이두 등을 대상으로 칩 판매가 늘어나면서 2024년 4분기에 창사 이래 처음 흑자를 낸 것을 무색케 했다. 주식시장의 반응도 폭발적이었다. 2025년 들어 캠브리콘 주가는 143% 상승했으며 이 중 거의 130%가 8월 한 달 동안 일어났다. 2020년 7월 IPO 당시 공모가인 64.39위안과 비교하면 무려 2,366% 폭등한 수치다.

천텐스는 현재 캠브리콘의 회장이자 최대 개인주주로 28.6%의 지분을 직접 소유하고 있다. 여기에 계열사를 통해 캠브리콘 지분 7.34%를 추가로 지배하며 총 35.97%의 의결권을 보유하고 있다. 기술적 성과도 인상적이다. 캠브리콘은 차세대 AI칩 '시위안 690'에 들어갔다. 현지 언론은 엔비디아의 대중국 수출전용 칩인 'H20'보다 뛰어난 성능을 자랑한다고 전했지만 아직 객관적으로 검증되지는 않은 상태다.

천텐스 형제의 스토리는 여느 스타트업의 성공담과는 결을 달리 한다. 중국과학기술원 청년반 출신의 천재들이 기술자립의 선봉장이 된 여정은 중국의 수많은 창업신귀(創業新貴)들의 가슴에 불을 지폈다. 그들은 캠브리온을 이렇게 정의했다.

"미국의 엔비디아 없이도 중국의 거대한 AI생태계를 이끄는 회사!"

중국의 기술굴기와 미-중 갈등이라는 복잡한 헤게모니 다툼 속에서 한 천재 형제의 꿈이 어떻게 국가적 가치로 승화되는지를 보여주는 살아있는 교과서가 바로 캠브리콘이다. 이들 형제의 다음 행보가 단순히 기술혁신을 넘어 글로벌 기술패권의 판도를 바꾸는 촉매제가 될 수 있을지 궁금하다.

구분	엔비디아 GPU	캠브리콘 신경망 가속기
목적	범용 병렬	딥러닝 전용
유연성	매우 높음	낮음
전력효율	비교적 소모적	매우 높음
전략	글로벌 시장지배	중국의 기술자립

寒武纪1H8处理器
照辅助、图片处理、安防监控

AI칩 '1H8' 소개 행사를 진행하는
캠브리콘의 CEU 천성 천텐스.

무엇을 넣을지보다
무엇을 뺄지가 중요하다

인스타그램(Instagram) 공동창업자 케빈 시스트롬Kevin Systrom, 1983-은 스탠퍼드 대에서 경영학과 공학을 복수전공했다. 대학 시절부터 사진과 기술에 관심 이 깊었던 그는 2006년 졸업 후 구글에 입사해 지메일, 구글캘린더, 구글독 스, 구글스프레드시트 등 다양한 제품 개발에 참여했다. 하지만 구글에서 의 생활은 그다지 만족스럽지 못했다. 승진마저 뒤처지자 좌절감을 느꼈고 2009년 1월 구글을 떠나기로 결심했다. 이후 여행추천 스타트업 넥스트스 톱에서 제품 매니저로 일했지만 주도적이진 못했다. 그는 퇴근 후 저녁시간 과 주말을 이용해 코딩을 배우며 자신만의 프로젝트를 준비해야겠다고 마 음먹었다.

2010년 시스트롬은 샌프란시스코의 한 스타트업 미트업에서 VC들로부터 총 50만 달러의 투자를 받았다. 그는 대학 2년 후배이자 메이필드 펠로우 프 로그램*에서 알게 된 브라질 출신 개발자 마이크 크리거와 함께 창업에 나섰

---

* 매년 12명만 선발하는 스탠퍼드대의 창업교육 프로그램.

다. 두 사람이 처음 만든 앱은 '버번'이었다. 위치기반 체크인 기능에 사진과 메신저, 일정 등을 담은 만능 앱이었지만, 복잡한 사용법에 대중은 피로감을 느꼈고 반응은 미미했다. 그때 시스트롬은 한 가지 중요한 사실을 깨달았다.

"사람들이 가장 많이 쓰는 건 사진 업로드 기능이야!"

사용자가 모바일을 통해 타인에게 자신의 모습과 일상을 보여주며 비교하고 싶은 욕구를 사진이라는 가장 직관적인 언어로 표출하도록 만든 것이다. 그는 과감히 기존 기능을 모두 버리고 사진공유와 필터기능만 남겼다. 인스타그램의 시작이었다. 2010년 10월 출시된 인스타그램은 한마디로 '심플'했다. 사진과 필터, 해시태그 뿐이었지만 의외로 사용자 반응은 폭발적이었다. 불과 출시 두 달 만에 가입자가 100만 명을 돌파했다.

이 모습을 지켜본 페이스북의 마크 저커버그와 트위터의 잭 도시는 위기감을 느꼈다. 인스타그램을 둘러싼 두 사람의 치열한 인수경쟁이 펼쳐지기 시작했다. 먼저 움직인 사람은 잭 도시였다. 그는 2012년 초 5억~7억 달러(6,900억~9,740억 원) 규모의 인수제안을 했고 더 많은 현금을 투입할 의향도 밝혔다. 하지만 협상은 좀처럼 합의에 이르지 못했다.

그러자 저커버그가 좀더 공격적으로 나섰다. 2012년 4월 어느 일요일 그는 시스트롬에게 직접 전화를 걸어 인스타그램을 인수하고 싶다고 단도직입적으로 밝혔다. 놀랍게도 변호사 없이 대표끼리 전화로 협상했고 이사회 승인 없이 진행돼 불과 48시간 만에 거래가 전격 성사됐다. 저커버그는 거래가 끝난 후에야 이사회에 인수소식을 알렸다.

페이스북은 당시 직원 13명에 수익이 제로였던 인스타그램을 10억 달러(1조700억 원)에 인수했다. 이는 시장 예상가 5억 달러(5,000억 원)의 두 배에 달하는 금액이었다. 저커버그가 비밀리에 시스트롬을 만나 협상한 뒤 인수를 전격 발표하자 잭 도시는 격분했고 이후 인스타그램 사용을 중단했다. 저커버그 역

케빈 시스트롬

시 인스타그램 인수 직후 트위터와의 연동기능을 끊었다.

시스트롬은 단순한 앱 하나로 '사진을 통한 관계맺기'라는 새로운 문화를 만들어냈다. 그리고 거대 플랫폼 모두가 탐내는 비즈니스 모델을 창출했다. 인스타그램의 급성장은 스마트폰의 카메라기능 진화와 조응했다. 인스타그램은 출발부터 PC환경을 거의 고려하지 않았다. 세로화면 최적화, 터치기반 인터랙션, 촬영 즉시 업로딩 등 오로지 스마트폰에 포커스를 맞췄다.

특히 사진 업로딩을 통해 개인의 자기표현 욕구를 충족시켰다. 방식은 쉽고 평범했지만 바로 그 점이 사람들의 기술적 진입장벽을 무너트렸다. 무엇보다 인스타그램의 해시태그는 접근성을 높여 누구나 바이럴이 가능해 인플루언서를 꿈꾸는 MZ세대를 열광시켰다.

복잡하고 불필요한 요소를 거둬내면 사람들이 무엇을 원하는 지가 좀더 선명하게 드러난다. 시스트롬은 갈수록 고난도 기술과 지나친 서비스 경쟁에만 몰두하는 기업들에게 진정으로 중요한 게 무엇인지 일깨웠다.

"무엇을 더 넣을까 고민하기 전에 무엇을 뺄 지를 먼저 생각하세요."

삶의 안부를 공유하는 앱

쿠움의 메시지

우크라이나 출신 유대계 이민자 소년은 타지생활이 낯설고 고단했다. 어머니와 함께 정착한 미국은 더 이상 기회의 땅이 아니었고, 따뜻한 복지국가와도 거리가 멀었다. 소년의 가족은 푸드스탬프(음식쿠폰)에 의존하며 청소일로 생계를 이어가야 했다. 집에는 전화조차 없었고, 소년은 공공도서관에서 책으로 독학하며 컴퓨터 프로그래밍을 익혔다. 소년의 이름은 얀 쿠움Jan Koum, 1976-, 미국 주류사회에 섞이기 어려운 성(姓)을 가졌다.

우여곡절 끝에 쿠움은 캘리포니아 산호세주립대 컴퓨터과학과에 입학한 뒤 학비를 벌기 위해 야후에서 보안 관련 일자리를 얻었다. 직장생활과 학업을 병행하던 중 입사 2주 만에 일이 터졌다. 야후 공동창업자 데이비드 필로가 수업 중인 쿠움에게 전화를 걸어 소리쳤다.

"시스템이 다운됐는데 지금 뭐하고 있어. 당장 사무실로 와!"

이 사건을 계기로 쿠움은 결국 학업을 중단해야 했고, 대신 그로부터 10년 동안 야후에서 인프라 엔지니어로 일하며 인터넷 생태계를 이혔고, 생계도 해결했다. 하지만 야후에서 쿠움은 비전을 찾지 못했고, 과중한 업무로 번아웃

끝에 퇴사를 결정했다.

쿠움은 1년간 남미를 여행하며 재충전의 시간을 가졌다. 그는 여행 중에 비싼 국제전화 요금 때문에 어머니에게 자주 안부전화를 할 수 없었다. 송금과정 역시 복잡하고 비용이 많이 들어 여간 불편한 게 아니었다.

"전 세계 누구나 무료로 메시지를 주고받을 수 있다면 얼마나 좋을까!"

여행에서 돌아온 쿠움은 백수였지만 해야 할 일을 찾았다. 그는 전화번호를 ID로 하는 메신저를 개발했고, 왓츠앱(WhatsApp)이란 이름을 붙였다. '무슨 일 있어?'라며 안부를 묻는 What's up?에서 착안한 언어유희이자 사용자의 근황을 묻는 일종의 '상태 메시지 공유앱'이었다. 비싼 국제전화 요금 때문에 어머니에게 제때 안부를 전하지 못했던 아들의 안타까운 심정이 담겨있었다.

초기 왓츠앱은 개인정보를 수집하지 않는 정책으로 입소문을 타며 사용자를 끌어 모았다. 무엇보다 광고를 붙이지 않은 왓츠앱을 향해 사용자들은 이렇게 말했다.

"이 앱은 나를 이용해 돈을 벌지 않는다고!"

왓츠앱은 기존 SNS처럼 복잡한 회원가입 없이 설치 후 즉시 사용이 가능해 사용자의 기술적 진입장벽을 아예 제로로 만들었다. 또 서비스를 과시적으로 추가하는 게 아니라 오히려 불필요한 기능을 덜어내는 전략(Less is More)으로 많은 사람들에게 큰 호응을 얻었다.

페이스북의 마크 저커버그는 왓츠앱을 주시하기 시작했다. 그는 왓츠앱이 중국의 위챗처럼 단순한 메신저를 넘어 소셜 네트워크로 발전할 가능성을 우려했다. 특히 구글이 왓츠앱 인수에 관심을 보이자 위기감이 더욱 커졌다. 모건스탠리는 이렇게 경고했다.

"구글의 자원과 왓츠앱의 사용자기반이 결합하면 페이스북을 능가하는 소셜 네트워크가 될 수 있다."

2014년 2월 저커버그는 쿠움을 자신의 집으로 초대해 저녁을 함께하며 페이스북 이사회 참여와 회사인수를 제안했다. 그리고 같은 해 페이스북은 왓츠앱을 190억 달러(약 26조 원)에 인수했다. 몇 년 전까지만 해도 국제전화 요금을 걱정하던 우크라이나계 청년으로선 상상할 수 없는 거액이었다. 계약서에 서명한 장소는 쿠움이 어린 시절 음식쿠폰을 받던 사회복지시설이었다. 당시 그는 벅찬 감정으로 말했다.

"세상은 불공평합니다. 하지만 공짜 메시지는 누구에게나 공평합니다."

가난과 차별을 견뎌낸 이민자 청년은 전 세계 20억 명이 사용하는 메시지 앱을 만든 창업자로 우뚝 서며 인생역전에 성공했다. 하지만 쿠움은 모회사 페이스북의 지나친 상업화에 반기를 들며 CEO 자리에서 사퇴했다. 비록 기술은 매각했지만 신념만큼은 저버리지 않으려 애썼다. 그렇게 그는 소외된 사람들을 위한 개발자로 기억되고 싶었다.

얀 쿠움

왓츠앱(WhatsApp)이란 이름은 '무슨 일 있어?'라며
안부를 묻는 What's up?에서 착안한 언어유희이자
사용자의 근황을 묻는 일종의 '상태 메시지 공유 앱'이었다.
비싼 국제전화 요금 때문에 어머니에게
제때 안부를 전하지 못했던 가난한 이민자 아들의
가슴 아픈 사연이 담겨있었다.

Z세대의 디지털 피로를 지우다

스피겔의 지우개

2011년 어느 날 스탠퍼드대의 한 기숙사 방. 레지 브라운이 친구들과 이야기하던 중 문득 이런 말을 꺼냈다.

"사라지는 사진을 보낼 수 있으면 좋겠어."

그 말을 들은 에반 스피겔Evan Spiegel, 1990-의 머릿속에 번개처럼 아이디어 하나가 스쳤다.

"왜 인터넷의 모든 콘텐츠는 영원해야만 하는 걸까?"

현실에서의 대화는 끝나는 동시에 사라지고 절대 흔적을 남기지 않는다. 하지만 당시 페이스북, 트위터, 인스타그램 등 SNS는 기록을 남기는 데 초점을 맞추고 있었다. 그래서 그는 흔적을 남기지 않는 SNS를 만들기로 결심했다.

스피겔은 제품 디자인 수업 때 이 아이디어를 발표했다.

"사라지는 메시지를 보내는 앱을 만들어 보겠습니다."

교수님과 학우들 반응은 시큰둥했다.

"아무도 사용하지 않을 거고 설령 쓴다 해도 야한 메시지 용도로만 쓸 걸."

스피겔은 개의치 않았다. 아이디어를 제공한 브라운, 코딩에 능한 보비 머피와 함께 첫 버전을 만들었다. 그들이 만든 앱의 처음 이름은 '피카코'였고 나중엔 '스냅챗(Snapchat)'으로 변경해 사업화에 나섰다. 사진이나 동영상을 보내면 10초 안에 사라지고 캡처를 시도하면 상대방에게 알림이 갔다. 초기이용자 반응은 역시나 부정적이었다.

"혹시 음란 메시지용 앱 아냐?"

조롱이 적지 않았지만 디지털 피로를 느끼던 십대와 이십대는 다르게 반응했다. 제법 사용자가 증가하기 시작했다. 스피겔은 투자를 받기 위해 동분서주했지만 예기치 않게 공동창업자 사이에 갈등이 일어났다. 스피겔과 브라운 간의 지분과 역할이 문제였다. 사업은 초반부터 내홍에 휩싸였다. 보상을 받고 브라운이 회사를 떠나는 쪽으로 가닥이 잡혔지만 불필요한 일을 겪으며 회사는 지쳐있었고, 투자업계의 반응도 미적지근했다.

"사라지는 메시지? 그게 돈이 되나요?"

투자자들은 스피겔의 아이디어를 제대로 이해하지 못했다. 그들은 여전히 누적되는 데이터와 영구적인 콘텐츠에만 가치를 두고 있었다. 결국 스피겔은 2012년 스탠퍼드대를 중퇴하고 스냅챗 사업에 올인하는 승부수를 던졌다.

"가장 큰 위험은 아무 위험도 감수하지 않는 것입니다."

여러 시련을 겪으며 스피겔은 나이답지 않게 성숙해 있었다. 그는 앱의 속도와 사용성을 개선했고, 1020세대를 위주로 마케팅에 집중했으며, 간단한 인터페이스로 사진을 빠르게 전송하는 기능을 강화했다. 또한 애플용에 이어 안드로이드용 앱을 출시해 사용자기반을 확대했다. 스냅챗은 하루 2,000만 개가 넘는 사진이 전송될 정도로 급성장을 이뤄냈다.

2013년 페이스북의 저커버그는 스냅챗의 성장세에 위협을 느꼈다. 그는 이메일을 통해 스피겔에게 연락했다.

"60억 달러(약 6조 3,300억 원)에 회사를 팔지 않겠나?"

저커버그는 창업한 지 2년도 안 된 회사에 6조 원이 넘는 금액을 제시했지만, 스피겔의 답은 뜻밖에도 단호했다.

"아니요!"

저커버그는 당황했다. 이십대 초반의 젊은 CEO가 그런 거액을 거절하다니. 사실 저커버그는 이미 1년 전에도 비슷한 전략을 사용한 적이 있었다. 인스타그램이라는 사진 공유 앱이 급성장하자 10억 달러(1조700억 원)에 인수해버린 것이다. 당시 인스타그램은 직원 13명에 사용자 2,700만 명뿐인 작은 회사였지만, 저커버그는 미래의 위협을 미리 흡수한 셈이었다.

하지만 스피겔이 저커버그의 인수제안을 거부함에 따라 스냅챗에 대해선 다른 방법을 써야 했다. 2년 뒤 페이스북은 스냅챗과 거의 똑같은 스토리 기능을 인스타그램에 도입했다. 사라지는 콘텐츠, 24시간 후 삭제되는 게시물이었다. 스냅챗의 핵심 아이디어를 베낀 것이다. 인스타그램 스토리의 등장 이후 스냅챗 사용자 증가율은 무려 82%가 급감했다. 하지만 스피겔은 오히려 여유로웠다.

"그들이 우리를 따라했다고요? 좋은 일 아닌가요? 우리가 옳았다는 증거니까요."

시간이 흐를수록 스냅챗과 인스타그램은 구별됐다. 인스타그램은 '내가 누구인지'를 뽐내는 광장이라면, 스냅챗은 '지금 뭐 하고 있니'를 소곤거리는 뒷골목이다. Z세대들이 스몰토크를 나누기에는 스냅챗이 훨씬 자유로웠다. 1020세대를 타깃으로 한 스피겔의 승부수가 묘수였던 셈이다.

그사이 실리콘밸리 투자자들의 태도도 크게 바뀌었다. 알리바바가 2억 달러(약 2,262억 원)를 투자했고, 세콰이아캐피탈은 5억3,000만 달러(약 5,994억 원)를 풀었다. 돈이 안 된다며 외면하던 투자자들이 스피겔을 만나려고 안달이 나 있었다. 어느새 스냅챗의 기업가치는 100억 달러(약 11조3,100억 원)로 뛰었다.

스피겔은 2017년 스냅챗 운영사인 스냅을 뉴욕증권거래소에 상장했다. 당시 26세였던 스피겔은 하루 만에 미국에서 가장 젊은 억만장자 중 한 명이 되었다. 스피겔은 말했다.

"순간은 사라지지만 그 안에는 진짜 가치가 있습니다."

그 말 한마디가 소셜미디어에 새로운 문법을 만들었고, 스냅챗은 사라짐을 통해 오히려 오래 기억되는 플랫폼이 되었다.

스피겔은 여전히 회사를 직접 이끌고 있다. 하지만 그의 앞길이 장밋빛인 것만은 아니다. 인스타그램과 틱톡 같은 거대 플랫폼과 온라인광고 시장을 두고 경쟁이 치열해지면서 수익성을 위협받고 있다. 그에겐 이제 포스트 MZ세대까지 사로잡을 차별화된 소셜 경험을 제공해야 하는 어려운 과제가 남아 있다.

"
Ephemerality creates freedom.
"

_ Evan Spiegel

페이팔 마피아에 맞선 소년들

콜리슨 형제의 설계

패트릭Patrick Collison, 1988- 과 존 콜리슨John Collison, 1990- 형제는 아일랜드의 작은 시골마을 드로미니어에서 태어났지만 집안 분위기는 매우 학구적이었다. 미생물학자 어머니와 전자공학자 아버지 밑에서 자란 형제는 어린 시절부터 수학에 남다른 호기심을 보였다. 형 패트릭은 당시를 이렇게 회상했다.

"시골에서 자랐지만 인터넷은 더 넓은 세상으로 이어지는 연결고리였죠."

형제는 도시 아이들보다도 월등하게 컴퓨터 활용에 능숙했다. 탁월한 수학 실력은 전산분야에서 문제해결력을 키웠다. 패트릭은 여덟 살에 이미 대학강좌를 들으며 프로그래밍 세계에 발을 들였다. 열 살 무렵에는 스스로 코드를 짜기 시작했고 2005년에는 프로그래밍 언어 리스프(Lisp)를 응용한 프로젝트로 아일랜드 청소년 과학기술대회에서 우승했다. 동생 존 역시 남다른 성취를 보였는데, 대학 입학시험인 리빙 서티피케이트에서 A1 8개와 A2 2개라는 뛰어난 성적을 기록했다.

하지만 형제는 스무 살도 채 되지 않은 나이에 학업이 아닌 창업을 선택했다. 2007년 아일랜드 리머릭에서 설립한 오토매틱은 이베이 셀러들이 겪던

번거로운 결제를 자동화해주는 소프트웨어 회사였다. 그런데 기술은 훌륭했지만, 자금부족으로 경영에 어려움을 겪어야 했다. 결국 형제는 투자자를 찾아 미국 캘리포니아로 건너가 회사를 재론칭했다. 그리고 2008년 형제가 개발한 소프트웨어의 탁월함을 알아본 한 회사가 오토매틱을 500만 달러(약 72억 원)에 인수했다. 형제는 단숨에 어린 백만장자가 됐다. 훗날 패트릭은 이렇게 고백했다.

"당시 고객이 고작 50명뿐이었어요. 그때 무엇보다도 고객의 규모가 중요하다는 사실을 깨달았어요."

이후 형제는 동부로 건너가 패트릭은 MIT에 존은 하버드에 입학해 못 다한 학업을 이어갔지만, 얼마 못 가 중단하고 다시 스타트업 현장으로 돌아왔다. 그들은 더 많은 고객을 갖고 싶었고, 또 다른 문제에 눈을 떴다. 자신들의 서비스에 해외결제를 붙이려다 은행계좌 개설, 복잡한 인증절차, 긴 승인 대기 시간 등으로 몇 주나 소요되는 불편을 몸소 겪은 것이다. 스타트업들이 개발에 집중하기보다 결제기능 구현에 발목이 잡히는 현실은 형제에게 새로운 기회가 됐다. 이는 곧 인터넷 결제시스템을 근본부터 다시 설계해야 한다는 확신으로 이어졌다.

2010년 형제는 해답을 내놓았다. 단 7줄의 코드로 결제를 붙일 수 있는 간단한 시스템, 바로 스트라이프(Stripe)였다. 복잡한 절차를 과감히 제거한 API(애플리케이션 프로그래밍 인터페이스)는 개발친화적 인터페이스와 빠른 통합으로 곧바로 개발자들의 마음을 사로잡았다. 기존 결제시스템이 '계좌개설 → 법인인증 → 보안심사'를 거쳐 수주일이 걸렸던 것과 달리 스트라이프는 몇 분 만에 계정을 만들고 바로 결제를 붙일 수 있게 했다.

특히 초기 스타트업도 대기업과 동일한 수준의 글로벌 결제기능을 쓸 수 있도록 해 진입장벽을 낮춘 점은 탁월한 차별성이었다. 더 나아가 스트라이프

패트릭(왼쪽)과 존 콜리슨

는 API 퍼스트 전략을 통해 개발문서, 샌드박스 환경, 자동화된 테스트 툴까지 갖춰 스타트업에서 글로벌 대기업까지 손쉽게 채택할 수 있는 환경을 마련했다. 사용자 경험을 극단적으로 단순화한 기술은 기존 시스템과 비교해 압도적인 혁신으로 평가받았다.

스트라이프는 피터 틸에게 포착됐다. 틸은 이미 페이팔을 통해 인터넷결제의 병목이 초래하는 부작용을 누구보다 잘 알고 있었다. 하지만 틸은 수많은 핀테크 스타트업들을 의도적으로 피했다. 이유는 간단했다. 대부분의 핀테크 스타트업 기술이 페이팔의 입맛에 맞게 적당히 포장되었을 뿐 결제시스템의 본질적 문제를 해결하진 못했기 때문이었다. 하지만 콜리슨 형제의 접근방식은 완전히 달랐다.

"왜 결제는 아직도 개발자가 아닌 은행 중심으로 설계돼 있을까?"

문제인식 자체가 다르다보니 해결방식도 달랐다. 틸은 스트라이프를 통해 페이팔이 구현하지 못한 지점을 봤다. 그는 스트라이프가 개발한 결제시스템을 수많은 기업들이 선택할 수밖에 없을 것이라 생각했다. 스트라이프를 핀테크 업계의 경쟁자 중 하나가 아니라 표준을 설계한 게임체인저라 판단한 것이다. 한 번 쓰면 바꾸기 어려운 결제환경에서 그들이 시장을 '독점'하는 일만 남은 것이다.

틸의 예상은 틀리지 않았다. 일론 머스크와 세쿼이아캐피탈, 안드레센 호로위츠 같은 실리콘밸리 거물들이 스트라이프의 초기투자자로 합류했다. 2011년 첫 투자 200만 달러(약 29억 원)를 시작으로 스트라이프는 고속 성장했다. 2025년 기준 연간 1조4,000억 달러(약 2,020조 원)를 결제처리하며, 기업가치는 약 915억 달러(약 132조 원)에 이른다.

성장과정에서 스트라이프는 강력한 사기방지, 다중통화 지원, 135개 이상의 통화 및 다양한 결제수단을 단일 플랫폼에서 제공하며 경쟁사와의 기술격차를 더욱 벌렸다. '글로벌 세금 → 송장처리 → 마켓플레이스 정산'까지 통합 지원하는 시스템은 결제회사를 넘어 글로벌 금융인프라 플랫폼으로 진화했음을 방증한다. 형제는 여전히 10%씩의 회사지분을 보유하며, 각각 100억 달러(약 14조 원)가 넘는 자산가의 반열에 올랐다.

업계 전문가들의 스트라이프를 향한 상찬은 대단했다.

"스트라이프는 단지 새로운 결제시스템을 만든 게 아니라 결제가 필요 없을 것 같은 기술을 설계한 회사다."

한편, 실리콘밸리에서 자주 회자되는 멘션은 틸에게 다소 가시처럼 들릴지도 모르겠다.

"페이팔 마피아가 만든 병목을 스트라이프가 해결했다."

자율주행의 게임체인저가 될 것인가

러셀의 라이다

자율주행의 미래를 두고 일론 머스크와 오스틴 러셀Austin Russell, 1995- 두 억만 장자는 전혀 상반된 길을 걸어왔다. 머스크는 카메라 기반의 비전AI(화상을 분석하는 AI기술)를 중심으로 인간처럼 보는 자율주행을 지향했다. 반면 러셀 은 달랐다. 그는 라이다(LiDAR) 센서의 정밀한 3D인식 없이는 안전한 자율 주행이 불가능하다고 단언했다. 둘의 방식은 기술철학부터 개발전략까지 극명하게 갈렸다.

제2의 머스크라고 불렸던 러셀은 어린 시절부터 유별났다. 13세에 이미 광 학과 레이저, 광섬유 관련 실험으로 과학박람회에서 세상을 놀라게 했다. 그는 빛으로 세상을 인식한다는 개념에 깊이 경도되어 빛의 반사와 시간차를 활용 한 거리측정 원리, 즉 라이다 기술에 깊이 빠져있었다.

"라이다는 그냥 센서가 아니라 자율주행이라는 퍼즐의 가장 핵심조각입니 다. 이 기술이 해결되지 않으면 자율주행은 절대 현실화될 수 없다고 확신합 니다. 나는 그 조각을 가장 먼저, 가장 깊게 보고 싶었습니다."

라이다는 그에게 기술 이상의 의미였다. 세상을 더 안전하고 정밀하게 이해하는 방식 그리고 자율주행의 본질에 가장 가까운 메커니즘이었다. 하지만 기존의 라이다는 지나치게 크고 값도 비싸며 성능도 불안정했다.

러셀은 불과 17세의 나이에 스탠퍼드대 물리학과에 입학했지만 곧 학과 수업이 자신의 문제의식과 속도를 따라오지 못한다는 걸 느꼈다. 이때 그가 선택한 건 '피터 틸 펠로우십'이었다. 대학을 중퇴하고 직접 창업에 나선 청년에게 20만 달러를 지원하는 프로그램에서 대상자로 선정되자 그는 과감히 학업을 포기했다. 그리고 고향집 차고에서 라이다 개발업체 루미나(Luminar Technologies)를 창업했다.

출발은 1인회사였다. 그는 센서, 레이저, 소프트웨어까지 기존의 방식을 모두 부정하고 처음부터 다시 만들었다. 수많은 시행착오 끝에 그는 고성능이면서도 저비용으로 제작가능한 라이다를 구현했고, 이 기술은 곧 업계의 주목을 받기 시작했다. 루미나의 라이다는 250m 거리의 물체까지 인식하며 어두운 환경에서도 보행자는 물론 자전거와 차량까지 정밀하게 구분했다. 이는 머스크의 방식처럼 인식오류 가능성을 AI가 추정하는 것이 아니라 물리적으로 확신할 수준까지 끌어올렸다. 업계에서 정밀도와 안정성에서 러셀의 라이다에 긍정적인 평가가 이어졌다.

투자자들도 움직이기 시작했다. 피터 틸, 카넬캐피탈 같은 굵직한 VC들이 잇따라 돈보따리를 풀었고, 덕분에 루미나는 기술개발에 좀더 집중할 수 있었다. 결정적인 전환점은 2020년에 찾아왔다. 루미나는 기업인수목적회사인 고어스 메드고프온로스의 합병해 나스닥에 상장했다. 일반 IPO가 아닌 SPAC방식을 택한 이유는 빠르게 지본을 조달하면서도 창업자이 경영권을 최대한 유지하기 위해서였다. 상장 당시 루미나의 기업가치는 약 34억 달러(3조8,000억 원)에 달했다. 러셀이 보유한 지분가치는 무려 20억 달러(2조4,000억 원)에 육박했다. 불과 25세에 자동차산업 역사상 가장 어린 지수성기 역만장자가 된 것이다.

루미나의 기술은 볼보, 메르세데스벤츠, 닛산 등 글로벌 자동차 제조사들과의 협업을 통해 빠르게 산업표준으로 자리 잡아갔다. 2025년 러셀은 갓 서른이 되었을 정도로 여전히 젊고, 머스크의 자율주행 방식을 정면으로 비판할 만큼 대담하고 거침없다.

하지만 빛이 있으면 그림자가 있게 마련이다. 2025년 5월 머스크와 러셀의 대결구도에 의미심장한 변곡점이 찾아왔다. 러셀이 회사의 윤리강령 위반을 이유로 루미나의 CEO 자리에서 물러나게 된 것이다. 구체적 위반행위는 공개되지 않았다. 러셀은 이사회에 남아 후임 CEO에게 기술자문을 제공하기로 했지만 회사의 상징이나 다름없던 그의 사임에 루미나 주가는 18%나 급락했다. 기술적으로 아무리 뛰어난 비전이 있어도 경영자로서의 리더십이 흔들리면 기업은 순식간에 방향을 잃을 수 있다는 냉혹한 교훈을 시장은 젊은 천재에게 일깨워줬다.

러셀이 사임하자 루미나가 직면한 문제가 수면 위로 드러났다. 라이다는 정확하지만 비쌌고 상용화 속도가 더뎠다. 반면 머스크의 방식은 위험하다는 비판을 받으면서도 시장속도만큼은 압도적이었다. 결국 자율주행의 승부는 누가 옳은가가 아니라 누가 먼저 생태계를 장악하는가의 문제로 귀결되는 모양새다. 자율주행의 기술적 논쟁은 아직 끝나지 않았지만, 시장의 게임에서는 머스크의 손을 들어주는 쪽으로 기울고 있다.

시장의 단기적 논리와 산업안전의 장기적 가치는 자주 충돌한다. AI가 인간의 직관을 완벽히 대체하지 못하는 한 라이다라는 물리적 확신의 가치는 언제든 다시 부각될 수 있다. 머스크와 러셀의 대결구도는 시장과 철학, 속도와 정확성, 리더십과 비전이 맞부딪히는 복합적인 양상으로 흘러가고 있다. 최종 승자가 누가될 지는 좀더 두고 볼 일이다.

절대강자냐, 불굴의 추격자냐

리사의 아키텍처

엔비디아의 젠슨 황과 AMD의 리사 수Lisa Su, 1969-는 모두 대만계 미국인으로 먼 친척관계다. 리사의 어머니가 젠슨의 외사촌 누나이니 두 사람은 5촌 외당숙과 외조카 사이다. 나이는 젠슨이 여섯 살 더 많다. 흥미롭게도 젠슨과 리사는 학창 시절 서로 교류가 없었다. 친척임에도 각자의 길을 걸었고 실리콘밸리에 와서야 비로소 조우했다.

젠슨은 엔비디아의 창업자이자 CEO로 GPU를 AI의 핵심엔진으로 자리 잡게 한 주역이다. 그는 1990년대 초 3D 그래픽 가속기의 가능성을 간파하고 GPU를 통해 AI로의 패러다임 전환을 이끌었다. 한편, 젠슨은 AMD의 초창기 멤버였다. AMD에서 그래픽 분야에 관심을 보이지 않자 직접 나와 엔비디아를 설립한 것이다. 그리고 그가 떠난 회사는 조카뻘 되는 리사의 지휘 아래 자신이 창업한 엔비디아와 정면승부를 벌이고 있는 셈이다.

리사는 AMD를 부도위기에서 구해내며 AI반도체 업계의 다크호스로 만든 경영자다. 2014년 AMD의 CEO로 부임한 그녀는 파산직전의 회사를 맡아 구조조정을 성공적으로 이끌었다. 특히 차세대 칩 아키텍처 Zen(젠)을 통해 업계에서 신뢰를 회복하며 인텔과 엔비디아에 맞서는 경쟁력을 키웠다.

Zen은 기존 방식을 덮고 구조를 완전히 다시 설계했다. 하나의 큰 CPU 대신 여러 개의 작은 CPU 조각(칩렛. Chiplet)을 하나의 CPU처럼 작동시키는 방식이다. Zen은 코어를 묶음(CCX) 단위로 설계하기 때문에 각각의 묶음을 여러 개 이어붙임으로써 같은 설계로 다양한 CPU 제작이 가능하다. 전문가들은 Zen이 성능과 효율성 및 확장성을 동시에 충족시켰다고 평가했다.

리사는 MIT에서 전기공학을 전공하며 반도체·집적회로(IC)·고성능 칩 설계로 박사학위를 딴 전문 엔지니어 출신 경영자다. 그녀는 존폐위기에 처한 AMD의 잡다한 신사업을 과감히 정리했고, 데이터센터용 서버에 집중했다. 특히 리사가 강조했던 것은 고객사와의 신뢰였다. 그녀는 고객사에게 약속한 출시일정과 성능수준을 최대한 지켜냈다. 인텔이 로드맵 지연을 반복하던 것과 큰 대조를 이뤘다. 그녀는 이렇게 말했다.

"기술적 약속은 지킬 수 있을 만큼만 하되, 반드시 준수합니다!"

무엇보다 리사는 세계 최대 파운드리 TSMC와의 신뢰관계를 철칙으로 여겼다. AMD는 TSMC 최첨단 공정에 가장 빨리, 가장 깊게 침투한 팹리스였고, 인텔보다 앞서 7nm, 5nm 전환에 성공했다.

사업초기에 젠슨은 AMD를 그다지 중요한 경쟁자로 여기지 않았다. 하지만 리사가 CEO로 부임한 후 AMD가 리빌딩에 성공하면서 시장점유율을 늘려나가자 태도를 바꿨다.

"AMD의 역량을 결코 가볍게 보지 않습니다. AMD와 엔비디아는 AI반도체라는 같은 카테고리 안에 있지만, 기술적으로는 서로 다른 플레이어이지요."

업계 리더답게 젠슨의 발언에는 추격자와 맞서기보다는 비교와 경쟁적 구도를 에둘러 피하려는 듯한 뉘앙스가 담겼다. 반면 리사는 AMD가 개발한 최신 AI칩을 소개하는 자리에서 엔비디아보다 1.8배 높은 메모리 용량과 1.3배

많은 대역폭을 갖췄다며 기술우위를 적극적으로 제시해 경쟁수위를 높여갔다. 추격자로서 당연한 전략이다.

물론 엔비디아의 압도적 1등을 부정하는 이는 없다. 다만 AMD는 업황에 따라 가격과 공급에 있어서 중요한 대안적 지위를 확보하고 있는 것만은 분명하다. 현실적으로 엔비디아와 AMD를 경쟁관계라기 보다는 '독점 vs. 균형'의 구도로 보는 게 설득력 있다. 그럼에도 불구하고 파산에 봉착한 AMD를 엔비디아의 유력한 추격자로까지 끌어올린 리사의 경영전략은 평가받아 마땅하다.

엔비디아의 젠슨이 모험가형 리더로서 창의력과 추진력으로 AI반도체 산업의 판을 키웠다면, AMD의 리사는 위기관리형 전문가로서 기술력과 실행력으로 판을 지켜나가고 있다. 젠슨은 AI혁신이 아직 시작도 하지 않았다며 무한한 성장성을 예고하는 반면, 리사는 기술수준보다 늘 앞서나가는 시장주의자들의 버블을 경계한다. 시장에서 거대한 돈을 만드는 건 젠슨의 프레젠테이션이지만, 그 돈을 지켜내는 건 리사의 아키텍처일지도 모르겠다. 당신이 선택한 투자처는 엔비디아인가, 아니면 AMD인가.

리사 수

하늘 위를 걷는 로봇

타오의 비행

20세기 초 미국의 라이트형제가 직접 하늘을 나는 새처럼 되길 꿈꿨다면, 20세기 말 중국의 한 소년은 벌(bee)을 조종해서 하늘 위를 자유자재로 날아다니게 하는 것을 꿈꿨다. 놀랍게도 라이트형제와 소년의 꿈은 모두 실현됐고, 세상에 거대한 변화를 이끌어냈다. 라이트형제가 역사 속을 유영한다면, 소년의 꿈은 무한한 부가가치를 창출하는 산업으로 지금도 진행 중이다. 소년의 이름은 전 세계에 민간 드론시장을 연 DJI의 창업자 왕타오汪滔, Frank Wang, 1980- .

타오는 십대 시절 TV에서 우연히 RC헬리콥터로 촬영하는 장면을 보고 매료되어 잠을 이룰 수가 없었다. 오랜 시간 부모님을 설득한 끝에 RC헬리콥터를 구입했지만, 당시 제품은 조종이 어려울 뿐 아니라 비싼 가격에 비해 안정성도 크게 떨어졌다. 타오는 원인을 찾기 위해 관련 도서와 잡지를 찾아 읽으며 RC헬리콥터의 구동원리를 익혔다. 그에게 RC헬리콥터는 더 이상 호기심 어린 장난감이 아니라 공학적인 문제가 됐다.

타오의 학업이 홍콩과학기술대 전자공학과로 이어진 건 자연스러운 일이었다. 학기가 올라갈수록 그의 관심은 무인 플랫폼용 비행 제어시스템으로 모아졌다. 학부생답지 않게 제어공학, 센서융합, 자이로/IMU 및 임베디드 시스템 등 전문영역으로 탐구가 확장되었고, 목표는 쿼드콥터(4개 프로펠러) 구조의 원격조종 또는 자율비행으로 움직이는 무인항공기(UAV, Unmanned Aerial Vehicle), 즉 드론(drone)이었다.

사실 드론은 1930년대 영국에서 군사적 목적으로 개발된 무선조종 표적기로, 수컷 벌(drone)처럼 윙윙거리는 무인기가 기원이었다. 타오는 드론에 GPS와 자이로, 자율비행 알고리즘 같은 기술을 탑재하면 영상촬영은 물론, 재난구조와 물류에서 궁극적으로 인간의 무인항공 이동수단으로까지 산업적 스펙트럼이 무궁무진할 것이라 예상했다. 물론 주변에서는 타오의 생각을 공상으로 치부하는 이들이 많았다.

2006년 졸업논문을 마무리 중이던 타오는 자신이 개발한 비행 제어시스템이 시장에서 의외의 반응을 보인다는 사실을 감지했다. 제작비는 15,000위안(당시 약 177만 원)에 불과했지만, 주변에는 훨씬 많은 금액을 지불할 의향이 있는 사람들이 적지 않았다. 직감적으로 사업기회를 포착했고, 같은 해 10월 선전에서 DJI를 창업했다.

DJI는 '경계를 넘어서는 혁신'이라는 의미의 중국어 대강혁신(大疆创新)을 영어로 병음한 첫 글자를 땄다. 타오는 DJI가 'Drones Just Fly'로도 받아들여지길 원했는데, 그의 의중엔 누구나 쉽게 드론을 조종할 수 있게 만들겠다는 비전도 함께 담겼다. 그가 선전을 창업지로 선택한 이유는 이곳이 제조 인프라가 집중된 지역이기 때문이었다. 시제품을 빠르고 저렴하게 만들 수 있는 환경은 제품개발에 유리했다.

창업초기엔 모형 헬리콥터의 조종시스템 제조에 집중했지만 그의 궁극적인 목표는 누구나 쉽게 조종할 수 있는 완성형 드론을 만드는 것이었다. 그는 스티브 잡스를 롤모델로 삼은 지독한 완벽주의자였다. 작은 결함조차 허용하지 않았고 기술적 완성도를 끊임없이 추구했다.

DJI의 첫 번째 보급형 드론인 팬텀시리즈를 개발할 때의 일이다. 당시 회사의 직원들은 드론의 디자인과 기능이 충분히 완성단계에 올랐다고 판단했지만 그는 생각이 달랐다. 작은 나사 위치부터 겉면의 플라스틱 재질까지 완벽해야 한다며 디자인을 수십 번이나 수정하도록 지시했다.

"이 정도면 충분해요!"

참다못한 직원들이 반발했지만 그 또한 물러서지 않으며 이렇게 맞섰다.

"설명서가 길다는 건 설계부터 실패했다는 증거예요."

누구나 쉽게 드론을 조종할 수 있어야 한다는 'Drones Just Fly' 철학부터 저버리는 제품을 그는 용납할 수 없었다. 박스에서 꺼내면 바로 비행이 가능하도록 복잡한 PID조정을 제거하면서 사용자 매뉴얼을 최소화했다. 자신이 세운 원칙을 지키려는 집요한 완벽주의 덕분에 2013년 1월 팬텀시리즈는 공개되자마자 높은 제품완성도를 인정받으며 대중들에게 센세이션을 일으켰다. 팬텀시리즈는 GPS기반 자동비행 기능과 안정적인 촬영시스템을 갖춰 초보자도 손쉽게 조종할 수 있었고, 전문가의 영역이던 드론을 일반 사용자로 확장하는 전환점이 됐다. DJI는 이 제품을 시작으로 민간 드론시장의 흐름을 주도하기 시작했다.

타오는 완벽주의와 함께 해외기술을 모방하는 패스트 팔로워가 아닌 독자적인 기술로 시장을 개척하는 퍼스트 무버를 지향했다. 중국기술을 조롱하는 카피캣(copycat)이란 선입견과 그는 싸워야만 했다.

"우리는 첫 번째를 만들어내는 대담함, 최고로 만들어내는 집요함 그리고 모든 사람이 우리가 만든 제품에 접근할 수 있도록 하는 기술의 완성도를 잊지 말아야 합니다."

타오의 명확한 방향성은 연구개발에 대한 아낌없는 투자로 이어졌고, DJI 는 지속적인 기술혁신을 통해 경쟁사와의 격차를 벌였다. 현재 DJI는 전 세계 드론시장의 70% 이상, 특히 소비자용 드론시장의 90% 이상을 점유하고 있다. 기업가치는 약 150억 달러(약 20조 원)에 달한다. 전 세계 드론산업이 2030년까지 558억 달러 규모로 성장할 것으로 전망되는 가운데 DJI는 여전히 독보적인 위상을 유지하고 있다.

"드론의 미래 열쇠는 얼마나 높게 멀리 날 수 있는지가 아니라 얼마나 똑똑하게 쓰이고 임무를 수행하느냐에 있습니다."

다오는 드론을 날리는 기술보다 드론을 통해 이렇게 데이터를 축적하고 이를 어떤 산업에 활용하느냐에 궁극의 기회가 있음을 잘 알고 있다. 결국 드론에 탑재하는 AI기술에 DJI의 운명이 달린 것이다. 다오의 완벽주의기 Drones Just Fly에서 Flying Robot으로 향하는 까닭이나.

당신의 음악취향을 에디팅하다

에크의 플레이스트

스웨덴 스톡홀름 교외에 사는 13세 다니엘 에크Daniel Ek, 1983-는 컴퓨터에 푹 빠져 살던 너드키드(Nerd Kid)였다. 1990년대 초반은 집집마다 데스크톱이 보급되던 시절이었고, 얼마 지나지 않아 인터넷이 깔리면서 에크는 음악과 영화, 게임을 주로 컴퓨터로 즐겼다. 그는 C언어와 HTML, 코딩 등을 독학으로 익히며 15세 무렵부터 웹사이트 제작으로 용돈을 벌었다. 그리고 18세가 되었을 때는 이미 월 수천 달러를 버는 개발자가 되어 있었다.

에크는 KTH왕립공대에 입학했지만 두 달 만에 학교를 그만두었고, 하루 종일 방 안에서 스웨디시팝을 들으며 프로그램 짜는 데만 몰두했다. 그리고 정식으로 직업을 가져야 할 이십대가 되자 에크는 취업이 아니라 창업을 택했다. 광고 플랫폼회사를 차렸고, 수입은 예상보다 훨씬 짭짤했다.

세상의 모든 이십대가 그러하듯 에크도 늘 자신의 앞날이 궁금했다. 지금 하는 일은 내가 정말 원하는 걸까? 이 일을 언제까지 할 수 있을까? 그는 일을 할수록 보람보다는 회의가 들었고, 제법 큰돈을 받고 회사를 매각했다. 그의 나이는 고작 23살이었다.

다른 새로운 일을 찾아나서야 했지만 늘 그랬듯이 방에서 록음악을 크게 틀어놓고 갖가지 프로그래밍을 짰다 지웠다를 반복했다. 그러던 중에 문득 이런 생각이 들었다. 내가 좋아하는 것과 잘하는 것을 연결해보면 어떨까? 좋아하는 것들이 참 많았지만 그 중에서도 항상 음악에 꽂혀있었고, 잘하는 건 두말할 것도 없이 프로그래밍이었다. 순간 머리에 스파클이 튀는 느낌을 받았다. 자신의 하드디스크 메모리에 수만 곡들이 내장되어 있었고, 당시 전 세계 음악산업은 불법 다운로드에 몸살을 앓고 있었다. 음악소비자들은 죄책감 없이 MP3를 모았고 뮤지션들은 예전만큼 음반수익을 거두지 못했다.

"내가 정말 하고 싶은 게 뭔지 그제야 찾았어요. 더 이상 음악을 훔치지 않아도 되는 시스템을 개발하는 거였죠."

자신이 하고 싶은 일을 드디어 찾았고(spot), 시장을 확인해보니(identify) 도전해 볼만했다. 그는 친구 마틴 로렌존과 함께 다시 회사를 창업했고, 광고 플랫폼 회사를 팔아 받은 돈을 모두 쏟아 부었다. 유저가 원하는 음악을 즉시 찾아서(spot), 바로 재생·인식하는(identify) 스트리밍 브랜드 스포티파이(Spotify)는 그렇게 탄생했다.

"사람들이 불법 다운로드를 하는 이유는 공짜라서가 아니라, 합법 서비스가 불편하기 때문이라고 생각했죠."

에크는 소비자들에게 합법적이고 편리한 방식으로 음원을 제공하면 사람들이 기꺼이 돈을 낼 거라고 생각했다. 그러나 음반사들은 다들 거절하며 이렇게 푸념했니.

"수익모델이 보이질 않아요. 스트리밍은 음악의 무덤입니다!"

에크의 생각은 달랐다. 데이터와 모바일이 일상화되는 시대에 음악산업의 커다란 축은 결국 스트리밍이 될 거라고 봤다. 음악산업도 디지털진환을 피해 살 수 없다는 개발자로서의 확신이 맞다면, 결국 어떤 방식으로 음원서비스들

할지에 대한 선택지만 남았다. 에크는 부지런히 음악관계자들과 접촉했고 심지어 음반기획사 로비 앞까지 찾아가 그들을 만나 설득했지만 쉽지 않았다.

에크는 그제야 깨달았다. 기술과 아이디어, 열정만으론 큰 사업을 성공할 수 없다는 사실을. 스포티파이는 북유럽에서 먼저 출시했지만 팝음악의 본산 미국시장에 진출해야 했고, 그곳의 거대한 음반사와 계약을 맺으려면 기술보다는 자금이 필요했다. 가장 먼저 설득해야 할 대상은 음반사가 아니라 돈을 댈만한 벤처캐피탈(VC), 즉 투자자였다.

될성부른 스타트업을 발굴하는 선구안을 가진 VC 노스존과의 조우는 에크와 투자자 모두에게 큰 행운이었다. 스포티파이는 약 2천만 달러 규모의 초기 투자 유치에 성공했고, 이 돈으로 라이선스 선지급금과 서버인프라 구축에 사용했다. 하지만 유니버셜, 소니, 워너, EMI 같은 4대 메이저 음반사와 계약을 맺기 위해서는 선지급금 말고도 떡밥이 좀더 필요했다. 에크는 스포티파이의 지분 일부를 음반사에 제공하며 수익배분 구조를 보장했고, 불법 다운로드보다 더 빠른 스트리밍 기술을 약속했다. 그만큼 에크는 확신이 있었다.

음원의 라이선스 확보에 무려 2년이 걸렸지만, 스포티파이의 혁신적인 스트리밍 방식이 음악소비의 패러다임을 바꾸는 데는 그리 긴 시간이 필요치 않았다. 그는 기술보다는 사용자의 취향에 집중했다. 그래서 스포티파이엔 '실연 후 듣는 노래', '비 오는 날 듣는 노래' 같은 감성 플레이리스트가 가득하다.

"사람들은 이제 음악을 소유하지 않고, 곡에 담긴 경험을 향유합니다."

광고기반의 무료서비스와 유료구독 모델을 동시에 제공하는 프리미엄 모델은 무료사용자가 자연스럽게 유료구독자로 전환되는 선순환구조를 만들었다. 2011년 미국시장에 진출한 이후 스포티파이는 본격적인 글로벌 플랫폼으로 성장했다. 특히 애플뮤직 등 글로벌 빅테크들과의 경쟁 속에서도 데이터기반 큐레이션, 사용자 맞춤형 플레이리스트, 혁신적인 알고리즘을 통해 꾸준히

다니엘 에크

음악애호가들을 끌어 모았다. 그리고 남미와 아시아 등 인구밀도가 높은 지역으로까지 확산되면서 구독자 수와 사용자가 기하급수적으로 증가했다.

스포티파이는 2018년 뉴욕증시에 기업공개(IPO) 대신 직상장(Direct Listing)하면서 자금을 새로 모집하지 않고 기존 주주가 거래할 수 있도록 했다. 이로써 대규모 자금모집 없이도 시장에서 자유롭게 주식거래가 이뤄졌다. 그리고 회사는 드디어 음반사들이 그토록 의심해온 수익을 거뒀고, 2024-2025년에 첫 연간흑자를 기록하는 등 재무지표가 개선됐다.

스포티파이는 2025년 기준 월간 활성 사용자(MAU) 7억 명 이상, 유료가입자 2억9,000만 명 이상을 확보한 전 세계 최대 스트리밍 플랫폼이 됐다. 무엇보다 중요한 건 스포티파이가 매년 수십억 달러의 로열티를 전 세계 음악종사자들에게 지급한다는 사실이다. 2025년에는 110억 달러가 넘는 지급액을 기록하며, 레코드 레이블과 뮤지션 수익의 핵심축을 이뤘다. 글로벌 음악생태계의 한 부분을 책임지고 있는 것이다.

에크는 개발자에서 출발했지만, 그를 억만장자의 반열에 올려놓은 건 편리한 기술이 아니라 인간의 감성을 읽는 에디팅이었다. 사용자의 감정선에 맞춰 음악을 찾아 분류하고, 알고리즘으로 묶어 스트리밍하는 스포티파이만의 에디팅은 갈수록 섬세하게 진화하고 있다.

"중요한 건 기술이 아닙니다. 좋은 기술이란 공기처럼 드러나지 않아야 해요. 사용자가 언제, 어떤 기분으로 음악을 듣는지가 진짜 중요하죠. 스포티파이는 감정과 기술이 조화된 에디팅의 산물입니다."

기술혁신은 비용절감으로 완성된다

머스크의 공식

2002년 스페이스X(SpaceX) 창립 당시 일론 머스크[Elon Musk, 1971-]가 마주한 현실은 참담했다. 러시아에서 로켓을 구매하려 했지만 수천만 달러를 요구받았다.

"대체 로켓은 왜 이렇게 비싼 건가요?"

머스크는 질문을 던졌고 답은 명확했다. 재사용할 수 없기 때문이었다.

"비행기를 한 번 타고 버린다면 1인당 항공료는 50만 달러가 될 겁니다."

이때부터 그는 재사용로켓 개발에 몰두하기 시작했다. 당시 우주산업은 NASA와 대형 방산업체가 독점하며 비효율적인 공급망과 높은 비용구조로 운영되었다. 2015년 '팰컨9' 재사용 로켓의 1단계 착륙 성공은 이 간단한 질문에서 시작된 결과였고, 우주발사 비용을 90% 이상 절감시켰다.

"스페이스X가 우주를 민간에까지 확장하려면 기존의 비효율을 버려야 합니다."

테슬라에서도 같은 패턴이 반복됐다.

"전기차는 왜 이렇게 비싸면서도 성능은 떨어질까요?"

기존 자동차업계는 전기차를 저성능의 친환경 대안 정도로 여겼지만 머스크는 다른 질문을 던졌다.

"전기모터가 내연기관보다 훨씬 혁신적인데 도대체 왜 성능이 떨어져야만 할까요?"

이 질문은 '로드스터'와 '모델S'로 이어졌고, 배터리 기술혁신과 대량생산을 통한 비용절감으로 전기차 대중화의 문을 열었다.

전기차는 환경친화적이지만 초기에는 높은 배터리가격 때문에 대중화가 어려웠다. 그는 배터리의 효율적인 생산공정에 몰두했다. 결국 머스크의 사업수완은 비용절감에 대한 집착으로 모아졌다.

"비용은 곧 지속가능한 에너지로의 전환에 있어서 핵심입니다."

스페이스X는 부품을 자체제작하고 수직계열화를 통해 비용을 대폭 줄였다. 기존 우주항공 기업들이 외주 업체들의 마진까지 떠안아야 했던 반면, 스페이스X는 모든 것을 내재화했다.

"모든 공정을 내재화하는 근본 이유는 비용에서 거품을 빼려는 데 있습니다."

부품 설계부터 제조까지 모든 단계에서 비용최적화를 추구한 결과다. 테슬라 역시 마찬가지다. 2016년 기가팩토리 설립은 배터리셀 생산에서 규모의 경제를 실현하며 단가를 kWh당 100달러 이하로 낮췄다.

특히 자율주행 기술에서 머스크의 비용절감 효과는 극명하게 드러났다. 자동차업계가 수만 달러짜리 라이다(LiDAR) 센서에 의존할 때 그는 다른 질문을 던졌다.

"인간은 두 개의 눈으로 운전하는데, 왜 자동차는 그렇게 비싼 센서가 필요할까요?"

2021년 테슬라는 과감히 라이다를 포기하고 카메라만으로 자율주행을 구현하는 '테슬라 비전'을 도입했다. 업계 전문가들이 불가능하다는 것을 머스크가 실현가능하다고 확신한 이유는 간단했다.

"생물학적 신경망이 할 수 있다면 인공신경망도 할 수 있습니다."

결과적으로 라이다 비용을 완전히 제거하면서도 자율주행 성능을 지속적으로 향상시켰다. 머스크의 혁신이 단순히 기술적 진보에 그치지 않는 이유다.

"인류의 문제를 해결하려면 기술이 저렴해야 합니다."

스페이스X의 차세대 초대형 우주발사체 시스템 '스타십'은 재사용성과 대량화물 운송을 통해 kg당 발사비용을 1만 달러에서 200달러 이하로 낮추는 것을 목표로 했고, 2024년 4차 시험비행에서 비로소 목표를 달성했다.

기술혁신에 대한 머스크의 공식은 명확하다. 기존의 상식에 의문을 제기하는 좋은 질문으로 시작해서 비용을 획기적으로 줄여 대중화를 달성하는 것이다. 그의 모든 사업은 대개 처음에는 '불가능하다', '너무 비싸다'는 평가를 받았지만, 결국 업계판도를 바꿨다. 그는 기존 산업의 비효율을 질문으로 파헤치고 기술과 공정을 최적화해 경제성을 확보했다. 테슬라의 전기차, 스페이스X의 재사용 로켓, 보링컴퍼니의 터널, 뉴럴링크의 뇌 인터페이스는 모두 머스크의 비용절감 공식의 산물이다.

"아무리 기술이 탁월해도 비싸면 미완성 혁신이지요.
그 기술을 모든 사람이 사용할 수 있게 만들 때
혁신은 비로소 완성됩니다."

AI에게 모성애를 학습시킨다고?!

힌턴의 양심

"산업혁명은 인간의 체력을 넘어섰지만 이번 혁명은 인간의 지능을 넘어설 것입니다. 인간은 인간보다 똑똑한 존재와 살아본 적이 아직 없습니다."

2024년 노벨물리학상을 받은 한 늙은 과학자의 수상소감에는 희열에 찬 기쁨 이면에 깊은 우려가 배어 있었다. 자신의 이론이 AI학습의 중요한 토대가 된 덕분에 노벨상까지 받았지만, 노학자의 속내는 편치만은 않았다. 그는 '딥러닝의 대부'로 불리는 영국출신 과학자 제프리 힌턴Geoffrey Hinton, 1947-이다.

힌턴의 고조할아버지는 컴퓨터과학의 토대를 닦은 '불 대수'*의 창시자 조지 불George Boole, 1815-1864이다. 힌턴은 가문의 혈통을 이어받아 일찌감치 학자의 길에 들어섰지만, 케임브리지대에서 여러 전공을 전전하다 결국 심리학을 선택했고 1978년 에든버러대에서 인공지능으로 박사학위를 받았다.

그는 토론토대에서 인간의 뇌가 학습하는 방식을 모방하려는 신경망 연구에 몰두했지만 불운하게도 1980년대는 인공지능에 대한 학계의 관심이 바닥으로 떨어진 'AI겨울'이었다. 연구비는 부족했고 동료들은 그의 아이디어를 비현실적이라며 외면했다.

힌턴은 굴하지 않았다. 1985년 '볼츠만 머신'을 공동 발명해 데이터가 스스로 패턴을 학습할 수 있음을 증명했고, 1986년에는 역전파 알고리즘**을 확산시키며 딥러닝의 뿌리를 내렸다.

전환점은 2012년에 찾아왔다. 그의 제자 알렉스 크리제브스키와 일리야 수츠케버가 힌턴의 이론과 엔비디아의 GPU로 개발한 '알렉스넷(AlexNet)'이 이미지넷 대회에서 압도적 성능을 보이며 우승한 것이다. 이는 AI역사에서 혁명적 사건으로 평가받는다. 이들 세 사람은 알렉스넷의 이론을 설명하는 논문을 공동발표했고 힌턴 교수는 인공신경망을 이용한 기계학습의 기초적 발견과 발명에 대한 공로를 인정받아 2024년 노벨물리학상을 수상하며 학문적 정점에 올랐다.

그러나 힌턴 교수의 화려한 성취 뒤에는 숨겨진 개인적 동기가 있었다. 힌턴은 학습장애와 주의력결핍 과잉행동 장애(ADHD)를 겪는 아들을 돌봐야 했다. 그는 매일 저녁 6시면 연구실을 나와 집으로 돌아갔고 베이비시터를 고용하더라도 늘 직접 돌봄에 참여했다. 그는 한 인터뷰에서 이렇게 회상했다.

"아들이 평생 거리에 나앉지 않게 하려면 적지 않은 돈이 필요했어요. 학자로서는 그런 돈을 벌 수 없었습니다."

그래서 그는 두 명의 제자와 함께 공동으로 알렉스넷 기술을 보유한 스타트업 DNN리서치를 설립한 뒤 2013년 구글에 4,400만 달러(약 470억 원)에 매각했다. 이 거래를 통해 힌턴은 장애아들을 돌볼 충분한 재원을 마련할 수 있게 됐다. 연구자로서는 순수한 학문적 호기심이 동력이었지만 아버지로서는 가족의 삶을 지켜내야 했다. 이 양면적 동기가 결국 AI 역사상 가장 상징적인

"산업혁명은 인간의 체력을 넘어섰지만 이번 혁명은 인간의 지능을 넘어설 것입니다. 인간은 인간보다 똑똑한 존재와 살아본 적이 아직 없습니다." 2024년 노벨물리학상을 받은 한 늙은 과학자의 수상소감에는 희열에 찬 기쁨 이면에 깊은 우려가 배어 있었다.

거래를 탄생시킨 셈이다.

아들과의 경험은 그의 연구철학에도 깊게 스며들었다. 그는 인간학습의 불완전성과 뇌의 한계를 절감하며, AI가 보다 유연하게 배우는 방식을 찾아야 한다고 믿었다. 아들을 지켜보며 인간의 학습과정이 단순한 계산이 아니라 적응과 실패의 반복이라는 사실을 체험했고, 이는 신경망 설계에도 반영되었다. 그는 AI가 감정을 학습해야 한다고 말하며 단순한 패턴인식이 아니라 인간적 맥락을 이해하는 기술의 필요성을 강조했다.

DNN리서치를 인수한 구글에서 10년을 보낸 힌턴 교수는 2023년 돌연 회사를 떠나 세상을 놀라게 했다. 이유는 AI기술의 위험성에 대한 우려였다. 그는 AI를 이렇게 평가하며 통제불가능성을 경고했다.

"지금 AI는 정말 귀여운 새끼 호랑이에 비유할 수 있습니다. 하지만 다 자랐을 때 당신을 죽이고 싶어하지 않을 것이라고 확신할 수 없다면 AI의 미래를 걱정해야만 합니다. 인공지능이 인간지능을 초월할 확률을 무시할 수 없습니다."

힌턴의 걱정은 앞서 소개한 노벨상 수상연설에서도 이어지면서 'AI포비아'가 심상치 않음을 역설했다. 특히 그는 단기 이익을 좇는 테크기업들에게 경고를 보냈다.

"AI기업들은 전체 컴퓨팅 자원의 3분의 1을 안전연구에 써야 합니다. AI에 '모성본능'을 심어야 인류가 생존할 수 있습니다."

힌턴은 팔순을 바라보는 고령에도 여전히 토론토와 런던을 오가며 학술활동을 멈추지 않고 있다. 그가 쓴 논문은 수십만 번 인용됐고 그의 제자들은 이미 글로벌 AI업계의 최전선에서 활동 중이다. 그러나 그는 업적을 자랑하기보다 오히려 복잡한 심경을 솔직하게 드러냈다.

"내 인생의 일부 작업은 후회합니다. 하지만 내가 아니었어도 누군가는 했을 것이라는 생각으로 스스로를 위로합니다."

힌턴의 삶은 학문적 도전과 가족적 헌신이 어떻게 맞닿을 수 있는지 잘 보여줬다. 그는 아버지로서 아들을 지키기 위해 돈을 벌었고 학자로서 인류의 미래를 위해 기술을 발전시켰다. 그리고 지금은 AI라는 자신이 키운 거인을 경계하며 사회에 경고를 보내는 '양심 있는 지성'으로 남아 있다.

빅데이터의 영민한 사서

알렉산더의 라벨

미국 의회도서관에는 무려 1억6,400만 권 이상의 책과 자료가 있다. 세계 최대 규모다. 더 놀라운 건 이곳의 도서 분류체계다. 도서관 이용자는 누구나 어마무시한 서고의 바다에서 원하는 자료를 신속·정확하게 열람할 수 있다. 1897년 사서 허버트 퍼트넘이 고안한 LCC(Library of Congress Classification)는 훗날 전 세계 도서관이 차용한 표준이 됐다.

2025년 6월 메타가 스케일AI(Scale AI)의 지분 49%를 143억 달러(약 19조 5,300억 원)에 인수했다는 뉴스가 전 세계 테크업계를 뒤흔들었다. 저커버그는 AI생태계의 방대한 데이터를 일목요연하게 정리하는 기술을 가진 스타트업에 투자한 것이다. 스물여덟의 젊은 창업자 알렉산더 왕Alexandr Wang, 1997- 이 글로벌 AI산업의 신흥 황태자로 떠오르는 순간이었다.

알렉산더의 AI 여정은 MIT 신입생 시절로 거슬러 올라간다. 그는 AI가 인간처럼 행동하기 위해선 수많은 텍스트와 이미지에 '이건 사람', '저건 자전거' 같은 라벨(label)이 필요하다는 사실에 놀랐다. 아무리 뛰어난 알고리즘이라도 라벨링이 부정확하면 AI는 현실을 제대로 이해하지 못한다. 결국 탁월한 AI모델은 정확한 라벨링 데이터에서 시작되는 것이다. 그러나 그 데이터 정리작업은 지루하고 반복적이어서 아무도 하려고 하지 않았다. 이때 알렉산더는 결심했다.

"그 지난한 일을 우리가 하자!"

2016년 그는 MIT를 자퇴하고 당시 샘 알트먼이 이끌던 스타트업 인큐베이터 와이컴비네이터에 입주해 스케일AI를 창업했다. 그의 목표는 명확했다.

"AI가 마법처럼 작동하려면 누군가는 그 마법의 재료를 정리해줘야 했어요."

스케일AI는 사람이 직접 데이터를 정제하던 기존 방식을 개선해 사람과 알고리즘의 협업을 통해 훨씬 빠르고 정확한 데이터 라벨링 플랫폼을 만들었다. 초기에는 자율주행 스타트업을 상대로 했지만, 곧 테슬라와 오픈AI, 메타에서 미 국방부까지 엄청난 거물들을 클라이언트로 두게 됐다.

회사는 폭발적으로 성장했다. 기업가치가 2024년 5월 138억 달러(18조 8,200억 원)에서 2025년 6월 290억 달러(약 39조5,700억 원)로 1년여 사이 두 배 이상 껑충 뛰었다. 저커버그는 오픈AI와 구글 같은 경쟁사에 비해 AI분야에서 뒤처진 메타의 현실에 좌절감을 느끼며 스케일AI 인수에 천문학적인 돈을 써야 했다.

업계에서는 알렉산더의 개인자산이 메타와의 딜을 계기로 50억 달러(약 6조 8,000억 원)를 넘어선 것으로 추정했다. 그는 훗날 AI시대의 영웅이라기보다는 빅데이터의 영민한 서석가 기억될지도 모른다. 세상 모든 이들이 겉으로 드러난 AI기술의 화려함에 현혹될 때, 그는 라벨링 같은 밑작업이야말로 AI혁신의 진짜 엔진이라고 굳게 믿었고, 그것이 엄청난 시장가치를 창출한 것이다.

집단지성을 집대성한
인터넷 집현전

웨일스의 백과사전

미국 앨라배마주 헌츠빌의 작은 식료품점 주인의 아들로 태어난 지미 웨일스Jimmy Wales, 1966-는 어릴 적부터 특별한 아이였다. 몬테소리 교육철학을 토대로 외할머니가 운영하는 작은 사립학교에서 그는 브리태니커와 월드북 백과사전에 푹 빠져 지냈다. 지적 호기심이 남달랐던 어린 웨일스에게 백과사전은 단순한 책이 아니라 무한한 지식의 창고였다. 아이는 뭐든 궁금한 건 찾아봐야 했고, 공공도서관은 소년의 아지트였으며, 서가에 꽂힌 백과사전은 보물로 안내하는 아틀라스였다.

웨일스의 부모는 아들이 대학에서 인류학이나 역사학을 전공할 거라 생각했지만, 뜻밖에도 그는 재무학으로 석사학위를 받고 1994년 시카고선물거래소에서 금융트레이더로 일했다. 이곳에서 웨일스는 이자율과 환율추이 예측에 발군의 실력을 보이며 제법 상당한 돈을 벌기도 했다.

다만 웨일스는 전공과는 별개로 대학원 시절부터 머드게임*에 빠져 대규모 집단지성의 잠재력을 확인했고, 초기인터넷의 접속문화에 점점 매료되어 갔다. 그즈음 넷스케이프의 공유소프트웨어 운동은 그에게 결정적인 영감을 주었다. 결국 웨일스는 안정된 금융권 직장을 떠나 인터넷 사업가의 길을 선택했다.

그는 1996년 닷컴버블의 열기 속에서 두 명의 동업자와 함께 포르노 전용 검색엔진까지 제공하는 남성취향의 성인물 포털사이트 보미스를 창업했다. 성인콘텐츠가 방문자 유입이 가장 손쉬울 거라는 단순한 의도에서 시작했지만, 당시 대부분의 인터넷사업자들의 생각도 별반 다르지 않았다. 첫 사업은 실패로 끝났고 그에게 잠시 휴지기가 찾아왔다.

웨일스는 하루 중 거의 대부분의 시간을 브리태니커를 뒤적이며 무료함을 달랬다. 그리고 웨일스다운 영감 하나가 떠올랐다.

"인터넷에 백과사전을 만들면 어떨까?"

그는 아이디어를 머릿속에 가두지 않고 구체화했다. 포털사이트 보미스를 개발한 경험을 살려 2000년 3월 누피디아라는 전문지식 위주의 백과사전을 만들었다. 누피디아는 리처드 스톨먼이 주도한 GNU 자유문서 라이선스** 로 제공되는 오픈콘텐츠 백과사전으로, 각계 전문가들이 글을 작성하고 동료 전문가들이 상호검토하는 엄격한 품질관리 시스템을 도입했다. 다만 내용의 신뢰도에만 치중한 나머지 업데이트 속도가 너무 느렸다. 당시 누피디아의 리뷰어였던 래리 생어가 콘텐츠를 불특정 다수에게 개방해야 한다고 제안했고, 웨일스는 스톨먼의 철학에 따라 화답했다.

2001년 1월 15일 '우리 모두의 백과사전'이라는 슬로건 아래 누구나 편집할 수 있는 위키피디아(Wikipedia)가 탄생했다. 하지만 많은 이들이 우려했다.

---

* MUD, Multi-User Dungeon의 줄임말로, 여러 사용자가 동시에 인터넷에 접속해 텍스트 기반으로 상호작용하는 놀음레닝 게임.
** 미국의 프로그래머이자 철학자 리처드 스톨먼이 주도한 자유 소프트웨어 운동의 일환으로, 누구나 문서를 자유롭게 복사 · 수정 · 배포할 수 있도록 함.

"아무나 편집할 수 있으면 엉망이 되지 않을까?"

그럼에도 불구하고 웨일스는 집단지성의 힘을 믿었다.

"집단지성이란 말보다는 전문가의 역할이 크지요. 가령 수학원리를 설명할 때는 수학전문가가 글의 얼개를 만들 뿐 아니라 세부설명까지 모두 채워 넣거든요."

웨일스의 핵심가치는 하나 더 있었다. 위키피디아를 절대 상업화하지 않겠다는 것이었다. 월 조회 수 150억 건에 달하는 거대한 플랫폼을 수익화했다면 억만장자가 될 수 있었겠지만, 그는 거부했다. 현재 위키피디아는 약 700만 명이 평균 15달러씩 후원하는 기부금으로만 운영된다.

"위키피디아가 영리목적으로 바뀌는 순간 사용자들은 분명히 위키피디아를 떠날 것입니다. 위키피디아는 많은 사람들이 연대해 사회적으로 가치 있는 일을 하자는 공감대에서 만들어졌기 때문이지요."

무신론자이자 객관주의자이면서 중도우파를 자처하는 웨일스의 철학은 명징했다.

"소수의 사람들이 세상의 돈을 쓸어 담아 부자가 되는 것은 옳지 않다는 말을 하기 위해 꼭 사회주의자가 될 필요는 없습니다."

그는 돈보다 명예를, 독점보다 공유를, 폐쇄보다 개방을 선택했다. 현재 300여 개 언어로 5,500만 개 항목이 작성된 위키피디아야 말로 웨일스의 철학을 구현한 가장 강력한 증거물이 됐다. 웨일스는 투명성과 개방성이라는 가치를 통해 인터넷이 진정 모든 이를 위한 공간이 될 수 있음을 보여주었다. 위키피디아는 교육환경이 열악한 지역에서 (인터넷만 허용된다면) 사실상 공공도서관 역할을 했다. 웨일스는 위키피디아의 존재가치를 이렇게 정리했다.

"지식은 소유할 때가 아니라, 공유될 때 힘을 가집니다."

물론 위키피디아를 향한 비판도 적지 않다. 허위정보가 뒤섞여있고, 특정 언어와 문화의 편향성, 여성이나 소수자 관련 서술의 불균형 문제는 여전히 해소되지 못하고 있다. 이에 대해 웨일스는 위키피디아의 정체성을 이렇게 밝혔다.

 "위키피디아는 완벽한 플랫폼이 아니라 끊임없이 수정되고 편집되는 레퍼런스일 뿐입니다."

 AI시대에 위키피디아의 역할이 유명무실해 질 것이라는 주장도 만만치 않다. 위키피디아 대신 챗GPT의 접근성이 강해지고 있는 것도 움직일 수 없는 사실이다. 다만, AI의 핵심 학습데이터로서 위키피디아의 역할 또한 무시할 수 없다. 대규모 언어모델(LLM)은 공개 텍스트 데이터를 학습하는데, 위키피디아는 구조화된 문서, 출처가 명시된 정보, 중립적 서술을 갖춘 고품질 공개데이터이기에, AI의 중요한 기초교과서란 얘기다.

 물론 둘 사이에는 긴장관계도 존재한다. AI가 생성한 글이 위키피디아에 무단삽입될 경우 자동생성 콘텐츠로 인한 품질저하가 우려되기도 한다. 현재 웨일스가 명예이사로 있는 위키미디어 재단은 AI를 문서훼손 감지, 번역보조, 초안작성 지원 등에 활용하는 방향을 모색하고 있다.

 AI가 지식을 생성한다면, 위키피디아는 이를 기록하고 검증한다. 가장 이상적인 상생모델은, AI가 생성한 지식과 정보를 인간이 검증해서 위키피디아에 축적하는 것이다. 웨일스는 이렇게 덧붙였다.

 "컴퓨터 기술이 발전이 멈추면 AI도 유명무실해지겠지만, 인간의 지적활동이 계속되는 한 위키피디아는 사라지지 않을 것입니다."

소상인을 위한 주머니 속 은행

잭의 단자

트위터(Twitter)의 공동창업자 잭 도시^{Jack Dorsey, 1976-}에게는 짐 맥켈비라는 유리공예가 친구가 있었다. 정성껏 만든 작품을 사고 싶다는 고객이 있었지만 맥켈비는 신용카드를 받지 못해 주문을 놓쳤다. 당시 은행의 신용카드 결제시스템은 소상인에게 지나치게 까다롭고 기기와 수수료는 매우 비쌌다.

잭 도시

맥켈비는 이 문제를 친구 잭에게 털어놨다. 잭은 지인의 의견이나 고민을 흘려듣지 않는 속 깊은 사람이었다. 프로그래밍 개발자 출신답게 공학적인 시각에서 친구의 고민을 바라봤다. 스마트폰이 막 대중화에 접어들기 시작한 2009년이었다.

순간 잭은 누구나 손에 쥐고 있는 스마트폰이 눈에 들어왔다. 당시 잭을 포함한 실리콘밸리의 수많은 개발자들에게 스마트폰은 그들의 아이디어를 펼칠 거대한 무대였다. 잭은 아이폰의 이어폰 단자에 꽂을 수 있고 주머니에 쏙 들어가는 작은 카드리더기를 고안했다. 이 장치는 복잡한 절차 없이도 누구나 카드결제를 받을 수 있게 만들었다. 이렇게 스퀘어(Square)가 세상에 나왔다.

스퀘어는 단순한 결제장비가 아니었다. 소상공인이 은행처럼 거래내역을 기록하고 재고를 관리하며 매출데이터를 분석할 수 있는 작은 금융플랫폼이었다. 잭은 계좌개설, 보증금, 장비임대료 같은 불필요한 절차와 비용을 없앴고 누구나 5분 만에 설치하고 사용할 수 있는 직관적인 인터페이스를 제공했다. 그는 이렇게 말했다.

"사람들이 10초 안에 주머니에 있는 신용카드를 결제수단으로 쉽게 받아들일 수 있도록 하는 것이 기본 아이디어였습니다."

숨겨진 비용 없이 건당 동일 비율의 투명한 수수료정책을 도입하자 사용자는 빠르게 늘어났다. 길거리 푸드트럭, 작은 카페, 친구 맥켈비 같은 시장의 예술가들까지 '신용카드 받습니다!'라는 푯말을 당당히 붙일 수 있게 됐다. 누구나 디지털시대의 문턱을 넘어설 수 있었고, 기회는 평등해졌다. 잭은 이렇게 덧붙였다.

"결제는 또 다른 형태의 의사소통입니다. 우리는 누구나 디지털을 통해 이이을 누릴 수 있어야 한다고 생각했습니다."

스마트폰 이어폰 단자에 꽂는 작은 정사각형 모양이 초기 브랜드명이 되었지만, 그 이미를 추적해 보면 재의 가치관을 읽을 수 있다. 스퀘어의 사전적 의미에는 시각형 말고도 '빚을 청산하다(to square up)'라는 활용이기 있으며, 힌

걸음 더 들어가 보면 '공정한(fair and square)'이라는 속뜻이 담겼다.

스퀘어는 수백만 명의 개인사업자에게 희망이 됐고 2015년 뉴욕증시에 상장했다. 잭은 트위터와 스퀘어, 두 개의 상장회사를 이끄는 CEO가 됐다. 그는 거기서 멈추지 않았다. 스퀘어는 카드결제에서 더 나아가 모바일 송금서비스 캐시앱(Cash App)을 선보였다. 사용자는 은행계좌 없이도 스마트폰만으로 송금과 결제는 물론 주식과 비트코인 거래까지 할 수 있었다. 이 서비스는 특히 은행접근성이 낮은 계층과 젊은 세대에게 폭발적인 인기를 끌었다.

스퀘어는 점차 글로벌 시장으로 발을 넓혔다. 호주, 일본, 캐나다, 영국 등으로 진출하며 '소상인의 은행'이라는 꽤 매력적인 별칭도 얻었다. 팬데믹 기간에는 오프라인 매출이 급감한 사업자들을 위해 온라인결제 솔루션과 배달연동 서비스를 빠르게 도입해 셔터를 내려야 했던 소상인들에게 회생의 불씨를 제공했다.

이후 스퀘어의 사명을 블록(Block)으로 변경하고 일론 머스크에게 트위터를 매각했지만 잭의 경영철학은 지금까지도 변하지 않았다. 그는 문제를 사람에게서가 아니라 시스템에서 찾았고, 사용자보다 친구를 돕는 마음으로 제품을 만들었으며, 성장을 숫자가 아닌 공동체의 기여도로 측정했다. 언젠가 잭은 다소 멋쩍은 듯이 말했다. 하지만 진심을 느끼기엔 조금의 부족함도 없었다.

"기업의 궁극적인 목표는 돈이 아니라 세상을 바꾸는 것입니다. 당신과 당신의 이웃이 겪는 불편을 허투루 여기지 않다보면 새로운 기회가 보입니다."

미래를 발명하고,
현재를 설득하며, 과거를 기록하라

케이의 미화(未花)

1970년대 초 대부분의 과학자들은 컴퓨터를 방 한 칸을 가득 채우는 메인 프레임으로만 생각했다. 컴퓨터는 전문가들만 다룰 수 있는 복잡하고 거대한 기계였고 일반인이 개인용으로 사용하는 것은 상상조차 어려웠다.

제록스 팔로알토 연구센터(Xerox PARC)의 앨런 케이Alan Kay, 1940-는 다른 가능성을 떠올렸다. 그는 교육에서 컴퓨터가 중요한 도구가 될 것이라 확신했고 아이들도 쉽게 사용할 수 있는 작고 직관적인 컴퓨터를 구상했다. 아이디어는 다이나북(Dynabook)이라는 개념으로 발전했다. 책처럼 들고 다닐 수 있고 누구나 조작할 수 있으며 정보를 자유롭게 탐색할 수 있는 개인용 컴퓨터였다. 노트북과 태블릿의 원형이라 할 만 했다.

케이와 동료 연구진은 상상을 실제 기술로 구현하고자 했다. 마우스로 그래픽 아이콘을 클릭하는 사용자 인터페이스, 여러 창을 띄워 작업하는 환경, 네트워크로 컴퓨터를 연결하는 구조 등이 이때 구체화됐다. 케이와 동료들은 오랜 연구 끝에 1973년 알토(Alto)라는 혁신적인 컴퓨터를 탄생시켰다. 이는 개인용 컴퓨터의 원형으로 오늘날 우리가 사용하는 컴퓨팅 환경을 30년 앞서

케이의 다이나북과 잡스의 아이패드

구현한 것이었다. 이 과정에서 그래픽 사용자 인터페이스(GUI), 이더넷 네트워킹, 레이저 프린터 등 현대 컴퓨팅의 기반이 되는 기술들이 제록스 PARC에서 탄생했다.

대단한 개발에도 불구하고 케이가 경험한 치명적인 실패 중 하나는 정작 혁신기술들이 상업적으로 꽃피우지 못했다는 사실이다. 제록스 경영진은 이 기술들이 가진 잠재력을 제대로 이해하지 못했고 복사기 중심의 기존 사업에만 머물렀다. 케이는 이렇게 회고했다.

"우리는 미래를 발명했지만 현재를 설득하지 못했습니다."

결국 스티브 잡스가 PARC를 방문해 GUI 개념을 접한 뒤 애플의 매킨토시에 적용하면서 이 기술은 비로소 세상에 알려졌다. 케이에게는 가장 아쉬운 순간 중 하나였다. 자신과 동료들이 만든 기술이 제록스에서는 외면당했지만

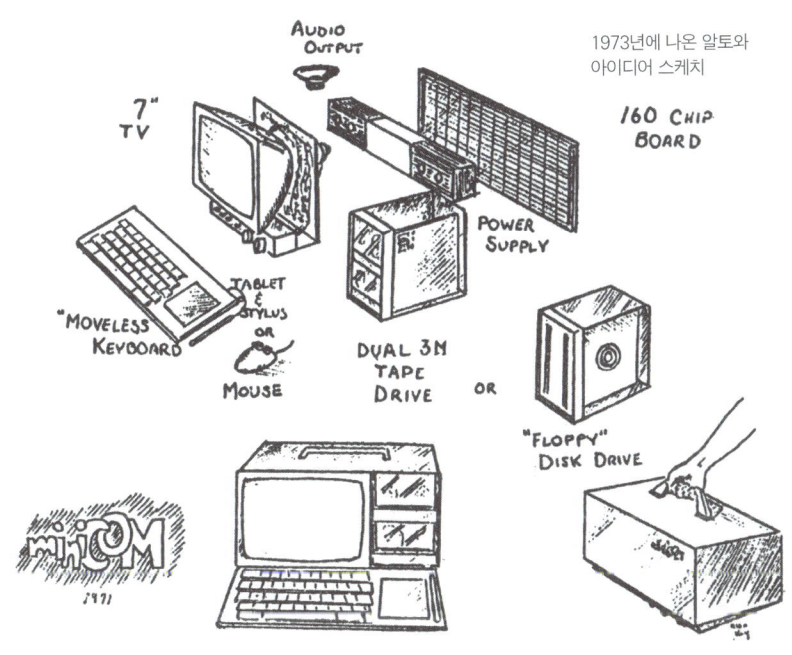

1973년에 나온 알토와
아이디어 스케치

애플을 통해 역사에 기록되었기 때문이다.

그럼에도 불구하고 케이가 제시한 컴퓨팅 철학은
오늘날 실리콘밸리 브레인들에 의해서 계승되고 있
다. 우주산업에 도전하는 일론 머스크, 가상세계
메타버스를 구축하는 마크 저커버그 역시 같
은 흐름 위에 있다. 이들은 미래를 예측하기
보다는 미래를 스스로 설계하려는 사람들이
다. 실리콘밸리에 이런 유명한 명언이 있다.

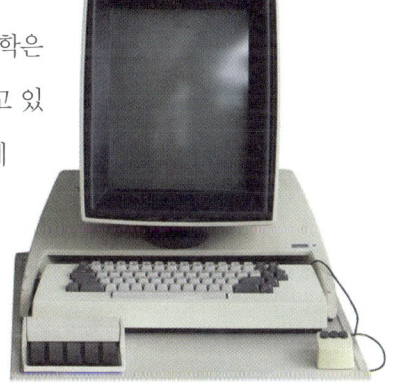

"미래를 예측하는 가장 좋은 방법은 미래를 발명하는 것이다."

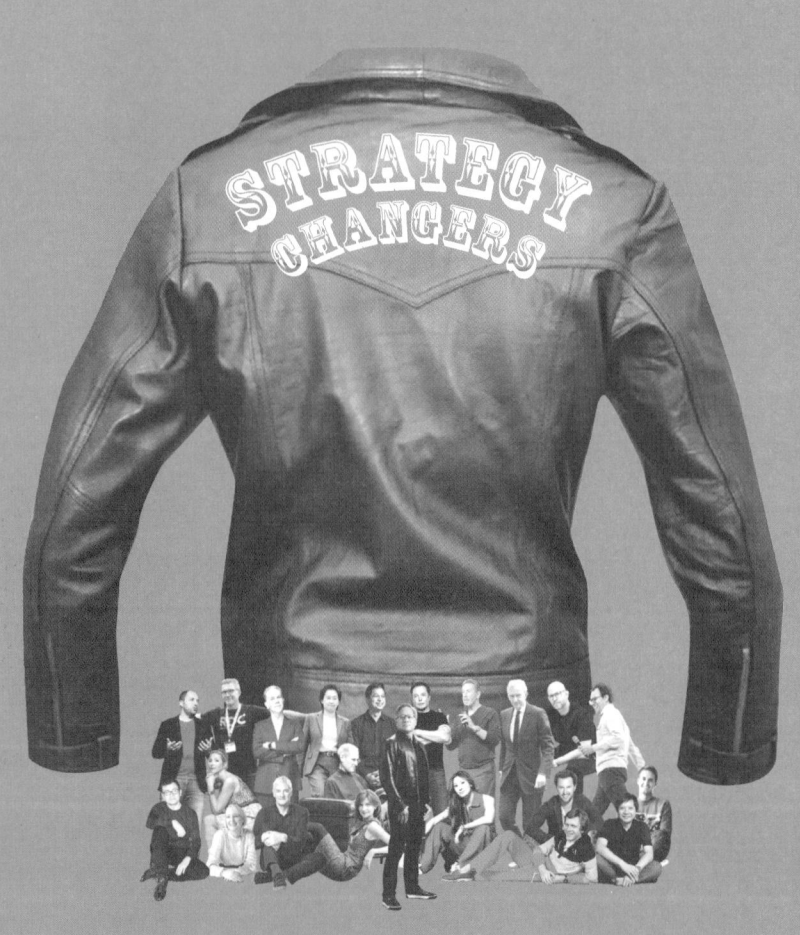

CHAPTER • 3

전략의 정복자들

지루함을 지옥으로 보내라

미스터비스트의 훅

2016년 대학에 입학한 지미 도널드슨Jimmy Donaldson, 1998-은 불과 2주 만에 자퇴했다. 유튜브 영상제작에 대한 열정을 더는 억누를 수 없었기 때문이다. 학업을 병행하기가 무리라고 여겼던 모양이다. 2012년 그는 이미 13세 나이로 〈미스터비스트6000 : MrBeast6000〉이라는 유튜브 채널을 개설하고 영상제작을 시작했을 만큼 이 분야에 깊이 빠져 있었다.

대학을 그만둔 후 그는 친구들과 함께 하루종일 컴퓨터 앞에 앉아 유튜브 영상 수백 편을 분석했다. 그가 던진 질문은 단 하나였다.

"어떤 영상구조가 사람들을 끝까지 보게 만들까?"

도널드슨은 알고리즘, 썸네일, 클릭률, 평균시청 지속시간 등을 파고들며 하루 종일 화면을 연구했다. 그는 당시를 이렇게 회고했다.

"아침에 일어나면 우버이츠로 음식을 시키고 온종일 책상 앞에서 콘텐츠 구조를 분석하는 생활을 반복했죠. 건강이 피폐해질 정도로 바이럴리티와 알고리즘에 집착했어요."

그는 어떤 영상이 왜 성공하는지에 대한 가설을 세우고 수십 차례 실험하

SEPTEMBER 2020
Launched the
charity channel
Beast Philanthropy

JUNE 2017
Gave away first huge sum—
to a homeless man

NOVEMBER 2021
Re-created *Squid Game*
on video and went megaviral

BEAST'S BENCHMARK MOMENTS

JANUARY 2017
Counted from 1 to 100,000
on camera, getting
6.5 million views in a week

JANUARY 2022
Launched his first
packaged good,
a chocolate bar

FEBRUARY 2012
Started his first
channel, MrBeast6000

OCTOBER 2023
Reached 200 million
subscribers

미스터비스트의 5단계 전략

- **연구** : 알고리즘, 썸네일, 시청유지를 위한 집요한 분석
- **바이럴** : 마약 같은 클릭을 끌어내는 1초 단위 편집
- **투자** : 수익을 남김없이 콘텐츠에 재투자
- **미디어** : 채널을 미디어로 전한
- **플랫폼** : 미디어를 넘어 거대 콘텐츠 플랫폼으로

며 데이터를 추적했다. 그 과정에서 도달한 결론은 영상 초반 5초 안에 시청자의 관심을 끌어야 한다는 원칙이었다. 이때부터 그는 도입부에 강력한 '훅(hook)'을 배치하고 시청자가 이탈하지 않도록 전체 영상의 흐름을 전략적으로 구성하기 시작했다. 지루함을 허용하지 않는 1초 단위 편집을 터득한 것도 그

2024년 2월 24일자 「타임」 표지를 장식한 미스터비스트.

즈음이다.

도널드슨은 영상 하나하나를 철저히 분석하며 유튜브를 콘텐츠 실험실처럼 활용했다. 단순히 재미있는 영상을 만드는 것을 넘어 사람들의 심리를 분석하고 기대와 반전을 설계한 결과물이었다. 그는 향후 콘텐츠의 방향성을 이렇게 제시했다.

"재미있는 콘텐츠도 중요하지만, 이제는 사람들이 끝까지 보게 만드는 영상을 만드는 데 좀더 집중합니다. 여전히 집요하게 실험하고 분석하며 발견한 문제들을 바로 개선해야 하지요."

열정은 헛되지 않았다. 2025년 기준 미스터비스트의 유튜브 구독자는 4억3,500만 명에 달하며, 그는 지구상에서 가장 영향력 있는 크리에이터 중 하나가 됐다. 자신의 선택을 믿고 과감히 학업까지 중단한 결단력, 수억 원이 들어간 영상이 실패해도 포기하지 않는 집요함, 무엇보다 영상제작을 예술이 아닌 과학으로 바라보는 분석적 태도가 세계 최고의 크리에이터를 탄생시켰다.

"일단 시작하세요. 완벽한 아이디어를 기다린다며
아무것도 하지 않는 것만큼 최악은 없습니다."

못생긴 고무신의 반격

세 남자의 직감

2002년 세 명의 서핑애호가는 플로리다 해변에서 독특한 고무 샌들을 발견했다. 투박한 디자인, 무수한 구멍 그리고 놀라울 정도로 편해 보이는 착용감이 눈에 띄었다. 신발은 땀이 차지 않고 물에 젖지 않으며 뛰어난 쿠션감으로 미끄러지지 않았다. 신발을 신어본 세 사람은 직감했다.

"이건 단순한 신발이 아니라 새로운 시장이다!"

스콧 Scott Seamans과 린든 Lyndon "Duke" Hanson 그리고 조지 George Boedecker Jr. 당시 젊고 에너지 넘치는 사업가들의 눈에 비친 이 그로테스크한 신발은 캐나다 몬트리올의 작은 기업 폼크리에이션에서 개발한 제품이었다. 이 회사는 독자적인 고무수지 소재 크로슬라이트(Croslite)를 활용해 편안한 슬리퍼 프로토타입을 제작하고 있었다. 크로슬라이드는 기존 고무보다 가볍고 통기성과 내수성이 뛰어나며 박테리아와 냄새에도 강한 소재였다.

세 남자는 숙고 끝에 폼크리에이션의 CEO를 찾아가 제품 독점생산권과 기술 라이선스 계약을 체결했다. 2004년 6월 이들은 현금 520만 달러와 상기부재 170만 달러를 포함해 총 690만 달러(71억 원)에 폼크리에이션을 와

163

전 인수했다. 인수자금은 550만 달러의 시리즈A 우선주를 발행해 조달했다. 이후 크로슬라이트의 글로벌 판권을 확보하고 자신들의 브랜드를 붙여 크록스(Crocs)를 세상에 내놓았다. 악어처럼 물과 육지 어디서나 다닐 수 있는 다용도 신발이라는 의미가 담긴 네이밍이었다.

문제는 이 못생긴 고무신을 누구에게 팔 것인가였다. 처음에는 보트족이나 낚시애호가 같은 니치시장을 타깃으로 삼았지만, 예상치 못한 소비층이 열광했다. 요리사, 간호사, 마트점원 등 하루 종일 서서 일하는 사람들이었다.

"이건 마치 발에 마사지기를 단 것 같았어요."

입소문은 빠르게 퍼졌고 특이한 디자인에도 불구하고 탁월한 사용자 경험이 주목받기 시작했다. 대중적 인기를 얻자마자 비웃음도 따라왔다. '세상에서 가장 못생긴 신발', '패션 테러'라는 악플이 인터넷을 통해 퍼졌다. 일부 도시에서는 드레스코드 위반으로 크록스 착용이 금지되기도 했다. 하지만 크록스는 이 조롱을 브랜드의 무기로 삼았다.

"맞아요. 우린 못생겼어요. 하지만 세상에서 가장 편합니다. 스타일은 취향이고 편안함은 권리이지요."

이른바 'Ugly but Comfortable' 역발상 전략이었다. 크록스는 예쁜 신발들과의 비교를 구태여 피하지 않았다. 놀라운 일이 벌어졌다. 크록스의 못생긴 모양이 오히려 유니크한 디자인으로 인식되기 시작한 것이다. 힙스터들이 먼저 반응하더니 젊은 소비층에서 판매가 폭발했다. 유행을 타자 못생긴 외관은 개성이 됐다. 무엇보다 한 번 신어보면 벗기 싫을 만큼 편했다.

크록스는 2006년 나스닥 상장 후 연매출 3억 달러를 돌파했고 이듬해에는 8억 달러를 기록했다. 하지만 2008년 금융위기와 유행의 쇠퇴가 겹치며 재고가 쌓이고 주가가 폭락하며 큰 위기를 맞기도 했다. 전환점은 정체성을 강화한 리브랜딩 전략이었다. 톡톡 튀는 지비츠(Jibbitz) 액세서리, 파스텔과 원색 컬

러의 다양화 전략이 대형매장마다 발광효과를 냈다. 그리고 팬데믹 기간 의료
진을 위한 무료 크록스 기부캠페인을 통해 시피지 이미지를 니겼니. 특히 시
스틴 비비, 셀레나 고메즈, 포스드 밀론 등 셀립들과의 협업으로 못생긴 신발
은 다시 트렌드의 중심에 올라섰다. 2021년 매출 24억 달러(3조 3,300억 원)를 돌
파하며 그록스는 부활에 성공했다. 그리고 증명했다.

　예쁜 것은 주목을 끌지만 편안함은 구매를 이끈다는 사실을.

음료가 아니라 정체성을 마신다

마테쉬츠의 세계관

레드불(Red Bull)의 창업자 디트리히 마테쉬츠Dietrich Mateschitz, 1944-2022는 치약, 샴푸, 세제 같은 소비재 브랜드를 다뤄온 오스트리아 출신의 전통적 기업 마케터였다. 1980년대 초 어느 날 태국 출장 중에 마신 '크라팅 다엥(Krating Daeng : 붉은 황소)'이라는 정체불명의 음료는 그의 인생을 완전히 뒤바꿔 놓았다. 피로가 싹 사라지는 경험과 함께 머릿속에는 하나의 질문이 떠올랐다.

"이걸 유럽에서도 팔 수 있을까?"

문제는 간단치 않았다. 당시 유럽에는 에너지 드링크란 개념이 아예 없었다. 맛은 낯설었고 갈색 병에 든 액체는 마치 약처럼 보였다. 커피와 맥주만 놓고 봐도 유럽인들의 까다로운 취향은 난공불락처럼 느껴졌다. 제아무리 각성 효과가 있다 해도 기존 방식대로 TV광고를 하고 대형마트에 깔아놓는다고 이 정체불명의 음료가 팔릴 리 만무했다.

마테쉬츠는 고민 끝에 결론을 내렸다.

"레드불을 음료가 아니라 사회현상으로 만들자."

그가 택한 건 기존 마케팅의 정반대였다. 광고는 줄이고 브랜드 자체를 하나의 문화로 만든다는 전략. 제품은 눈에 잘 띄지 않는 소수집단, 예컨대 래퍼와 댄서, 클럽DJ, 스케이트보더 같은 새로운 문화를 선도하는 얼리어답터들에게 먼저 선보였다. 이른바 인플루언서 마케팅의 시초였다. 이들 집단은 실용성보다 나만 아는 브랜드, 멋을 드러내는 상징이 더 중요했다.

"이들이 마시면 따라 마시고 싶어진다."

레드불은 인플루언서 집단에서 시작해 유행에 민감한 다수의 힙스터들에게로 퍼져나갔다. 음료에 담긴 각성효과는 밤문화와 익스트림 레저에 친숙한 젊은 세대에게 안성맞춤이었다. 하지만 이것만으론 부족했다.

마테쉬츠는 브랜드의 세계관을 본격적으로 확장시켜야 할 타이밍을 엿보고 있었다. 다만 '세계관(universe)'이란 개념이 광고 같은 인위적인 수단과는 어울리지 않는다고 생각했다. 그는 광고 대신 스포츠를 택했고, TV 대신 직접 미디어를 만들었다. 포뮬러원 팀을 창단했고, 에어레이스(Air Race : 항공스포츠)를 개최했으며, 스카이다이빙의 일종인 윙슈트(Wingsuit)와 BMX(묘기자전거) 등 극한스포츠 행사를 대대적으로 이끌었다. 중요한 건 레드불이 돈만 대는 스폰서가 아니라 주최자(host)이자 기획자(creator)라는 점이다. 음료회사라는 이미지를 최대한 드러내지 않고 대중에게 문화전파자로 스며들고자 했던 것이다.

마케팅 전략의 정점은 2012년 펠릭스 바움가르트너가 우주 가장자리(성층권)에서 자유낙하한 프로젝트 '레드불 스트라토스'였다. 전 세계가 숨죽이며 지켜본 이 순간은 브랜드 철학을 온몸으로 증명한 사건이었다. 레드불은 단순한 음료 브랜드가 아니라 '한계를 뛰어넘는 인간'을 향해 서둘리는 미디어로 전 세계 젊은이들에게 각인됐다. 마테쉬츠는 말했다.

"사람들은 물건이 아니라 정체성을 삽니다. 레드불은 그들에게 당신이 누구인지를 말해주는 브랜드여야 했죠."

지난 수십 년 동안 제품을 거의 바꾸지 않은 것도 이러한 정체성(identity) 전

레드불은 단순한 음료 브랜드가 아니라 '한계를
뛰어넘는 인간'을 찾아 기록하는 미디어로 전 세
계 젊은이들에게 각인됐다. 돈만 대는 스폰서가
아니라 주최자(host)이자 기획자(creator)였다.
그 정점은 우주 가장자리에서 자유낙하한 프로젝
트 '레드불 스트라토스'였다.

략의 일환이었다. 놀랍게도 레드불은 맛이 거의 동일하게 유지됐고, 캔의 디자

인도 크게 변하지 않았다.

　마테쉬츠의 전략은 하나의 에너지 드링크 브랜드를 전 세계에서 연간 12억

캔 이상 팔리게 하는 신드롬으로 바꿔놓았다. 중요한 건 이 현상이 일정기간

이어지다 끝나지 않고 수십 년간 지속되고 있다는 사실이다. 이쯤 되면 레드

불은 라이프스타일이라 해도 지나치지 않다.

펀딩을 부르는 펀 경영

켈러허의 농담

항공업은 본질적으로 무겁고 복잡하고 규제가 많은 산업이다. 그런 항공업을 가벼운 위트로 이미지메이킹한 인물이 있다. 사우스웨스트항공(Southwest Airlines)의 공동창업자 허브 켈러허Herb Kelleher, 1931-2019. 변호사 출신인 그는 늘 유머와 괴짜 같은 리더십으로 승무원과 승객 모두에게 즐거운 비행을 선사했다. 그의 경영철학은 분명했다.

"놀 때뿐만 아니라 일할 때도 재미있어야 하지 않을까요? 로봇이나 자동기계가 되지 말자고요. 우리는 여러분이 재미있게 일하면서 그 속에서 정신적 만족을 얻기를 원합니다."

켈러허는 기장과 승무원을 비롯한 항공사 직원들을 항상 위트 있는 멘트로 응대했다. 직원들이 즐기워야 그 기운이 고객들에게도 전달된다고 믿었다. 사우스게이트항공 노조집회에서 켈러허는 마이크를 잡고 이렇게 말했다.

"노조와 경영진은 같은 배를 탔습니다. 제가 조타수라면 여러분은 연료입니다. 세상에 연료를 대워 없애는 선장이 어디 있겠습니까?"

그가 던진 진심 어린 농담은 순간 무거운 분위기를 상쾌하게 만들었다. 사방에서 웃음이 터졌지만 메시지는 진솔하고 분명했다. 직원은 비용이 아니라 에너지이고, 경영의 목적은 소모가 아니라 지속이라는 얘기다. CEO의 유머는 직원들에게로 전파됐다. 사우스웨스트항공의 기내방송은 늘 유쾌했다. 한번은 기상이변으로 비행기가 심하게 흔들리자 이런 기내방송이 흘러나왔다.

"안전벨트로 바지를 너무 꽉 조이진 마세요. 조금은 느슨해도 충분합니다."

기장은 천연덕스럽게 방송했고 불안한 탑승객들은 입가에 안도의 미소를 지었다.

사우스웨스트항공은 1992년에 'Just Plane Smart(항공기답게 현명하게)'를 새로운 슬로건으로 채택했는데, 이 문구는 'Just Plain Smart(아주 똑똑한 선택)'이란 말을 패러디한 것이었다. 그런데 이미 스티븐스애비에이션이라는 작은 항공사가 'Plane Smart'라는 유사한 슬로건을 사용하고 있었다. 상표권 침해소송이 제기될 뻔했지만 켈러허는 전례 없는 방식으로 대응했다.

"우리 CEO끼리 팔씨름으로 결판을 내는 걸로 하시죠."

권리침해를 한 회사 CEO의 얼토당토않은 제안에 몹시 기분이 상할 법도 한 데, 상대회사 대표의 응수는 오히려 한 수 위였다.

"그럽시다!"

많은 사람들이 깜짝 놀랐고, 회사와 업계 밖에서도 큰 화제가 됐다. 그러자 항공사의 홍보팀이 나서서 미디어와 접촉했고, 실제로 소송 대신 CEO 간의 팔씨름으로 진위를 가리는 이벤트가 TV로 생중계됐다. 비록 대결에선 켈러허가 졌지만 모두에게 즐거움을 선사한 것에 만족한 상대회사 CEO는 슬로건 사용권을 사우스웨스트항공에 허락했다. 덕분에 두 회사 모두 언론을 타며 엄청난 홍보효과를 거둬들였다. 그들은 이른바 '펀(fun) 경영'이 무엇인지를 제대로 보여줬다.

"유머는 비용이 들지 않지만, 때론 엄청난 수익을 내지요."

허브 켈러허

심지어 그는 직원을 채용할 때도 유머감각과 사람을 즐겁게 하는 능력을 중요한 평가요소로 삼았다. 그는 이렇게 말했다.

"기술은 가르칠 수 있지만, 성격과 태도는 가르칠 수 없습니다."

물론 켈러허는 모든 것을 농담으로 푸는 가벼운 사람은 결코 아니었다. 사우스웨스트항공은 수익률, 정시운항률, 고객만족도 모두 미국 항공업계에서 1위를 고수했다. 직원이직률도 동종업계 평균을 훨씬 밑돌았다. 켈러허는 경영에서 어떤 게 중요하고 무엇이 기업의 본질인지 아는 리더였다. 그는 항상 웃었고, 또 자주 주변을 웃겼다.

"사람들이 웃음을 멈추는 날이 우리가 진짜 걱정해야 할 날입니다."

코끼리를 다시 춤추게 하다

거스너의 락인

1993년 IBM은 붕괴직전이었다. 메인프레임(대형 컴퓨터) 시장은 끝났고 조직은 방대하고 느렸다. 비대해진 코끼리 같은 기업이란 조롱이 쏟아졌다. 그때 루 거스너Lou Gerstner, 1942-2025가 CEO로 부임했다. 그는 컴퓨터 업계 출신이 아니었다.

"신용카드와 식품·담배 회사 출신의 CEO라니……"

임원들은 물론이고 직원들도 반신반의했다. 거스너를 발탁한 건 IBM 이사회였지만, 의장 토머스 머피의 추천이 결정적이었다. 미국 재계에서 '기업회생 전문가'로 불리던 인물이었다. 머피는 IBM을 키운 논리로는 IBM을 살릴 수 없다고 판단했고, 거스너처럼 새로운 방식으로 경영구조를 바꿀 외부인만이 위기를 극복할 수 있다고 봤다. 당시 IBM의 키맨들은 여전히 우리가 최고의 기술을 보유하고 있다고 여겼고, 고객은 우리의 제품을 살 수 밖에 없을 거라고 믿었다. 그들은 기술프레임에 갇혀서 메인프레임이냐 PC냐, OS냐 미들웨어냐 식의 내부논쟁만 일삼았다.

거스너가 첫 경영회의에서 던진 질문은 단순했지만, 회사의 폐부를 찌르는 촌철살인이었다.

"IBM의 고객은 진정 무엇을 원하고 있나요?"

뜻밖의 질문에 깜짝 놀란 임원들은 기술과 가격, 제품 등을 늘어놨지만 거스너의 관점은 분명히 달랐다. IBM이 팔아온 건 기계였지만 고객이 바란 건 솔루션이라고 그는 생각했다.

당시 경영진에서는 회사를 여러 개의 독립 사업부로 쪼개자는 계획까지 나왔다. 거스너는 이를 전면중단하고 IBM을 통합솔루션 기업으로 재정비했다. 그는 고객의 성공을 돕는 것을 최우선 가치로 삼으라고 강조했지만, 임직원들은 그의 의중을 이해하지 못했다. 그는 덧붙였다.

"미래의 돈은 토털 서비스에서 나옵니다."

당시 기업고객이 겪는 고초는 따로 있었다. 서버는 A사, 데이터베이스는 B사, OS는 C사, 컨설팅은 D사로 분산된 나머지 정작 문제가 발생하면 서로 책임을 떠넘기기에 급급했다. 거스너는 이 혼란을 책임지고 해결해주는 회사가 시장을 장악한다고 확신했다. 그는 우여곡절 끝에 IBM을 부품이나 기계 제조사가 아닌 '엔드 투 엔드 솔루션 회사'로 전환하는 데 성공했고, 시장은 그의 결정이 틀리지 않았음을 확인해줬다.

적자에 허덕이던 IBM은 1994년에 약 30억 달러 순이익을 내며 흑자로 돌아섰고, 주가도 1993년 저점 대비 2배 이상 상승했다. 이후 성장을 멈추지 않으며 1999년 연간 순이익이 80억 달러에 도달했고, 같은 해 주가도 1993년 대비 10배 이상 뛰어올랐다. 2002년 닷컴버블 여파로 주가와 실적이 하락했지만, 꾸준한 시비스·유지보수 수익 덕분에 적자를 면하고 안정적인 현금흐름을 가져갔다. IBM이라는 덩치에 걸맞게 급등락을 반복하는 기술성장주가 아닌 진정한 경기빙이주로 자리메김한 것이다.

IBM은 이제 생성형AI 엔터프라이즈 소프드웨어와 시비스를 성징동력으로

거스너는 기술경쟁에서 벗어나 '고객락인'으로 승부를 걸었다. IBM은 게임에서 지지 않았고, 거대한 코끼리는 다시 엉덩이를 씰룩거리며 되살아났다. 오른쪽 이미지는 거스너와 코끼리를 합성한 아트워크.

삼고 있다. 또 가장 많은 상용 양자시스템을 보유하며 글로벌 양자컴퓨팅 시장을 주도하고 있다. 그럼에도 IBM은 고객의 니즈를 읽는 데 총력을 기울이고 있다.

거스너는 경쟁사 마이크로소프트가 최고의 기술보다는 플랫폼 지배력으로 시장의 우위를 놓치지 않았다고 평가했다. 반면 IBM은 플랫폼 전쟁에서 이기기 어렵다고 봤고, 대신 고객의 '운영 그 자체'에 깊숙이 들어가야 한다고 판단했다. 그는 IBM이 기술경쟁에서 벗어나 '고객락인(Vendor Lock-in)'에서 승부를 봐야한다고 확신한 것이다. IBM은 게임에서 지지 않았고, 거대한 코끼리는 다시 엉덩이를 씰룩거리며 되살아났다.

거스너는 비록 기술을 이해하는 데는 서툴렀지만, 시장을 장악하는 핵심 포인트만큼은 놓치지 않았다. 2025년 12월 거스너는 83세의 나이로 생을 마쳤지만, 그의 일성은 IBM이 정도를 이탈하지 않도록 락인한다.

"컨설팅 시장에서 고객의 불만은 우리에겐 교과서입니다."

맞지 않는 조각들을
찾아 다시 조립하다

크누스토르프의 블록

덴마크의 세계적 완구기업 레고(Lego)는 2003년 최악의 위기를 맞았다. 매출은 급감했고 수억 달러에 이르는 적자를 냈다. 인터넷과 비디오 게임에 익숙해진 아이들은 더 이상 조용히 앉아 블록을 조립하지 않았다. 창립 이래 최대 위기에 빠진 레고는 브랜드만 남기고 회사 자체를 매각할 위기까지 내몰렸다. 레고 창업자 올레 커크 크리스티안센의 손자로 회사의 오너이자 이사회 의장인 킬드는 결단해야만 했다.

"우리는 완구전문가가 아니라, 회생전문가가 필요했습니다."

킬드가 가족회사의 구태와 한계를 통감하는 순간 구원자가 나타났다. CEO로 영입된 인물은 예르겐 비그 크누스토르프Jørgen Vig Knudstorp, 1968- . 맥킨지 컨설턴트 출신으로 삼십대 후반의 젊은 기업가인 그는 완구·경영과 업계 경험이 전무했다. 그의 임무는 오랜 세월 쌓아온 기대한 레고탑을 부수고 다시 새롭게 조립하는 것이었다. 힘든 과업을 해낼 수 있을지 레고 관계자들은 우려가 컸다.

크누스토르프의 초점은 이렇게 하면 더 신박한 블록조각을 개발할지가 아니라, 블록마니아들이 왜 자꾸 이탈하는지, 또 회사의 자금이 어디로 새는 지로 모아졌다. 그리고 그가 던진 질문은 레고의 전통만을 고수해온 회사의 키맨들을 당황스럽게 했다.

"아이들이 정말 원해서 파는 건가요, 아니면 우리가 만들고 싶어서 파는 건가요?"

크누스토르프의 첫 번째 조치는 회사가 무분별하게 벌려온 사업 중 돈만 까먹는 아이템들을 손보는 것이었다. 그는 테마파크와 시계, 의류 같은 비핵심 사업들을 과감히 정리했다. 아울러 블록세트의 제품군도 대폭 줄이는 대신 가장 잘 팔리는 품목을 중심으로 재정비했다. 하지만 진짜 문제는 따로 있었다.

"전통은 중요하지만 때론 부숴야 산다!"

아이들이 블록을 조립하기보다 PC게임을 더 즐긴다는 것이었다. 현실을 외면할 수 없었다.

그는 본업인 블록개발을 등한시하지 않는 동시에 디지털 세대와 연결될 수 있는 길을 모색했다. 시작은 2005년 출시한 게임 레고 스타워즈였다. 조립만 하던 레고 캐릭터가 게임 속에서 움직이고 말하고 싸우는 모습에 아이들은 열광했다. 뒤이어 자체 IP 닌자고를 성공적으로 론칭하며 TV애니메이션으로까지 확장했다. 화룡점정은 전 세계적인 흥행을 거둔 〈레고무비〉였다. 영화를 본 아이들이 다시 토이저러스의 레고 코너를 찾기 시작했다.

레고는 단순한 블록제조사가 아닌 스토리텔링과 놀이가 결합된 체험기업으로 변모했고, 2015년 세계에서 가장 강력한 브랜드로 선정되며 위상을 회복했다. 무너졌던 회사가 단 10여 년 만에 훨씬 더 탄탄한 조직으로 재탄생한 것이다.

크누스토르프는 한 인터뷰에서 인상적인 에피소드 하나를 소개했다. 어느 날 그는 집에서 딸아이가 부서진 블록탑 앞에서 펑펑 우는 모습을 봤다. 엄마가 청소하다가 실수로 그만 아이가 공들여 쌓아올린 블록탑을 무너트린 것이다. 우는 아이를 달래며 무너진 블록탑을 다시 쌓는 일은 너무나 지난했다. 울다 지친 아이는 어느새 잠이 들었고, 순간 그는 레고의 운명이 블록탑과 다르지 않음을 깨달았다.

"레고월드를 떠난 아이들은 다시 돌아오지 않습니다. 시장에서 가장 두려운 건 고객의 변심이지요."

가장 위험한 순간은 무너질 때가 아니라 무너지고 있다는 걸 모를 때다. 크누스토르프는 그것을 알았고 레고는 다시 세계를 조립했다.

추종자에서 견인자로

량원펑의 불광불급〔不狂不及〕

2025년 1월말 발표된 딥시크(DeepSeek)의 성과는 전 세계 AI업계를 놀라게 했다. 오픈AI의 GPT-4에 필적하는 성능을 보이면서도 훨씬 적은 비용으로 개발된 딥시크-V3의 등장은 기존 AI산업의 패러다임에 근본적인 의문을 제기했다. 그 중심에는 중국 저장대 전자정보공학과를 졸업한 량원펑Liang Wenfeng, 1985- 이 있었다.

량원펑의 AI여정은 대학 시절부터 시작됐다. 컴퓨터 프로그래밍 세계에 빠져있었던 그는 유독 알고리즘과 데이터 분석에 깊은 관심을 보였다. 졸업 후 그는 2015년 동문들과 함께 AI기반의 알고리즘 트레이딩 회사를 준비하기 시작했다. 당시만 해도 중국에서 AI를 활용한 금융 트레이딩은 매우 생소한 분야였지만 량원펑은 이 영역의 잠재적 가치를 일찍 간파했다.

그는 2016년 2월 마침내 하이-플라이어(High-Flyer)를 공식 설립했다. 하이-플라이어는 딥러닝 기법을 선구적으로 금융 트레이딩에 적용해 빠르게 성장했다. 초기 몇 년간 놀라운 수익률을 기록하며 투자자들의 신뢰를 얻었고, 이후 운용자산은 수십억 달러 규모로 확대됐다. 이 과정에서 량원펑은 AI기술의 실질적 활용과 비즈니스 모델에 대한 깊은 이해를 쌓을 수 있었다.

2019년 미국정부의 첨단 AI칩 대중국 수출제한으로 중국 AI업계가 위기를 맞았을 때 대부분의 기업들이 당황하고 있었지만, 량원펑은 다르게 대응했다. 그는 사전에 GPU 확보에 적극적으로 나섰다. 당시 확보한 엔비디아의 GPU가 약 1만 개로 추정되며 이는 상당한 투자결정이었다. 많은 사람들이 과도하다고 우려했지만, 이 선제적 투자는 훗날 딥시크가 자체 인프라를 유지하며 연구를 지속하는 데 중요한 기반이 됐다.

하이-플라이어에서의 성공을 바탕으로 량원펑은 더 큰 포부를 품기 시작했다. 그는 단순히 금융분야에서의 AI활용을 넘어 범용 인공지능 개발에 도전하고 싶었다. 비전으로 가득찬 그의 야망은 마침내 2023년 7월 딥시크의 설립으로 이어졌다. 회사의 창업 슬로건은 량원펑의 철학을 그대로 보여준다.

"미친 듯이 야망을 품고, 미친 듯이 진실해야 한다."

이는 단순한 구호가 아니라 회사운영의 핵심원칙이 됐다. 젊은 회사답게 그의 채용전략도 기존 관행과는 달랐다. 경력직보다는 잠재력 있는 인재를 선호했다.

"단기목표를 추구한다면 경험이 있는 사람을 찾는 것이 맞습니다. 하지만 장기적으로 보면 경험은 그리 중요하지 않습니다. 기본기술, 창의성 그리고 열정이 훨씬 더 중요한 덕목입니다."

딥시크는 이러한 경영기조 아래 젊은 연구진들로 팀을 구성했고, 이들의 창의적 사고와 도전정신은 회사의 혁신동력이 됐다.

량원펑은 창업초기부터 비용효율을 중시하여 최소비용으로 최대성과라는 원칙을 세웠다. 이는 사원이 제한적인 스타트업의 현실을 반영한 전략이기

단기성과를 좇는 권모술수가 아니라 패러다임을 뒤바꿀 정공법만이 격차를 좁히는 해답임을 량원펑은 잘 알고 있다. 회사의 로고에 새겨진 우직한 고래는 그의 철학을 상징한다.

도 했지만 동시에 그의 경영철학이기도 했다. 전략의 진가는 딥시크-V3의 개발과정에서 드러났다. 약 560만 달러(약 78억 원)라는 상대적으로 적은 비용으로 자체 대형언어모델(LLM) 딥시크-V3를 개발해낸 것이다. 놀라운 건 딥시크-V3가 오픈AI 등 수억 달러를 투입한 글로벌 경쟁사들의 기술과 견줄 만한 성능을 보였다는 사실이다.

　성공의 비결은 팀의 집중력과 창의적 문제해결 능력이었다. 딥시크 연구진은 기존의 접근법에 얽매이지 않고 효율적인 학습 알고리즘과 최적화 기법을 개발했다. 특히 모델 압축기술(큰 신경망 모델의 크기나 계산량을 줄이면서도 성능을 최대한 유지하는 기술)과 증류기술(큰 모델의 지식을 작은 모델에게 전달하는 기술)에서 독창

적인 방법론을 제시했다.

량원펑은 기술력뿐 아니라 신뢰 구축에도 힘썼다. 많은 중국 AI기업들이 폐쇄적 개발을 선호하는 것과 달리, 딥시크는 연구성과를 투명하게 공개했다. 논문발표와 오픈소스 코드공개를 통해 학계 및 산업계와 적극적으로 협력했다.

개방적 접근은 국제적 신뢰를 확보하는 데 중요한 역할을 했다. 서구 연구자들도 딥시크의 기술적 성과를 인정하기 시작했고 여러 국제학회에서 주목받는 연구결과를 발표할 수 있었다. 이러한 노력은 딥시크를 중국을 넘어 세계무대에서 인정받는 기업으로 자리매김하게 했다.

2025년 기준 40세인 량원펑은 여전히 패기에 차 있다. 그는 후배들과 중국 AI업계에 이렇게 강조한다.

"중국과 미국 사이에 1~2년 격차가 있다고 하지만 진정한 격차는 독창성과 모방 사이에 있습니다. 이것이 변하지 않는다면 중국은 영원히 추종자가 될 수밖에 없습니다."

이는 단순히 기술격차의 문제가 아니라 근본적인 사고방식의 전환이 필요하다는 그의 철학을 보여준다. 단기성과를 좇는 권모술수가 아니라 패러다임을 뒤바꿀 정공법만이 격차를 좁히는 해답임을 설파한 것이다. 회사의 로고에 새겨진 우직한 고래는 이를 상징한다. 딥시크의 성공은 량원펑의 성공철학이 현실에서 어떤 결실을 맺는지를 보여주는 사례가 되었다.

량원펑과 딥시크의 이야기는 아직 끝나지 않았다. 그들이 보여준 혁신적 접근법과 성과는 전 세계 AI업계에 새로운 가능성을 제시했으며 앞으로도 계속해서 업계의 패러다임을 바꿔나갈 것으로 기대를 모은다.

사제동승 [師弟同勝]의 미덕

베니오프의 스승

실리콘밸리에는 조훈현과 이창호처럼 스승과 제자가 경쟁자로 마주치는 일이 종종 있지만, 오라클의 래리 엘리슨과 세일즈포스(Salesforce)의 마크 베니오프Marc Benioff, 1964- 같은 관계는 찾아보기 어렵다.

베니오프는 대학 시절부터 비범했다. 1984년 서던캘리포니아대(USC) 컴퓨터과학과를 다니던 중 애플의 매킨토시 사업부에서 여름인턴으로 일하며 어셈블리 언어를 다뤘다. 이때 스티브 잡스와 인연을 맺었고 이 경험은 훗날 그의 경영철학에 깊은 영향을 미쳤다. 그는 재학 중에 이미 리버티 소프트웨어라는 스타트업을 창업했고, 졸업 후 오라클에 매각과 동시에 입사했다.

베니오프는 영업실적에서 뛰어난 성과를 내며 입사 1년 만에 올해의 신입사원에 선정됐다. 심지어 1989년에는 약관 26세의 나이로 오라클 역사상 최연소 부사장에 오르며 승승장구했다. 그의 눈부신 성장은 탁월한 능력뿐만 아니라 오라클 창업자이자 CEO인 엘리슨의 전폭적인 신뢰와 멘토링 덕분이기도 했다. 베니오프의 잠재력을 알아본 엘리슨은 일찌감치 내심 후계자로 낙점했고, 요트여행이나 하와이 휴가에 함께할 정도로 각별하게 대했다. 베니오프는 엘리슨을 자신의 인생에서 가장 중요한 스승 중 한 명으로 여겼고, 엘리슨 역시 그에게 다양한 기회를 열어주며 경영수업을 시켰다.

그러나 1999년 베니오프는 13년간의 안정된 커리어를 내려놓고 오라클을 퇴사한 뒤 세일즈포스를 창업했다. 그는 기존의 고가 소프트웨어 라이선스 모델에 회의를 품었고, 고객중심의 서비스형 소프트웨어(SaaS) 모델을 구상하고 있었다. 이 과정에서 과거 인턴시절 인연을 맺은 잡스를 다시 찾아갔다. 잡스는 이렇게 조언했다.

"전통적인 소프트웨어 개발사가 아니라, 그 이상을 서비스하는 기업을 만들게. 소프트웨어는 포장해서 팔지 말고 인터넷을 통해 제공하는 게 좋아."

잡스의 한마디는 세일즈포스의 사업방향을 결정짓는 이정표가 됐다. 베니오프는 잡스의 통찰에 깊이 영향을 받아 웹 기반 SaaS모델을 채택하고, 클라우드를 전면에 내세운 브랜드 전략을 구축했다. 세일즈포스의 구름 모양 로고 또한 잡스의 디자인철학에서 영향을 받았다. 베니오프는 세일즈포스를 단순한 소프트웨어 회사가 아니라 고객의 성공을 함께 만드는 파트너로 자리매김 시켰다. 고객이 서비스를 해지하려 할 때 함께 해법을 찾고 심지어 위기에 처한 스타트업에게 무료 서비스를 제공하며 동반자적 가치를 실천했다. 실제로 고객성공팀(Customer Success Team)이라는 전담부서를 만들어 고객이 세일즈포스의 SaaS모델을 통해 성과를 낼 수 있도록 돕는 조직을 운영했다. 결과적으로 세일즈포스는 90%가 넘는 고객유지율을 기록하며 고객관계관리(CRM) 시장 세계 1위 기업으로 성장했다.

하지만 이러한 전략은 엘리슨과의 관계에 균열을 초래했다. 특히 베니오프가 '소프트웨어의 종말(No Software)'이라는 마케팅 슬로건을 내세우며 오라클의 핵심 비즈니스 모델을 저격하자 엘리슨은 실리콘밸리 특유의 경쟁 이싱의 감정을 느끼며, 공개석상에서 세일즈포스를 우회적으로 견제하는 듯한 발언으로 응수했다. 엘리슨 입장에서는 한때 가장 아꼈던 제자가 정면으로 도전해온 것처럼 생각됐고, 둘의 관계는 점차 소원해졌다.

실제로 두 사람의 경영철학은 뚜렷하게 갈렸다. 엘리슨은 위험을 감수하지 않는 것이 가장 큰 위험이라며 끝없는 도전을 강조했다. 반면 베니오프는 고객을 가족처럼 대한다는 자세로 관계의 깊이를 비즈니스 전략으로 삼았다. 스승은 승부사적 기질을, 제자는 동반자적 가치를 강조했다. 실라콘밸리에서 두 사람의 주장은 상징하는 바가 컸다. 오라클이 'IT기업 중심의 소프트웨어 시대의 완성자'라면, 세일즈포스는 'SaaS를 통한 구독·플랫폼 시대의 개막자'였다.

다행히 두 사람은 선을 넘진 않았다. '사제 → 배신 → 소송 → 결별'이 실리콘밸리에서의 흔한 기승전결이었다면, 엘리슨과 베니오프의 관계는 '사제 → 도전 → 경쟁 → 존중'으로 이어졌다. 갈등을 파국으로 몰고 가지 않고, 견제와 긴장을 통한 공존을 선택한 것이다. 실제로 엘리슨은 세일즈포스의 초기투자자이기도 했다.

전문가들은 엘리슨이 가르쳐준 도전정신, 잡스가 전한 혁신철학 그리고 베니오프가 실천한 고객중심 경영이라는 세 축이 맞물려 오늘날 클라우드 산업생태계가 만들어졌다고 평가한다. 현재 베니오프는 세일즈포스를 이끌며 2025년 기준 시가총액 약 2,311억 달러(약 320조 원)에 달하는 글로벌 CRM 기업으로 키웠고, 그의 개인자산은 약 92억 달러(약 13조 원)에 이른다. 엘리슨 역시 오라클 지분 40%를 보유하고 경영 일선을 지키고 있으며, 순자산 약 3,800억 달러(195조 원)로 「포브스」 집계 세계 2위 부호로 남아 있다.

포노 사피엔스*의 세로본능

장이밍의 포착

"3초 안에 사용자를 사로잡지 못하면, 그 다음은 없다."

많은 사람들이 유튜브 숏츠나 인스타그램 릴스에 중독된 세태를 보며 혀를 찰 때, 누군가는 그런 대중의 취향을 저격하는 기술을 개발해 중국 최고의 부호가 됐다. 바이트댄스(ByteDance)의 설립자 장이밍Zhang Yiming, 1983-. 그가 내세운 '3초 전략'은 소셜미디어 생태계의 금언(金言)으로 회자된다.

중국 푸젠성 출신인 장이밍은 내성적이면서도 관찰과 분석에 뛰어난 청년이었다. 난카이대에서 소프트웨어공학을 전공하던 시절 친구들은 그를 기술을 응용해 문제를 해결하는 탁월한 능력자로 기억한다.

장이밍은 졸업 후 여행검색 스타트업 쿠쉰에 힙류해 기술 관련 임무를 맡았고 2008년에는 마이크로소프트 중국법인으로 이직했다. 그러나 보수적이고 비효율적인 조직문화에 실망해 곧 회사를 떠났다. 이후 중국 최초의 트위터형

---

* Phono Sapiens. 스마트폰으로 사고하고 소통하며 소비하는 신인류를 일컫는 신조어.

바이트댄스가 핵심 UI로 채택한 세로 프레임은 인물 중심으로 얼굴·몸·제스처 인식과 포커싱에 유리할 뿐 아니라 스마트폰을 쥔 손에 최적화되어 스크롤(위·아래)이라는 단일 조작만으로 콘텐츠 소비를 용이하게 했다.

마이크로블로그 서비스 판포우에 합류하며 스타트업 환경을 경험했다.

2009년 그는 부동산 검색사이트 99팡(99fang)을 창업하며 첫 창업 도전에 나섰다. 2012년에는 AI를 활용한 뉴스 추천 앱 진르터우탸오(今日頭條)를 선보이며 바이트댄스를 설립했다. 당시 기계가 뉴스를 추천한다는 개념은 낯설었지만 장이밍은 데이터가 인간 편집자보다 더 정확하게 취향을 분석할 수 있다고 보았다. 사용자의 클릭과 체류시간을 분석해 개인맞춤형 콘텐츠를 추천하는 방식은 빠르게 시장의 주목을 받았다. 그는 말했다.

"우리의 비전은 단순히 또 다른 소셜네트워크가 아니라 전례 없는 정확도로 사용자의 취향을 이해하고 예측하는 플랫폼을 구축하는 것이었습니다."

장이밍은 곧 모바일시대로의 전환을 포착했다. 갈수록 사람들의 주의력이 떨어지고 있다는 점에 착안해 2016년 9월 숏폼 영상 플랫폼 더우인(抖音)을 출시했다. 바이트댄스는 경쟁업체와 달리 세로형인 휴대폰 화면의 특성에 주목해 시장에 진입했다. 휴대폰 내장 카메라로 찍은 영상은 그대로 전체 화면을 채웠고 이는 몰입감을 극대화했다. 또한 쉽고 직관적인 편집기능, 음악과 효과를 활용한 창의적 표현, 개인화된 추천피드가 사용자들의 참여를 이끌었다. 전문 제작자가 아니더라도 콘텐츠 소비자에서 곧바로 참여자로 전환될 수 있었고, 이 점이 폭발적인 확산을 견인했다.

바이트댄스는 이용행태를 철저히 분석해 알고리즘에 반영했다. 소셜미디어 이용자의 절반이 1분 이상 영상시청을 부담스러워하며 3분의 1은 영상을 2배속으로 본다는 사실을 파악했다. 무엇보다 첫 3초 안에 강렬한 시각적 요소로 시선을 사로잡는 영상을 집중노출하는 '3초 전략'은 가장 큰 성공 비결이었다.

이듬해 해외 버전인 틱톡(TikTok)으로 확장된 서비스는 짧은 영상과 강력한 추천 알고리즘을 무기로 전 세계 젊은 세대를 사로잡으며 글로벌 플랫폼으로 성장했다. 그는 이렇게 밝혔다.

"사용자의 사회적 연결에 의존하는 전통적인 플랫폼과 달리 틱톡의 알고리즘 기반 콘텐츠 추천은 누구나 바이럴할 수 있게 해주었습니다. 이는 콘텐츠 제작을 전례 없는 방식으로 민주화한 것이었지요. 우리는 사용자들이 영감을 받고 자신을 표현하며 창의성을 공유할 수 있는 글로벌 플랫폼을 만들고자 했습니다."

비상장기업인 비이트댄스는 2024년 약 1,550억 달러(214조 원)의 매출을 올렸으며 2025년 기준 기업가치는 약 3,150억 달러(435조 원)로 평가된다. 장이밍은 2021년 CEO 지리에서 물러났지만 언론 노출을 최소화하면서도 여전히 글로벌 IT산업에서 조용한 혁신가로 평가받고 있다.

애플의 진짜 리더에 관한 후일담

쿡의 분주〔分株〕

2011년 애플(Apple)의 상징 스티브 잡스가 세상을 떠났다. 뒤를 이은 팀 쿡Tim Cook, 1960-은 창의력의 아이콘이자 절대 카리스마였던 잡스에 비해 너무 조용했고 지나칠 정도로 실용주의자였다. 사람들은 걱정했다. 애플만의 고유한 크리에이티브 컬처는 이제 끝난 게 아닐까? 하지만 쿡은 묵묵히 자신의 방식으로 회사를 이끌었다. 그는 잡스처럼 화려하진 않았지만, 개인보다는 우리를 강조하며 조직을 안정시켰다.

그러던 어느 날 두 사람의 곡진한 관계를 보여주는 장면이 세상에 알려졌다. 잡스가 투병 중이던 췌장암이 간으로 전이되면서 간 이식이 필요하다는 사실을 알게 되었을 때 쿡은 몰래 검사를 받고 자신이 기증이 가능한 상태임을 확인했다. 그는 잡스에게 조심스레 이식 제안을 했다. 하지만 잡스는 단호히 거절했다.

"당신은 내 부하가 아니라 앞으로 회사를 이끌 사람이에요."

쿡의 제안은 단순한 동료애가 아니라 '잡스가 곧 애플의 정체성'이라는 신념에서 나온 것이었다. 한편 잡스는 애플의 정체성을 남아서 지킬 사람은 쿡이라고 생각했다. 그는 생을 마감하기 직전 쿡을 후계자로 지목했다.

잡스의 거절은 차가운 성격 때문이 아니라 애플의 리더로서 하지 않으면 안 될 마지막 판단이었다. 그는 의료진으로부터 간 이식은 기증을 받는 사람 못지않게 기증자의 건강도 악화될 수 있다는 소견을 들었다. 훗날 쿡은 당시 상황을 이렇게 회고했다.

"나는 그날 진짜 리더십이 무엇인지 잡스에게 배웠습니다. 죽음을 앞둔 상황에서 스스로를 내려놓는 태도이지요. 비록 그는 영면했지만, 애플의 영원한 리더는 잡스뿐입니다."

이후 쿡은 애플을 단지 제품을 잘 만드는 기술회사에서 가치중심의 기업으로 탈바꿈시켰다. 그의 성과는 숫자로도 입증되었다. 쿡이 잡스의 뒤를 이어 CEO가 된 2011년 애플의 시가총액은 약 3,500억 달러였지만, 2025년에는 3조4,369억 달러에 달하며 10여 년 만에 10배 가까이 회사를 성장시켰다.

2020년 탄소중립 목표를 선언한 것도 인상 깊다. 쿡은 2030년까지 모든 애플제품과 공급망에서 탄소배출량을 완전히 제로로 하겠다고 공식발표했다. 이미 본사와 모든 직영 매장은 100% 재생에너지로 운영되고 있으며, 주요 공급업체들도 재생에너지 사용을 늘리고 있다.

개인정보 보호에서는 프라이버시가 기본적 인권이라는 원칙을 세우고 2021년 iOS 14.5 업데이트에서 앱 추적 투명성 기능을 도입해 사용자가 앱의 데이터 추적을 직접 제어할 수 있게 했다. 이는 메타(당시 페이스북)를 비롯한 광고기반 기업들의 심한 반발에도 불구하고 강행한 조치였다.

물론 쿡의 경영에도 한계와 비판은 있다. 잡스시대와 달리 게임체인저급 제품의 부재, 중국정부의 요구에 순응하는 모습으로 인한 인권논란 그리고 서비스업 중심으로 변화하면서 하드웨어 혁신동력이 약해졌다는 지적이 제기됐다. 애플워치나 에어팟 같은 신제품들이 초기 아이폰만큼 시장을 뒤흔들지 못한

팀 쿡의 서재 그리고 잡스의 아트워크

것도 사실이었다.

　그럼에도 불구하고 쿡만의 가치경영은 말보다 행동, 영웅주의보다 조용한 책임감으로 입증되었다. 리더십에 정답이란 없다. 잡스에게는 세상을 바꾸는 제품을 만드는 창조적 카리스마가 있었다. 그리고 쿡에게는 이윤을 창출해 회사의 실속을 챙기는 동시에 미래사회의 공동체적 가치까지 바라보는 운영의 묘가 있다. 잡스가 심어서 거목이 된 사과나무를, 쿡은 분주(分株)하여 숲을 조성하고 있는지도 모르겠다.

기술경영의 현자

알트먼의 빅픽처

샘 알트먼^{Sam Altman, 1985-}은 전업 개발자가 아니었다. 어릴 때부터 컴퓨터에 관심이 많아 스탠퍼드대 컴퓨터과학과에 들어갔지만 중퇴하고 일찌감치 사업에 뛰어들었다. 2005년 위치기반 SNS인 루프트를 창업했지만 큰 성공을 거두지 못한 채 매각하고 만다. 하지만 이때의 경험은 큰 밑거름이 되었다.

그는 직접 코드를 짜기보다는 방향을 설계하고 세상을 읽는 데 탁월한 사람이었다. 스타트업 인큐베이터인 와이컴비네이터에 들어가 활동하며 자신의 잠재력을 발휘하기 시작했다. 2014년엔 실리콘밸리의 거물 액셀러레이터 폴 그레이엄의 후계자로 CEO가 되면서 그야말로 고속도로 같은 인생이 펼쳐졌다. 에어비앤비, 드롭박스, 스트라이프, 레딧 같은 유망 스타트업 투자에 잇따라 성공하면서 스타덤에 올랐다. 당시 알트먼은 이렇게 믿었다.

"나는 기술을 만들지는 않지만 기술을 만든 사람들이 가야 할 길을 보는 안목을 지니고 있지요."

2015년 알트먼은 일론 머스크, 일리야 수츠케비, 그렉 브록만 등과 함께 오픈AI를 공동 설립했다. 머스크는 당시 테슬라와 스페이스X를 이끌며 AI의 삼재적 위험성에 대해 공개적으로 경고하던 상태였다. 그는 알트먼과 수츠케버를 설득해 단순한 연구 프로젝트가 아니라 인류 전체에 안전한 AI를 개발하고 그 결과를 투명하게 공개하는 조직으로 만들도록 힘을 보탰다.

무엇보다도 머스크가 AI전문가가 아닌 알트먼을 선택한 이유는 기술적 전문성보다는 조직운영, 자금조달, 인재영입, 전략적 파트너십 구축 등의 경영능력을 중시했기 때문이다. 오픈AI의 성공을 위해서는 뛰어난 AI연구자들을 끌

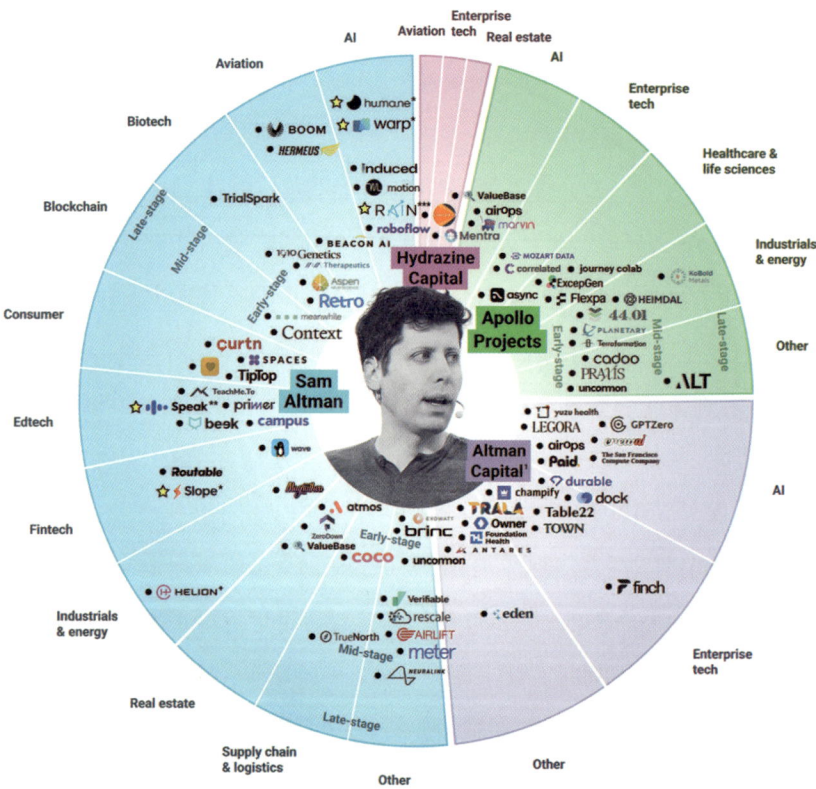

샘 알트먼의 투자생태계를 한눈에 보여주는 인포그래픽. 에너지, 헬스케어, 항공우주, 블록체인, 핀테크에 이르기까지 AI를 연계한 사업확장성이 매우 광범위하다.

출처 : CB Insight.

어들이고 막대한 자금을 조달하며 장기적 비전을 실현할 수 있는 경영자가 필요했고, 알트먼이 그러한 역할에 가장 적합하다고 판단한 것이다. 그는 알트먼과 함께 비전회의를 주도하며 AI가 통제불능 상태에 빠지지 않도록 안전장치를 연구목표에 반영하도록 이끌었다.

설립초기 오픈AI는 비영리조직으로 시작했으며 인류에게 안전한 AI를 개발하고 그 성과를 공개해 모두가 접근할 수 있도록 하는 목표를 세웠다. 알트먼은 개발자들과 어깨를 나란히 하면서도 본인의 역할을 분명히 인식했다.

"나의 일은 미래를 예상하는 게 아니라 올 수밖에 없는 미래를 준비하는 것입니다."

2019년 오픈AI는 막대한 자금이 필요한 GPT 프로젝트를 위해 비영리기업에서 '수익 제한 영리기업'으로 전환했다. 이때 알트먼은 오픈AI의 CEO로 정식 취임했다. 개발자가 아닌 그가 오픈AI의 CEO가 될 수 있었던 건 수츠케버, 브록만 등 최고의 개발자들이 그를 믿고 따를 만큼 강력한 리더십을 보여줬기 때문이었다. 또 그가 안전한 AI, 대중 공개 등 기술보다 더 큰 그림을 그릴 줄 아는 비전중심의 전략가라는 점도 한몫했다.

마이크로소프트를 설득해 수십억 달러의 투자를 이끌어낸 자금유치 능력역시 빼놓을 수 없다. 결국 그는 GPT시리즈를 통해 AI대중화를 주도하며 오픈AI의 성장을 이끌었다.

2023년 그는 한때 이사회에 의해 해임되었지만 4일 만에 전 직원의 지지속에 복귀했다. 개발자는 아니지만 기술의 방향을 결정짓는 사람. 알트먼은 늘강조한다.

"진짜 혁신은 기술이 아니라
그것을 어떻게 세상에 풀어놓느냐에 달려 있습니다."

느림과 단순함의 가치

레이쥔의 텀

2010년 중국의 스마트폰 시장은 급성장 직전의 치열한 경쟁무대였다. 애플, 삼성전자, 화웨이가 주도하고 있었고 신생 기업이 자리잡기는 쉽지 않아 보였다. 전자상거래와 소프트웨어 경험을 두루 갖춘 기업가 레이쥔[Lei Jun, 1969-]이 불과 6명의 핵심멤버와 함께 샤오미(Xiaomi)를 창업했을 때만 해도 아무도 그들을 주목하지 않았다.

그는 처음부터 스마트폰을 팔지 않았다. 대신 안드로이드 기반 MIUI 운영체제를 먼저 만들고 사용자 피드백을 빠르게 반영해 매주 업데이트한다는 방식으로 개선을 거듭했다. 고객을 '소비자 → 참여자 → 옹호자(팬덤)'로 전환하는 마케팅 기법이다. 그는 이렇게 정리했다.

"완성품을 팔기 전에 고객과 함께 만드는 문화를 먼저 완성해야 한다고 생각했습니다."

레이쥔 경영철학을 엿볼수 있는 대목이다. 하드웨어 판매는 철저히 온라인 중심으로 진행했다. 매장도 광고도 거의 없이 입소문과 커뮤니티의 힘으로 끌고 갔다. 무엇보다 주목할 점은 제품당 이익률을 5% 안팎으로 제한하겠다고 공언한 정책이었다. 그는 눈앞의 이익보다 충성도와 확장을 우선시했다.

"우리는 하드웨어로 돈을 벌지 않았습니다. 대신 신뢰로 시장을 잠식해 나갔습니다."

그 결과 샤오미는 창업 약 4년 만인 2014년 중국 스마트폰 시장 판매량 1위에 올라섰다. 그리고 6년 만인 2016년에는 글로벌 출하량 5위를 기록하며 세계시장의 주목을 받았다. 2018년 7월 샤오미는 홍콩 증권거래소에 상장하는 자리에서 자신들을 하드웨어 제조사가 아닌 플랫폼 기업이라고 선언했다. 그는 성공비결을 이렇게 정리했다.

"느리게 이기는 게 진짜 이기는 겁니다.

기술이 복잡할수록 고객에게 더 단순하게 다가가야 하지요."

단기실적이 아니라 서서히 고객의 일상에 침투하는 기술이 결국 시장을 이긴다는 얘기다. 기술은 회사 내부의 문제일 뿐 고객은 싸게 사서 쉽고 편하게 쓰면 그만이다. 고객에게 고난도 아키텍처를 과시하는 것만큼 어리석은 짓이 없다는 것이다.

레이쥔이 경영에서 말하는 롱텀(long-term)은 단순히 '시간'이 아니라 '관점'을 의미한다. 의사결정의 기준이 눈앞의 현재가 아니라 '누적되는 미래'에 맞춰져 있다는 뜻이다. 그가 터득한 전략은 '가격이 아니라 가치', '제품이 아니라 고객과의 관계'에 뿌리를 두고 있다. 샤오미 하면 떠오르는 박리다매의 저가정책과 분명히 구별된다. 좋은 기술을 공정한 가격에 오랫동안 나누겠다는 샤오미의 진심이 시장에서 통한 것이다. 그리고 그의 철학은 대륙을 넘어 전 세계 스마트폰 업계의 판도를 바꿔 놓았다.

바람을 찾아 올라타라

엘리슨의 돛

글로벌 IT인프라 기업 오라클(Oracle Corp.)의 창업자 래리 엘리슨Larry Ellison, 1944-은 파이터형 경영인이다. 타고난 승부사적 기질로 세세한 기술보다는 시장의 흐름을 먼저 파악했다. 엘리슨의 모험심은 라이프스타일에서도 잘 드러난다. 그는 한때 세계적인 요트팀을 이끌기도 했다.

엘리슨팀은 2003년과 2007년 아메리카스컵에 참가하며 경험을 쌓았고, 2010년 대회에는 제대로 칼을 갈고 출전했다. 이 대회는 전통과 역사로 유명하며 규칙 또한 엄격하다. 참가 요트는 추진동력을 목적으로 전기모터를 사용할 수 없었다.

하지만 엘리슨팀의 요트인 'USA17'에는 유압윈치용 엔진이 설치되어 있었다. 전기모터가 아닌 유압모터의 회전력으로 로프를 감아 구동하는 방식이다. 엘리슨팀은 대회규칙을 면밀히 분석하여 허점을 찾는 한편, 현재의 설계방식을 넘어 새로운 가능성을 탐구했다. 그 결과 기존 돛과는 전혀 다른 윙 세일(날개 돛)을 적용한 요트를 개발했다. 윙 세일은 높이가 약 68미터에 달하는 혁신적인 기술이었다. 비행기 날개처럼 생긴 탄소 재질의 초대형 돛은 바람의 효

196

율을 극대화해 요트 속도를 크게 향상시켰다.

대회가 시작되자 엘리슨팀은 2승을 먼저 챙기며 우승하는 압도적인 면모를 드러냈다. 미국팀은 1992년 이후 처음으로 아메리카스컵 우승 트로피를 가져왔다. 이 일화는 단순한 경기의 승리를 넘어 규칙 안에서 창의적인 설계와 전략적 접근이 어떻게 새로운 가능성을 열 수 있는지를 보여주는 일례로 회자됐다. 엘리슨은 이렇게 말했다.

"우리는 처음부터 사람들이 안 될 거라고 말하는 정반대의 일들을 해왔습니다. 앞서 나가는 유일한 방법은 통념의 오류를 찾는 것입니다."

엘리슨팀의 합리적인 승부욕은 기존 규칙이나 관습에 얽매이지 않고 문제를 바라보는 혁신적 사고의 중요성을 일깨워준다. 요트경기를 넘어 기업 간의 경쟁도 다르지 않다. 주어진 규칙을 면밀히 분석하여 묘수를 찾는다면, 시장질서를 어지럽히지 않고도 헤게모니를 차지할 수 있다. 요트경기의 챔피언들이 자주 하는 금언은 이렇다.

"좋은 바람이 올 때까지
기다리는 사람이 아니라,
좋은 바람이 있는 곳으로
찾아가는 사람이 이긴다."

2010년 아메리카스컵에서 우승한
엘리슨팀의 'USA17'

브랜드의 역사는 신기술을 잠식한다

헤르베르트의 클래스

1916년 항공기엔진 제조사로 설립된 BMW는 제1차 세계대전 당시 독일의 패전으로 베르사유조약에서 항공기 생산이 금지되자 모터사이클과 자동차로 사업을 전환했다. 그러나 1950년대 후반 BMW는 소형차와 고급차 사이에서 확실한 시장을 확보하지 못하며 심각한 경영위기에 내몰렸다. 특히 미국 수입업체가 제안한 5,000달러 가격으로 507로드스터 2,000대 공급을 약속했지만 실제 판매가는 그 두 배에 달해 거래가 무산되면서 위기는 더욱 심화됐다. 당시 직원 7,000명 규모의 BMW는 메르세데스벤츠에 인수될 처지에 놓였다.

이때 재력가 헤르베르트 크반트Herbert Quandt, 1910-1982가 등장했다. 그는 배터리 제조업체 바르타와 화학회사 알트아나를 성공적으로 경영하며 미다스의 손으로 불렸고, 이를 기반으로 BMW에 투자할 자금을 확보하고 있었다. 1959년 파산을 우려하는 동료들의 반대에도 불구하고 그는 BMW 주주총회에서 지분 절반을 인수했다.

헤르베르트는 인수에 앞서 BMW 공장을 찾아 기술보고서를 꼼꼼히 검토했다. 그는 항공기엔진을 만들던 고도의 기술력을 갖춘 엔지니어들과 경쟁사 대비 뛰어난 섀시·엔진 설계능력에 주목했다. BMW의 문제가 제품 포지션일 뿐 기술력이 아님을 간파한 것이다.

그는 메르세데스벤츠의 적극적인 BMW 인수시도에서도 뭔가 이상징후를 읽었다. 그들이 이렇게까지 인수에 집착하는 까닭은 BMW의 기술력이 자사 브랜드에 위협이 된다고 여겼고, BMW를 인수하는 즉시 없앨 수도 있다고 봤다. 헤르베르트는 BMW의 기술력이 벤츠가 위협을 느낄 정도라면 충분한 투자가치가 있다고 판단했고, 그의 분석은 틀리지 않았다.

인수 직후 헤르베르트는 BMW의 기존 경영진을 젊고 혁신적인 인재들로 교체했다. 그의 회생전략은 분명했다.

"지금부터 BMW는 모든 사람을 위한 자동차를 만들지 않습니다. 우리는 운전의 즐거움을 아는 사람들을 위한 자동차를 만듭니다."

헤르베르트는 노이에 클라쎄(Neue Klasse, 뉴 클래스) 프로젝트를 선언하고 최고 엔지니어 알렉산더 폰 팔켄하우젠을 디렉터로 임명한 뒤

1962년 출시한 BMW1500 세단

199

프리미엄 자동차 브랜드로 전환했다. 1962년 출시한 BMW1500 세단은 스포티한 성능과 디자인으로 BMW의 새로운 정체성을 확립했다. BMW1500은 오늘날 3시리즈와 5시리즈의 원조로 BMW스타일의 시작을 알렸다. 곧이어 자동차마니아들 사이에서 폭발적인 호응을 얻었고, BMW의 재무구조는 빠르게 정상화됐다.

헤르베르트는 모터스포츠의 가치를 중시하며 레이스 트랙에서 승리하지 못하면 도로에서도 신뢰받을 수 없다고 강조했다. 1973년 BMW3.0 CSL이 유럽 투어링카 챔피언십에서 우승하면서 브랜드 파워의 정점에 올라섰다. 이후 오일쇼크에도 굽히지 않고 터보차저와 연료분사 시스템에 투자하며 경쟁사와의 기술격차를 더욱 벌렸다.

해외시장 진출에서는 독일차만의 견고하고 섬세한 가치를 부각시키면서도 현지고객을 사로잡는 영업전략을 펼쳤다. 가령 미국시장에서 딜러를 무작정 늘리지 않았고, 철저한 제품교육을 통해 브랜드 설명능력을 갖춘 마케팅팀을 꾸렸다. 'The Ultimate Driving Machine'이라는 광고카피를 중심으로 핸들링과 코너링에 강점이 있는 BMW의 매력을 어필했다. 중후한 세단보다 모던하고 스포티한 컬러와 디자인을 선호하는 전문직 고소득층의 드라이빙 취향을 저격한 것이다. 특히 5시리즈는 결코 가격이 싸지 않았음에도 불구하고 미국시장에서 수입차의 아이콘으로 등극했다.

1982년 헤르베르트가 세상을 떠날 무렵 BMW는 연간 40만 대 이상을 생산하는 글로벌 프리미엄 브랜드로 성장했다. 그가 마지막 인터뷰에서 남긴 말은 지금까지도 회자된다.

"사업의 성공비결은 고객이 원하는 것을 주는 것이 아니라 고객이 원한다는 사실조차 몰랐던 것을 찾아 제공하는 것입니다."

그의 사후 세상은 급변했고 여기서 물음표가 찍힌다. 전기차와 자율주행의 시대에도 헤르베르트식 노이에 클라쎄는 여전히 통할 것인가?

"Technology-Open Premium Mobility Company."

이것은 최근 BMW가 강조하는 시그니처 헤드라인으로, 우리말로 옮기면 '특정기술에 얽매이지 않는 고급 자동차 제조사' 정도가 된다. 이를테면 BMW는 유행을 좇는 기술회사가 아니라, 어떤 기술이든 프리미엄급 브랜드를 유지하겠다는 선언이다. 실제로 BMW는 '전기차 전문 제조사'라 불리길 거부한다. 전기차 라인업을 갖추고 있지만, 그것이 곧 화석연료차와의 절연을 의미하진 않는다. 화석연료차와 하이브리드, 전기차를 모두 놓치지 않고, 각각의 구동기관 위에 BMW만의 프리미엄을 얹겠다는 전략이다.

BMW의 미래 전기 콘셉트카
Vision Neue Klasse X

기술력은 언젠가 극복되지만 브랜드에 내재한 역사적 가치는 따라올 수 없음을 BMW는 강조한다. 테슬라의 전력구동과 자율주행은 머지않아 글로벌 스탠더드가 되겠지만, BMW라는 브랜드는 대체불가하다는 얘기다. 한마디로 21세기의 노이에 클라쎄란 전기차와 자율주행이라는 새 언어로 BMW의 전통 있는 문양(紋樣)을 새긴다는 것이다.

다만 BMW의 화려한 성공과 비전 뒤에는 크반트가문의 숨길 수 없는 어두운 역사가 드리워져 있다. 제2차 세계대전 당시 헤르베르트의 아버지 귄터는 나치당에 가입해 폭탄과 탄약을 생산하는 무기공장을 운영했고 아들인 그 역시 관여했다. 이 과정에서 약 5만 명의 강제노동자가 동원됐고 매달 80명 이상이 열악한 환경에서 사망했다. 전후 귄터는 체포되었으나 적극적인 범죄 참여보다는 방조자로 분류돼 석방됐다. 하지만 크반트가문의 나치부역 사실은 2007년 방영된 다큐멘터리 〈크반트가의 침묵〉을 통해 세상에 알려졌다. 거센 비판여론이 일자 크반트가문은 강제노역과 나치협력 사실을 인정하고 사죄했다.

현재 크반트가문은 BMW의 최대주주로 여전히 막강한 영향력을 유지하고 있다. 헤르베르트의 아들 스테판은 27.0%, 딸 수잔느 클라텐이 21.9%의 지분을 보유하며 회사경영에서 존재감을 감추지 않고 있다. BMW는 글로벌 프리미엄 브랜드로 확고한 지위를 이어가고 있지만, 그 이면에는 소유주 가문이 짊어져야 할 무거운 역사적 짐이 여전히 남아 있다.

이론과 실천의 수레바퀴

젠슨의 실증

전기작가 스티븐 위트가 3년 동안 젠슨 황 ^{Jensen Huang, 1963-}을 밀착 취재해 집필한 세계 최초의 공식 자서전『엔비디아 젠슨 황, 생각하는 기계』에는 흥미로운 대목이 등장한다. 젠슨이 하버드대 경영대학원 석좌교수 클레이튼 크리스텐슨 ^{Clayton M. Christensen, 1952-2020}의 모든 저작을 탐독했다는 사실이다.

"크리스텐슨 교수가 주창한 파괴적 혁신(Disruptive Innovation)은 엔비디아를 경영하는 철학적 기반이 됐습니다."

젠슨이 역사적 위인이나 과학기술 전문가가 아닌 경영학자를 롤모델로 삼았다는 점은 다소 의외였지만, 한 걸음 더 들어가 보면 고개가 끄덕여진다. 크리스텐슨이 파괴적 혁신이론을「하버드 비즈니스 리뷰」에 처음 발표했을 때 던진 질문은 단순하지만 충격적이었다.

"좋은 회사는 왜 실패하는가?"

그의 답은 명확했다. 기존 기업들이 주요 고객의 요구에 맞춰 제품을 고도화하는 동안 더 단순하고 저렴하며 접근성이 높은 제품이 시장 하층부에서 등장해 결국 기존 시장을 잠식한다는 것이다.

젠슨은 크리스텐슨의 이론을 엔비디아(NVIDIA) 경영전략에 적용했다. 초기 엔비디아는 단순히 PC게임의 화려한 그래픽을 구현하기 위한 전용 칩인 GPU를 만드는 회사였다. 게이머들은 더 나은 성능의 그래픽카드를 원했고 엔비디아는 이 틈새시장에서 출발했다.

젠슨의 진가는 그 이후에 빛났다. 그는 GPU 제조업체에 그치지 않고 엔비디아를 GPU 기반 AI기업으로 진화시켰다. 크리스텐슨의 이론에 따르면 파괴적 기술을 장착한 제품은 대개 기존 제품보다 싸고 단순하며 심지어 작고 사용도 편리하다. 젠슨은 이 원리를 정확히 이해했다. GPU의 병렬처리 능력이 단순히 게임 그래픽에만 머물지 않고 AI연산에까지 확장될 수 있다는 사실을 그는 일찌감치 간파했다.

"당신이 더 많은 GPU를 산다면 당신은 더 많은 돈을 벌게 될 겁니다."

젠슨의 이 유명한 발언은 크리스텐슨의 파괴적 혁신이론의 핵심을 꿰뚫었다. 이는 단순한 마케팅 구호가 아니라 기존 패러다임을 바꾸겠다는 전략적 선언이었다. CPU 중심의 단순한 컴퓨팅 시장을 과감히 부수고 효율적이고 경제적인 대안을 제시한 것이다.

젠슨이 크리스텐슨의 이론을 완전히 체화했음을 보여주는 사례는 AI시대에 대한 혜안이다. 4차 산업혁명 시대에 엔비디아는 AI컴퓨팅 개발에 집중하며 빠른 시간 안에 AI기업으로 변모했다. 이는 크리스텐슨이 강조한 '새로운 시장창조'의 완벽한 실현이었다.

크리스텐슨 교수는 항상 강조했다.

"기존 시장을 지배하는 게 아니라 새로운 시장을 만드는 것이 중요합니다."

젠슨은 이를 실천했다. 그는 GPU가 게임을 업그레이드시키는데 안주하지 않았다. 데이터센터, AI연산, 자율주행, 메타버스까지 완전히 새로운 시장들을 창출하는 엔진기능이 되도록 했다.

특히 주목할 점은 젠슨이 크리스텐슨의 이론을 하나의 지침을 넘어 엄중한 경고로 새겼다는 사실이다. 크리스텐슨은 기존 기업들이 주요 고객의 요구에 집착하다가 새로운 혁신을 놓친다고 지적했다. 젠슨은 이를 피하기 위해 끊임없이 신기술에 투자하고 새로운 시장의 문을 두드렸다.

물론 젠슨의 시도가 모두 성공한 건 아니다. B-to-B 위주의 메타버스 사업은 로블록스에 비하면 실망스런 결과를 냈다. 하지만 미련 없이 빠르게 AI로 전환했다. 양자컴퓨팅 발언으로 논란이 일었을 때도 즉시 입장을 정정하고 협력의 길을 모색했다. 이를테면 양자컴퓨팅은 "비록 아직까지는 성능이 미미하지만 다른 차원의 잠재력을 가진 기술"이라며 파괴적 혁신의 초기단계라 진단했다. 양자컴퓨팅이 당장 GPU를 대체하기엔 무리가 있다는 것이다.

현장중심의 기업가들은 대개 학자의 이론을 탁상공론 정도로 치부하는 경향이 있다. 참고 정도는 하겠지만 분석하고 적용하는 것에 인색한 경우가 적지 않다. 하지만 이론은 실험과 실행으로 완성된다. 경영학은 이학이나 공학과 달리 학자들이 실행에 옮기는 데 한계가 있다. 경영이론의 실행은 경영자의 몫이다. 젠슨은 이른바 전략적 학습을 통해 탁월한 이론들을 경영에 적극 활용했고, 덕분에 미래를 설계하는 안목을 키울 수 있었다.

크리스텐슨이 좋은 기업이 왜 무너질 수밖에 없는가를 이론적으로 증명했다면, 젠슨은 그의 이론을 통해 좋은 기업이 어떻게 무너지지 않고 성장해 나갈 수 있는가를 실증했다. 이론과 실천의 수레바퀴는 풍요로운 시장으로 굴러간다.

고객의 이탈을 정조준한
유통전사의 화살

베이조스의 집착

아마존(Amazon.com)이 처음 무료배송을 시도한 건 2002년이었다. 이름은 조건부 무료배송 서비스(Free Super Saver Shipping). 일정금액 이상 구매하면 배송비를 받지 않는 방식이었다. 그러나 이 서비스는 생각보다 반응이 저조했다. 고객 입장에서 조건부 무료배송은 여전히 문턱이 높았다.

그 무렵 한 엔지니어가 직원 제안시스템을 통해 '무제한' 배송이라는 아이디어를 꺼냈다. 택배를 얼마나 자주 시키든 연회비만 내면 배송비를 신경 쓸 필요가 없다는 발상이었다. CEO 제프 베이조스Jeff Bezos, 1964-는 좋은 아이디어라며 그 직원을 칭찬했다. 그리고 거기에 아이디어 한 가지를 더 얹었다.

"무제한으로 더 빠르게 배송해 봅시다."

고객이 기다리는 시간을 최소화해준다면 주문할까 말까 고민하는 순간을 없앨 수 있다는 판단이었다. 이렇게 2005년 2월 '아마존프라임'이 세상에 나왔다. 회원은 연회비를 내고 2일 이내 무료배송을 받았다. 그 단순한 약속이 고객의 행동을 바꾸기 시작했다. 결제버튼을 누르는 속도는 빨라졌고 한 번 가입한 고객은 좀처럼 이탈하지 않았다. 프라임은 곧 아마존의 수익구조를 뒤

흔드는 핵심축이 됐다.

베이조스의 결정에는 그가 1997년부터 강조해 온 'Day1 정신'이 녹아 있었다. 그는 그로부터 약 20년 후인 2016년 주주서한에서도 여전히 Day1을 언급했다.

"Day1은 고객집착에 관한 것입니다. 우리는 항상 고객에 집중합니다. Day2는 정체상태이며, 그다음은 무용지물, 이어서 극심하고 고통스러운 쇠퇴 그리고 죽음이 찾아옵니다."

Day1은 창업기, Day2는 성장기, Day3는 성숙기를 의미한다. 베이조스는 기업이 스스로 Day2 즉 성장모드에 돌입했다고 느끼는 순간 정체와 퇴행이 시작된다며, 낙관의 위험을 경고했다. 언제나 창업초기에 그러했듯이 초심의 자세로 고객서비스에 임하라는 얘기다.

Day1의 성과는 아마존프라임을 통한 고객 급증을 가져왔다. 하지만 폭발적으로 증가하는 고객에 대한 서비스의 질을 유지하기가 현실적으로 쉽지 않았다. 베이조스가 우려한 Day2의 부작용이 나타났다. 배송 지연과 사고가 늘어난 것이다. 조직과 규모가 비대해질수록 직원 간 책임회피가 횡행했고, 서비스의 질도 하락했다. 베이조스는 깨달았다.

"모두의 책임은 아무도 책임이 없는 것과 같다."

그는 단일 책임자(STL : Single-Threaded Leader) 제도를 구상했다. 아마존 물류·배송 서비스인 FBA(Fulfillment by Amazon)가 대표적이다. 여러 부서에서 미루던 프로젝트였지만 톱 테일러리는 한 관리자에게 진권이 주어지자 책임소재가 분명해지면서 사고가 크게 줄었고 서비스의 질도 회복됐다.

아마존은 초창기에 물류시스템을 회사가 모두 떠맡지 않고 일부 프로세스를 아웃소싱했다. 덕분에 물류비용은 경제적으로 관리되었지만, 고객이 폭증히면서 이웃소싱에서 시스템이 삐걱대기 시작했다. 그러사 베이조스는 판매와 배송, 포장, 반품, 고객관리 등 물류의 모든 프로세스를 아마존이 통합해 관리하는 FBA를 당장 실행하지 않으면 곤란하다고 판단했다. 그는 물류도 플랫폼 사업의 핵심 중 하나로 본 것이다. FBA는 비용부담 증가가 아니라 Day2 함정에 빠지지 않으려는 일종의 '방어선'이었던 셈이다.

시간이 지날수록 FBA는 진가를 발휘했다. 압도적인 고객락인 효과와 함께 물류 데이터가 축적될수록 시장동향을 정확하게 분석해 새로운 사업확장을 위한 도구가 됐다. 그리고 FBA는 전 세계 유통업계가 벤치마킹하는 시스템으로 자리 잡았다.

베이조스가 강조하는 '고객집착(Customer Obsession)'이란 말은 경우에 따라 부담스럽게 들릴 수도 있다. 하지만 아마존이 20년 넘게 온라인 유통시장을 장악하고 있는 까닭은 분명하다. 그것은 고객이 떠나지 않도록 어떻게든 붙잡아두려는 베이조스의 강박적 의지다. 소름 돋지만 움직일 수 없는 사실이다.

> "고객은 언제나 만족하지 않습니다. 그리고
> 그게 바로 우리가 살아남는 이유입니다."

MCF는 아마존 창고에 있는 재고를 아마존 '밖'의 주문까지 대신 배송해주는 서비스로, 기존 FBA를 '아마존 전용'에서 '커머스 공용 인프라'로 확장한 개념이다. 유통 전체의 물류를 독점하겠다는 베이조스의 야심이 묻어있다.

성장을 거부하는 기업의
위선에 대한 비판 혹은 변명

쉬나르의 암벽

물건이 잘 팔릴수록 부담스런 제조사가 있다. 못내 성장이 불편하다고 주장하는 회사라니. 세계적인 친환경 아웃도어 브랜드 파타고니아(Patagonia)는 창업자부터 별나다. 이본 쉬나르[Yvon Chouinard, 1938-]. 그는 스스로를 비즈니스맨이 되고 싶지 않은 사람이라고 했다. 그러면 도대체 회사는 왜 차린 걸까?

잘 알려져있다시피 그는 원래 암벽등반가였다. 상업주의를 싫어했고 자연 속에서 사는 삶을 꿈꿨다. 처음 시작한 일은 등산용 피톤(철제고정 장비)을 직접 제작해 판매하는 일이었다. 브랜드와 로고조차도 없었지만 튼튼한 제품은 입소문을 탔다. 필요한 사람에게 정확한 가치를 주었기 때문이었다.

하지만 회사가 커지고 브랜드가 유명해질수록 그는 괴로웠다. 공장이 늘고 매출이 증가할수록 환경에 끼치는 부담도 커졌기 때문이다. 실제로 1991년에는 환경문제를 고민하며 직원들과 함께 회사의 환경영향을 자체평가했고, 면화재배 과정에서 사용되는 살충제가 원인이란 사실을 알게 됐다. 이후 1996년부터 모든 면제품을 오가닉 코튼으로 전환했고, 생산비용이 무려 50% 이상 증가했다.

그는 결단했다. 좀더 친환경적인 소재, 좀더 오래 쓰는 제품 그리고 수익의 사회환원을 경영철학으로 삼은 것이다.

"가능한 한 적게 팔고 가능한 한 오래 쓰도록 만듭시다."

이를 실천하기 위해 파타고니아는 2011년 블랙프라이데이에 아래 카피문구의 광고를 「뉴욕타임스」 전면에 게재했다.

"Don't Buy This Jacket."

이 재킷을 사지 말라니…… 쉬나르는 정말로 매출감소를 각오하고 이 파격적인 광고를 냈던 걸까? 물론 광고효과는 정반대였다. 오히려 브랜드가치를 높여 장기적인 매출증가로 이어졌다.

또한 파타고니아는 2013년부터 시작한 중고의류 프로그램을 통해 중고제품 거래를 적극지원하며 연간 약 10만 개의 중고제품을 중개했다. 대부분의 의류브랜드들이 신상품 위주로 영업에 주력해도 늘 재고소진에 어려움을 겪는 판국에 중고거래 지원이라니.

아무튼 쉬나르가 경영철학을 유지하는 것은 쉽지 않았다. 경영진들과의 잦은 의견충돌, 경쟁사 대비 높은 제품가격에 따른 시장점유율 한계 그리고 환경친화적 소재개발에 드는 막대한 R&D비용 등등. 쉬나르는 창업 49년째인 지난 2022년 본인과 가족이 소유한 파타고니아 지분 전체를 환경을 위한 재단에 기부했다. 총 기부액은 약 30억 달러(약 4조1,000억 원)에 달했다. 또한 파타고니아의 연간 순이익은 약 1억 달러로, 매년 이 돈이 기후변화 대응을 위해 쓰일 예정이다. 파타고니아는 당연히 비상장사다.

"이젠 지구가 유일한 파타고니아의 주주입니다."

그는 브랜드를 알리는 데 혈안이 된 기업들을 향해 쓴 소리를 내곤 했다.

"브랜드는 스스로가 왜 존재하는지에 대한 질문에 답할 수 있어야 합니다. 당신이 그 가치를 진심으로 믿는다면 굳이 마케팅이 필요 없습니다."

멋진 로고와 슬로건보다 창업자가 지키고 싶은 삶의 철학이야말로 가장 강력한 마케팅이라는 얘기다. 실제로 파타고니아는 광고비를 매출의 1% 미만으로 유지하면서도 고객충성도는 업계 최고수준을 자랑한다. 2021년 기준으로 파타고니아 제품을 구매한 고객의 87%가 재구매의사를 밝혔다.

쉬나르의 파타고니아가 대량생산 체제가 불러온 환경과 노동, 이익재분배 문제 등에서 선한 영향력을 가져온 건 분명한 사실이다. 다만, 한계에 대한 지적도 경청할 만하다. 이를테면 고가의 파타고니아 제품에 대한 이른바 '윤리적 소비'는 대개 경제적으로 여유 있는 계층 위주로 이뤄진다. 그런데 친환경이 보편적 가치라면, 파타고니아의 가격과 소비층은 왜 보편적이지 않은 걸까?

그런 까닭에 파타고니아 정신은 때때로 위선적이라는 비판에서 자유롭지 못하다. 가령 'Don't Buy This Jacket'같은 캠페인성 광고는 과소비를 비판하지만, 결국 「뉴욕타임스」 전면광고라는 강력한 상업채널을 통해 브랜드 홍보와 매출 증대로 이어져 퍼포먼스 논란을 야기했다.

그래서일까. 파타고니아는 신중한 성장이란 경영이념과는 달리 실제 매출은 꾸준히 오르며 생산량과 공급망도 날로 확대되고 있다. 대도심의 거대 쇼핑몰에서 파타고니아 매장을 찾는 건 그리 어려운 일이 아니다.

결국 파타고니아는 이른바 '지속가능한 적정성장의 기준은 무엇인가?'라는 어려운 질문에 '정량적' 해답을 내놓지 못하고 있다. 이에 대해 성장은 수단이지 목표가 아니라는 쉬나르의 답변은 어디까지나 진심지 선언이라는 시적이 제기되는 까닭이다. 과도한 상업주의에 대한 쉬나르의 고언(苦言)과 노력을 쌓아 이윤을 남긴다는 세간의 비판은 묘한 긴장관계를 이룬다. 쉬나르가 직면한 암벽이 아닐 수 없다.

월세도 못 내던 청년들을
슈퍼리치로 만든 한 마디

세 친구의 스케일

2008년 친구 사이인 브라이언 체스키[Brian Chesky, 1981-]와 조 게비아[Joe Gebbia, 1981-]는 월세를 낼 돈조차 없었다. 디자인을 전공한 이십대 청춘은 샌프란시스코에서 열리는 디자인 컨퍼런스에 숙소가 부족하다는 소식을 듣고 월세를 마련하기 위해 자신의 거실에 에어매트리스를 깔고 숙소를 공유했다. 거기에 아침식사까지 제공하면서 '에어베드 앤 브랙퍼스트'라는 이름을 붙였다. 3명의 손님이 묵자 그들은 내친 김에 숙소공유 아이디어를 사업화해 보기로 했다. 플랫폼 개발자 네이선 블레차르치크[Nathan Blecharczyk, 1983-]를 끌어들였고, 에어비앤비(Airbnb)는 그렇게 출발했다.

뭔가 창업이라 하기에 막연하기만 했던 일은 잘 풀릴 리가 없었다. 당장 생계가 급했던 그들이 생각해낸 건 엉뚱하게도 시리얼박스였다. 당시 대선주자였던 버락 오바마와 존 매케인을 풍자한 시리얼박스를 각각 디자인했는데, 민주당 전당대회에서 큰 인기를 끌며 정치뉴스에 실리는 등 화제를 모았다. 그들은 3만 달러의 수익을 올렸고, 덕분에 신용카드 연체료를 갚고 에어비앤비 도메인을 간신히 유지할 수 있었다. 이윽고 세 사람은 사업을 제대로 이어가기 위해 투자자를 찾아 나섰지만, 모두들 고개를 저었다.

"누가 낯선 사람을 자기 집에 들일까요?"

거절에 지친 그들은 마지막이라 생각하고 스타트업 인큐베이터인 와이컴비네이터를 방문했다. 시리얼박스 이야기를 들은 와이컴비네이터 공동창업자 폴 그레이엄Paul Graham, 1964- 은 사업아이템보다는 재기발랄한 세 명의 캐릭터가 더 흥미로웠다. 덕분에 에어비앤비는 와이컴비네이터 지원대상에 선발됐고 2만 달러의 초기투자를 받았다. 창업자들은 플랫폼 홍보에 집중했지만, 찾는 사람은 거의 없었다. 체스키는 답답한 마음에 그레이엄을 찾아가 물었다.

"도대체 우린 언제 뜰까요?"

그레이엄의 답변은 에어비앤비의 운명을 결정지었다.

"Do things that don't scale."

우리말로 옮기면 '확장되지 않는 일부터 하라' 정도가 될 텐데, 쉽게 말해 어떻게 하면 뜰지가 아니라 사용자들이 무엇을 원하는지 직접 발로 뛰며 현장에서 확인하라는 얘기였다.

"지금 당장 뉴욕으로 가서 호스트들을 만나고 실내와 주변도 살펴보게."

창업자들은 뉴욕으로 날아가 호스트들을 만나 그들의 생각과 불만, 아이디어를 공유(!)했다. 현장의 목소리는 다양했고, 미처 생각지 못했던 것들 투성이였다. 창업자들은 어떤 지역에 호텔이 부족한지, 교통과 주변시설은 어떤지를 낱낱이 취재해 업로딩하며 정보의 신뢰를 구축해나갔다. 리뷰와 평점, 프로필 인증시스템도 도입했다. 이로써 에어비앤비는 초기부터 제기된 낯선 고객과 장수의 이질감을 하나씩 풀어냈고, 사용자 인터페이스(UX)를 개선했다. 그리지 거짓말처럼 예약률이 올라가기 시작했다.

에어비앤비의 핵심 사업모델은 호스트(공급자)와 게스트(수요자) 간의 신뢰관계를 중개하는 것이다. 호스트가 많아질수록 다양한 숙소유형과 가격대, 위치 등 게스트 입장에서 선택지가 많아졌고, 예약률이 증가하자 에어비앤비를 활용하려는 호스트도 급증했다. 이른바 플라이휠(flywheel) 효과가 제대로 일어난 것이다. 플라이휠이란 한 번 돌기 시작하면 각 요소가 서로를 밀어주며 점점 더 빠르게 성장하는 선순환 사업구조를 의미한다. 다만 플라이휠은 0부터 1구간에서는 작동하지 않는다. 그레이엄이 확장에 앞서 현장을 제대로 분석해 수요와 공급의 규모를 0부터 1구간 이상으로 늘리라는 조언을 창업자들은 정확하게 꿰뚫은 것이다.

그레이엄의 Don't Scale 전략은 지역적 확장에 앞서 특정지역의 '밀도'로 이어졌다. 창업자들은 뉴욕이라는 특정도시를 선택해 집중공략했다. 뉴욕의 호스트들을 직접 교육했고, 전문 포토그래퍼를 고용해 숙소를 멋지게 촬영해 올렸다. 관광과 비즈니스 체류가 동시에 일어나는 뉴욕 같은 도시에서 정보의 밀도가 조밀해지자 예약률이 급증했고, 사업은 미국의 다른 도시로, 그리고 전 세계 곳곳의 크고

작은 도시들까지로 확장됐다.

게스트와 호스트 양쪽에서 발생하는 수익구조가 창업자들을 슈퍼리치로 만드는 것은 그야말로 시간문제였다. 에어비앤비는 2020년 12월 나스닥에 상장했고, 2025년 기준 시가총액은 1,000억 달러를 넘는 것으로 추정된다. 2024년 기준 연매출액은 약 111억 달러에 이른다.

에어비앤비에 2만 달러를 초기투자한 그레이엄의 와이컴비네이터는 그 대가로 6% 안팎의 지분을 받은 것으로 알려져 있는데, 현재 투자수익은 시쳇말로 '말해뭐해'이지 않을까. 그레이엄은 세 명의 괴짜 청춘들에 대한 '경이로운' 투자를 경험한 뒤 이런 코멘트를 남겼다.

"가장 말도 안 되는 아이디어가 가장 큰 수익을 거두기도 합니다. 특히 100명의 무관심한 유저보다 열성적인 팬 10명이 회사를 키워준다는 걸 잊지 마세요."

창업자들의 엉뚱한 아이디어에서 출발한 에어비앤비의 재기발랄한 프로모션은 늘 화제를 모은다. 이미지는 시카고미술관이 고흐전시회를 열면서 〈아를의 침실〉이라는 고흐의 그림을 3차원 공간으로 재현한 뒤 에어비앤비에 단기간 임시숙소로 등록한 이벤트다. 책정된 하루 숙박료는 10달러였고, 예약은 빠르게 매진됐다. 게스트들은 에어비앤비를 통해 마치 고흐의 그림 속에 들어온 것 같은 체험을 했다. 이곳에 묵은 소수의 여행자들은 인증샷을 찍고 쌀쌀해 SNS와 쏫쏫에 올렸고, 반응은 순식간에 폭발적으로 퍼져나갔다. 100명의 무관심한 유저보다 10명의 찐팬이 훨씬 중요하다는 그레이엄의 코멘트가 입증되는 사건이었다.

CHAPTER 4

기회의 정복자들

해고의 추억

큐반의 execution

마크 큐반^{Mark Cuban, 1958-}은 1981년 인디애나대를 졸업하고 한 소프트웨어 회사에 취업했다. 하지만 입사한지 불과 9개월 만에 해고 비슷한 통보를 받았다. 개인적으로 관심 있던 소프트웨어 시연회에 참석하느라 중요한 고객미팅을 빼먹어 1만5,000달러 규모의 거래를 놓쳤기 때문이다.

"회사업무를 놓칠 만큼 더 중요한 일이 있다면 앞으로 이곳에서 영업을 할 순 없어요. 내일부터는 마케팅팀이 아니라 시설팀으로 출근해서 청소업무를 지원하세요."

큐반은 인사책임자의 말뜻을 못 알아들을 만큼 바보가 아니었다. 언젠가 그는 그날의 일을 이렇게 회고했다.

"참 비루한 방식의 해고였지만, 다시 생각해보면 이십대에 일어난 최고의 해프닝 가운데 하나였어요. 안정적인 직장을 잃는 순간 내가 진정 원하는 것이 무엇인지에 대해 절실히 고민하는 계기가 됐기 때문이지요."

고민의 시간은 오래 걸리지 않았다. 그는 평소 어렴풋이 생각해 두었던 일이 있었다. 1980년대에는 컴퓨터와 네트워크가 기업에 막 도입되던 시기였는데,

작은 회사들을 중심으로 컴퓨터 시스템을 효율적으로 활용하도록 돕는 서비스 수요가 제법 컸다. 그는 기업용 소프트웨어를 구매해서 고객사에게 이걸 어떻게 사용하면 효율성이 올라가는지를 컨설팅해주며 재판매하는 사업모델을 '실행(execution)'에 옮겼다. 친구의 아파트 거실 한 구석에 책상을 놓고 마이크로솔루션즈(MicroSolutions)라는 이름의 회사를 창업했다. 빌 게이츠의 마이크로소프트 때문에 당시에는 IT 관련 회사명에 마이크로를 붙이는 게 유행이었다.

아무튼 마이크로솔루션즈에 매우 뜻 깊은 상황이 일어났다. 짧은 직장생활 동안 큐반을 신뢰하게 된 기업인들이 미리 서비스 비용을 지불하고 마이크로솔루션즈의 고객이 되어준 것이다. 큐반은 하루 24시간이 모자랄 만큼 일했다. 신뢰를 준 고객에 대한 최선의 보답이었다.

사실 그는 누구보다 신의와 성실로 가득 찬 사람이었다. 하지만 과거의 회사는 그를 불신했고 모욕했다. 큐반의 진가를 제대로 알아보지 못한 것이다. 결과적으로 그를 해고한 회사는 인재를 잃는 손해를 봤고, 그는 기회를 잡았다. 큐반은 창업 7년 만에 마이크로솔루션즈를 연 매출 3,600만 달러(약 520억 원)의 알토란 회사로 키워냈다.

하지만 큐반은 1990년에 마이크로솔루션즈를 적당한 가격에 매각했다. 그는 평소 소프트웨어 컨설팅이라는 관리서비스보다 좀더 흥미로운 일을 하고 싶었다. 1995년 큐반이 새로 나선 사업은 '오디오넷(AudioNet)'이라는 인터넷 라디오방송이었다. 그는 NBA 인디애나 페이서스의 광팬이었는데, 텍사스에 살고 있어 경기중계 라디오 주파수가 잘 잡히지 않았다. 그래서 생각했다.

"인터넷으로 라디오를 들으면 되지 않을까?"

처음엔 단순히 NBA 중계를 위한 플랫폼삼아 운영하다가 반응이 올라오자 라디오 쇼, TV방송, 각종 이벤트로 콘텐츠를 확장하며 온라인 스트리밍이라는 개념을 일상 속으로 끌어들였다. 모든 오디오와 미디어 콘텐츠를 한 플랫

큐반의 실행력은 늘 기회를 만들었다. 2000년부터 23년 동안 NBA 댈러스 매버릭스의 구단주로 코트 위를 누비더니, 어느 순간 ABC의 투자 리얼리티쇼 〈샤크 탱크〉에서 억만장자 투자자(샤크) 중 한 명으로 활약하기도 했다.

SHARK TANK

SEASON ONE

폼에서 제공하는 단순한 구조는 유저를 모으는 데 적절했다. 하지만 인터넷이 확산되기 전이라 큐반의 새 사업이 돈이 될 거라 생각한 사람은 거의 없었다. 그로부터 몇 년 지나지 않아 인터넷시대가 도래하자 큐반의 플랫폼은 폭발했다.

"우리는 유튜브의 원조였던 셈이었죠."

훗날 그는 이렇게 우스갯소리를 하곤 했지만, 전혀 틀린 말도 아니었다. 큐반은 회사명을 브로드캐스트닷컴(Broadcast.com)으로 바꾸고 1999년 야후에 57억 달러(약 8조 원)에 매각하는 대성공을 거뒀다. 공교롭게도 매각직후 닷컴버블이 붕괴되었고, 그는 야후에게서 받은 주식을 즉시 헤지(옵션으로 보호)해 손실을 피할 수 있었다.

호사가들은 그를 럭키가이라고 폄하했지만, 우연치고는 타이밍이 절묘했다. 1980년대 전산의 시대에 컴퓨터솔루션 서비스사업을, 1990년대 인터넷시대에는 온라인방송 플랫폼을, 그리고 닷컴버블이 붕괴되기 직전에 회사를 매각했기 때문이다. 큐반은 한발 앞서 예측했고, 확신이 서면 좌고우면하지 않고 '실행(execution)'에 옮겼다.

이후 큐반의 행보는 어디로 튈지 모르는 럭비공 같았다. 2000년부터 23년 동안 NBA 댈러스 매버릭스의 구단주로 활약하며 코트 위를 누비기도 했다 (지금은 구단 전체 지분의 27%만 소유하고 나머지는 매각한 상태다). 또한 2011년부터 ABC의 투자 리얼리티쇼 〈샤크 탱크〉에서 억만장자 투자자(샤크) 중 한 명으로 2025년 5월까지 출연했다. 〈샤크 탱크〉는 창업자들이 출연해 5명의 고정패널 샤크에게 자신의 사업모델을 발표하고, 이에 투자가치가 있다고 판단하는 샤크가 해당 사업에 투자하는 프로그램이다. 실제로 큐반은 프로그램을 통해 여러 창업자들에게 수천만 달러 이상을 투자했다. 그는 방송 중에 많은 창업자들을 향해 이런 말을 남기기도 했다.

"사업의 아이디어를 내는 건 쉬운 일이지요, 성패는 '실행(execution)'에 달렸어요. 해보지 않으면 기회도 없어요."

40여 년 전 젊은이는 등 떠밀리듯 회사를 나왔지만, 낙담과 탁상공론의 시간을 줄이는 대신 하루 빨리 사업에 착수했고, 미친 듯이 일에 몰두했으며, 결국 성취해냈다. 큐반의 해고가 악몽이 아닌 추억으로 기억되는 까닭이다.

기회를 끈끈하게 붙인다는 것

실버와 프라이의 접착력

1968년 3M의 개발자 스펜서 실버Spencer Silver, 1941-2021는 항공우주용 강력접착제를 만들려다 실패했다. 접착력이 너무 약한 나머지 종이에 붙였다가도 쉽게 떨어지는 수준이었다.

"이건 그냥 실패작이야."

동료 개발자들조차 외면했다.

하지만 스펜서의 생각은 달랐다.

"그건 잘 붙지만, 쉽게 떨어지고, 다시 붙일 수 있는, 덜 끈적거리는 색다른 접착제입니다."

그는 실패가 아니라 아직 제 용도를 찾지 못한 기술일 뿐이라고 생각했고, 틈만 나면 사내 세미나 같은 자리에서 이 접착제의 가능성을 설명했지만, 귀담아 듣는 사람은 없었다. 딱 한 사람만 빼고.

그로부터 6년 뒤인 1974년 같은 회사의 개발자 아서 프라이Arthur Fry, 1931-는 성가신 문제 하나를 겪고 있었다. 교회 성가대에서 노래책에 책갈피를 꽂는데 매번 떨어지고 흘러내리는 게 골칫거리였다. 그때 문득 실버가 만든 그 이상

스펜서 실버   아서 프라이

한 접착제가 생각났다.

"책에 붙였다가 떼도 흔적이 안 남을 것 같은데?"

프라이는 실버에게 그 문제의 접착제를 달라고 해 종이 뒷면에 발라 보았다. 결과는 놀라웠다.

붙는다 → 떨어진다 → 다시 붙는다

→ 그럼에도 종이를 손상시키지 않는다!

프라이는 실버에게 접착제의 진가를 전했다. 그리고 둘은 곧바로 접착제를 종이에 발라 작게 찢어 쓰는 메모지를 만들었다. '재부착 메모지'는 그렇게 탄생했다. 마침 옆 연구실에서 구할 수 있던 스크랩 용지가 노란색이었고, 훗날 제품의 시그니처 컬러가 됐다.

실버와 프라이는 회사에서 제품설명회 자리를 마련해 시연했지만, 경영진의 반응은 여전히 미지근했다. 심지어 한 임원은 웃으며 이렇게 말했다.

"종이를 종이에 붙이는 데 돈을 주고 사는 사람이 있을까?"

그러자 프라이는 사무실 직원들에게 재부착 메모지를 몰래 배포했고, 일주일 뒤 직원들이 줄을 섰다.

"그 노란 메모지 더 없어요?"

사람들이 문제를 인식하지 못했을 뿐 막상 해결해 주면 손을 뻗는다는 걸 두 사람은 작은 메모지로 증명한 것이다. 하지만 제품화까지는 험난한 길이 남아 있었다. 우여곡절 끝에 1977년 일단 4개 도시에서 시범출시했지만 결과는 실망스러웠다. 고객들이 이 이상한 메모지를 어떻게 써야 할지 이해하지 못했기 때문이었다. '프레스 엔 필(Press'n Peel)'이라는 제품명도 문제였다. 눌렀다 떼라니 대체 왜?

실버와 프라이는 결과에 낙담하기 보다는 홍보방식을 바꿔보기로 했다. 1979년 회사를 겨우 설득해 대규모 무료샘플 캠페인을 벌였다. 재고물량을 물에 담그는 것보다는 낫다고 회사는 판단했다. 결과는 놀라웠다. 샘플을 받은 기업의 90% 이상이 재주문을 했다. 1980년 제품명을 포스트잇(Post It)으로 바꿔 정식으로 출시했고 반응은 더할 나위 없었다. 중요한 뭔가를 '붙여둔다'는 이름은, 메모한 내용을 결코 잊지 않겠다는 강조점 같은 약물부호가 됐다.

포스트잇은 지금도 전 세계 100여개 나라에서 판매되고 매년 수십억 달러의 브랜드 가치를 창출하고 있다. 디지털이 일상화되면서 회사마다 No Paper와 No Pencil을 주지하지만, 포스트잇이 붙어 있지 않은 사무실이나 서재는 드물다. 왜일까?

포스트잇의 물리적 존재감을 무시할 수 없다. 디지털 메모는 화면을 켜야 보이지만, 포스트잇은 모니터와 책상, 냉장고 어디에든 눈앞에 붙어 있다. 이른바 포스트잇의 '보이는 알림기능'은 행동유도력을 촉발한다.

포스트잇은 인지과학적으로도 의미가 깊다. 손으로 쓰는 행위는 기억을 고착시키고, 어딘가에 붙이는 행위는 공간기억을 만든다. 형형색색 포스트잇이 더덕더덕 붙은 벽 전체를 사고공간으로 확장시킨다는 말은 결코 제품홍보용

수사가 아니다.

세상이 아무리 변해도 디지털이 대체하지 못하는 순간들이 있다. 전화를 받으며 급하게 메모해야 할 때 포스트잇은 전원을 누를 필요도, 로그인할 필요도 없다.

포스트잇은 단순한 종이 조각이 아니라 행동을 촉발하는 물리적 인터페이스라 할 만하다. 애초에 강한 접착제를 만드는 데는 실패했지만, 떼었다 붙이는 데 부족함이 없는, 시쳇말로 '이븐한' 접착력은 제품이 롱런하는 비결이 됐다. 실버가 말했듯이 실패는 쓸모없음이 아니

영화 〈오피스 스페이스〉의 포스터 중에서

라, 아직 맥락을 못 찾은 상태일 뿐이다. 실버의 명석한 기술을 제대로 알아본 프라이는 이렇게 말했다.

"실패로 시작해 불편에서 기회를 찾고 익숙함 속에서 새로움을 만드는 것, 그리고 시장이 이해할 때까지 끈질기게 설득하는 것, 그게 바로 사업입니다"

Sometimes, Like A Virgin

브랜슨의 39달러

1970년대 펑크록밴드 섹스피스톨스, 1980년대 필 콜린스와 컬처클럽, 1990년대 스파이스걸스까지 세계적인 팝스타들의 앨범에는 'Virgin Record'라는 레이블이 찍혀있었다. 리처드 브랜슨 경Sir Richard Branson, 1950-이 1972년 설립한 버진레코드는 팝음악의 본고장 영국을 대표하는 음반회사 가운데 하나로 주목받았다.

그러던 어느 날 브랜슨은 갑자기 항공사를 세우겠다고 발표했다. 사연은 이랬다. 그는 1980년대 초에 푸에르토리코에서 버진아일랜드로 가기 위해 아메리칸 항공편을 기다리고 있었는데, 승객 수 부족으로 항공운항이 취소된 것이다. 화가 치민 그는 직접 전세기를 임대하고 커다란 팻말에 이렇게 적어 비서에게 높이 들도록 했다.

"Virgin Airlines ⇒ $39"

브랜슨이 39달러라는 가격을 어떤 방식으로 계산해 매겼는지는 잘 모르겠다. 40달러가 아닌 39달러를 책정한 건 그 짧은 순간에 가격저항선을 고려했던 걸까? 아무튼 그는 같은 처지의 승객들을 기내에 가득 채우고 목적지로 무사히 돌아왔다. 착륙 후 한 승객이 이렇게 말했다.

"서비스만 좀 더 다듬으면 항공사를 차려도 손색없겠어요.

그 시절 영국 장거리 항공은 사실상 브리티시 에어웨이즈 중심으로 노선구조가 편성되어 있었다. 대형 국적항공사 위주의 보수적 운영 탓에 서비스의 질은 형편없었고, 이용객들은 불만이 적지 않았다. 사업다각화에 거침없었던 브랜슨의 모험심은 푸에르토리코 해프닝을 계기로 항공업계로까지 발동했다. 그는 고객중심의 서비스를 제공하는 항공사 설립을 결심했고, 주변 사람들은 경험도 없이 항공사업에 뛰어든다며 만류했다.

버진항공(Virgin Atlantic)은 설립초기에 수많은 시행착오를 겪었다. 1984년 첫 상업비행을 불과 72시간 앞둔 시점에서 시험비행 도중 이륙 직후 새떼가 엔진에 충돌하는 사고가 발생했다. 항공기에서 화염이 뿜어 나와 긴급 착륙했고, 브랜슨은 직접 자금을 조달해 예비엔진으로 교체해야 했다.

또한 그는 사업이 빠른 기간 내에 정상궤도에 오르지 못하면 시장에서 철수한다는 원칙을 세워 모든 계약과 비용을 1년으로 제한했다. 누가 봐도 이해할 수 없는 조치였다. 손실을 제한하는 안전장치였지만, 항공업계에서는 매우 비상식적인 전략이었다. 항공업은 원래 초기투자비가 막대하고 시장진입 단계에서 적자가 일반적인 사업구조다. 특히 시장에 막 뛰어든 신규 항공사가 1년 안에 수익을 거두는 사례는 매우 드물었다. 버진항공은 중고 보잉747 1대로 런던-뉴욕 단일노선 밖에 없었다.

신형이 이렇다보니 버진레코드의 자금지원 없이는 중고 보잉747 1대의 렌털비용조차 감당하기 어려웠다. 어쩔 수 없이 6~8일의 여름 성수기에만 운영하는 불안정한 사업을 이어가야 했다. 하지만 버진항공은 심각한 시행착오에도 불구하고 첫해에 수익을 내며 모두를 놀라게 했다.

항공기 1대의 단일노선이 예상과는 달리 오히려 득이 됐다. 브랜슨은 경험이 일천한 만큼 처음부터 항공기와 노선을 무리해서 중복 운영하지 않았다. 무엇보다 '런던-뉴욕'이라는 가장 모객이 잘 되고 수익성이 높은 노선을 선택한 결과, 좌석점유율이 매우 양호했다. 당시 런던-뉴욕 노선은 비즈니스석 수요가 풍부해서 프리미엄 좌석 수익성이 꽤 좋았다. 브리티시 에어웨이즈라는 국적기가 거의 모든 노선을 장악하고 있었지만, 런던-뉴욕 노선만큼은 수요 자체가 충분히 컸기 때문에 틈새전략이 통했다. 결과적으로 고정비는 최소화하면서 탑승률을 높이는 브랜슨의 선택은 적중했다.

브랜슨은 가격만 낮추는 저가전략에서 벗어나 기내 엔터테인먼트 프로그램을 적용하는 등 서비스를 차별화했다. 그는 문제가 발생하면 직접 나서서 해결했고, 항상 고객과 직원 사이의 관계를 최우선으로 여겼다. 승객들은 콧대만 높은 국적기에서 받아보지 못했던 서비스를 버진항공에서 경험했고, 항공사의 소비자신뢰도는 갈수록 높아졌다. 덕분에 버진항공은 업계의 예상을 깨고 꾸준한 성장을 이어갔다.

물론 버진항공도 여타 항공사들이 겪어야할 위기를 피해갈 순 없었다. 1990년대 초 걸프전, 2001년 9·11테러, 2008년 금융위기 그리고 2020년 팬데믹으로 파산직전까지 몰리기도 했다. 그럴 때마다 브랜슨은 수익성 높은 북대서양 노선에 집중했고, 최대위기인 팬데믹 사태 때는 델타와의 조인트벤처로 리스크를 분산하는 등 융통성 있는 사업수완을 십분 발휘했다.

버진항공은 2024년 기준 43대의 항공기를 보유중이며 33억 파운드(약 5조 2,000억 원)의 매출을 달성하면서 팬데믹 이후 처음으로 2천만 파운드의 흑자를 기록했다. 또한 영국에서 가장 정시운항률이 높은 항공사로 인정받았고, 설립 이후 40여 년간 단 한 건의 승객 사망사고도 없는 안전기록을 유지하고 있다.

하지만 매사 도전적이고 모험심이 강한 브랜슨의 경영에 대한 평가는 엇갈릴 수밖에 없다. 실제로 그는 버진그룹의 우산 아래에 400개 안팎의 계열사를 세웠다 없앴다를 반복해왔다. 버진콜라와 패션 사업은 대표적인 실패한 아이템으로 지목된다. 특히 우주관광 사업인 버진갤럭틱은 막대한 손실을 기록했고, 브랜슨은 지분 일부를 매각해야만 했다. 사실 버진항공의 설립 계기도 다소 충동적이었음을 부정할 순 없다. 아무리 큰돈을 벌었다 해도 그의 모든 면을 미화하거나 정당화할 순 없다.

다만 브랜슨의 진가 또한 분명했다. 일단 사업을 하기로 마음먹으면 매우 적극적이면서도 치밀한 태도를 견지했다. 그는 사무실 안에서만 보고받고 수치와 지표에 매몰되어 결정하는 경영자가 아닌, 현장에서 직원들과 직접 소통하고 의견을 경청하는 행동형 리더였다. 실패에 대해 의연하게 대처하는 자세 또한 브랜슨 경영철학의 미덕이다. 상투적인 표현 같지만, 그에게 실패는 다음의 기획을 엿보는 통과의례였다. 그는 언젠가 한 인터뷰에서 실패의 결과는 늘 쓰디썼지만, 위기상황을 대처하는 과정에서 시장을 좀더 이해하게 되었다고 털어났다.

"걷는 법은 규칙만을 따라서 배울 순 없습니다. 일단 일어나서 발을 내디뎌 보고 넘어지면서 배우는 법이지요."

40여 년 전 푸에르토리코 공항에서 결항으로 비서에게 화만 내지 않고 직접 전세기를 부르고 'Virgin Airlines ⇒ $39'을 커다란 팻말에 적어 모객에 나섰던 일화는 브랜슨의 사고가 얼마나 긍정적이고 능동적인지를 보여준다. 세상에 미리 성공을 담보할 수 있는 일은 존재하지 않는다. 그는 확실치는 않지만 기회라는 편린이 시린 이렇게 요조렸다. 그 시절 팻말에 39달러류 적기 바로 전에도 아마 그랬을 것이나.

"Screw it, let's do it(에이, 일단 해봐)."

229

큰 물고기가 놓친 먹이를 노려라

인트레이터의 실패

코어위브(CoreWeave)의 공동창업자 마이클 인트레이터[Michael Intrator, 1970-]는 불과 몇 년 전까지만 해도 그저 암호화폐 채굴업자에 불과했다. 하지만 2025년 기준 그는 시가총액 76조 원의 클라우드 업체를 이끄는 AI시대 주역 가운데 한 명으로 거듭났다.

인트레이터는 어린 시절부터 컴퓨터와 함께 자랐다. 그는 늘 다음에 올 기술이 궁금했다. 하지만 인트레이터는 안정적인 직업을 갖길 원하는 부모의 뜻에 따라 뉴욕주립대 빙햄턴에서 정치학을 전공한 후 컬럼비아대에서 행정학 석사를 취득했다. 덕분에 그의 학력은 일반적인 IT기업 CEO와는 사뭇 결이 달랐다. 하지만 이런 독특한 배경이 오히려 그만의 차별화된 시각을 만들어냈다.

인트레이터는 졸업 후 탄소배출권 거래회사 내츠소스에서 약 16년간 근무하며 탄소 크레딧과 대기오염 배출권 판매업무를 담당했다. 이곳에서 그는 브라이언 벤투로를 만나 에너지 거래분야의 전문성을 쌓았다. 주변에서는 두 사람을 마이클 조던과 스코티 피펜에 비유하며, 골드만삭스와의 경쟁에서도 승리를 거두었다고 평가했다.

2013년 의기투합한 두 사람은 천연가스 헤지펀드 허드슨 리지 자산운용을 설립했다. 하지만 수압파쇄법 기술을 이용한 셰일가스 생산급증으로 시장환경이 변하면서 결국 펀드를 정리하고 만다.

2016년 그는 인생의 새로운 모험에 나섰다. 브라이언 벤투로, 브래닌 맥비 등 동료와 함께 암호화폐 채굴사업에 도전한 것이다. 맨해튼 사무실에 있던 당구대 위에 첫 번째 엔비디아의 GPU를 올려놓고 이더리움을 채굴하며 시작된 이 사업은 빠른 속도로 발전했다.

2017년 그들은 아예 아틀랜틱크립토라는 채굴회사를 설립하고 본격적으로 이더리움 채굴에 집중했다. 하지만 2018년 크립토겨울이 찾아오면서 암호화폐 시장은 순식간에 폭락하고 말았다. 인트레이터는 투자금의 상당부분을 잃었지만 오히려 이를 기회로 봤다. 많은 이들이 손실을 감수하고 사업을 접었지만 그는 달랐다. 사업을 확장하는 전환점으로 삼은 것이다.

"파산한 크립토 업체들이 매물로 내놓은 GPU를 헐값에 매입하면서 한 개의 GPU가 수백 개로, 그 다음 수만 개로 늘어났습니다."

2019년 그는 기발한 아이디어를 실행에 옮겼다. 회사명을 코어위브로 바꾸고 채굴용으로 사들인 GPU를 활용해 클라우드 컴퓨팅 인프라 서비스업체로 전환한 것이다. 당시 클라우드 시장은 아마존, 마이크로소프트 같은 거대 기업들이 장악하고 있었지만 그는 틈새를 파고들었다. 대형 클라우드 업체들이 소홀히 한 AI연산과 기계학습 작업부하에 집중한 것이다.

"큰 물고기가 되려 하지 말고, 큰 물고기가 놓친 먹이를 노리는 게 우리의 목표였습니다."

그의 의도는 적중했다. AI붐이 본격화되면서 GPU 수요가 폭발했고 코어위브는 완벽한 타이밍에 맞춰 떠올랐다. 특히 우연한 계기로 성사된 엔비디아와 이 파트너십은 중요한 전환점이 되었다. 2020년 이는 닐 젠슨 황으로부터 전화가 걸려왔다. 코어위브는 당시 저용량 GPU를 독점하다시피 쓸어 담고 있었는데, 젠슨 황은 이 작은 회사가 어떤 곳인지 궁금했던 것이다.

젠슨 황은 코어위브의 공동창업자 벤투로와 1시간 30분간 통화하며 이들의 운영방식과 AI인프라 접근법을 이해하게 됐고 마침내 투자를 약속했다. 실제로 엔비디아는 2023년 4월에 1억 달러(약 1,307억 원)를 투자한 것을 시작으로 지속적으로 지분을 늘려 2025년 2분기 기준 코어위브 지분 7%를 보유 중이다.

엔비디아와의 파트너십은 코어위브에게 날개를 달아줬다. 코어위브는 2024년 5월 기업가치 190억 달러(약 25조9,000억 원)를 인정받고 VC로부터 총 11억 달러(1조5,000억 원)의 투자를 유치했다. 그리고 2025년 3월 나스닥에 당당히 상장하면서 인트레이터와 공동창업자들은 억만장자의 대열에 합류했다.

인트레이터의 경영철학에서 특히 두드러지는 점은 실패에 대한 태도다. 코어위브에는 '실패 파티'라는 문화가 있다. 프로젝트가 무산되면 숨기거나 비난하는 대신 모두가 모여 원인을 분석하고 배운 점을 공유했다. 그는 말했다.

"우리는 실패를 수집합니다. 실패할수록 더 현명해지거든요."

그는 자신의 성공비결을 이렇게 덧붙였다.

"정치학과 행정학에서 배운 통찰, 내츠소스에서의 경험, 암호화폐 채굴 실패 모두가 성공의 밑거름이었습니다. 행운은 준비된 자에게만 찾아옵니다."

인트레이터의 리더십은 소통에서도 빛난다. 그는 매주 금요일마다 모든 직원들과 점심을 함께 하며 아이디어를 나눈다. 최고의 아이디어는 회의실이 아니라 일상대화에서 비롯하기 때문이란다.

인트레이터는 크립토 혹한기에 좌절 대신 기발한 아이디어를 실행에 옮겼다. 회사명을 코어위브로 바꾸고 암호화폐 채굴용으로 사들인 GPU를 활용해 클라우드 컴퓨팅 인프라 서비스업체로 전환한 것이다. 그의 안목은 적중했다. 2025년 3월 나스닥에 당당히 상장하면서 인트레이터와 공동창업자들은 억만장자의 대열에 합류했다.

추락하는 것에도 날개는 있다

호프만의 비상

링크드인(LinkedIn)의 창업자 리드 호프만^{Reid Hoffman, 1967-}의 창업 여정은 불확실성과 도전의 연속이었다. 1997년 스탠퍼드대에서 MBA를 막 마친 그는 첫 창업에 나섰다. 아이템은 소셜데이팅 서비스인 소셜넷. 온라인데이팅 뿐만 아니라 룸메이트 매칭, 전문직 네트워킹까지 제공하는 종합 플랫폼을 지향했다. 하지만 명확한 포커스가 없었던 것이 치명적 약점이었다. 너무 많은 서비스를 한꺼번에 제공하려다 보니 이용자들에게 혼란만 가중시켰다.

　더 큰 문제는 유통전략이었다. 소셜넷은 신문과 잡지와의 파트너십을 통해 사용자를 확보하려 했는데, 이는 온라인서비스로서는 재앙에 가까운 선택이었다. 사용자 획득비용은 높았지만 몇 달 안에 이탈하는 구조적 문제를 간과했다. 개념 자체는 선구적이었지만 당시 인터넷은 아직 대중화되지 않았다. 시장보다 너무 빨랐던 셈이다.

　소셜넷은 6년간 유지되며 일정 성과를 냈지만 그가 처음 그렸던 소셜네트워크의 본질과는 거리가 있었다. 1999년 호프만은 결국 소셜넷을 포기하기로 결정했다. 그는 투자자들에게 원금을 모두 돌려주며 회사를 정리했다.

"완벽한 서비스를 구현하기 위해 몇 달간 숨어서 작업한 후 완성품을 내놓으려 했지만, 실제로는 사람들이 뚜렷하게 원하는 것을 명확하게 만드는 것이 중요하다는 사실을 깨달았습니다."

시장 타이밍과 사용자 니즈에 대한 감각은 그에게 매우 중요한 기준이 됐다. 다행히 실패하자마자 호프만에게 또 다른 기회가 찾아왔다. 오래된 친구 피터 틸의 제안이었다. 둘은 스탠퍼드대 2학년 때 만난 사이로 당시 호프만은 공산주의자, 틸은 자유주의 신봉자로 불렸을 정도로 정치성향이 정반대였다. 하지만 진리에 대한 열정과 토론을 통한 사고의 발전을 중시하는 두 사람의 열린 마인드는 30년 우정으로 이어졌다.

틸은 온라인결제 서비스회사를 창업하며 호프만에게 창립이사회 멤버로 참여해 달라고 요청했다. 이 회사가 바로 페이팔이다. 호프만의 소셜넷 경험이 페이팔의 개인 간 결제에서 고객-판매자 결제로의 사업모델 전환에 큰 도움이 되었기 때문이었다.

2000년 1월 호프만은 페이팔의 최고운영책임자(COO)로 합류했다. 그는 페이팔에서 자신의 역할을 소방관이라고 불렀을 정도로 다양한 위기상황을 해결하는 역할을 했다. 실패의 경험이 위기대처 능력을 키웠던 것이다.

2002년 페이팔이 이베이에 매각되자 호프만은 다시 창업에 도전했다. 이번에는 좀더 전문직 네트워킹에 집중한 플랫폼 링크드인이었다. 하지만 분위기는 역시 냉담했다. 페이스북처럼 개인중심의 소셜네트워크가 각광받던 시기였기에 비즈니스 중심 네트워크는 지루하다는 인식이 팽배했다. 초기투자자들조차 사람들이 온라인에서 이력서를 공유하겠냐며 의문을 품었다.

호프만은 주변의 반응을 경청하는 동시에 사업의 본질에 좀더 집중했다. 일단 네트워크 효과를 만드는 것이 가장 큰 과제였다. 이용자가 없으면 가치가 없고 가치가 없으면 이용자가 늘지 않는 악순환의 고리를 끊어야 했다. 그는 이를 닭과 달걀의 문제라고 생각했다.

문제를 해결하기 위해 그는 실리콘밸리의 인맥을 총동원했다. 업계 주요 인사들을 직접 설득해 초기이용자로 끌어들였고 그들의 네트워크를 통해 가입을 확산시켰다. 특히 페이팔 동료였던 피터 틸이 링크드인 초기투자자가 되어주었고, 페이팔에서 쌓은 강력한 인맥이 중요한 연결고리가 됐다. 또한 사용자들이 자신의 이력을 업로드하고 검색될 수 있도록 하는 기능을 통해 가입 직후부터 실질적인 서비스 가치를 느낄 수 있게 만들었다.

2005년 링크드인은 첫 외부 투자유치에 성공했다. 하지만 여전히 수익모델은 실험단계였다. 호프만은 광고, 유료구독, 채용서비스를 두루 시도했지만, 이 가운데 기업채용 솔루션이 확실한 수익원으로 자리 잡기까지는 몇 년이 더 걸렸다.

링크드인은 사람을 모으는 SNS가 아니라, 인력수급이라는 기업의 고비용 문제를 해결하는 B2B 인프라로 본업의 정체성을 정립하면서부터 돈을 벌기 시작했다. 기업의 채용담당자(recruiter)를 핵심고객으로 전환한 게 첫 번째 킥이었다. 기업은 인재를 찾기 위해 고비용을 쓴다는 당연한 사실을 사업모델에 적용한 것이다. 실제로 기업의 HR예산은 가격민감도가 낮았다. 기업으로선 인력수급이 원활해진다면 매 달 수백에서 수천 달러까지도 사용료로 지급하는 데 인색하지 않았다. 회원사들은 링크드인을 통해 파편적인 이력서들이 아니라 '살아 있는 커리어 데이터'를 서비스 받았다.

링크드인의 네트워크 효과가 기업 쪽에서 폭발하자 개인고객의 유입도 급증했다. 드디어 '개인은 무료 → 인재풀 확장 → 기업은 유료 → 플랫폼 고착화'라는 선순환구조가 자리를 잡았다. 서비스가 분산된 '소셜미디어'에서 '노동시장의 데이터 레이어'로 비즈니스 포커스를 맞추는 순간 링크드인의 브랜드 파워는 수직상승했다.

그리고 2011년 링크드인은 마침내 뉴욕증권거래소에 상장하며 기업가치 약 45억 달러(약 6조 원)를 인정받았다. 이후 빠르게 성장해 2016년 마이크로소 프트가 링크드인을 262억 달러(약 30조 원)에 인수하면서 실리콘밸리 역사상 가장 성공적인 M&A 사례 중 하나로 기록됐다.

> "창업은 절벽에서 뛰어내리면서 추락하는 도중에
> 비행기를 조립하는 것과 같습니다."

실리콘밸리를 비롯한 전 세계 수많은 테크노 블록마다 무수히 많은 스타트 업들이 생멸을 경험한다. 안일하게 시작하면 포기도 쉬운 법이다. 하지만 아무 리 절박한 순간에도 한 번의 기회는 더 찾아오는 게 세상이치다. 추락하는 것 에도 날개는 있다.

N잡러들의 신화

나이트의 출발

나이키 창업자 필 나이트^{Phil Knight, 1938-}는 한때 오리건대 육상선수였다. 기록은 중간급 수준이었지만 그는 달리기를 사랑했다. 졸업 후엔 현실을 받아들이고 스탠퍼드대 MBA에 진학했다. 과제를 준비하던 그는 '일본신발을 미국에 수입하면 어떨까?'라는 주제로 논문을 썼다. 당시 미국시장은 독일기업 아디다스와 푸마가 양분하고 있었고, 일본산 제품은 저렴하지만 인식이 낮았다. 친구는 말렸다.

"네가 뭘 안다고 신발을 팔려고 해?"

나이트는 웃으며 말했다.

"뛸 땐 발이 먼저 반응하거든. 좋은 신발은 느낌이 달라."

졸업 후 생계를 위해 회계사가 된 나이트는 부업으로 운동화를 수입해 판매하는 계획을 추진해 보기로 했다. 그는 일본 오니츠카 타이거(Onitsuka Tiger, 아식스의 전신)를 다짜고짜 찾아가 미국총판이 되겠다고 당돌하게 제안했다. 그들은 썩 내키진 않았지만, 속는 셈치고 50켤레를 먼저 팔아보라고 했다.

그렇게 50켤레를 수입한 그는 낮엔 회계사로 일하고 퇴근 후엔 차 트렁크에 운동화를 신고 다니며 직접 팔기 시작했다. 주말마다 마라톤대회나 학교 운동장처럼 뛰는 사람들이 모인 곳은 어디든 찾아다녔다. 낮에도 상사 몰래 전화를 돌리고 회사 복사기도 슬쩍 썼다. 요즈음으로 하면 서툰 N잡러였던 셈이다. 나이트는 그 시절을 이렇게 표현했다.

"낮엔 회계사, 밤과 주말엔 신발 장수. 더블 라이프였죠."

우여곡절 끝에 50켤레 완판에 성공한 그는 회계사 월급 일부를 털어 추가 물량을 들여왔다. 판매량이 계속 늘자 그는 스탠퍼드대 MBA 동문이자 학창 시절 육상코치였던 빌 바우어만^{Bill Bowerman, 1911-1999}을 끌어들였다. 바우어만은 단순한 공동창업자가 아니었다. 그는 운동화는 인간을 달리게 만드는 도구라고 생각하며, 우수한 밑창을 만들기 위해 와플기계로 합성고무 재질의 밑창을 구워 실험했다. 그 유명한 '와플러너'의 시작이었다.

바우어만이 와플기계로 만든 밑창이 대히트를 치자 나이트는 그제야 회계사를 그만두고 사업에 올인했다. '블루리본 스포츠'란 브랜드로 회사를 차렸지만 일본 오니츠카 본사는 그들 몰래 다른 총판을 미국에 세우려 했다. 배신감에 휩싸인 나이트는 과감하게 독립을 선언했다.

와플밑창 덕분에 매출은 급증했지만 경영은 순조롭지 않았다. 생산과 재고 관리, 비용결제와 수금이 원활하지 못했다. 현금흐름이 삐걱댔고, 부채가 커질수록 은행은 지속적으로 회사를 압박했다. 당시 나이트는 "성장이 현금을 먼저 잡아먹는다"며 토로했다. 회사의 앞날을 불안해하던 나이트에게 직원이 잘릴 거라는 위로에서 이런 말을 건넸다.

"어젯밤 꿈에서 승리의 여신을 봤어요."

그리스 신화의 니케(Nike). 미국식 발음으론 나이키였다. 뜬금없었지만 묘하게 상큼했고, 그렇게 브랜드가 됐다. 로고 제작은 한 대학생에게 35달러를 주고 맡겼다. 지금의 로고 스우시(Swoosh)였다. 스우시는 러너가 공기를 가르며

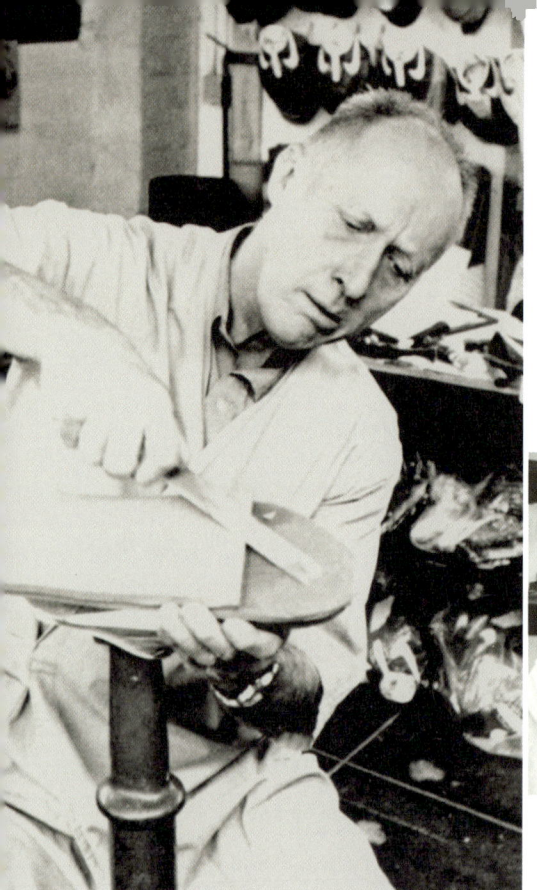

빌 바우어만은 단순한 공동창업자가 아니었다. 그는
운동화는 인간을 달리게 만드는 도구라고 생각하며,
우수한 밑창을 만들기 위해 와플기계로 합성고무를
구워 실험했다. 그 유명한 와플러너의 시작이었다.

필 나이트에게 회계사와 창업은 생계와 모험이라는
두 가지 가치가 서로 갉아먹지 않고 상생하도록 도
왔다. 대책 없는 시도가 아니라 계획된 시작이었다.
'Just Do It'은 그런 의미였다.

초창기 빌 바우어만의 핸드메이드 나이키 와플러너
[이미지 출처 : 소더비]

질주할 때 나는 소리다. 처음엔 이구동성 "이거 좀 모양이 이상한데"라고 했지만, 보면 볼수록 뭔가 뛰어오르는 에너지가 느껴졌다. 그것은 고정된 문양이 아니라 역동적 아이콘이었다. 이른 새벽을 질주하는 러너의 발에서 캐치프레이즈 'Just Do It'이 자연스럽게 묻어나왔다. 그렇게 나이키는 사람들 몸을 근질거리게 했다. 동네 농구코트에서, 공원 조깅트랙에서 나이키를 신은 사람들이 눈에 띄게 확산됐다.

특히 마이클 조던과의 계약과 '에어 조던'의 탄생은 나이키를 세계정상의 자리에 올려놓았다. 위대한 선수의 세계관을 브랜드 신화와 매칭시킨 것이다. 조던이 공중에 부양하는 순간 사람들은 나이키의 비상하는 로고를 떠올렸다.

나이트는 육상선수 출신답게 다이내믹한 기질의 사람이었다. 그는 꼭 해보고 싶었던 스포츠화 사업을 주저 없이 시작했지만, 결코 무모하진 않았다. 원하는 것을 진심으로 하되 항상 현실을 인지했다. 회계사와 창업은 생계와 모험이라는 두 가지 가치가 서로 갉아먹지 않고 상생하도록 도왔다. 대책 없는 시도가 아니라 계획된 시작이었다. 나이트에게 'Just Do It'은 그런 의미였다.

모든 게 불확실한 세상에서 '한우물만 파는 천직'이란 생각은 안일하고 위험하다. N잡이 하나의 생존전략이 된 시대에 나이트의 일성이 공명하는 까닭이다.

"당장 때려치우고 시작하란 말은 위험합니다.
조금 피곤하더라도 때로는
두 가지 삶을 병행하는 게 가장
현실적인 출발이 될 수 있습니다."

도넛을 커피에 던지다

로젠버그의 연료

20세기 초 미국의 이민사회는 빈곤과 사투해야 했다. 낯선 기회의 땅은 기대와는 크게 달랐다. 보스턴 항구의 골목마다 헐벗고 허기진 사람들로 넘쳐났다. 가난은 대물림 됐다. 이방인 부모를 둔 아이들은 교육은커녕 거리를 배회하며 일거리를 찾았다. 보스턴 도체스터 지역의 독일계 유대인 이민자 가정에서 태어난 윌리엄 로젠버그William Rosenberg, 1916-2002도 다르지 않았다. 그의 아버지는 작은 식료품점을 운영했지만 대공황으로 가게를 잃었고, 어린 로젠버그는 13세에 학교를 그만두고 가족을 부양하기 위해 일터로 나섰다. 웨스턴 유니온 전보배달원으로 시작해 주당 22달러를 벌며 아이스크림 트럭운전사, 샌드위치 판매원 등 닥치는 대로 일했다. 그렇게 로젠버그는 지난한 유년기를 보내야 했다.

30세가 되던 해 로젠버그는 허드렛일만 해서는 가난을 벗어날 수 없을 거라 생각했다. 그는 장사를 결심했다. 전쟁채권으로 모은 1,500달러에 친지에게서 빌린 3,500달러를 보태어 '인더스트리얼 런천 서비스'라는 이동식 급식사업을 시작했다. 보스턴 외곽 공장과 건설현장 근로자들에게 커피와 도넛을 파는 푸드트럭이었다. 트럭 측면이 올라가면 스테인리스 스틸 선반에 샌드위치와 간식이 진열되는 당시로서는 매우 혁신적인 이동식카페였다. 사람들은 로젠버그의 푸드트럭에 열광했고, 장사는 날로 번창했다. 어느새 200대의 트럭과 25개의 매장, 자판기 사업으로까지 사세를 확장했다. 이때 로젠버그는 흥미로운 사실을 발견했다. 매출의 40%가 커피와 도넛에서 나왔고 고객들은 항상 이 두 가지를 '함께' 사먹었다.

"사람들은 늘 도넛에 커피를 곁들여 마셔. 그럼 이 둘을 전문으로 하는 가게를 내면 어떨까?"

로젠버그의 단순한 깨달음에서 던킨도너츠(Dunkin Donuts)는 출발했다. 그는 1948년 메모리얼 데이 주말 매사추세츠주 퀸시에 오픈 케틀(Open Kettle)이라는 이름의 첫 번째 매장을 열었다. 매상은 그럭저럭 나쁘지 않았지만, 만족할 만한 수준은 아니었다. 그렇게 2년이 흘렀다. 당시 제2차 세계대전의 승전국이 된 미국의 경제는 눈부시게 발전하고 있었고, 사람들의 소비규모도 날로 커져 갔다. 로젠버그는 찾아온 기회를 놓치지 말아야 한다고 생각했다. 이른 성취감이 불러온 안일한 타성을 뒤로 하고 변화와 도약을 모색했다.

가장 먼저 기존 사업의 브랜드명을 바꾸기로 결심했다. 좀더 많은 사람들에게 쉽고 친숙하게 불리는 이름을 찾기 위해 고심했다. 직원들을 사무실에 모아놓고 테이프 레코더를 틀어놓은 채 이름짓기에 매달렸다. 시큰둥해 하던 직원들 사이에서 누군가 조용히 말했다.

"도넛을 커피에 던져 먹는다는 뜻에서 'Dunkin Donuts'는 어떨까요?"

'음식물을 액체에 찍어먹는다'는 뜻의 dunk란 단어는 매우 직관적이었다. '던킨'과 '도넛'의 같은 발음구조도 입에 딱 달라붙었다. 일부 마케팅 담당자들은 유치하다며 반대했지만, 누구에게니 재밌어야 한다는 로젠버그의 생각에 Dunkin Donuts는 찰떡같았다.

이어서 1955년까지 6개 매장에 불과하던 로젠버그는 프랜차이즈 시스템을 구축하기로 결심했다. 같은 해 첫 번째 프랜차이즈 계약을 체결했는데 파트너였던 해리 위노커는 로젠버그의 아이디어에 반대했다. 결국 로젠버그는 그의 지분을 모두 사들이고 혼자서 가맹사업을 이끌어나갔다.

아울러 그는 다양한 맛의 도넛개발에 몰두했다. 경쟁업체들이 4종류의 도넛만 팔 때 던킨도너츠는 무려 52가지 종류를 제공했다. 그럼에도 불구하고 그는 도넛반죽부터 설탕코팅까지 모든 과정을 표준화했고, 매장마다 똑같은 맛이 나도록 엄격한 품질관리를 도입했다. 특히 신선함을 위해 도넛이 5시간 내에 팔리지 않으면 모두 폐기하는 원칙을 세웠다. 당시로선 파격적인 결정이었지만 그는 단호했다.

1970년대 들어 미국전역에 커피전문점들이 등장하자 주변에서 메뉴 다양화를 제안했다. 하지만 로젠버그는 이렇게 말했다.

"우리가 잘 할 수 있는 것에 좀더 집중하는 게 경쟁력이죠. 우리는 도넛과 커피 전문가입니다."

바로 여기에 던킨 성장의 핵심포인트가 있었다. 로젠버그는 복잡한 메뉴보다는 '도넛+커피'라는 단순한 조합에 집중했다. 유행을 좇기보다 꾸준한 취향을 노린 포지셔닝은 불황이 찾아와도 좀체 흔들리지 않았다. 그렇게 도넛과 커피는 미국인들의 일상이 됐다. 던킨의 캐치프레이즈는 로젠버그의 철학을 더욱 확고히 다졌다.

"America runs on Dunkin."

직역하면 '미국은 던킨으로 굴러간다' 정도로 해석되는 데, 여기서 run on은 '~을 연료로 삼다' 혹은 '~에 의해 작동하다'라는 뜻으로 에너지원이란 뉘

앙스가 담겼다. 쉽게 말해 던킨이 미국인들에게 연료 같은 간식이라는 얘기다. 말년에 그는 젊은 창업가들에게 이런 조언을 남기기도 했다.

"나는 일을 복잡하게 만들기엔 너무 머리가 나빴죠. 하지만 우리가 최고라고 믿는 분야만큼은 잃지 않기 위해 무던히 갈고 닦았죠."

그는 비록 정규교육도 제대로 받지 못했지만, 현장에서 체득한 경험을 놓치지 않았다. 던킨은 오늘날 전 세계 1만 2,400개가 넘는 매장을 운영하는 글로벌 브랜드가 됐다. 놀라운 건 로젠버그의 고향 보스턴은 물론, 뉴욕, 런던, 파리, 도쿄, 서울 등 전 세계 사람들도 대개 도넛에 커피를 곁들인다는 사실이다. 그가 정말 잘할 수 있는 분야에 대한 선택과 집중은 어느새 미국인의 일상을 지구인의 취향으로 바꿔놓았다.

많은 사람들은 지금 자신이 하는 일에 대해서 종종 의심을 품는다. 그럴 때마다 로젠버그는 묻는다. 혹시 지금 당신이 가장 잘 할 수 있는 것을 놓치고 있진 않은가? 노것을 거시라는 기회에 던지듯이 너무 복잡하게 계산할 필요는 없다.

더 이상 그들의 질주를 막지 마라

토니의 대시

토니 쉬^{Tony Xu, 1985-}는 중국에서 미국으로 이민 온 가난한 집안의 아들이었다. 중국에서 약사였던 어머니는 미국에서 자격을 인정받지 못해 네일살롱에서 손발톱손질을 하며 가족의 생계를 꾸렸다. 어린 토니는 매일 방과 후 어머니가 일하는 가게에서 청소하고 계산을 돕고 손님을 맞이했다.

부모님은 여느 동양계 이민자들처럼 자녀교육을 중요하게 생각했고, 덕분에 토니는 스탠퍼드대 MBA에 입학할 수 있었다. 토니는 재학 시절 친구들과 자주 찾는 단골 중식당에서 주인아저씨에게서 종종 이런 말을 들었다.

"주문이 들어와도 배달일손이 부족해 거절해야 할 때가 너무 가슴 아파."

이런 문제는 영세한 주변 식당들도 함께 겪는 고초였다. 토니는 동포들을 도울 방법이 없을까 생각했다. 문제는 음식이 맛없어서도, 손님이 없어서도 아니었다. 그는 경영학도답게 문제의 본질을 시스템적으로 접근했고, 음식배달 플랫폼을 개발하는 아이디어를 떠올렸다. 절친 앤디 팽과 스탠리 탱이 합류하면서 프로젝트는 보다 구체화됐다. 세 명은 각자 역할을 분담했다. 토니는 비즈니스 전략을, 앤디는 기술개발을, 스탠리는 운영을 맡았다. 오늘날 미국 최대 음식배달 서비스 중 하나인 도어대시(DoorDash)는 그렇게 출발했다.

창업 당시 도어대시는 앱도 완성되지 않은 상태에서 주문은 구글 폼으로, 배달은 토니가 직접 차를 몰고 나섰다. 덕분에 주문패턴, 식당주인의 애로사항, 배달원의 동선까지 모든 과정을 체험하고 데이터를 축적할 수 있었다. 그는 고객의 니즈를 단순히 음식배달이 아니라 주어진 시간 안에서 안전한 배달에 초점을 맞췄다. 무엇보다 핵심고객이 주문자가 아니라 식당주인임을 잊지 않았는데, 이는 훗날 도어대시의 정체성이 됐다. 경쟁사인 우버이츠가 소비자를, 그럽허브가 대형식당을 중심으로 서비스를 하는 것과 달리 도어대시는 소상인을 우선순위에 뒀다.

특히 도어대시는 대도시보다는 배달 인프라가 부족한 교외지역을 집중 공략했다. 경쟁사들이 등한시하던 틈새시장이었다. 여기에 데이터와 AI알고리즘을 접목해 경로최적화, 예측배차, 트래픽 분석 등을 통해 효율성을 높였다. 그러자 소상인 중심으로 브랜드 신뢰도가 입소문을 타면서 차근차근 시장점유율이 높아졌다.

도어대시는 물론 음식배달에만 머물지 않았다. 식료품과 소매상품 등 다양한 카테고리로 확장해 나갔다. 특히 회원과의 결속력을 다지기 위해 점주와 소비자 그리고 라이더(Dasher)의 수익과 편익을 공정하게 아우르는 시스템으로 진화해나갔다.

그렇게 몇 년이 지나자 도어대시는 이용자가 큰 폭으로 증가해 있었다. 드디어 투자자들이 몰리기 시작했다. 규모가 커질수록 자금이 필요했고, 단계적으로 투자를 유치해나갔다. 초기투자부터 세콰이아캐피탈을 비롯해 클라이너 퍼킨스, GIC 등 유명 VC들이 참여하기 시작했다. 선수들의 눈에 도어대시는 될성싶은 나무였던 셈이다.

2020년 12월 도어대시는 뉴욕증시에 상장했다. 공모가는 주당 102달러였

고, 첫 거래일에 시초가는 약 182달러로 형성되며 주가가 크게 상승했다. 당시 시가총액은 약 400억 달러(47조2,000억 원)를 기록했다. 상장 당시 토니의 개인 지분은 약 4.7%로 순자산가치가 약 19억 달러(2조2,400억 원)에 달했다.

이제 토니에게 남은 과제는 도어대시의 외형확장과 지속가능한 성장이었다. 그는 적극적인 M&A전략을 통해 유럽과 아시아 등 글로벌 시장진출에 나섰다. 그리고 대시마트 운영 및 풀필먼트 시스템을 마련해 자체 재고기반의 안정적인 물류 네트워크를 구축했다. 2025년 도어대시의 시가총액은 1,100억 달러(153조 원)에 달했다. 상장 이후 5년 만에 3배 넘게 규모가 커진 것이다.

토니는 훗날 한 인터뷰에서 단골식당 주인아저씨의 안타까워하는 표정에서 부모님과 동포 이웃들의 고단함이 겹쳐졌다고 했다. 도심을 벗어난 지역사회에는 불법체류한 소상인들이 여전히 주류사회에서 소외된 채 힘겹게 살아가고 있었다. 토니가 창업초기에 본토인들과의 경쟁을 피해 대도시가 아닌 지역상거래 플랫폼을 선택한 것은 이민자들의 생존을 위한 절박한 질주(dash)와 맞닿아 있었다.

갈수록 더욱 배타적이고 폭력적이기까지 한 미국의 이민정책에서 또 다른 토니와 도어대시의 성취를 기대하는 건 낭만적인 넌센스가 아닐 수 없다. 이는 이민자들이 세운 나라의 역사적 정체성을 스스로 부정하는 동시에 미국의 가장 강력한 성장레버를 스스로 포기하는 것이다.

중국계 이민사 출신 토니 쉬가 창업한 도어대시는 2024년 NBA 올스타 위크엔드 행사에 공식 스폰서로 나설 정도로 미국의 구독경제를 이끌고 있다. 도어대시는 이민자들이 더 이상 비주류의 들러리가 아니라 미국의 강력한 성장레버임을 방증한다.

집착을 내려놓고 전통을 밝히다

콜맨의 쓸모

19~20세기 초 유럽의 지식인들이 여전히 '진리란 무엇인가?'에 빠져있을 때 대서양 건너 신대륙의 사업가들은 '오늘 당장 쓸 수 있는가?'라는 질문을 던졌다. 그러자 청바지와 지퍼, 타자기와 전화기 등 무수히 많은 발명품들이 봇물 터지듯 나왔다. 발명품의 가치는 심오한 과학으로 평가되지 않았다. 사람들이 일상에서 '쓸모' 있다고 판단되면 대량생산으로 이어졌고, 기업과 일자리가 만들어지면서, 금융과 투자를 일으켰다. 소소한 발명이라도 쓸모만 있다면 큰돈을 벌 수 있었다. 발명은 곧 기회였다.

캔자스주 위치타 출신의 윌리엄 코핀 콜맨^{William Coffin Coleman, 1870-1957}도 기회에 목마른 사업가였다. 젊은 시절 그는 석유램프 아래에서 서류를 읽고 업무를 보는 일이 많았는데 불안정하고 어두운 조명 탓에 많은 어려움을 겪어야 했다. 이 불편함은 그에게 더 나은 조명을 찾으려는 동기가 됐다. 불편이 쓸모로 이어진 것이다. 콜맨은 뼛속까지 사업가였다.

1900년경 그는 앨라배마의 한 상점 창문을 지나던 중 낯선 형태의 램프를 봤다. 천으로 만든 맨틀을 사용하는 가스등으로, 당시 일반적인 석유램프와는 비교할 수 없을 만큼 밝고 안정적인 불빛을 냈다. 콜맨은 즉시 제품의 제조사를 찾아가 기술을 취재했고, 이를 바탕으로 1900년 가솔린램프 판매사업을 시작했다. 이후 1902년 위치타로 사업장을 이전하고 자신의 성을 딴 조명회사 콜맨(Coleman)을 창업했다.

1914년형 ARC L316 콜맨램프

콜맨의 영업은 매우 독특했다. 조명을 바로 판매하기보다 체험을 통한 렌털방식이었다. 콜맨은 주요 고객으로 개인소비자보다 철도회사와 광산, 농장 등을 선택했다. B2B 마케팅이었다. 하지만 이들은 신제품에 대해 대체로 보수적이었다. 밝기보다는 밤새 꺼지지 않고 버티는지가 중요했다. 콜맨은 B2B의 경우 광고보다는 체험이 중요하다고 판단했고, 일정기간 무상으로 설치해주고, 추후 마음에 들면 매달 사용료를 지불해 달라고 요청했다. 사업자들로선 초기 비용부담이 없는 콜맨의 제안에 솔깃했다. 결과적으로 콜맨의 조명렌털 서비스는 매우 만족스러웠고, 장기계약을 통해 거대 시설물 위주로 조명을 안정적으로 공급할 수 있게 됐다. 이른 바 성공적인 구독경제 모델이었던 셈이다.

콜맨은 안주하지 않고 좀더 안전하고 효율적인 조명개발에 매달렸다. 당시의 석유램프는 심지를 사용해 그을음이 심했고 불빛이 흔들려 작업용으로는 부적합했다. 그는 맨틀을 사용하는 가스등 기술을 보완해 더 밝고 안전한 조명을 신보였고, 이것이 콜맨램프로 이어졌다.

1940년대 콜맨 휴대용 스토브 광고 전단지

1930년대 대공황이 미국을 강타하며 실물경제가 전반적으로 위축되자 콜맨의 조명사업 역시 큰 타격을 입었다. 하지만 콜맨은 생산은 줄여도 품질은 유지했다. 위기를 버텨내면 제자리를 굳건히 지켜낸 곳에 다시 기회가 올 것이라 믿었고, 그의 확신은 틀리지 않았다.

불황을 극복한 미국사회는 중산층이 형성되면서 소비문화도 바뀌었다. 특히 자동차 보급이 확대되면서 가족단위의 피크닉과 캠핑이 유행하기 시작했다. 콜맨은 이를 주목했고 긴 시간 꺼지지 않는 야외용 랜턴사업에서 진가를 발휘했다. 그리고 내친 김에 휴대용 스토브를 비롯한 레저용품으로 아이템을 확장했다. 특히 콜맨의 스토브는 기존의 연료기술을 바탕으로 개발된 것으로 야외에서도 안정적인 조리가 가능했다. 이 제품들은 빠르게 캠핑필수품으로 자리 잡았고, 콜맨 브랜드는 조명제조사를 넘어 종합 아웃도어 브랜드로 확장했다.

"제품은 돈을 버는 수단 이전에 고객에게 쓸모 있는 수단이어야 합니다."

콜맨은 사업초기부터 현장을 찾아다니며 고객의 불편에 진심으로 귀를 기울였다. 성장일변도의 시대에 고객중심의 경영은 당시로선 꽤 생소했지만,

결국 콜맨의 브랜드 신뢰도를 두텁게 하는 핵심전략이 됐다.

윌리엄 코핀 콜맨

이어 찾아온 제2차 세계대전은 콜맨에게 오히려 기회가 됐다. 미군의 요청을 받아 혹한기에도 사용할 수 있는 군수용 스토브를 개발한 것이다. 이 제품은 전장에서 병사들이 따뜻한 식사를 할 수 있도록 도왔고, 전후에는 이를 기억한 제대군인들 사이에서 민간용으로 다시 주목받았다.

1990년대가 되자 세상은 다시 한 번 급변했다. 시장의 헤게모니가 제조에서 유통으로 넘어간 것이다. 제품의 내구성과 인지도만으론 대세를 거스를 수 없었다. 창업자 콜맨도 오래 전 타계한 뒤였다. 전통의 제조·브랜드 기업은 1998년 결국 매각을 선택했다. 이후 여러 차례의 인수와 재인수를 통해 2015년 뉴웰이 콜맨을 품었다. 주인이 여러 번 바뀌면서 부침을 겪긴 했지만, 여전히 미국의 다수 캠핑마니아들은 콜맨제품을 선호한다. 그들은 콜맨의 전통에서 미국의 실용주의와 개척정신을 체험하며 자긍심을 느낀다.

브랜드가 매각되었을 뿐 회사가 망한 것은 아니었다. 콜맨은 파산하지 않았니. 브랜드가 소멸하지 않고 지속할 수 있도록 회사의 경영권을 양도했을 뿐이다. 이 역시 콜맨다운 결정이었다. 세상에서 쓸모가 있는 한 콜맨제품은 존재해야만 했다. 집착을 내려놓는 순간 전통을 지킬 수 있었던 셈이다.

도전할 때와 멈출 때

제임스의 때

"학교 강의실에 우두커니 앉아 있는 동안 세상 밖에서는 엄청난 제품들과 빅테크들이 생겨나고 있었어요."

1990년대 말은 인터넷과 소프트웨어 산업이 폭발하던 시기였다. 하버드대 컴퓨터과학과에 재학 중이던 한국계 미국인 제임스 박James Park, 1977-은 조급했다. 그는 3학년도 채 마치지 못하고 대학을 자퇴했다. 그것도 하버드를. 제임스의 부모는 자식의 미래를 위해 가발장사에서 생선가게, 세탁소, 의류점 등 안 해본 일이 없었다. 창업하겠다며 하버드를 포기한 어린 자식의 결정에 당황하지 않을 부모는 아마도 없지 않을까.

아무튼 제임스는 B2B 인프라 소프트웨어 아이템으로 창업했지만 회사는 얼마 못 갔다. 닷컴버블 붕괴 여파가 컸다고 하지만, 경험부족에 따른 당연한 결과였다. 별 수 없이 제임스는 취업을 택했고, 모건스탠리에서 퀀트 트레이딩 펀드를 위한 금융분석과 프로그래밍 업무를 담당했다. 하버드까지 포기한 스타트업의 열망은 이대로 끝나고 말 것인가. 그는 정신적으로 육체적으로 지쳐갔다.

제임스는 어느 날 닌텐도 Wii를 처음 사용하다가 갑자기 아이디어가 떠올랐다. 닌텐도 Wii의 게임화를 통해 운동에 대한 인간의 행동을 바꿀 수도 있겠다는 생각이 들었다. 개인적으로는 허약해진 자신의 건강이 제품개발의 동기로 작용했다.

제임스는 친구인 에릭 프리드먼을 찾아갔다. 그는 예일대에서 컴퓨터과학으로 석사를 마치고 마이크로소프트의 엔지니어로 일했던 전문가였다. 스타트업에 목말랐던 에릭은 제임스의 아이디어에 공감했고, 수많은 브레인스토밍 끝에 소형 클립형 센서개발에 착수했다. 그리고 걸음 수, 칼로리 소모량, 수면상태 등을 측정하는 초기모델을 만들었다. 제임스는 시제품의 이름에 핏빗(Fitbit)이라는 이름을 붙였다. 그런데 공교롭게도 핏빗이라는 상품명을 먼저 사용하던 사람이 있었다.

"핏빗이라는 이름을 러시아의 어떤 사람으로부터 2,000달러(270만 원)에 구매했습니다. 처음에 얼마를 원하느냐고 물었더니 1만 달러(약 1,350만 원)라고 하더군요. 웃으며 2,000달러에 안 되겠냐고 했더니 그도 멋쩍게 웃었어요. 그걸로 거래가 성사됐죠."

처음에는 사람들이 생소해했지만, 건강에 민감한 소비자들 사이에서 핏빗은 빠르게 입소문을 탔다. CES에 프로토타입을 출품했을 때는 첫날 준비한 2,000개가 예약판매로 완판될 정도였다. 제임스는 초기에 핏빗을 운동을 장려하는 기기로 접근했다가 콘셉트 방향을 바꾸었다.

"건강의 유인(誘引)은 캠페인이 아니라 기록이라는 생각이 들었습니다."

사람들은 건강을 강요할수록 오히려 부담을 느끼며 멀리하는 습성이 있다고 판단한 것이다. 일단 제임스 본인부터 그랬다. 핏빗은 의료기기가 아니라 몸 상태를 있는 그대로 보여주는 장치에 초점을 맞췄다. 가령 오늘 몇 천보를 걸었는지, 어젯밤 수면시간은 얼마인지 등을 측정해 보여주고 판단은 사용자

학창시절 조금은 성급했던 진로결정이 훗날 제임스에게 '때'의 중요성을 깨닫게 하는 중요한 경험이 됐다.

에게 맡기는 것이다.

"측정하지 못하는 것은 개선할 수 없다."

운동과 수면, 심박 수, 체중 등 모든 변화의 출발은 측정으로 시작된다는 제임스의 생각은 적중했다. 그즈음 스마트폰 보급이 폭발적으로 일어나면서 웨어러블을 통한 헬스케어와의 연동이 자연스럽게 일어났고, 핏빗은 모바일 퍼스트 시대에 올라타며 성장을 이어갔다. 그는 말했다.

"기술의 완성도보다 콘셉트와 타이밍이 중요할 '때'가 있습니다."

핏빗의 정점은 2015년 나스닥 상장이었다. 당시 핏빗의 기업가치는 약 41억 달러(5조5,000억 원)에 달했다. 하버드를 박차고 나오며 부모의 속께나 태웠던 한국계 청년이 그 중심에 있었다.

오르막길이 있으면 내리막길도 있기 마련이었다. 이후 애플워치와 중국 샤오미 등 강력한 빅테크 경쟁자들이 등장하면서 핏빗의 시장점유율은 37.9%에서 8.0%대까지 급락했다. 주가 역시 최고점인 51달러에서 7달러 수준까지 떨어지는 등 어려움을 겪었다.

이때 구글과 페이스북이 헬스케어 사업강화를 위해 핏빗 인수에 치열한 경쟁을 벌였다. 결국 2021년 구글이 약 21억 달러(2조8,000억 원)에 인수하며, 핏빗은 구글 헬스케어 플랫폼의 중요한 축이 됐다. 이때 제임스는 보유지분을 정리하면서 약 1억 5,000만 달러(1,900억 원) 정도를 받았다. 핏빗 상장 당시 약 6억 6,000만 달러로 평가되었던 그의 개인자산에 비하면 크게 줄어든 수치였다.

제임스는 비록 시작은 낭만적이었지만 경영에서만큼은 냉철했다. 그는 핏빗의 무리한 독립생존보다 구글 생태계 안으로의 '격상 편입'을 선택했다. 이로써 핏빗 브랜드는 사라지지 않았고 구글헬스의 전략적 핵심모듈이 됐다. 제임스는 다시 한 번 '때'를 직시한 것이다. 구글은 제임스와 함께 에릭 등 핏빗의 핵심 브레인들을 책임자급으로 흡수하며 이렇게 밝혔다.

"기술보다 중요한 건 이 사업을 오랫동안 고민해 온 사람들입니다."

제임스는 2024년까지 3여 년 동안 구글에 머물며 헬스케어 사업의 중요한 전략들을 맡아 일했다. 현재 그는 경영보다는 외부자문이나 투자 쪽으로 왕성한 활동을 이어가고 있다. 젊은 시절 하버드를 자퇴하고 창업전선에 뛰어들었던 결기를 노스탤지어로 남겨둘 지, 아니면 그때의 경험을 지렛대 삼아 다시 한 번 도전을 선택할지 그는 여전히 '때'를 가늠하고 있는지도 모르겠다.

인재영입 비용의 경제학

데이트케의 몸값

세계에서 가장 높은 연봉을 받는 스포츠 스타는 크리스티아누 호날두다. 사우디아라비아 알 나스르FC가 그에게 지급하는 연봉은 2025년 기준 2억 2,500만 달러(약 3,114억 원)다. 그런데 호날두보다 몸값이 더 비싼 인물이 실리콘밸리에 있다. 시카고 출신의 AI천재 맷 데이트케Matt Deitke, 2001-. 마크 저커버그는 이제 갓 24살 먹은 청년을 메타로 데려오는 데 무려 2억5,000만 달러(약 3,300억 원)를 썼다.

고등학생 시절 데이트케는 원래 컴퓨터그래픽에 관심이 컸다. 그러던 어느 날 우연히 오픈소스로 공개된 자동화 소프트웨어와 시뮬레이션 환경을 접하게 되었다. 사람이 일일이 프로그래밍하지 않아도 알고리즘이 스스로 결과를 만들어내는 과정에 소년은 큰 충격을 받았다.

이미지를 기계가 스스로 조작하고 그 결과를 개선해나가는 걸 처음 봤을 때 세상이 바뀔 수 있다는 걸 데이트케는 직감했다. 그 경험을 계기로 단순한 시각화나 인터페이스 개발보다 기계가 스스로 학습하고 판단하는 과정 자체에 몰두했다.

처음엔 게임 속 캐릭터 움직임을 자동화하는 데서 시작해 이후 로봇의 움직임 그리고 자연어 이해와 영상인식 등 점점 더 복잡한 분야로 확장해나갔다. 이렇게 데이트케는 인간의 개입 없이도 문제를 해결하는 시스템, 즉 인공지능의 세계에 본격적으로 발을 들였다.

데이트케가 워싱턴대에서 컴퓨터과학으로 박사과정을 밟으며 관련 연구를 심화시켜 나갈 무렵 아메리카 대륙의 반대편 실리콘밸리까지 그의 탁월한 재능에 대한 소문이 퍼져갔다. 메타는 그가 박사과정을 다 마치기도 전에 4년간 1억2,500만 달러(약 1,737억 원)를 지급하겠다며 영입제안을 했다. 당돌한 천재는 메타의 제안을 거절했다. 그는 어느새 셀럽이 되어 있었다.

결국 학계를 떠나기로 결정한 데이트케는 시애틀의 앨런 인공지능 연구소에 합류해 주요 연구자로 활동했다. 이곳에서 그는 텍스트, 이미지, 오디오를 모두 이해할 수 있는 멀티모달 챗봇 몰모(Molmo) 개발에 기여하며 기술적 진보에 중요한 역할을 했다. 이 경험은 그의 연구가 단순한 이론을 넘어 응용기술로 확장되고 있음을 보여준다. 그는 또한 AI분야에서 가장 권위 있는 국제 학술대회에서 우수논문상을 수상하며 학계의 주목을 받았다. 이십대 초반의 나이가 무색하게도 학문적 깊이와 창의성을 두루 갖춘 연구자로 인정받은 것이다.

데이트케의 진화는 멈추지 않았다. 스타트업 버셉트(Vercept)를 공동창업한 뒤 로봇훈련을 위한 시뮬레이션 환경개발에 참여했다. 이 시스템은 현실적인 3D영상을 시동으로 생성해 로봇이 가상환경에서 더 빠르고 효율적으로 학습할 수 있도록 돕는다. 실제 환경에서 로봇을 훈련시키는 데는 시간과 비용이 많이 들지만 사실적인 시뮬레이터를 활용하면 훈련속도를 획기적으로 높일 수 있다는 게 그의 의도다.

데이트케의 연구철학은 단순하면서도 강렬하다. 그는 AI를 마법이라고 정의한다. 그는 AI에서 현실과 가상의 경계를 허물고 인간의 경험 자체를 변화시키는 동력을 포착한다. AI가 인간을 모방하는 수준에 머무르지 않고 궁극적으로 인간의 학습과 사고 능력을 넘어설 수 있다고 확신한 것이다.

그의 통찰은 AI가 인간의 삶을 어떻게 근본적으로 변화시킬지에까지 이른다. 중요한 건 그가 변화를 실현하는 기술력까지 갖추고 있다는 사실이다. AI 산업과 기술의 생태계를 동시에 꿰뚫고 있는 것이다. 2025년 저커버그가 그의 영입에 직접 나서며 몸값을 두 배 올린 2억5,000만 달러(3,300억 원)를 제안한 까닭이다. 데이트케는 그제야 비로소 메타로의 합류를 받아들였다.

실리콘밸리의 인재 몸값은 스포츠스타의 연봉과는 차이가 있다. 실리콘밸리에서는 주식보상(Stock Options, RSU), 성과기반 인센티브, 일정 기간에 걸쳐 지급되는 총합 계약가치를 포함한 패키지 형식을 취한다. 보장성이 담보된 연봉 대신 총보상(Total Compensation) 개념을 적용하는 것이다. 그럼에도 저커버그가 제안한 몸값이 천문학적인 것만은 분명한데, 실리콘밸리에서는 인재 영입비용 이상의 의미가 있다. 그것은 경쟁사에 앞서 혁신적인 기술개발을 이뤄내기 위한 일종의 시간단축 비용이기도 하다. 경쟁사와의 개발다툼에서 단 몇 개월만이라도 뒤처질 때마다 수백억 달러의 기업가치가 출렁거리기 때문이다.

우리 스스로 파괴하지 않으면 누군가 우리를 파괴할 것이다

헤이스팅스의 레드카드

2007년에도 넷플릭스(Netflix)는 여전히 DVD 우편대여 사업으로 흑자를 내고 있었고 고객기반도 탄탄했다. 미국가정의 인터넷 속도는 느렸고 스트리밍 기술도 불완전했다. 그럼에도 창업자 리드 헤이스팅스Reed Hastings, 1960-는 늘 미래가 불안했고, 스트리밍 사업으로의 전환을 고대했다.

"우리가 스트리밍으로 전환하지 않으면 결국 다른 회사가 먼저 할 게 분명합니다. 지금 우리가 우리 자신을 파괴하지 않으면 누군가가 우리를 파괴할 겁니다."

문제는 내부반발이었다. 현금이 들어오는 짭짤한 DVD 대여서비스를 포기한다고? 임원과 대주주들은 헤이스팅스의 경영판단이 너무 앞서간다며 우려했다. 그여지껏으로 헤이스팅스는 2011년 퀵스터라는 별도 브랜드로 DVD사업부를 떼어냈다. 스트리밍은 넷플릭스, DVD 대여는 퀵스터로 분리한 것이다. 하지만 이 결정은 대실패했다. 고객 입장에서는 2개의 계정에 2회 결제를 하는 부담을 떠 안게 된 셈이었다. 기입지가 80만 명이나 이탈했고, 주가는 불과 2개월 동안 75% 넘게 하락했다.

헤이스팅스는 DVD사업은 복원하되, 스트리밍 프로젝트는 접지 않고 소규모로 꾸리며 실험을 지속했다. 스트리밍은 'DVD의 적'이 아니라 '미래의 DVD'라는 생각을 굽히지 않은 것이다. 그는 인터넷 품질향상이 시간문제라고 봤고, 기술은 역사적으로 항상 직선적으로 진화했음을 알고 있었다.

헤이스팅스의 안목은 틀리지 않았다. 4차 산업혁명이 폭발하면서 인터넷 대역폭 비용 뿐 아니라 CPU와 스토리지 가격도 크게 떨어졌다. 유튜브의 폭발적인 성장은 스트리밍 시대가 활짝 열렸음을 방증했다. 게임과 음악을 비롯한 콘텐츠들이 디지털로 전환됐다. 넷플릭스는 OTT에 올라타며 DVD 대여 서비스와는 차원이 다른 엄청난 규모의 스트리밍 구독서비스로 실적이 수직 상승했다.

헤이스팅스는 멈추지 않았다. 〈하우스 오브 카드〉, 〈기묘한 이야기〉 등 오리지널 콘텐츠를 제작하면서 IP제국 디즈니에 도전장을 냈다. 넷플릭스의 글로벌 전략은 특별했다. 디즈니가 미국의 콘텐츠를 해외로 수출하는 기존 방식을 고수했다면, 넷플릭스는 각 나라의 콘텐츠를 전 세계로 확산시켰다. 넷플릭스가 제작한 한국의 〈오징어게임〉과 스페인의 〈종이의 집〉 등이 상상을 초월하는 글로벌 메가히트를 터트렸다. 결국 디즈니도 넷플릭스의 전략을 따라야만 했다.

헤이스팅스는 넷플릭스를 글로벌 콘텐츠 프로바이더로 성장시켰지만, 그의 공격적이고 냉정하며 속도감 넘치는 경영은 종종 비판에 직면했다. 그는 회사란 가족모임이 아니라 프로스포츠팀이라고 강조했다. 선수가 슬럼프에 빠지면 라인업에서 빼듯이 성과를 내지 못하는 구성원은 단호히 제외했다. 10명의 협업보다는 1명의 탁월한 능력을 선호했고, 충성심보다는 경쟁심을 미덕으로 삼았다. 구성원들은 평균실적만으로는 부족했고, 월등히 이겨야 살아남았다. 넷플릭스의 조직문화가 〈오징어게임〉의 플롯과 닮았다는 세간의 소문에 헤이스팅스는 이렇게 직격했다.

"비판이 많다는 건 우리가 솔직하다는 증거입니다. 덕분에 우리와 맞지 않는 인재는 이곳에 오지 않습니다."

헤이스팅스는 2023년에 25년간 지켜온 CEO에서 스스로 물러나 이사회 의장으로 자리를 옮겼다. 퇴진이유를 묻는 기자들의 질문에, 성숙기에 접어든 회사의 새로운 도약을 위해 리더도 진화해야 한다고 답했다. 공교롭게도 넷플릭스는 2022년부터 구독자 증가속도가 크게 둔화했고, 주가도 지지부진했다. 이사회와 주주들로부터 떠밀려 내려오는 불명예를 스스로 피한 게 아니냐는 관측은 설득력이 있었다. 자신의 입지가 외부로부터 파괴되기 전에 자기파괴를 선택한 셈이다. 헤이스팅스다운 결정이지만, 그에게 해고당한 사람들을 생각하면 뒷맛이 개운치만은 않다. 기업문화에서도 맹장(猛將)보다는 덕장(德將)이 그리운 시대다.

2000년대 초반 헤이스팅스가 넷플릭스 가입자에게 보낼 DVD 레드우편을 집어 들고 환하게 웃고 있다. 그 모습은 헤이스팅스가 넷플릭스의 수많은 구성원에게 행사한 레드카드를 소환한다. 그는 스스로에게도 레드카드를 흔들었다.

성과는 어떻게 예약되는가

보이드의 부킹

프라이스라인(Priceline, 현 Booking Holdings)은 1997년 역경매 모델로 설립됐다. 고객이 원하는 항공권이나 호텔가격을 제시하면 조건에 맞는 공급자를 찾아주는 NYOP(Name Your Own Price)란 방식이었다. 닷컴열풍을 타고 1999년 나스닥 상장에 성공했고 시가총액은 한때 230억 달러(약 27조 원)를 넘나들었다. 그러나 닷컴버블이 붕괴되자 복잡한 예약방식과 공급사 이탈로 사업모델이 흔들리기 시작했고 프라이스라인은 적자와 주가폭락으로 파산위기에 몰렸다.

회사를 구하기 위해 구원투수로 나선 사람은 당시 최고운영책임자(COO)였던 제프리 보이드Jeffrey Boyd, 1956- 였다. 그는 창업자도 아니었고 법률가 출신이었지만 위기의 순간 누구보다 빠르게 상황을 읽고 과감하게 결단하는 실용주의형 리더였다.

2002년 CEO로 취임한 보이드가 가장 먼저 한 일은 실패한 사업모델에 더이상 미련을 두지 않고 시장변화에 맞춰 구조를 전면 재편하는 것이었다. 그는 우선 비즈니스와 경영방식을 현실에 맞게 하나씩 수정해 나갔다. 복잡한 역경매 구조를 버리고 즉시 예약가능한 플랫폼으로 전환했다.

"좋은 아이디어보다 중요한 건, 그 아이디어를 버릴 줄 아는 결단입니다."

보이드는 프라이스라인이 고수해온 NYOP이 더 이상 수익모델이 아니라고 판단했다. 무엇보다 고객 입장에서 티케팅 방식이 복잡하고 불확실했다. 여행사와 호텔 입장에서는 브랜드 훼손 우려가 컸다. 그러다보니 반복구매율이 떨어졌고, 사업확장성이 불가능했다.

보이드의 가장 탁월한 선택은 2005년 유럽에서 급성장 중이던 부킹닷컴(Booking.com)을 1억3,500만 달러(약 1,382억 원)에 인수해 글로벌 확장의 교두보로 삼은 것이었다. 부킹닷컴은 호텔이 직접 가격과 빈방을 관리하도록 해서 유럽 곳곳의 수많은 소규모 호텔에 최적화된 OTA(Online Travel Agency)로 자리매김 했다. 그는 부킹닷컴을 인수해 OTA는 단지 여행상품을 파는 회사가 아니라, 여행일정을 대신 정리해주는 플랫폼으로 구축했다. 호텔·항공·렌터카 같은 품목을 직접 보유하는 부담을 피하는 대신, 온라인에서 검색-비교-예약-결제 알고리즘에 집중했다. 이 과정에서 보이드가 가장 강조한 것은 여행자와 호텔 모두에게 신뢰를 잃지 않는 것이었다. 그는 매우 까다로워진 여행자의 눈높이에 뒤처지는 것을 경계했다.

"사람들은 여행상품을 충동구매하지 않습니다. 수개월 전부터 여행지를 고르고 항공권과 숙박시설 등을 꼼꼼히 검색하며 비교해서 결제합니다."

보이드는 안전성과 신뢰성을 브랜드가치의 중심에 두는 한편 미국시장의 한계를 분명히 인식하고 유럽과 아시아 등 해외시장 공략에 집중했다. 손실이 큰 사업은 과감히 정리했고, 회사의 인력과 투자를 틈새시장에서 확장성이 예상되는 영역으로 재배치했다. 중국과 한국을 중심으로 폭발한 유럽여행 수요를 부킹닷컴이 흡수하면서 보이드의 선택과 집중에 힘이 실렸다. 이를 계기로 아고다, 카약 등도 잇달아 인수하며 글로벌 지배력을 넓혀갔다.

보이드가 CEO에 오른 당시 프라이스라인의 주가는 6.60달러까지 떨어져 있었지만, 2013년 그가 물러날 즈음에는 회사 시가총액이 50배 이상 불어나 있었다. 그는 경영상의 과오로 퇴진한 게 아니라 스스로 역할이 끝났다고 판단했고, 일선에서 물러나 이사회 의장으로 자리를 옮겼다. 그의 CEO 재임기간은 11년이었는데, 훗날 이렇게 회고했다.

"CEO는 에너지 소모가 극단적인 자리입니다. 회사가 정상궤도에 올라섰을 즈음 나는 지쳐있었고, 가장 좋을 때 내려오는 게 회사와 주주들에게 유리하다고 생각했습니다."

보이드다운 이성적인 판단은 스스로에게도 예외가 아니었다. 위기를 정확히 진단했고, 기회를 적절히 포착했으며, 임무를 다하곤 미련 없이 내려놓았다.

엔비디아의 현명한 킹메이커

말라초스키의 파트너십

젠슨 황을 빼놓고 엔비디아(NVIDIA)를 논할 순 없다. 그의 말과 행보는 늘 해외토픽의 헤드를 장식하고 전 세계 증시를 출렁이게 한다. 다만 엔비디아에서 젠슨 황만 떠올리는 건 애석한 일이다. 프런트맨 젠슨 황의 뒤에 엔비디아의 든든한 버팀목 크리스 말라초스키Chris Malachowsky, 1959-가 있기 때문이다.

엔비디아 공동창업자 말라초스키의 인생은 역경 속에서 시작됐다. 1959년 폴란드에서 태어난 그는 홀로코스트 생존자인 부모를 따라 6세 때 미국으로 건너와 뉴저지에서 자랐다. 대부분의 이민자들이 그렇듯 말라초스키 가족도 가난과 싸워야 했다. 무엇보다 부모에게 전해들은 홀로코스트 비극은 어린 말라초스키에게 삶에 대한 강인한 의지를 심어주었다.

기계와 전자기기에 호기심이 많아 직접 만지고 고치는 것을 즐겼던 폴란드계 소년은 공학의 길을 선택했고, 플로리다대에서 전기공학 학사를, 산타클라라대에서 석사를 마쳤다. 졸업 후 그는 휴렛팩커드와 선마이크로시스템즈에서 실력을 쌓았지만 뭔가 성에 차지 않았다.

1993년 운명적인 만남이 찾아왔다. 말라초스키와 젠슨 황과 커티스 프림, 셋은 젠슨의 집 근처에 있는 카페에 모여 앉았다. 커피가 무제한으로 리필되었던 카페에서 세 사람의 이야기는 무한대로 이어졌고, 그 자리에서 훗날 세상을 바꿀 기업 엔비디아가 태동했다.

엔비디아 창업초기 말라초스키는 회사의 핵심 기술개발을 이끌며 IT, 운영, 제품 엔지니어링 등 전 분야를 총괄했다. 1995년 엔비디아의 첫 제품인 NV1칩 개발에서 그는 기술적 도전과 모험을 마다하지 않았다. 비록 NV1은 시장에서 실패해 파산위기에 몰렸지만, 그는 동료들과 함께 빠른 피벗(방향전환) 능력을 발휘하며 회사를 구해냈다. 그의 집적회로 설계전문성은 초기 엔비디아가 경쟁사들과 차별화된 기술을 만들어내는 원동력이 됐다.

1999년 그들이 GPU를 발명하면서 역사는 바뀌었다. 처음엔 단순히 그래픽을 위한 기술이었지만 그것은 AI혁명의 단초가 되었다. 말라초스키는 40년 넘는 경험을 바탕으로 엔비디아가 스타트업에서 글로벌 리더로 성장하는 과정에서 핵심기술을 설계하고 관리하며 조용히 회사를 떠받쳤다.

2025년 현재 그는 엔비디아에서 펠로우 및 시니어 기술임원으로 활동하며 경영진의 일원으로서 회사의 미래 기술개발을 이끄는 전략적 역할을 담당하고 있다. 그의 철학은 단순하면서도 깊다.

"실패의 유일한 수치는 그것으로부터 아무 것도 배우지 못하는 것입니다."

그는 지나치게 보수적이지 않으면서도 위험을 감수하는 태도를 강조한다. 특히 협력과 연대의 가치를 중요시한다.

"기업은 결코 혼자 하는 스포츠가 아닙니다."

당시 실리콘밸리에는 작은 수익에 취해 저마다 목소리를 높이다 갈라서는 오합지졸 스타트업이 적지 않았다. 엔비디아의 세 사람은 필요할 땐 도왔지만, 서로의 영역을 존중하며 간섭하지 않았다. 강한 신뢰와 넓은 배려가 그들을

'원 팀'으로 묶었고, 결국 세계 최고의 파트너가 됐다.

　사람들이 말라초스키를 더욱 존경의 눈으로 바라보는 건 성공한 사업가 이후의 삶에서다. 그는 엔비디아 지분을 통해 약 15억 달러(2조895억 원)를 보유한 거부가 되었지만, 자신의 재산을 사회로 환원하는 데 주저하지 않았다. 2023년 모교 플로리다대에 2,500만 달러(약 348억 원)를 기부해 슈퍼컴퓨터 하이퍼게이터AI를 구축했고, 같은 해 말라초스키홀도 문을 열었다. 2001년 아내 멜로디와 함께 설립한 가족재단은 환경보호와 교육, 인권 분야에 꾸준히 기여하고 있다.

　그는 40여 개의 특허를 보유하며 집적회로 설계분야의 최고 권위자로 자리 잡았다. 하지만 그의 관심은 연구실과 회사 안에만 머무르지 않는다. 음악애호가인 그는 동료들과 기타를 연주하며 소박한 즐거움을 나누고 상업용 소종사 면허를 가진 파일럿으로 하늘을 나는 자유를 즐긴다. 또한 컴퓨터 역사박물관과 힐러 항공박물관 이사회에서 기술과 역사를 보존하는 일에도 힘쓰고 있다.

　말라초스키는 사업적 성공을 넘어 인생의 의미와 인간적 가치를 잊지 않는 길을 택했다. 그의 삶은 단순한 실리콘밸리 성공담을 넘어 기술과 인간성의 균형이 무엇인지를 되새기게 한다. 겸손함 속에서 묻어나오는 그의 진심 어린 조언이 깊은 울림을 주는 이유다.

> "무언가를 지지하세요. 자신에게 가장 중요한 것이
> 무엇인지 깨닫고 그것에 충실하세요.
> 삶이 당신에게 준 소중한 선물이자 기회입니다"

컨설팅의 기본은 무엇인가

스위트의 마인드

"오늘 밤 넌 그다지 뛰어나지 않았어."

15살 소녀가 연설대회에서 패배하고 돌아오는 길에 아버지는 딸에게 담담하게 말했다. 대회 경쟁자가 라이온스클럽 회장의 딸이어서 졌다며 불평하던 딸에게 아버지는 덧붙였다.

"넌 절대 라이온스클럽 회장의 딸이 될 순 없어. 그건 네가 태어난 가정이 아니잖아. 난 네가 뭐든 할 수 있다고 믿지만 다른 사람들이 널 인정할 수밖에 없을 만큼 현명해지려면 누구의 딸인가는 중요치 않아."

평소 자상한 아버지였지만 그 순간만큼은 달콤한 위로보단 쓸쓸한 조언이 필요하다고 판단했던 모양이다. 소녀는 한편으론 아버지의 얘기가 섭섭하기도 했지만, 이내 틀린 말이 아니라고 생각했다. 소녀는 더 이상 투정을 부릴 수가 없었다. 독서와 글쓰기를 통해 좀더 논리적 사고력을 키워야 한다는 아버지의 '컨설팅'은, 딸에게 '정직한 말의 힘'이 얼마나 중요한지를 일깨웠다. 소녀의 이름은 줄리 스위트Julie Sweet, 1967-. 세계 최대 컨설팅 기업 액센추어(Accenture)의 CEO다.

스위트는 십대 시절 호텔에서 예약사무직 아르바이트를 하며 사람을 응대하는 경험을 쌓았다. 매일 다양한 고객을 상대하며 예측불가능한 상황에 즉시 대처해야 했던 경험을 통해 현장중심의 문제해결 능력을 키웠다. 그때 몸에 밴 자기주도성과 영민함은 이후 그녀의 커리어 전반에 걸쳐 강력한 무기가 됐다.

논리적 사고와 사회구조에 관심이 많았던 스위트는 콜롬비아대 로스쿨을 거쳐 뉴욕 맨해튼의 최고 로펌인 크레바스에서 변호사 생활을 시작했다. 그녀는 이곳에서 무려 17년 동안 인수합병과 계약관계 등 기업법무를 담당하며 명성을 쌓아갔다. 그즈음 글로벌 컨설팅기업 액센추어는 복잡한 M&A와 조인트벤처, 전략적 파트너십을 수행할 국제적 수준의 법무전문성을 갖춘 인재를 찾았고, 적임자로 스위트를 스카우트 했다.

엑센추어에서 스위트는 자신의 역할을 기업법무에 한정하지 않았다. 그녀는 클라우드, 데이터, 인공지능 등 4차 산업혁명 시대로의 전환에서 법률환경도 변할 수밖에 없다고 간파했고, 신기술 관련 계약구조를 선도적으로 정비했고, 법적 쟁점들을 연구했다.

경영회의에 참석했을 땐 단순히 법률가적 입장을 내세우기보다는 '이 전략이 고객의 관점에서 지속가능한가', 'AI리스크는 브랜드 신뢰와 어떻게 연결되는가'와 같은 경영과 기술, 사회적 관점을 넘나드는 문제들에 논리적이고 과학적으로 대처했다. 어느새 그녀는 리걸마인드(Legal Mind)에 갇힌 고답적인 법률가가 아니라 오픈마인드(Open Mind)를 갖춘 유연한 컨설턴트가 되어 있었다.

액센추어 이사회는 2015년에 스위트에게 북미지역 CEO(Accenture North America CEO)를 제안했다. 이사회는 그녀가 경영자로서의 경험이 부족함에도 불구하고, 시대진환을 읽는 문제해결력과 조직구성원과의 탁월한 소통능력을 높게 평가해 기회를 준 것이었다.

스위트는 북미지역 기업고객의 니즈가 대규모 클라우드, ERP통합, AI프로 젝트로 옮겨가고 있음을 캐치하고, 이를 빠르게 전략적 수주로 연결시켰다. 특히 북미시장에서 필요한 기술역량을 확보하기 위해 해당 인재들을 찾아 영입해 이른바 'AI드림팀'을 운영하면서 좀더 전문적이고 고급한 컨설팅 서비스로 고객들을 확보했다. 그 결과 북미지역 매출을 40% 이상 끌어올리는 성과를 내기도 했다.

그리고 마침내 스위트는 2019년 액센추어의 글로벌CEO와 회장자리에 오르는 전례 없는 영예를 누렸다. 그녀는 글로벌CEO가 된 직후 가장 먼저 윤리경영을 전략 테이블 위로 올려놓았다. 기존 컨설팅 업계가 실적에 매몰되어 모럴해저드에 취약했던 문제와 정면으로 맞선 것이다. 다양성, 포용성, 지속가능성을 단순한 슬로건이 아닌 기업운영의 핵심 아젠다로 삼으며, 기존 리더들과 전혀 다른 행보를 이어갔다.

그녀의 진가는 위기상황에서 드러났다. CEO 재임 중 팬데믹이 터지자 전 세계 77만 직원에게 직접 메시지를 보내 서로를 지키고 연대하는 것을 최우선 과제로 삼았다. 원격컨설팅 시스템을 빠르게 도입했고, 언택트 수요에 맞춰 디지털전환과 클라우드 관련 컨설팅 수요를 선점해 나갔다. 이후 러시아-우크라이나 전쟁에 따른 리스크를 예상하고 러시아 시장에서 미리 철수해 손실을 최소화했다.

또한 스위트는 AI혁명의 위력을 직시하고 대비하는 데 총력을 기울였다. 무엇보다 66억 달러 규모의 인수합병을 통해 액센추어를 AI와 클라우드 중심의 컨설팅 플랫폼으로 탈바꿈시켰다. 그 결과 AI 관련 수주만 14억 달러를 넘어서는 실적을 올리기도 했다.

오늘날 액센추어는 경영컨설팅 뿐만 아니라 전략, 기술, 운영, 디지털, 클라우드 등 비즈니스 전 영역을 아우르며 「포춘」 선정 500대 기업 중 다수를 고객으로 두고 있다. 현재 시가총액은 1,591억 달러(약 220조 원)에 달한다.

스위트의 진정성 있는 소통은 개인적 시련 앞에서도 예외가 없었다. 2025년 2월 유방암 재발진단을 받았을 때 그녀는 직원들에게 솔직한 메시지를 보내며 암이 조기에 발견되었고 치료가능하다고 투명하게 공개했다. 동시에 SEC공시를 통해 주주들에게도 상황을 알렸다. 11년 전 첫 유방암 진단 때부터 건강문제를 숨기지 않으며 아예 논란을 일으키지 않았다. 그 순간 오히려 업무를 좀더 충실히 이행하려 애쓰면서 자신을 되돌아보는 기회로 삼았다. 스위트는 이렇게 말했다.

"리더십의 열쇠는 명확성(clarity)입니다."

태양 아래 그 무엇도 가릴 수 있는 건 없다는 게 그녀의 지론이다. 경영이 투명하지 않고 방향을 상실하면 내부적으론 인재가 떠나고 대외적으론 고색을 잃게 된다는 얘기다. 자신의 질병조차도 예외일 순 없었다.

다시 세월을 거슬러 올라가 그날 아버지는 딸에게 문제점을 에두르지 않고 솔직하게 직언하며, 현실을 자각하는 자세를 가르쳤다. 그리고 조심스럽게 해결책을 제시했다. 상대방을 가장 존중하는 방법은 정직하게 소통하는 것임을 스위트는 아버지에게서 배웠다. 설득의 시작이자 컨설팅의 기본은 의외로 명확했다.

줄리 스위트

"리더의 가장 중요한
태도 중 하나는 학습자로서의
자세를 잃지 않는 거예요."

마지막 1피트의 기적

루카스의 구멍

1901년 1월 10일 미국 텍사스 보몬트의 스핀들탑 언덕. 앤서니 루카스[Anthony F. Lucas, 1855-1921]가 이끄는 시추팀은 이미 1,020피트(약 310미터)를 파내려갔지만 석유는 한 방울도 나오지 않았다. 투자자들은 하나둘 손을 떼기 시작했고 자금은 바닥이 났다. 주변 사람들은 그를 미친 크로아티아인이라고 비웃었다.

하지만 루카스는 남들이 보지 못한 구멍을 봤고, 그 안에 넣을 열쇠도 가지고 있었다. 첫째 그는 지질학자로서 이 지역의 소금 돔구조가 석유매장에 이상적이라는 과학적 근거를 갖고 있었다. 둘째 인근에서 발견된 작은 석유 흔적들이 거대한 매장량의 신호탄이라고 믿었다. 셋째 그가 도입한 새로운 회전식 시추기술은 기존 충격식보다 훨씬 깊이 파 들어갈 수 있었고 아직 그 한계를 다 시험해보지 못했다. 무엇보다 루카스는 자신만의 데이터가 있었다. 1,000피트 지점에서 나온 암석 샘플과 가스 누출량이 오히려 증가하고 있다는 것이었다. 이는 더 큰 석유층이 가까이 있다는 명백한 신호였다.

사람들이 모두 떠나간 스핀들탑에 루카스는 여전히 남아 있었고, 구멍을 파내려갔다. 그리고 어느 날 갑자기 땅속 깊은 곳에서 엄청난 굉음과 함께 검은 액체가 하늘 높이 솟구쳤다. 높이가 무려 150피트에 달하는 석유 분출이었다. 하루 생산량만 10만 배럴. 당시 미국 전체 석유생산량의 절반에 해당하는 양이었다. 이 발견은 단순히 하나의 유정을 넘어 텍사스를 석유왕국으로, 미국을 세계 최대 석유생산국으로 만들었다. 루카스는 포기 직전의 마지막 시추에서 20세기 에너지혁명의 문을 연 것이다.

모든 신사업은 스핀들탑 언덕을 파는 일과 같다. 겉으로 보기에는 평범한 언덕이지만 그 아래에는 무한한 가능성이 잠들어 있다. 문제는 그 보물이 얼마나 깊숙이 묻혀 있는지, 언제 만날 수 있는지 아무도 모른다는 것이다. 루카스가 1,020피트에서 포기했다면 그는 영원히 실패자로 남았을 것이다. 하지만 그는 1,020피트에서 멈추지 않고 더 파고들었고 바로 그 마지막 1피트에서 모든 것이 바뀌었다.

성공과 실패를 가르는 것은 마지막 단 한 번의 실행을 놓치지 않는 우직함이다. 많은 스타트업이 시장의 냉소와 자금부족 앞에서 무릎을 꿇는다. 투자자들이 등을 돌리고 경쟁자들이 비웃을 때 포기하고 싶은 유혹은 크다. 하지만 혁신의 역사를 되돌아보면 가장 극적인 반전은 대부분 포기 직전의 순간에 찾아왔다. 둑이 터질 만큼의 물이 아주 조금 부족했을 뿐이었다.

루카스의 또 다른 지혜는 깊이 파는 것의 중요성이었다. 많은 기업들이 얕은 시장조사와 피상적인 고객분석으로 만족한다. 하지만 진정한 기회는 누구도 가보지 않은 깊은 곳에 숨어있다. 고객의 숨겨진 니즈, 시장의 잠재적 변화, 기술의 미래가능성을 발견하려면 1,020피트가 아닌 1,021피트까지 파고들어야 한다.

스핀들탑의 기적은 우연이 아니었다. 루카스는 새로운 회전식 시추기술을 도입했고 지질학적 연구에 기반해 정확한 위치를 선택했다. 혁신적 도구와 과 어느 날 갑자기 땅속 깊은 곳에서 엄청난 굉음과 함께 검은 액체가 하늘 높이 솟구쳤다. 높이가 무려 150피트에 달하는 석유 분출이었다. 하루 생산량만 10만 배럴. 당시 미국 전체 석유생산량의 절반에 해당하는 양이었다.

학적 접근 그리고 포기하지 않는 의지가 만나 불가능을 가능으로 바꾼 것이다.

오늘도 수많은 기업가들이 자신만의 스핀들탑을 찾아 시추하고 있다. 1,020피트에서 포기할 것인가, 1,021피트까지 파고들 것인가. 그 선택이 평범한 실패와 역사적 성공을 가른다. 당신의 마지막 시추공에서 기적이 기다리고 있을지도 모른다.

당신의 일은 '그냥' '계속'
해나갈 때가 가장 눈부시다

킹의 쓰기

"글을 쓴다는 건 매일 혼자 방에 갇혀 진실을 마주하는 일이다."

어니스트 헤밍웨이는 고독한 무명작가 시절을 이렇게 회고했다. 작가, 특히 소설가란 직업은 중간이란 게 없다. 손익만 넘길 정도로 팔리는 소설이란 없다는 얘기다. 베스트셀러이거나 워스트셀러이거나 둘 중 하나다. 베스트셀러가 나오지 않으면 소설을 출간할 기회는 더 이상 주어지지 않는다. 한국에서는 신춘문예 같은 바늘구멍을 뚫고 등단부터 해야 한다. 그 전에 작가란 호칭을 붙이는 건 쑥스러운 일로 치부된다. 헤밍웨이가 매일 혼자 방안에서 진실을 마주하는 일을 했다는 건 그럴 듯하게 미화한 표현이다. 무명작가들이 마주하는 건 진실이 아니라 막막한 '현실'이다.

『쇼생크탈출』과 『미저리』 『그린마일』 등을 쓴 미국의 대작가 스티븐 킹 Stephen E. King, 1947- 역시 혹독한 무명작가란 통과의례를 거쳐야 했다. 젊은 시절 그는 글쓰기로 버는 수입이 거의 없어 세탁공장 인부, 건물 경비원 등 여러 일을 선선했다. 이후 긴신히 얻은 영어교사 월급으로 생계를 유지하며 밤이 돼야 비로소 글을 쓸 수 있었다. 낡은 타자기만 놓인 좁고 허름한 공간이 그의 작업실이었다. 그곳에서 꾸준히 단편을 써서 잡지사에 투고했지만, 돌아온 건 에디터의 거절편지 뿐이었다. 출판계 인맥을 넓히려는 복안에 에디터의 편지들을 버리지 않고 벽에 못으로 꽂아 두었는데, 나중에는 너무 많아서 못이 벽에서 튕겨져 나갔다고 그는 회고했다.

1972년 킹은 여느 때처럼 심혈을 기울여 장편소설을 쓰고 있었다. 제목은 『캐리 : Carrie』. 광신적인 어머니에게 억압받고 학교에서는 집단 괴롭힘을 당하는 외로운 소녀 캐리 화이트가 주인공이다. 캐리는 어느 날 자신에게 염력이 있음을 깨닫고, 졸업파티에서 벌어진 잔혹한 장난이 도화선이 되어 클라이맥스로 향하는 장르소설이다. 킹은 며칠 밤을 새우며 쓴 소설을 아침에 일어나 완성 전에 다시 읽어봤지만 도무지 성에 차지 않았다.

"이걸 내가 썼다고? 안 되겠어……"

킹은 원고뭉치를 쓰레기통에 던졌다. 그러자 아내 타비사는 쓰레기통에서 원고를 꺼내 찬찬히 읽었다. 그녀는 도서관 사서였다. 마지막 구겨진 원고지까지 읽고 난 순간 아내는 남편의 소설이 단순한 공포물이 아니라고 생각했다. 소설에는 청소년의 소외감, 집단폭력, 종교적 광신까지 당시 미국사회가 앓고 있는 문제들이 깨알같이 담겨 있었다. 그녀는 남편을 설득해 소설을 완성하도록 독려했고, 킹은 아내를 향한 미안함에 마음을 다잡고 힘겹게 탈고했다.

원고는 여러 출판사에서 거절당했지만 우여곡절 끝에 더블데이 출판사와 2,500달러에 계약했고, 놀랍게도 아내 타비사의 안목은 틀리지 않았다. 소설은 평단의 호평을 이끌어내며 화제를 모았고, 이어 페이퍼백(문고판) 판권이 40만 달러에 팔리면서 킹은 드디어 베스트셀러 작가가 됐다.

1976년 『캐리』는 할리우드 명장 브라이언 드 팔마 감독이 크랭크인한 영화로 제작되었고, 킹의 명성은 더욱 치솟았다. 이후 그가 발표한 『샤이닝』『미저리』『쇼생크탈출』『그린마일』등이 밀리언셀러가 됐고, 영화로 제작되어 오스카를 석권하기도 했다. 킹은 여러 인터뷰에서 이렇게 말했다.

"아내는 내 소설을 읽는 가장 위대한 독자이자 내 삶의 구원자입니다."

아내가 쓰레기통에서 쓰다만 『캐리』의 원고뭉치를 꺼내는 순간 그의 자존감도 시궁창에서 함께 올라올 수 있었다. 하지만 더욱 중요한 건 킹이 아내의 권고를 거스르지 않고, 구겨진 원고를 펴서 다시 썼다는 사실이다. 그건 누구에게나 힘든 일이다. 차라리 새로 다른 이야기를 쓰는 게 훨씬 쉬웠을 것이다.

때론 자신이 하고 있거나 해왔던 일이 당장 그만두고 싶을 만큼 보잘 것 없이 느껴지곤 한다. 하지만 대개 자신이 하는 일이 제법 가치 있다는 사실은 본인만 모른다. 순간 슬럼프와 매너리즘, 권태 같은 게 밀려오지만 특별한 방도는 없다. 킹에겐 훌륭한 아내 타비사가 있었지만, 모두의 곁에 타비사가 있는 건 아니다. 지금 이 순간 자신의 일이 못 견딜 만큼 지겹고 형편없게 느껴진다고 해서 갑자기 신춘문예에 입상하거나, 유튜브 조회 수가 터지거나, 로또 같은 걸 맞는 이벤트가 찾아오진 않는다.

그러면 어떻게? '그냥' 해오던 일을 '계속' 해나가는 수밖에! 힘 빠지는 소리 같지만 아직 원하는 때가 오질 않았거나 조금 부족할 따름이다. 쓰레기통에 처박힌 자신의 일을 스스로 꺼내야 하는 까닭이다. 무라카미 하루키는 이렇게 말했다.

"무엇이든 '계속' 쓰는 사람만이 결국 작가가 됩니다."

그리고 킹은 이렇게 덧붙였다.

"이미 추예는 우드커리 영긴은 기다려지만, 우리는 '그냥' 툭툭 털고 일어나 앉아 나시 쓰기 시작럽니다."

우주대항해 시대의 선언
혹은 신패권주의적 망상

머스크의 화성

일론 머스크^{Elon Musk, 1971-}는 인류 의식보존을 위한 화성이주를 목표로 2002년 스페이스X(SpaceX)를 설립했다. 그의 결심이 더욱 확고해진 계기는 2008년 금융위기와 개인적 파산위기를 겪으면서였다. 당시 테슬라와 스페이스X 모두 자금난에 시달렸고 머스크는 개인재산을 모두 투입해야 했다. 이 과정에서 그는 문명의 취약성을 절감했다.

특히 러시아 과학자들에게서 들은 칼다셰프 척도 개념이 그에게 큰 영향을 미쳤다. 이 척도는 문명을 에너지 사용량에 따라 분류하는데, 현재 인류는 0.7단계에 불과하다는 것이다. 1단계 문명이 되려면 행성 전체의 에너지를 활용할 수 있어야 하고, 2단계는 항성계 전체, 3단계는 은하계 전체를 의미한다.

머스크는 여기서 중요한 깨달음을 얻었다. 문명이 발전할수록 더 큰 리스크에 노출된다는 것이다. 핵전쟁, 기후변화, 소행성 충돌, 초화산 폭발 등은 지구상의 모든 생명을 위협한다. 그런데 이런 위험은 갈수록 증가하는 반면 인류는 여전히 지구라는 한 행성에만 의존하고 있다.

스티븐 호킹과의 대화도 중요한 전환점이었다. 호킹은 이렇게 말했다.

"인류에게는 다음 1,000년 안에 지구를 떠날 수 있는 능력이 필요합니다."

머스크는 호킹에게 이는 너무 보수적인 추정이라며 100년 안에 가능해야 한다고 반박했다. 머스크의 주장은 '의식보존의 빛(Preserving the Light of Consciousness)'에서 비롯하는데, 이는 인류의 생존을 넘어서는 개념이다. 인류의 멸종은 단순히 한 종의 소멸이 아니라 우주 전체가 자아인식을 잃는 것이다. 좀더 쉽게 말해 의식보존은 인류가 생각하고 질문하고 존재의 의미를 찾으며 우주를 인식하는 능력을 유지하는 것이다. 우주는 대부분 무의식적 물질로 이뤄졌으며, 우주에서 스스로를 인식하는 유일한 존재가 바로 인간이라는 전제에서 출발한다. 따라서 인류가 멸종하면 우주가 스스로를 인식하는 빛도 사라진다는 게 머스크의 생각이다.

그렇다면 머스크는 가까운 달을 놓고 왜 화성이주에 집착할까. 우선 화성과 달의 환경적 차이가 중요한 요인이다. 달은 사실상 진공상태로 대기가 없어 독립적인 문명건설에 한계가 있다. 반면 화성은 얇지만 대기가 존재하고 지하에 풍부한 물 자원이 있으며 이산화탄소를 활용해 연료도 생산할 수 있다. 머스크는 화성을 태양계에서 가장 지구와 유사한 행성이라고 평가하며 장기적으로 테라포밍(terraforming, 지구화)을 통해 인간이 생존할 수 있는 환경으로 만들 수 있다고 믿는다.

먼 미래의 일이지만 지구의 모든 생명체가 태양에 의해 파괴될 것이라는 태양확대 문제도 머스크의 화성이주에서 중요한 동기를 이룬다. 인류가 지구 외 지구 사이에 있는 단에 더 이상 외존해서는 안 되는 까닭이다.

성취적 관점에서도 차이가 드러난다. 머스크는 달 탐사를 1960년대 성취의 반복으로 여긴다. 달은 이미 정복된 과거의 목표일 뿐 미래의 비전이 아니다. 화성이야말로 인류가 한 번도 가보지 못한 새로운 개척지라는 것이다.

경제적 논리도 작용한다. 머스크는 달기지가 지구에 지나치게 의존적이라고 본다. 지구에서 38만4,400킬로미터 떨어진 달은 지속적인 보급이 가능하지만 그것이 오히려 진정한 독립성을 저해한다고 판단한다. 반면 평균 2억 2,500만 킬로미터 떨어진 화성은 물리적 거리 자체가 자급자족을 강제해 진정한 백업문명이 될 수 있다는 것이다.

머스크의 화성 집착에는 개인적 사명감도 깔려 있다. 그에게 화성 식민지화는 아폴로 계획의 연속이고, 인류가 우주로 진출하는 것은 깊이 각인된 미국정신의 연장선이다. 2029년 첫 유인미션, 2050년 자급자족 식민지 그리고 궁극적으로 100만 명의 화성이주민이라는 그의 계획은 여전히 생경하면서도 불확실성의 껍질 안에 있다.

그래서일까. 머스크의 화성이주에는 많은 비판이 제기된다. 먼저 천문학적 비용은 가장 현실적인 장벽이다. 수백만 명 이주를 위해서는 수십만 번의 우주선 발사가 요구되는데, 민간기업 단독으로 투자를 받아 감당하는 건 불가능한 일이다. 무엇보다 화성이라는 환경적 위험성에 대한 구체적 대책도 마련되지 않았다. 화성의 평균기온은 약 −60℃이고, 강한 방사선과 지구의 38%에 불과한 낮은 중력도 치명적이다.

머스크가 화성의 식민지화를 들어 미국정신의 사명감을 얘기하는 것도 불편하다는 지적이다. '화성은 누구의 소유인가?'에 대한 물음은 미국과 머스크를 저격한다. 19세기와 20세기 지구에서 일어난 서구열강의 제국주의 문제도 아직 다 해결되지 않은 상태에서 화성의 식민지화는 패권주의를 우주로 확대한다는 비판에서 자유롭지 못하다는 얘기다.

머스크의 화성이주가 스페이스X의 투자유치를 위한 스토리텔링 자산에 그칠지, 아니면 그의 말대로 인류문명을 지속하기 위한 필수불가결한 프로젝트인지에 대한 당신의 생각도 궁금하다. 끊임없는 질문과 의문이 우리의 삶을 진화시켜왔기 때문이다.

스페이스X의 스타십. 인류를
화성까지 보내기 위해 개발
중인 재사용 초대형 우주선.

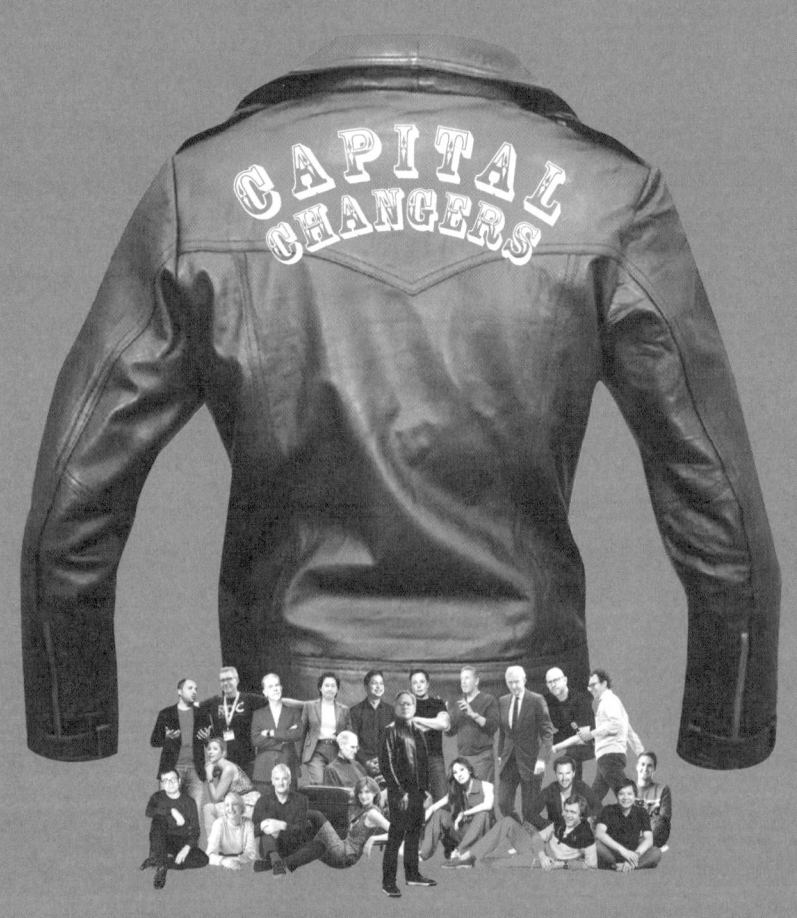

CHAPTER · 5

자본의 정복자들

'욱'하는 성깔을 죽이니
'억'하는 거부가 되었다

달리오의 원칙들

하버드 경영대학원을 졸업한 레이 달리오^{Ray Dalio, 1949-}는 1974년 다니던 금융
회사 신년파티에서 상사와 격렬한 언쟁을 벌이다가 주먹으로 그의 얼굴을
때리고 말았다. 이 사건을 계기로 달리오는 문제직원으로 낙인 찍혔고 이듬
해 그는 상사에 대한 불복종을 이유로 해고당했다. 훗날 달리오는 당시를
회고하며 이렇게 소회했다.

"그때 해고는 내가 조직에 순응하는 스타일이 아님을 분명하게 자각하는
계기가 됐습니다."

상사를 때린 이유로 젊은 나이에 해고를 당하면 치명적인 좌절로 다가올
법했다. 특히 명문 하버드를 졸업하고 월스트리트에서 경력을 쌓아가던 젊은
금융인에게는 더욱 그랬다. 사실 달리오는 매우 직설적이고 논쟁적인 성향이
강했다. 위계중심의 월가문화와는 잘 맞지 않았다. 아무리 그렇더라도 욱하는
성깔은 미덕이 될 순 없었다.

다만 그는 자신의 성향을 냉정하게 파악했고 재취업보단 창업에 마음이 기
울었다. 아직 이십대였고 큰 빚이나 건사해야 할 가족도 없었다. 실패해도 다

시 시작할 수 있는 나이였던 셈이다. 훗날 달리오는 창업과 도전에서 머뭇거리는 젊은이들에게 이렇게 조언했다.

"리스크를 감당할 수 있을 때 리스크를 지세요."

1975년 달리오는 뉴욕의 작은 아파트에서 브리지워터 어소시에이츠(Bridgewater Associates, 이하 '브리지워터')란 헤지펀드를 세웠다. 사실상 1인 리서치 회사에 가까웠고, 처음부터 괄목할 만한 성과는 아니었지만 고객들이 생겼다. 흥미롭게도 그를 해고한 회사의 고객 일부가 그를 따라왔고, 다행히 수수료를 받고 투자자문 일을 계속할 수 있었다. 그의 투자분석은 성격만큼이나 날카로웠고 바로 그 능력을 인정하는 고객들이 제법 있었다.

덕분에 브리지워터는 숨 막힐 정도로 경쟁이 치열한 월가에서 생존을 이어갈 수 있었다. 그러다 달리오는 1982년에 치명적인 투자오판을 저질렀다. 그는 미국이 대공황급 침체에 빠질 것이라 확신했고 그에 맞춰 투자자문을 했는데, 정작 시장은 강한 경기회복기에 돌입한 것이다. 그의 성격상 컨설팅은 공격적이었고 확신에 차 있었다. 이로 인해 투자기회를 놓쳤다고 여긴 고객들이 그를 떠났고, 직원들마저 떠나보내야 했다. 대출을 받아 생계를 유지할 만큼 궁핍해졌지만, 달리오는 매우 중요한 포인트를 짚어냈다.

"아무리 철저한 분석에 근거한 확신도 단번에 틀릴 수 있는 게 시장이었습니다."

시장에선 지능이나 분석보다 사고방식이 중요했고, 확신보다 검증이 요구됐으며, 감정이 아니라 이성적 회로의 반복이 중요함을 절실히 깨달은 것이다. 그리고 스스로에게 무겁게 질문했다.

"어떻게 하면 같은 실수를 반복하지 않을까?"

답은 의외로 쉽게 나왔다. 시장에서의 경험을 토대로 '원칙(principle)'을 세우고, 그대로 실천하는 거였다. 무엇보다 원칙을 잇지 않는 게 중요했다. 갑자기 큰돈이 벌리거나 손실을 입으면 감정이 앞서고 머리가 하얘지면서 세워둔 원칙이 휘발됐다. 특히 달리오는 자주 흥분했고 감정조절에 취약했다. 지난 일이지만 상사를 향한 주먹질도 마찬가지였다. 원칙을 세우는 것만큼 지키는 것이 중요했고, 그러기 위해선 단단히 기억해두기 위해 종이는 물론 두뇌 속에도 문서화하고 각인해야만 했다. 그가 금과옥조처럼 새긴 몇 가지 원칙은 이렇다.

[1] 시장은 감정이 아니라 신용과 부채가 움직이는 메커니즘으로 이해한다.

[2] 수익을 생각하기에 앞서 리스크를 통제하고, 상관관계가 낮은 자산으로 분산(다각화)한다.

[3] 자신의 정보와 판단이 언제든지 틀릴 수 있음을 전제로 검증을 게을리 하지 않는다.

[4] 시장의 변동보다 더 위험한 것은 자기확신과 확증편향이다.

이들 원칙을 기반으로 나온 개념이 이른바 'All Weather' 전략이다. 즉 어떤 경제환경(날씨)에서도 살아남도록 설계된 포트폴리오가 관건이란 얘기다. 달리오는 경제의 2대 핵심축으로 물가(inflation)와 성장(growth)을 지목했다. 이 둘을 조합해 투자자산을 4가지 '날씨'로 구조화했다.

경제환경	유리한 자산
성장기	주식
침체기	장기국채
인플레이션	원자재, 금
디플레이션	채권

문제는 아무리 뛰어난 기상전문가도 날씨를 정확히 예측하는 건 불가능했다. 달리오가 전망보다는 대비를 강조한 까닭이다. 이른바 리스크 패리티(Risk

Parity) 개념이 여기서 나왔다. 각각의 자산이 전체 변동성에 기여하는 정도를 균형화시킨다는 얘긴데, 일반 포트폴리오는 자산을 기준으로 비중을 나누지만, All Weather는 리스크를 기준으로 비중을 맞추는 식이다.

달리오의 브리지워터가 세계적인 헤지펀드가 된 결정적 계기는 2008년 금융위기였다. 달리오는 시장이 붕괴되기 전에 미리 대비해서 리스크를 줄이는 방어포지션 전략을 취했고, 그의 선택은 주효했다.

달리오는 한발 앞서 부채폭증과 신용팽창, 주택시장 버블을 상세하게 분석했으며 내부보고서를 통해 밝혔다. 2008년 대부분의 헤지펀드가 대규모 손실을 기록할 때 브리지워터의 대표 펀드인 퓨어 알파는 상대적으로 안정적인 성과를 냈다. 그 결과 리스크에 강한 펀드라는 인식이 퍼지며 기관투자가로부터 두둑한 신뢰를 얻었고, 연기금·국부펀드 자금이 대거 유입됐다.

질풍노도의 이십대에 설립한 헤지펀드가 50년 후인 2025년 기준 약 920억 달러의 자산을 운용하는 글로벌 투자회사가 되었다는 사실은 놀랍기만 하다. 1990년대 중반까지 달리오는 수수료 공제 후 연평균 13% 이상의 수익률을 기록했고, 1975년 설립 이후 투자자들에게 총 580억 달러 이상의 수익을 안겼다.

브리지워터는 달리오의 원칙경영을 토대로 피드백을 시스템화 했다. 가령 직원들에게 CEO인 당신도 틀렸다고 말할 수 있는 권한을 부여했다. 직원들이 자신의 의견을 여과 없이 개진하는 순간 달리오는 '욱하는' 성정을 가라앉히고 직원들의 주장을 차분히 경청했다. 투명한 토론과 논쟁적인 리포트는 브리지워터의 원칙들로 기록되었고, 정체성이 됐다.

2025년 기준 160억 달러의 순자산을 보유한 달리오는 그의 재단을 통해 21억 달러 이상을 자선사업에 기부하며 미국의 가장 적극적인 자선가 중 한 명이 됐다. 그는 겉으론 여전히 까칠하게 말하지만, 실은 '나눔의 정'을 아는

사람인 것이다. 월가의 투자거물에게 어울리지 않는 표현이지만, 필자의 빈약한 어휘력으론 '정(情)'말고는 달리 쓸 말이 없다. 세상은 이제 그의 안온한 성정도 함께 기억할 것이다.

최근 달리오는 미국의 누적부채를 트럼프 재정의 가장 큰 리스크 요인 중 하나로 지적하며, 조속히 해결하지 못할 경우 중대한 경제·금융 위기가 초래될 수 있음을 경고했다. 노골적인 관세 확대 같은 보호무역 조치가 국제사회에서 부메랑으로 돌아 올 수 있다고 직언해 트럼프의 심기를 불편하게 만들기도 했다. 일각에서는 달리오를 향해 상황을 지나치게 어둡게 평가해 공포심을 조장한다며 비판하기도 한다. 하지만 그의 초점은 단순히 리스크를 예측하는 게 아니라 대비하는 데 맞춰져 있음은 주지의 사실이다. 그가 관측한 미국의 날씨는 매우 을씨년스럽다.

5억 원을 투자해 1조 원을 벌다

틸의 철학수업

1980년대 말 스탠퍼드대 강의실에서 철학을 전공하던 한 학생이 프랑스 출신 교수의 강의를 듣고 있었다. 교수는 르네 지라르였고 학생은 피터 틸Peter Thiel, 1967-이었다. 지라르는 인간의 욕망과 모방의 관계를 이론으로 정립한 철학자이자 인류학자다.

그의 핵심개념인 '욕망의 삼각형이론'에 따르면, 욕망은 '주체-중재자-대상'의 삼각구조로 작동한다. 즉 우리는 대상을 직접 욕망하는 것이 아니라 중재자(타인)가 그 대상을 욕망하는 것을 보고 모방하면서 욕망하게 된다는 것이다. 이러한 모방적 욕망이 결국 경쟁과 갈등 그리고 희생양 메커니즘으로 이어진다는 게 지라르 철학의 핵심이다.

틸은 지라르의 모방이론 깊이에서 깊은 영감을 받았다. 스승과 제자의 철학적 만남은 단순한 학문적 호기심을 넘어 평생의 관계로 이어졌다. 실리콘밸리의 일반적인 컴퓨터과학 천재들과 달리 철학을 전공한 틸은 모방이론을 투자와 비즈니스에 접목해 독창적인 방식으로 자신의 가치관을 정립했다. 특히 틸이 초기페이스북에 투자할 당시에도 그의 마인드에는 모방이론이 작용하고 있었다.

"지라르 교수의 모방이론은 내가 페이스북의 초기투자자가 되도록 영감을 주었습니다. 나는 모방이론이 소셜미디어라는 개념에서 검증되는 것을 보았습니다. 사람들이 페이스북을 사용하는 이유는 간단합니다. 친구들이 사용하기 때문이었지요."

지라르의 모방이론을 한 문장으로 말하면, "인간은 스스로 욕망하지 않고, 타인의 욕망을 모방한다"는 것이다. 다시 말해 모방으로 인해 욕망이 타인에게 전염된다. 경쟁은 동일한 대상에 집중되는데, 결국 '모방 → 경쟁 → 갈등' 구조가 형성된다.

틸은 모방이론을 투자를 분석하는 도구에 적용했다. 틸이 깨달은 건 모방현상을 간과하면 위험하지만, 이를 역으로 이용하면 기회가 될 수 있다는 점이다. 시장에서 투자자들은 대체로 사람들이 몰리면 거품이 형성된다는 당연한 사실에서 생각을 멈췄다. 반면 틸은 한 걸음 더 나갔다. 사람들이 서로를 바라보며 행동한다면, 이미 욕망의 엔진이 작동한 것이고, 이를 페이스북의 메커니즘에 적용해 관찰했다. 틸이 보기에 서로의 실명과 프로필, 활동내역, 친구와 관계를 노출하는 페이스북은 모방을 증폭시키는 구조라는 것이다. 지라르의 모방이론에 적용하면, 욕망의 중재자가 페이스북이라는 플랫폼 안에 내장되어 있다.

틸이 초기투자 당시 페이스북은 기숙사 프로젝트 수준이었고, 하버드대 이메일이 있어야 가입이 가능했다는 점도 중요했다. 이러한 닫힌 모방공간은 재학생끼리만 볼 수 있어서 비교대상이 자신과 매우 유사해 모방압력이 극대화됨에 따라 네트워크 효과가 폭발적으로 일어났다. 틸은 페이스북 안에서의 모방을 경쟁이 아닌 '동조'로 해석했다.

틸에 따르면, 페이스북은 콘텐츠가 아니라 욕망을 교류하는 채널이다. 페이스북은 사람들이 무엇을 말하느냐에 머물지 않고, 누가 무엇을 욕망하는지를 보여줌으로써 모방을 통해 기하급수적으로 관계를 형성시킨다고 분석했다. 개인의 욕망을 사회적으로 수집하고 확산하는 인프라인 셈이다. 틸은 페이스북이 확산될 수밖에 없는 구조임을 간파한 것이다.

대부분의 투자자들은 초기페이스북을 그저 '또 하나의 평범한 SNS' 혹은 '광고 수익모델조차 불분명한 채널' 정도로 폄하했다. 모방을 통한 욕망의 전염성을 보지 못한 것이다. 하지만 페이스북은 가입자들끼리 경쟁을 벌이는 스타디움이 아니라 서로의 욕망을 동조하는 플랫폼이었다. 시장에서 한동안 독점적 지위에 올라설 수 있었던 까닭이다.

틸은 2004년 8월 페이스북에 50만 달러(5억7,000만 원)를 엔젤투자했는데, 이는 대학동아리 수준의 스타트업에 불과했던 페이스북이 처음으로 유치한 외부투자였다. 틸은 이 투자로 약 10.2%의 페이스북 지분을 획득했고, 8년 뒤인 2012년 대부분의 지분을 매각할 당시 총 10억 달러(1조1,270억 원)의 수익을 거뒀다. 틸은 마크 저커버그의 첫 인상에 대해 이렇게 회고했다.

> **"그는 자신의 아이디어로 빨리 돈을 버는 것보다,**
> **그것을 크게 퍼트리는 데 몰두하고 있었어요."**

창업자의 생각에서 무턱대고 경쟁에 뛰어드는 무모함이 아니라 시장을 개척하는 모험심을 읽은 것이다. 틸에게 모방이론은 투자를 넘어 회사를 창업하고 경영하는 내내 믿거름이 됐다. 그것은 인문학적 사고 특히 인간 본성에 대한 깊은 철학적 통찰이 최첨단산업에서도 강력한 경쟁력이 될 수 있음을 방증한다. 한 프랑스 철학자의 수업이 실리콘밸리의 가장 영향력 있는 기업인이자 부자자 중 한 명을 탄생시킨 스토리는, 거대한 부의 창출이 어디서 시작되는지를 보여주는 매우 흥미로운 사례가 아닐 수 없다.

구글이란 열차의 티켓 값

벡톨샤임의 수표

1998년 여름 스탠퍼드대 박사과정 중이던 래리 페이지와 세르게이 브린이 창업을 준비하던 때였다. 그들은 검색엔진이라는 당시만 해도 아직 생소하던 분야에 도전 중이었고, 투자를 받기 위해 은사 데이비드 체리톤 교수를 찾아가 도움을 요청했다.

체리톤 교수는 젊은 제자들의 아이디어와 패기 넘친 자신감을 기특하게 여겼고, 자신의 사업파트너이자 선마이크로시스템즈(SunMicrosystems)의 공동창업자인 앤디 벡톨샤임Andy Bechtolsheim, 1955-을 소개해 주었다. 만남의 장소는 대학의 교수사택 현관. 브린과 페이지는 노트북 하나를 들고 나와 그들이 개발한 검색기술을 약 10분에 걸쳐 시연했다. 그러자 벡톨샤임은 가방에서 수표책을 꺼내며 말했다.

"회사를 아직 만들지 않았다고? 그럼 지금 사명을 정하겠나? 그 앞으로 수표를 써주겠네."

흥분한 청년들은 공학도답게 순간 'Googol'이란 단어가 떠올랐다. Googol은 10의 100제곱을 가리

키는 수학용어로, 상상을 초월할 정도로 큰 수를 의미한다. 청년들은 머지않아 웹의 정보량이 감당할 수 없을 만큼 커질 것이고, 검색엔진은 그 방대한 정보의 가치를 살리는 열쇠가 될 것이라 봤다. Googol은 청년들의 비전을 상징하기에 완벽한 단어였다. 이후 Googol의 도메인을 잘못 입력해 'Google'이 됐다는 에피소드는 너무나 유명하다.

백톨샤임은 청년들이 구상한 사명에서 투자가치를 재확인했던 모양이다. 그는 사명의 스펠링조차 오타인 회사 앞으로 10만 달러(약 1억3,000만 원)짜리 수표를 써주었다. 체리톤 교수도 같은 금액인 10만 달러를 제자들에게 투자했다. 페이지와 브린 두 공동창업자는 그 수표들을 입금하기 위해 서둘러 회사를 법인화했고, 그 돈은 구글의 첫 공식 투자금이자 오늘날 시가총액 약 3조 달러(4,179조 원) 지주회사 알파벳(Alphabet Inc.)의 시드머니가 됐다.

백톨샤임은 구글의 공동창업자인 페이지와 브린과의 첫 만남을 이렇게 소회했다. "이 청년들은 돈보다는 문제를 해결하는 기술을 개발하려고 나를 찾아왔다."

벡톨샤임은 페이지와 브린에게서 어린 시절 자신의 모습을 봤다. 그는 독일 바이에른의 시골 출신이다. TV도 드물던 시절 소년은 라디오를 분해하고 회로를 설계하는 등 전자기술에 몰두해 있었다. 열다섯 살 무렵 마이크로컴퓨터를 스스로 만들 정도였다.

그의 떡잎은 독일 공과대 최고 명문 중 하나인 뮌헨공대 입학으로 이어졌지만, 진가는 1977년 미국 스탠퍼드대로 유학을 떠나면서 발현됐다. 당시 그는 네트워크 컴퓨팅이라는 생소한 분야에 매료되었고, 그의 기술적 통찰은 교수들과 동료들에게 곧바로 인정받았다. 스탠퍼드대에서 박사과정을 다니던 1982년 그는 체리톤을 포함한 동문들과 선마이크로시스템즈를 공동창업했다. 그가 설계한 워크스테이션은 당시로서는 획기적인 성능을 자랑했다. 회사는 유닉스 기반 서버, 자바 프로그래밍 언어, SPARC 칩, NFS파일 공유시스템 등 수많은 혁신기술들을 세상에 내놓으며 인터넷시대의 초석을 닦았다.

그는 기술을 판단하는 능력뿐 아니라 사람을 알아보는 안목 그리고 결정적 순간에 결단하는 용기를 가진 투자자였다. 벡톨샤임은 억만장자가 됐지만 스포트라이트를 피하고 조용한 엔지니어의 삶을 선택했다. 지금도 스스로 회로를 설계하고 새로운 기술을 연구하며 젊은 창업자들에게 조언을 아끼지 않는다.

"구글에 투자한 건 그들의 기술이 세상을 바꿀 거라 느꼈기 때문입니다. 그게 바로 제 일이지요. 변화를 감지하고 그 시작점을 찍는 것 말입니다."

그의 눈에 구글의 검색엔진은 단순한 기술이 아니라 패러다임을 바꿀 아키텍처였다. 인터넷 환경이 커질수록 검색은 더 중요해질 터이고, 구글의 검색창이 곧 월드와이드웹의 관문이라 본 것이다. 그가 써낸 10만 달러짜리 수표는 신세계로 향하는 구글이란 열차의 프리미엄 티켓 값인 셈이다. 시간이 흘러 벡톨샤임이 열차에서 하차했을 때 티켓의 가격은 수천 배로 떡상해 있었다.

돈보다 중요한 투자밑천

사카의 셔츠

"노동소득은 선형적이지만, 투자수익은 비선형적으로 점프한다."
1990년대 후반 미국에서 엘리트들의 스톡러시가 붐을 이룰 무렵「월스트리
트저널」에는 이런 헤드라인이 등장했다. 1996년부터 2000년 사이에 기업공
개(IPO)가 역대급으로 폭발했고, 실리콘밸리 스타트업을 중심으로 스톡옵션
도 급증했다. 그러자 자본시장의 제도적 기회와 허점을 꿰고 있는 변호사,
회계와 재무에 강한 MBA, 알고리즘에 눈을 뜬 수학자와 공학자들이 고소
득 급여를 포기하고 시장에 뛰어들었다.

명문 조지타운대 로스쿨 출신 크리스 사카 Chris Sacca, 1975- 도 그 중 한 사람
이었다. 그는 마진계좌*를 이용해 고위험 투자를 감행했고 초반에는 큰 수익
을 쓸어담으며 승승장구했다. 하지만 2000년 닷컴버블이 터지면서 과도한 레버리
지를 사용한 탓에 그는 순식간에 400만 달러의 빚더미에 앉고 말았다. 이십대
중반의 젊은 나이에 벼랑 끝으로 내몰렸던 것이다.

---

* Margin Account. 투자자가 자기자금 일부와 증권사 대출금으로 주식이나 ETF를 매수할 수 있게 해주는 계좌.

그는 당장 호구지책부터 해결해야 했다. 어느 행사장에서 우연히 구글 공동창업자 래리 페이지를 만나 짧은 대화를 나눈 뒤 지인의 도움으로 면접기회를 얻었다. 구글 경영진은 벌려놓은 신사업의 법적 규제와 지식재산권 문제를 맡을 법률전문가가 필요했고, 현실적으로 절박했던 사카는 구글의 요구사항을 충분히 숙지해 면접에 임했다.

구글 입사 후 그는 핵심인물로 빠르게 입지를 굳혀나갔다. 구글어스 인수, 대규모 데이터센터 구축, Wi-Fi 보급 등에 얽힌 복잡한 법률문제들을 해결하며 사업을 주도했다. 그는 비록 테크니션 출신은 아니었지만, 기술과 시장의 흐름을 법적으로 통찰하면서 회사로부터 두터운 신뢰를 얻었다. 실리콘밸리의 자유분방한 분위기 속에서도 사내에서 유일하게 정장을 입고 다닐 만큼 법률가로서의 풍모를 견지했다.

하지만 사카는 안정적인 대기업 커리어에 오래 머무르지 않았다. 2007년 구글을 떠나 로어케이스 캐피탈(Lowercase Capital)이라는 벤처펀드를 설립한 것이다. 자본도 넉넉지 않았고 탄탄한 네트워크도 없었지만, 구글에서 실리콘밸리의 스타트업 생태계를 꼼꼼히 분석하고 체득한 게 밑천이 됐다.

사카의 투자기준은 명확했다. 스타트업이 개발한 제품과 서비스를 사람들이 매일 쓰고 싶은가였다. 주변 사람들은 사카의 생각이 너무 가볍고 단순하다며 우려했고, 누군가는 조롱했다. 이십대 시절 치기어린 도전이 반복될 거라 여겼다. 그가 첫 번째 투자한 회사 트위터(엑스)가 그랬고, 우버 역시 마찬가지였다. 트위터를 향해선 "대체 여기에 수익모델이 어딨어?"라고 의아해 했고, 우버는 "불법 택시 앱 아니냐?"며 힐난했다. 하지만 사카는 이러한 반응을 리스크가 아닌 옵션으로 봤고, 그의 선택은 완전히 적중했다.

"아이디어의 첫 단추는 저렴해 보이지만, 치밀하고 적극적인 실행력을 통해 마지막 단추가 채워지는 순간 세상에서 가장 비싼 셔츠를 입게 됩니다."

사카의 첫 번째 펀드인 로어케이스 벤처펀드1은 840만 달러로 시작했지만 투자자들에게 50억 달러의 수익을 안겨주었고, 총 운용자산은 10억 달러 이상으로 성장했다. 덕분에 벤처업계에선 역사상 가장 성공적인 시드펀드라는 평가를 받았다.

특히 그는 단순한 자금공급자가 아니라 창업자들과 비전을 공유하는 '정서적 동맹관계'를 유지했다. 현장에서 조언을 아끼지 않으면서도 창업자들의 실무적 판단을 존중했다. 창업자가 위기에 처하면 언론과 정부규제, 투자자의 압박에서 방패역할을 자처했다. 실리콘밸리에서 창업자가 먼저 찾는 투자자라는 명성이 퍼져나갔다.

2018년 사카는 다시 한 번 새로운 기회를 모색했다. 탄소저감, 대체에너지, 지속가능한 친환경서비스 등 기후위기 해결에 기여하는 회사를 투자처로 지목하고 로우카본 캐피탈(Lowercarbon Capital)를 설립한 것이다.

"기후위기는 정치적 이슈가 아니라 물리학적 팩트이지요."

기온상승, 해수면 변화, 기상이변에 따른 에너지·농업·물류·보험 산업의 붕괴위기는 찬반의 문제가 아니라 적중확률 100%의 미래사실이라고 봤다. 이처럼 기후위기는 거의 모든 산업에 직·간접적으로 영향을 미치지만, 시장가격에는 여전히 제대로 반영되지 않았다고 판단했다. 그는 저탄소나 친환경에너지와 같은 비용이 제대로 평가받을 임계점이 머지않았으며, 이는 자본주의 역사상 가장 강력한 구조적 리프라이싱(repricing)으로 기록될 것이라고 봤다.

"기후 위기에서 세상을 구하고 싶어서라기보다는 어차피 세상이 바뀔 수밖에 없다는 걸 확신했기 때문입니다."

사카의 고백은 더 없이 솔직하다. 그가 코디한 셔츠들의 미래가치가 기대되는 까닭이다.

당신의 계좌를 지키는 법

보글의 건초더미

1970년대 초 월가에선 액티브펀드 전성시대가 펼쳐지고 있었다. 똑똑한 펀드매니저들이 주식을 선택해 수익을 내는 것이 당연한 것처럼 여겨졌고 투자자들은 높은 수수료를 지불하며 시장보다 나은 수익을 좇았다. 이때 모든 사람들의 생각과 완전히 반대되는 목소리를 낸 인물이 있었다. 존 보글John C. Bogle, 1929-2019. 훗날 인덱스펀드의 창시자.

보글은 프린스턴대 졸업논문에서부터 이미 이렇게 주장했다.

"대부분의 펀드매니저는 시장을 이기지 못합니다. 그렇다면 굳이 높은 수수료를 낼 이유가 없지요."

인간의 심리가 시장을 이길 수 없게 투자의 메커니즘이 설계돼 있다는 얘기다. 보글은 투자실패의 주범을 인간의 감정으로 봤다. 이를테면 '탐욕 → 고점추격', '공포 → 저점매도', '확신 → 과도한 집중' 같은 성향이다.

당시 수익에 목마른 투자자들에게 그의 메시지는 반향을 일으키지 못했다. 하지만 웰링턴펀드 창업자 월터 모건은 이 진중한 이코노미스트의 애티튜드를 다르게 봤고, 그를 채용했다. 모건의 안목은 틀리지 않았다. 보글은 시장을 향한 투자철학을 굽히지 않았고, 1974년 오늘날 세계 2위의 자산운용사가 된 뱅가드그룹(Vanguard Group)을 설립했다. 이어 1976년 8월 세계 최초의 인덱스펀드인 '퍼스트 인덱스 인베스트먼트 트러스트'를 세상에 내놨다. 그러자 월가는 그를 폄하했다.

"보글은 평범함에 투자하라는 사람이다. 누가 그런 지루한 펀드에 돈을 넣겠는가?"

보글은 세간의 조롱을 이렇게 받아쳤다.

"성공적인 투자는 특별한 재능이 아니라 낮은 비용과 꾸준함에서 나옵니다. 투자에서 가장 확실한 수익은 비용절감, 즉 수수료 따위부터 줄이는 것입니다."

불확실한 수익률을 위해 확실한 수수료를 낭비하지 말라는 것이다. 수십 년이 흘렀고 시장은 보글이 옳았다는 걸 증명했다. 많은 액티브펀드가 벤치마크를 이기지 못한 반면, 그의 인덱스펀드는 낮은 수수료와 장기복리의 힘으로 개인투자자들에게 안정적이고 실질적인 수익을 안겨주었다.

"건초더미에서 진주를 찾지 말고, 그냥 건초더미 자체를 사세요."

그의 금언(金言)은 인덱스펀드의 선언문이 됐다. 건초더미 같은 주식시장에서 좀체 눈에 띄지 않는 진주 같은 종목을 찾는 일을 멈추고, 돈이 되는 종목들을 묶어놓은 시장 자체에 투자하라는 얘기다.

다만 시장은 장기적으로 반드시 우상향한다는 전제는 인덱스펀드의 한계라 할 수 있다. 시장은 이미 너무나 많은 버블과 위기를 경험했다. 보글 스스로도 인덱스펀드가 정답은 아니라고 고백했다. 다만 비교적 덜 위험하다는 것만으로도 값진 미덕이란 것이다. 선택은 물론 각자의 몫이지만, 현자의 선견지명이 당신의 계좌를 지키는 진위대(vanguard) 역할을 할지도.

개미들의 민주적 연대
혹은 위험한 집단행동

길의 meme

2021년 월가의 공매도 세력을 보기 좋게 한방 먹인 개미가 화제가 됐다. 키스 길Keith Gill, 1986-이란 사내였다. 그는 대학에서 회계학을 전공했고 한때 보험사 매사추세츠 뮤추얼에서 마케팅 업무를 담당했다. 이후 CFA(공인재무분석사) 자격증을 취득하면서 회사를 나와 본격적으로 개인투자자의 길로 접어들었다.

길이 대중적으로 알려진 것은 2019년 무렵부터였다. 유튜브와 레딧의 월스트리트베츠*에서 로어링 키티(Roaring Kitty, 포효하는 고양이)라는 닉네임으로 활동하던 그는 게임스톱 주식을 주목했다. 당시 게임스톱은 디지털 게임시대의 도래로 사양길에 접어든 콘솔게임 소매업체였다.

길은 다른 시각을 가지고 있었다. 그는 게임스톱의 내재가치가 과소평가되어 있으며 공매도 세력이 지나치게 몰려있는 점을 포착했다. 기관투자자들의 과도한 공매도 포지션이 언젠가 숏스퀴즈**를 촉발할 것이라고 판단한 것이다. 그는 기업의 펀더멘털을 철저히 분석하되 투자심리와 기술적 요소까지 종합적으로 고려했다. 이를 바탕으로 과거 굵직한 공매도 사례들을 추적하며 게임스톱의 경우와 비교·분석했다.

그는 게임스톱의 공매도 구조가 좀더 허술하다는 사실을 간파했다. 공매도 비율이 100%를 훌쩍 초과(약 140%)했는데, 존재하는 주식보다 더 많이 빌려서 팔아둔 셈이었다. 결국 개미들이 안 팔고 버티면 공매도 세력들은 무조건 사야 했다. 거래에서 이처럼 반대세력(헤지펀드)의 존재가 명확하게 드러난 경우는 흔치 않았다.

2019년 9월부터 길은 자신의 게임스톱 분석과 포지션을 유튜브 생방송, 캡처 이미지, 텍스트 포스트 등 다양한 방식으로 공유하며 커뮤니티에서 주목도를 키웠다. CFA 자격증을 보유한 그는 전문적인 금융지식과 소셜미디어의 힘을 절묘하게 결합했다. 그에겐 복잡한 옵션전략을 구사하면서도 이를 고양이 밈(meme)과 함께 설명하는 독특한 능력이 있었다. 그동안 엘리트 세력들에게 무시 당해온 고양이(개미)에게도 날카로운 발톱(밈전략)이 있음을 다양한 채널을 통해 은유적으로 드러낸 것이다. 어느새 고양이 밈은 낡고 망해간다며 조롱받던 기업을 개미들이 되살렸다는 서사로 발전했다. 그렇게 게임스톱은 밈주식***의 대표 사례가 됐고, 월가의 엘리트주의적 문화에 적지 않은 충격을 가했다.

초기 5만 달러로 시작한 길의 게임스톱 투자는 시간이 지나면서 점점 더 많은 관심을 끌었다. 마침내 2021년 1월 게임스톱 주가는 개인투자자 집단과 공매도 세력과의 힘겨루기로 번지며 폭등하기 시작했다. 2021년 1월 한 달에만

---

* 레딧(Reddit)은 전 세계 사람들이 관심사별로 모여 글을 올리고 토론하는 커뮤니티형 플랫폼. 월스트리트베츠(WallStreetBets)는 레딧에서 활동하는 개인투자 커뮤니티로, 일종의 투자 관련 밈들을 무기로 월가의 엘리트 세력에 공동대응하면서 유명해짐.

** Short Squeeze. 공매도한 투자자들이 손실을 막기 위해 주식을 되사면서 주가가 폭등하는 현상.

*** Meme Stock. 해당 기업의 실적이나 가치보다 온라인 커뮤니티에서 만들어낸 유머러스한 서사들을 통해 개미들의 집단심리를 움직여 가치가 급등락하는 주식.

20달러에서 483달러까지 상승한 것이다. 주가가 급등락하는 동안 길의 포트폴리오 가치는 하루에도 수백만 달러씩 오르내렸지만 그는 흔들리지 않았고, 수많은 개미들의 마음을 샀다. 그의 영향력은 단순한 투자조언을 넘어 월스트리트 기득권층에 대한 도전의 아이콘이 되었다.

물론 과정이 순탄치만은 않았다. 길은 시세조종 의혹으로 의회청문회에 증인으로 출석해야 했고, 월가의 전문투자자들과 미디어로부터 공격과 비난을 받아야 했다. 그럼에도 그는 당당했다. 그의 침착한 태도와 일관된 논리는 많은 이들에게 신뢰를 주었고, 시장의 구조적 문제에 대한 사회적 관심을 끌어냈다.

"나는 시장을 조작한 것이 아니라 내가 좋아하는 주식에 투자했을 뿐이고, 내가 옳다고 믿은 것을 공유했을 뿐입니다."

2021년 중반 이후 그는 공식적인 활동을 줄였고 유튜브 채널도 사실상 중단했다. 그리고 2024년 중반 그가 레딧 계정을 통해 활동을 재개하면서 게임스톱 주식은 또다시 주목을 받았다. 2025년 들어서는 자신의 보유 포지션을 캡처 이미지로 공유하면서, 그가 여전히 시장에 영향을 줄 수 있는 밈주식의 아이콘임을 입증했다.

포효하는 고양이 이야기는 정보의 민주화와 소셜미디어의 힘이 어떻게 기존 금융질서에 균열을 낼 수 있는지를 보여주는 사례가 됐다. 하지만 길은 개미들의 영웅도, 무책임한 선동자도 아니었다. 그는 단지 시장의 허점을 파고들어 수익을 거뒀을 뿐이고, 금융엘리트들을 긴장하게 만들었다. 다만 제2의 게임스톱을 찾아다니며 무리한 베팅과 버티기에 나선 일부 개미들의 왜곡된 학습은 아쉬운 대목이다. 위험한 성공신화의 불편한 진실이다.

실수였는지 의도였는지 2021년 의회청문회에서 줌필터에 고양이 화면이 꺼지지 않고 한동안 남아있자 길은 이렇게 넋널렸니.

"I am not a cat."

이 말은 자신이 시세조종 선동자가 아닌 실제 투자자임을 밝히는 고백인 동시에 시장과 제도가 공매도 같은 금융엘리트들의 술수를 허용한다면, 개미들의 밈문화도 포용하라는 선언이었다.

무덤에 투자하라

젤의 댄스

무대 위의 춤꾼? 무덤 위의 춤꾼! 무대가 아니라 무덤 위에서 춤을 춘다고?
제정신일까?

무덤 위의 춤꾼(Grave Dancer)이란 기괴한 닉네임을 가진 인물은 뜻밖에도 미
국의 부동산 투자재벌 샘 젤Sam Zell, 1941-2023이다. 그는 왜 무덤 위에서 춤을 췄
을까? 어린 시절 재밌는 에피소드부터 소개하면 젤이 12살 때의 일이다. 소년
은 조숙하게도(!) 「플레이보이」 구판을 권당 50센트에 구매해서 1.5~3달러에
재판매해 용돈을 벌었을 정도로 타고난 거래꾼이었다. 아이들에게 성인잡지
는 화보가 중요할 뿐 굳이 최신판일 필요는 없었다. 소년은 헌책방을 찾아 구
판 수십 권을 싸게 사서 왕성한(!) 사내아이들을 상대로 짭짤한 수익을 거뒀
다. 거래에서 무엇(재화)을 누구(수요)에게 얼마(가격)에 팔지가 중요하다는 사실
을 깨닫는 순간이었다.

젤은 대학생이 되어서도 학업보다는 거래관계가 궁금했다. 미시간대 재학
시절 그는 룸메이트와 함께 아파트관리 아르바이트에 뛰어들었다. 부동산 개
발업자를 찾아가 15세대 학생아파트 관리용역을 제안했고, 당돌함과 저렴한

가격흥정으로 계약을 따냈다. 그는 현금흐름을 창출하며 1년 만에 20%의 수익률을 기록했다.

젤은 대학 졸업 무렵인 25세에 이미 25만 달러(약 3억5,000만 원)의 자금을 축적했고, 연간 15만 달러(약 2억1,000만 원)를 벌어들이는 견실한 재정기반을 마련했다. 로스쿨에 입학한 것도 법을 통해 거래의 메커니즘을 체계적으로 공부하기 위함이었다. 젤은 1965년 로스쿨 2년차에 19,500달러(약 2,730만 원)로 그의 생애 첫 번째 건물을 구입하기도 했다.

졸업 후 변호사가 되었지만, 일주일 만에 로펌을 나왔다. 수임료보다는 더 큰 거래가 그를 당겼고, 지인에게서 자금지원을 받아 톨레도에 99세대 아파트를 구입했다. 그리고 1967년 네바다 리노에 위치한 수익성 좋은 아파트단지를 매입하며 본격적인 부동산 투자에 뛰어들었다. 젤은 나이답지 않은 배포로 투자규모를 키워나갔다. 1969년에는 레버리지를 일으켜 리노에서 가장 높은 건물인 알링턴타워를 900만 달러(약 126억 원)에 매입했다.

1973-1975년 미국의 경기침체는 젤에게 절호의 기회였다. 대출기관들이 압류를 원하지 않는 상황에서 그는 구체적인 대출상환 계획을 제시하며 파산 부동산들을 거의 공짜나 다름없는 가격에 매입할 수 있었다. 그렇게 시장이 폭락할 때마다 우량부동산을 대폭 할인된 가격에 사들였다. 하지만 주변에서는 젤의 행보를 우려하거나 조롱했다. 심각한 불경기로 상권이 죽고 세입자가 빠져나가 공실이 된 건물들을 신명나게 사들이는 모습은 흡사 '무덤 위의 춤꾼' 같았다. 당시 스스로를 가리켜 미국에서 유일한 부동산 구매자라고 여길 만큼 그는 고독했지만, 그럼에도 춤사위를 멈추지 않았다.

사람들은 중요한 것을 간과하고 있었다. 젤은 (무덤이 은유하는) 죽은 시장에서 춤을 추듯 신바람 나서 투자에 나선 게 결코 아니었다. 그는 단지 어두운 공포 속에서도 치밀한 손익계산을 멈추지 않았던 것이다. 실제로 그는 무덤 위의 춤꾼이란 별칭을 좋아하지 않았다.

"나는 죽음을 즐긴 게 아닙니다. 사람들이 공포 때문에 계산을 멈췄을 때도 가치를 찾아 계산을 계속했을 뿐이지요."

그는 대체비용의 30~40% 수준으로 목 좋은 부동산을 매입했다. 경쟁이 거의 없던 상황에서 우량자산을 헐값에 사들인 것이다. 전제조건은 있었다. 투자에 앞서 항상 '하방위험(Downside Risk)'을 고려했다. 지금보다도 훨씬 더 최악의 시나리오를 상정하고 그때까지 견딜 수 있는지를 계산했다. 버틸 수만 있다면 실물자산인 부동산은 사라지지 않고 경기가 회복되는 순간 원래의 가격을 되찾을 거라 믿었다. 그의 확신은 틀리지 않았다. 경기는 대개 순환했으며, 결과는 더할 나위 없는 보상으로 이어졌다.

경기회복을 위해 미 연준은 금리인하를 단행했고, 금융회사는 대출조건을 완화했다. 그러자 투자자들이 레버리지를 일으켜 상업용 부동산 투자에 몰렸고, 얼마 안 가 시장에 버블이 형성되기 시작했다. 금융당국은 다시 금리를 올렸고, 부실대출이 속출하면서 약 1,000개 이상의 저축대부조합(S&L, Savings & Loan)이 파산했다. 1980년대 말에서 1990년대 초에 벌어진 일이었다. 은행들은 부동산이라면 아예 난색을 표했다. 개발업자들은 자금조달이 막히자 발만 동동 굴렸고, 거래는 실종됐다. 연방정부가 구제비용으로 1,500억 달러 이상의 혈세를 풀었고, 대공황 이후 미국의 금융역사상 최악의 상황이 초래됐다.

막대한 레버리지로 부동산을 매입해온 젤에게도 치명적이었다. 그는 절실히 해법을 강구한 끝에 부동산투자신탁(리츠, REITs) 카드를 꺼내들었다. 리츠란 개인투자자들이 직접 부동산을 사지 않아도 건물에서 나오는 수익을 주식처럼 나눠 배당받을 수 있는 금융이다.

젤은 부동산 시장에서 필요한 건 돈의 흐름을 원활하게 돕는 파이프라인이라고 봤고, 리츠가 해답이라고 판단했다. 리츠를 통해 돈의 출처를 금융권이 아닌 개인투자자로 전환한 것이다. 리츠의 배당구조는 투자자를 유인하기에 충분했고, 1993년 법 개정으로 연기금 및 기관의 리츠투자 허용을 확대하면서 리츠회사들의 상장이 러시를 이뤘다. 실제로 젤은 1990년대 초 S&L의 줄도산으로 6억 달러(약 8,400억 원) 대출을 보증하며 파산위기에 몰렸을 때도 주식시장 상장을 통한 자금조달로 위기를 극복했다. 그리고 에쿼티 오피스 프로퍼티이즈라는 리츠회사를 통해 미국 최대 오피스 부동산제국을 완성했다.

젤의 위기대처 수완은 여기서 끝이 아니었다. 2007년 부동산 시장이 정점을 찍었음을 간파한 그는 세계 최대 사모펀드 블랙스톤에 무려 390억 달러(약 54조6,000억 원)에 자산을 매각했다. 그는 거래를 마치고난 뒤 조심스럽게 고백했다.

"블랙스톤이 제시한 금액은 팔기에 조금은 미안한 가격이었습니다."

매도타이밍은 기가 막혔다. 당시 그는 누가 어떤 부동산을 담보로 얼마를 빌렸는지 아무도 신경 쓰지 않는 현실에서 금융의 아포칼립스 징후를 느꼈다. 그해 말 서브프라임모기지 사태로 미국의 부동산은 폭락했고 글로벌 금융위기가 시작됐다. 젤은 불과 몇 달 차이로 수십억 달러 손실을 피해갔다.

자본시장의 여러 구루들이 이른바 역발상투자(contrarian)를 강조하지만, 젤만큼 드라마틱한 컨트래리언도 드물다. 2023년 83세로 영면한 그는 평소 투자노하우를 묻는 사람들의 질문에 웃으며 이렇게 말했다.

"사람들이 조롱할 때 사세요. 그리고 상찬할 땐 미련 없이 파세요."

세상에서 가장 비싼 자산

루카스의 포스

1978년 조지 루카스^{George Lucas, 1944}는 〈스타워즈〉의 흥행으로 큰돈을 벌었지만, 대부분의 자금을 독립적인 영화제작 시설에 쏟아 부었다. 그는 할리우드가 있는 로스앤젤레스가 아닌 샌프란시스코 북쪽 마린 카운티의 광대한 땅을 매입해 스카이워커 랜치(Skywalker Ranch, 이하 '랜치')를 조성했다.

예나 지금이나 엔터테인먼트 업계에서 큰돈을 벌면 주로 부동산에 투자했고, 사람들은 루카스도 마찬가지라 생각했다. 하지만 이곳은 외진 시골로 개발 호재가 있는 노른자위와는 거리가 멀었다. 주변에서는 루카스를 의아한 시선으로 바라봤지만, 그는 영화제작의 새로운 거점을 세우는 데 주저하지 않았다.

약 4,700에이커(약 1,900헥타르) 부지의 랜치에는 영화제작 스튜디오에서부터 300석 규모의 상영관, 편집실, 음향연구소, 숙소와 도서관에 이르기까지 멀티 시설이 들어섰다. 할리우드 자본에서 독립한 세계적 수준의 창작 인프라를 구축하겠다는 루카스의 의지가 읽혔다. 실제로 〈인디아나 존스〉 시리즈와 〈스타워즈〉 후속작, 픽사 초기작품 등 여러 콘텐츠가 이곳에서 만들어졌다.

2000년대 들어 랜치는 루카스필름만의 사적인 공간을 넘어 영화산업에서

중요한 창작허브로 자리 잡았다. 할리우드와 전 세계 영화제작자들이 랜치의 시설들을 활용하는 것을 큰 영광으로 여겼고, 루카스는 제작기술과 인프라를 통해 창작자들에게 많은 영감과 에너지를 불어넣었다.

그런데 부동산 개발업자들의 생각은 달랐다. 그들은 랜치의 가치를 토지와 시설을 포함해 1억 달러(한화 약 1,200억 원) 안팎으로 평가했다. 이곳은 정확한 감정가가 공개되지 않는 사유지이기에, 인근의 비슷한 규모의 부지 혹은 캘리포니아 시골지역의 고급 개발지 가치추세를 반영해 추정한 액수였다. 루카스는 1980년대 말까지 랜치의 총 개발비로 약 1억 달러 이상을 쏟아 부었는데, 개발업자들의 평가대로 라면 지난 수십 년 동안 부동산 시세가 거의 오르지 않은 셈이다. 루카스의 랜치는 실패한 투자인걸까?

전통적인 부동산 감정은 보통 세 가지로 이뤄진다. 인근 유사부지 거래가격, 임대·운영 수익, 토지와 건축비. 랜치는 세 가지 모두에서 좋은 점수를 받지 못했다. 한마디로 부동산자산으로서의 랜치는 답이 없었다.

하지만 부동산 개발업자들은 랜치의 진가를 제대로 보지 못했다. 랜치는 부동산 이상의 자산이기 때문이다. 랜치는 부동산과 루카스 브랜드라는 상징자산(Symbolic Capital)에 서사와 캐릭터의 지식재산권(IP)까지 갖춘 일종의 복합자산이라는 것이다. 이를 가리켜 시장언어로 '트로피 에셋(Trophy Asset)'이라고 한다. 쉽게 말해 소유 자체만으로 프리미엄이 붙는 '문화 아이콘 자산'이라는 의미다. 런던의 애비로드 스튜디오, 뉴욕의 플라자 호텔, 사탕회사 추파춥스가 소유한 가우디의 바르셀로나 소재 건축물 카사바트요가 대표적이다.

트로피 에셋의 가장 큰 특징은 '대체불가능성'의 가치를 내재한다. 그럼에도 트로피 에셋에 군이 시장가치를 매긴다면 이런 단계를 거쳐 평가한다.

- 1단계 : 토지+시설
- 2단계 : 루카스 제작시설이라는 서사적 가치(IP+브랜드)

• 3단계 : 영화사적 유산

흥미로운 건 투자은행식 계산법이다.

"랜치가 시장에 나온다면 감정가의 수십 배로도 거래될 수 있으나, 가격을 붙이는 순간 본질은 훼손된다."

결국 랜치는 세월이 흐를수록 시장가격이 아닌 역사적 가치가 누적되는 자산이다. 그래서였을까. 루카스는 지난 2012년 디즈니에 〈스타워즈〉 판권을 약 40억 달러에 매각하면서도 랜치의 소유권은 유지했다. 한 언론에서 그 이유를 묻자 루카스는 이렇게 말했다.

"랜치를 거래하는 순간 포스도 사라지지 않을까요?"

세상에서 가장 비싼 자산은 매각의사가 없는, 그래서 가격을 매길 수 없는 것임을 루카스는 농담처럼 던졌다. 요다스러운 아우라가 아닐 수 없다.

이번엔 정말 다르다는 착각

템플턴의 복기

1939년 9월 1일 독일이 폴란드를 침공하며 제2차 세계대전이 시작됐다. 전 세계 증시는 폭락했고 미국시장도 패닉에 빠졌다. 27세의 젊은 펀드매니저 존 템플턴John Templeton, 1912-2008은 전쟁의 공포 속에서 기회를 봤다. 그는 스승 벤저민 그레이엄처럼 가치에 집중하면서도 아수라장이 된 시장에서 숨겨진 진주를 찾는 독자적인 관점을 가지고 있었다. 전쟁 발발 직후 템플턴은 브로커 회사에 전화해 이렇게 말했다.

"미국 증시에 상장된 주식 중 주당 1달러 이하로 거래되는 모든 주식을 100주씩 사주세요."

무작위처럼 보였지만 전략은 명확했다. 시장이 전체적으로 과매도되었기 때문에 살아남는 기업만 있어도 수익은 확실했다. 당시 템플턴이 산 종목은 모두 104개. 절반 이상은 파산 직전이었고 일부는 상장폐지 위기에 있었다. 하지만 나머지 기업들은 저평가된 채 전쟁특수와 정부수요 증가로 회복의 기미가 감지됐다. 대표적인 종목 중 일부는 철도회사나 방산업체였으며, 군수물자와 병력수송 수요 증가로 실적이 서서히 개선됐다.

템플턴은 4년 뒤 전쟁이 한창일 때 대부분의 주식을 정리했고 4배 이상의 수익을 거뒀다. 손실 종목도 있었지만 전체 수익률은 압도적이었다. 그는 이 경험을 바탕으로 '공포는 최고의 투자기회'라는 원칙을 확립했다. 템플턴은 이렇게 말했다.

"강세장은 비관 속에서 태어나 회의론 속에서 자라고, 낙관 속에서 성숙하며 열광 속에서 죽습니다."

템플턴은 또 이런 말도 했다.

"투자에서 가장 위험한 생각은 이번엔 다르다는 착각입니다."

사람들은 파국이 오면 이번만큼은 회복이 쉽지 않을 거라며 깊은 상심에 빠진다는 사실을 템플턴은 이미 몇 년 전 대공황에서 목도했다. 제1차 세계대전 역시 갑자기 터진 게 아니라 시장보다 먼저 예고돼 있었다. 그런데도 사람들은 전쟁이 발발하자 너도나도 매도했고 시장은 추락했다. 하지만 전쟁은 결코 천재지변이 아니었다. 사람들은 전쟁을 예감하면서도 막상 닥치면 똑같이 공포에 휩싸였다. 예측가능한 두려움이 한꺼번에 시장을 덮쳐 가격에 반영되는 악순환이 반복됐다.

그러면 왜 많은 사람들은 템플턴이 입증한 투자패턴을 무시한 채 여전히 위기에 과매도할까? 행동경제학자들이 주장했듯, 인간의 손실회피 본능이 이성적 판단을 마비시키기 때문이다. 인간은 같은 액수의 돈이라도 얻는 기쁨보다 잃는 고통을 2~3배 크게 느낀다. 뉴스와 신문기사가 '폭락', '붕괴', '모라토리엄', '디폴트', '시스템 파괴' 같은 헤드라인으로 도배되는 순간 기억 모든 지표에 경고음이 울리면 웬만한 소신파 담대함이 아니면 버티기 쉽지 않다.

템플턴의 투자전략이 어려운 까닭은, 인간의 투자심리가 외부환경에 취약하게 설계돼 있어서다. 시장상황이 악화될수록 정보가 부족해서 못 사는 게 아니라, 너무 많은 정보가 불안을 자극해 투자를 막는 것이다. 문제는 공포 자체가 아니라 공포가 왜곡한 가격인 것이다.

템플턴은 전쟁을 일으키는 이념과 정치, 권력 같은 권모술수보다 '인간사회의 회복력'을 믿었다. 역사적으로 정치권력은 유한했고, 시장과 기술, 노동은 위축되긴 했어도 사라지지 않았다. 그는 이러한 원칙 아래에 지표를 장기 시계열로 분석하고 질문을 던졌다.

"난리법석에 급락한 가격은 과연 합당했는가?"

가령 전쟁으로 사람들이 많이 죽고 다쳐 노동력이 크게 훼손되었거나 공장 같은 생산시설이 파괴되었어도, 남은 사람들은 어떻게든 살아냈고 노동과 시장은 다시 작동했다. 중요한 건 시간이었다. 시간이 지나자 전쟁은 끝났고, 사람들은 일상으로 돌아왔으며, 시장은 제 기능을 찾았고, 가격도 제 지표를 회복했다.

핵심은 '템플턴처럼 투자한다'가 아니라 '템플턴처럼 버틴다'였다. 그는 상황이 악화될수록 뉴스보다는 역사를 읽으며 훗날을 도모했다. 전쟁 발발의 징후가 커졌을 때 모든 걸 거두고 총탄을 피하는 안전지대를 찾는 대신 총탄을 만드는 군수업체를 찾아 나섰다. 도덕적 판단과 이념적 가치관은 잠시 내려놓았다.

템플턴은 비록 바둑은 몰랐지만 위기상황을 버티며 시장을 복기(復棋)했다. 복기란 바둑판을 처음부터 되짚어 보며, 어떤 수가 좋았고 나빴는지를 분석하는 것이다. 그러면 지나친 비관도 낙관도 아닌 객관의 혜안이 생겼다.

예나 지금이나 투자자에게 가장 부족한 건 돈과 정보가 아닌 이성(理性)과 인내다. 개인투자자들은 대개 자신이 감정적으로 판단한다는 사실을 잊는다. 낙관도 비관도 모두 감정의 산물이다. 감정이 격해지면 쉽게 지치는 법이다. 감정을 걷어낼수록 안목이 깊어져 휘둘리지 않고 버티는 힘이 생긴다. 템플턴처럼.

천재적 투자자 혹은
감정적 투기꾼

리버모어의 손절

매사추세츠의 가난한 농가에서 태어난 소년은 학교도 거의 다니지 못할 정도로 불우한 유년기를 보냈다. 14세에 가출한 소년이 일자리를 얻은 곳은 뜻밖에도 보스턴의 한 증권사였다. 소년은 시세판 기록원을 도우며 간신히 끼니를 해결했다. 소년은 주가를 기록하면서 스스로 깜짝 놀랄만한 재능이 있음을 알게 됐다. 소년에게는 종목별 주가와 거래량 등을 통째로 암기하는 비범함이 있었다. 그러자 어느 순간 시세의 변동이 읽히기 시작했다.

소년은 버킷숍(Bucket Shop)이란 모의 증권거래소로 자리를 옮겼다. 이곳은 실제로 주식을 사고파는 것이 아니라, 주가의 오르내림에 돈을 거는 일종의 도박장이었다. 버킷숍의 운영자는 투자자의 주문표를 거래소로 보내지 않고 '양동이에 던져버렸다.

놀라운 암기력으로 시세변동의 패턴을 꿰찬 소년은 세법 수입이 짭짤해지기 시작했다. 그러자 버킷숍 주인들이 아예 그의 출입을 금지했고, 소년은 모은 돈을 가지고 정식으로 주식투자에 나섰다. 소년의 이름은 제시 리버모어

Jesse Livermore, 1877-1940, 20세기 초 월가에서 가장 유명한 투자자(혹은 투기꾼) 중 한

317

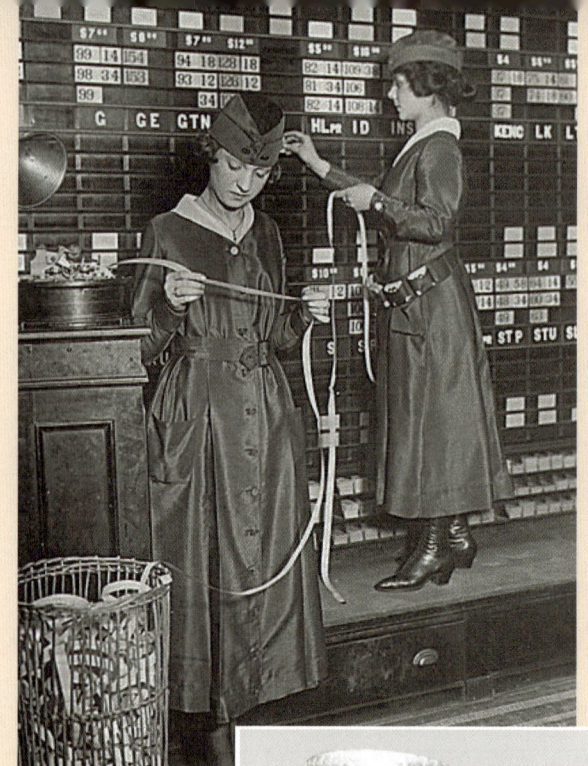

*티커 테이프는 전기로 작동하는 초창기 금융 전문 통신매체로, 전신선을 통해 주식가격 정보를 전송했으며, 1870년경부터 1970년까지 사용되었다. '티커'라는 말은 기계가 인쇄할 때 내는 소리에서 유래했다. 리버모어는 티커 테이프에 적힌 종목별 주가와 거래량 수치를 통째로 암기하며 시장의 향방을 파악했다. 사진은 1918년경 티커 테이프에 적힌 숫자를 거래소 시세판에 옮겨 적는 모습.

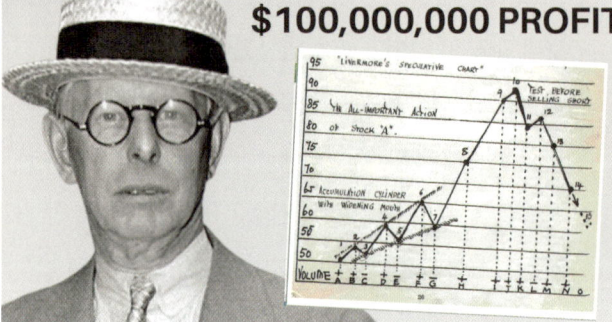

리버모어는 대공황기에 주식투자로 무려 1억 달러를 벌었고, 이는 현재 가치로 약 2조 원에 해당한다.

명이었다.

리버모어는 1907년 공황과 1929년 대공황을 예측하며 공매도로 막대한 수익을 올렸다. 그는 거래소에 전송되던 주가 테이프(Ticker Tape)*를 보고 매도·매수세의 변화를 파악했다. 주가의 변동만으로 시장의 흐름을 읽고 추세에 올라탔던 것이다. 대공황기에는 무려 1억 달러를 벌었고, 이는 현재 가치로 약

2조 원에 해당한다. 비결은 단순했다.

"큰돈은 사고파는 과정에서가 아니라 상승세에 머무르는 데서 나오죠."

그는 시장의 방향성을 읽고 자신이 믿는 추세가 끝날 때까지 묵묵히 기다렸다. 거기까진 좋았다. 큰돈이 벌릴수록 욕망도 커졌다. 리버모어는 거래일지를 쓰고 스스로 규칙을 정해 지키려고 노력했지만, 투자액수가 급증하자 감정조절이 되지 않았다. 자만심에서 비롯한 무리한 레버리지가 이어졌고, 결국 여러 차례 파산을 겪어야 했다.

리버모어는 패턴분석과 시장심리를 활용하며 기술적 접근을 시도했지만, 현대적 의미의 기술적 분석체계를 정립한 선구자로 보기는 어렵다. 그럼에도 리버모어의 피라미드식 트레이딩 원칙은 매우 신선했다. 그는 작게라도 이익이 날 때만 추가매수를 했고, 그렇지 않을 때는 과감하게 손절했다.

하지만 1929년 대공황 이후 거둬들인 거대한 수익은 자신이 세운 원칙을 무너트렸다. 시장이 안정기에 접어들었는데도 리버모어는 여전히 '대폭락 프레임'에 집착하며 방향성 없는 장세에서 과잉매매를 일삼았다. 과거 폭락장에서 거둔 막대한 시세차익을 잊지 못했던 것이다. 시세판의 숫자들을 통째로 외울 만큼 비범했던 능력은 자기확신의 감정매매로 치달았다. 칼 같았던 손절의 단호함도 더 이상 찾아볼 수 없었다. 손절 없는 계좌는 언젠가 0이 된다는 교훈을 그는 마지막 투자기회까지 손절당한 뒤 깨달았다. 리버모어는 말년에 심각한 우울증에 시달리며 안타깝게도 권총으로 목숨마저 손절했다. 그는 자신이 집필한 투자교본에 이렇게 썼지만, 정작 본인은 끝내 지키지 못했다.

"시장은 언제나 기회를 준다. 다만 살아남은 자에게만."

주가가 아니라 독점에 투자하다

버핏의 사과

2016년 전 세계 투자자들을 놀라게 한 사건이 일어났다. 평생 기술주를 멀리했던 워런 버핏Warren Buffett, 1930- 이 갑자기 애플 주식을 사들인 것이다. 버핏의 애플 투자금액은 점점 늘어나 2018년에 470억 달러(약 64조 원)에 달했다. 버핏의 매수원칙 가운데 하나는 자신이 이해하는 비즈니스에 투자하는 것인데, 그는 기술을 잘 모른다고 고백하기도 했다. 그런데 아이폰을 본 순간 이렇게 말했다.

"아이폰은 기계를 넘어 인간에게 삶의 일부입니다."

그는 애플을 기술주가 아니라 소비재 브랜드로 봤다. 즉 반도체와 디스플레이, 소프트웨어 기술집약체 아이폰이 아니라 사람들이 일상에서 습관처럼 쓰는 소비재에 주목한 것이다. 사람들은 식탁에서도 걷거나 운전 중에도 심지어 화장실에서도 아이폰을 곁에 두었다. 아침에 일어나 가장 먼저 찾는 것도 이것이었다.

버핏이 좀더 주목한 지점이 있었다. 사람들은 아이폰을 처음 구매하면 웬만해선 다른 기기로 바꾸지 않았다. 애플 브랜드를 향한 고객의 충성도는 iOS

생태계로 묶여 아이패드, 맥북, 에어팟, 워치로까지 이어졌다. 버핏은 아이폰의 기술우위보다 생활침투력에 매력을 느꼈다. 아이러니하게도 버핏은 애플에 투자를 결정할 때까지도 플립폰을 쓰고 있었다. 비록 아이폰 사용엔 서툴렀지만 그 가치는 충분히 이해하고 있었다.

버핏이 유독 강조하는 것은 '경제적 해자(Economic Moat)'인데, 애플은 버핏의 투자조건을 충분히 만족시켰다. 버전이 업그레이드되어 가격을 올려도 인플레이션마저 상쇄할 만큼 브랜드 충성도는 견고했다. 굳어진 애플의 운영체제에서 안드로이드로 갈아타는 일은 좀처럼 일어나지 않았다. 버핏은 애플의 주식을 늘려가면서 이렇게 말했다.

"10년 보유할 생각이 없다면, 10분도 가지고 있지 말아야 합니다."

그는 애플의 주가를 보지 않는 대신, 사용자 수는 증가했는지, 서비스 매출은 꾸준한지, 현금창출력은 흔들리지 않는지 등을 체크했다. 정확히 말해서 버핏은 애플의 주식을 산 게 아니라, 애플의 사업에 투자한 것이다.

버핏이 애플의 CEO 팀 쿡에게 했던 원포인트 투자컨설팅은 특히 유명했다. 그는 쿡에게 애플 주가가 저평가됐다며 자사주 매입을 통한 주주가치 제고를 제안했다. 쿡은 버핏의 뜻을 적극 수용했고 애플은 수년간에 걸쳐 수백억 달러어치 자사주를 매입했다. 덕분에 애플의 주당가치는 폭발적으로 상승했다.

한때 애플은 버핏이 운영하는 버크셔해서웨이(Berkshire Hathaway) 포트폴리오의 45% 안팎을 치지할 만큼 비중이 컸다. 버핏은 애플을 보험과 철도 다음으로 중요한 두사처라고 언급했다. 실세로 애플 투자로 버크셔해시웨이는 엄청난 수익을 거둬들였다. 투자비용 대비 주가상승으로 인한 수익이 수천억 달러에 이르렀고, 배닌 수익 딜러의 배딩수익도 누렸다.

하지만 버크셔해서웨이는 2023~2025년 애플의 시분을 내폭 줄였다. 득히

2024년 2분기에는 보유 주식의 약 49%를 매도했다. 업계에서는 스마트폰 시장이 이미 성숙기에 접어들었고, 애플의 글로벌 확장전략에 중국산 저가제품들이 걸림돌이 되면서 버핏이 결단을 내렸다고 봤다.

이러한 평가는 반만 맞고 반은 틀렸다. 버핏은 애플의 사업이 나빠졌다기보다는 이미 애플 투자를 통해 충분히 수익을 거뒀다고 봤고, 더 이상 욕심을 부리는 건 부적절하다고 판단한 것이다. 평소 그는 '좋은 기업'과 '좋은 투자'는 다르다는 지론을 폈다. 영원히 좋은 주가는 존재할 수 없다는 얘기다. 버핏은 한때 뜨겁게 애플을 사랑했지만, 사랑이 집착으로 변하는 것은 경계했다.

그럼에도 불구하고 애플은 여전히 버크셔해서웨이의 최대 보유주 중 하나다. 애플은 버크셔해서웨이의 '영구 보유주 리스트'에서 내려간 적이 없다. 버핏은 애플을 가리켜 코카콜라 이후 가장 완벽한 소비자 독점기업이라고 평가했다. 버핏은 애플의 혁신보다는 독점을 사랑한 것이다.

Warren Buffett's Top Holdings of 2025-06-30

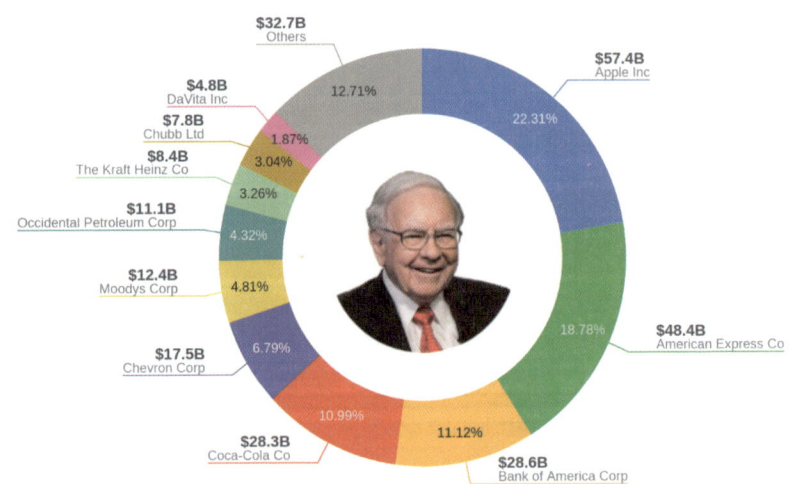

그들이 버핏만큼
부자가 될 수 없는 이유

멍거의 담배꽁초

워런 버핏은 처음부터 코카콜라나 애플 같은 독점적 지위의 가치주에 투자하진 않았다. 그는 한때 담배꽁초 투자자였다. 가령 담배꽁초처럼 거의 다 타버린 회사를 청산가치 이하로 매수한 뒤 한두 번의 반등으로 시세차익을 누렸다. 원래 방직회사였던 버크셔해서웨이(Berkshire Hathaway)도 대표적인 담배꽁초였다. 당시 버크셔해서웨이의 CEO가 버핏에게 주당 11.50달러에 네 지분을 사주겠다고 했고, 버핏은 솔깃했다. 하지만 공식제안서에는 12.5센트가 부족한 액수가 적혀있었다. 버핏은 화가 나서 버크셔해서웨이를 통째로 인수한 뒤 CEO를 해고했다. 순간적인 감정조절 실패로 이미 사양길에 접어든 방직회사를 충동구매한 것이다.

다행히 버크셔해서웨이에는 신정폐지 진이었고, 그나마 3 많의 현금지산을 보유하고 있있다. 버핏은 빙직기게는 치다보지도 않고 회사지금으로 니셔널 인뎀니티라는 보험사를 인수한 뒤 플로트*를 투자금으로 활용하면서 아예 투자회사로 진환했다. 버핏이 이린 결정을 내리는 데는 찰리 멍기^{Charlie Munger,} ¹⁹²⁴⁻²⁰²³라는 인물이 결성적 억할을 했나. 멍거는 버핏에게 더 이싱 딤배꽁초를 사는 데 돈을 쓰지 말고 제대로 된 곳을 찾아 투자하라고 직언했고, 자신의 실수를 인정한 버핏은 멍거를 버크셔해서웨이의 파트너로 영입했다. 보잘 것 없는 방직공장을 세계적인 투자회사로 변모시킨 드림팀이 탄생하는 순간이었다.

버크셔해서웨이에 합류하기 전부터 멍거는 변호사 출신의 유능한 투자전문가였다. 멍거는 여러 면에서 버핏에게 투자멘토 같은 역할을 했다. 과거에 버핏은 유독 싼 가격에 집착했다. 반면 멍거는 가치를 중시했다. 멍거 영입 직후 버크셔해서웨이가 인수한 시즈캔디라는 초콜릿회사는 버핏의 투자철학을 탈바꿈시킨 계기가 됐다.

당시 시즈캔디의 인수가격은 약 2,500만 달러로 장부가치 대비 비쌌고, 버핏은 한동안 망설였다. 하지만 멍거는 시즈캔디의 현재 실적이 아니라 미래 투자가치를 분석해 제시했다. 시즈캔디의 초콜릿과 캔디류는 견고한 소비군을 확보할 정도로 품질이 좋았고, 이는 회사에게 제품에 대한 가격결정권을 부여했다. 시즈캔디가 오랜 기간 쌓아온 브랜드 신뢰도는 재구매율을 높인 동시에 신제품 개발부담을 줄였다.

그러자 인수 이후에도 큰 투자 없이 제품의 가격인상만으로 현금이 폭증했다. 시즈캔디를 통해 수십 년간 벌어들인 수익이 초기투자금을 압도하면서 버핏은 복리의 매력을 만끽했다. 시즈캔디는 버크셔해서웨이가 세운 경제적 해자의 전범이자, 훗날 코카콜라와 아메리칸익스프레스, 애플 같은 투자의 문을 여는 열쇠가 됐다. 멍거는 강조했다.

"시간과 가치가 비례하는 기업을 사세요."

시즈캔디나 코카콜라처럼 시간이 흐를수록 시장가치가 커지는 회사의 주

---

*float. 보험사가 보험가입자로부터 미리 받아 정립해 둔 보험료 총액. 사고가 나서 보험가입자에게 지급할 때까지 보관 중인 자금. '떠 있다', '잠시 머물다'는 어원대로 보험금을 수령하는 사람이 아직 확정되지 않은 채 '잠시 떠 있는 돈'을 의미한다.

식에 투자하란 얘기다. 반대로 담배꽁초 같은 회사는 시간이 지날수록 썩어없어진다고 경고했다.

멍거가 시간과 가치만큼 강조하는 것이 또 있었다. 바로 멍청한 선택을 회피하는 사고(Inversion Thinking)였다.

"나는 똑똑해지려 애쓰기보다 바보짓을 피하려고 노력했습니다."

그가 말하는 바보짓이란 단순한 실수를 넘어 반복적으로 인생의 기반을 무너트리는 행동을 뜻했다. 충동, 분노, 질투, 조급함, 자만 같은 태도가 장기적으로 재산과 평판, 인간관계 모두를 해칠 수 있다고 그는 경고했다. 멍거는 투자뿐 아니라 일상생활에서도 이 원칙을 적용하려 애썼다.

"어디에 투자해야 당신처럼 부자가 될 수 있나요?"

멍거가 일생동안 수많은 사람들에게 가장 많이 들었던 질문이었다. 하지만 그의 태도는 한결같았고, 당연하면서도 평범한 답변에 실망하는 사람들도 적지 않았다.

"나는 머리가 비상해서 돈을 번적은 없습니다. 반대로 바보짓을 하지 않았기에 큰돈을 잃지도 않았죠. 평생 모은 돈을 잃지만 않아도 결국 이기는 투자입니다."

투자의 구루 버핏도 한때 담배꽁초에 손을 대는 어리석은 선택을 반복했지만, 멍거의 상식적인 조언을 금쪽같은 고언(苦言)으로 받아들인 뒤 최고의 부자가 됐다. 그럼에도 불구하고 많은 사람들은, 2023년 멍거가 영면에 들기 전까지도 비범한 투자기법 한 가지 정도는 남길 거라 기대했다. 그들이 버핏만큼 부자가 될 수 없는 까닭이다. 그들이 듣거니 말거니, 살아생전에 멍거는 이런 말도 했다. 조롱처럼 들리지만 금언(金言)임이 분명하다.

"때론 아무짓도 하지 않는 것도 아주 중요한 결정이 됩니다."

세상에서 가장 위험한 집

그린의 보험

가난에서 벗어나는 길은 뭘까?

질문이 가슴 아픈 건 묻는 사람이 가난하기 때문이다. 좀더 안타까운 건 이렇게 묻는 사람이 많아서다. 세상엔 부자보다 가난한 사람이 훨씬 많다.

다시 질문으로 돌아가 가난에서 벗어나기 위해 열심히 노동을 한다면? 회의적이다. 투자에 몰두한다면? 막연하다. 좋은 학교를 나와 계층사다리 위로 올라간다면? 그나마 현실적인 대안일 수 있지만 변수가 많다.

제프 그린Jeff Greene, 1954- 은 학업과 투자를 병행했는데, 그에게 공부는 시장의 생태계를 이해하는 밑거름이 됐다. 가난한 유대인 가정에서 태어난 그린은 아버지의 사업실패로 가세가 더욱 기울었다. 호구지책으로 아버지는 자판기 채우는 일을, 어머니는 웨이트리스로 일하며 생계를 이어갔다. 그린은 지긋지긋한 가난에서 하루빨리 벗어나고 싶었고, 공부를 선택했다. 학비를 벌기 위해 히브리어를 가르치는 등 여러 아르바이트를 전전했다.

UCLA에서 경제학을 선택한 것도 빈부격차의 원인을 찾아 부자가 되는 법을 터득하려는 속내에서였다. 하지만 경제학은 돈 버는 방법을 알려주는 학문이 아니었다. 그는 여전히 고학생 신분을 벗어나지 못했고, 과도한 아르바이트에 몸도 마음도 지쳐갔다.

매달 방세를 걱정해야 하는 어느 날 문득 자신이 사는 낡은 다세대 주택이 거주공간이 아닌 생계수단이 될 수도 있음을 깨달았다. 방법은 어렵지 않았다. 월세를 내는 대신 아예 주택을 인수해서 자신이 거주하는 방을 제외한 호실을 임대하는 것이다. 건물을 담보로 하면 특별히 여신의 부담도 없고, 대출이자는 임대료로 충당할 수 있다는 계산이 섰다. 이른바 하우스 해킹(House Hacking)의 전형이었다.

주식과 달리 부동산은 사람들이 주거생활을 하는 공간이라 경기와 무관하게 항상 수요가 존재했다. 무엇보다 부동산이라는 실물자산의 특성상 그린 같은 가난한 청년에게도 레버리지는 열려 있었다. 훗날 그는 이렇게 회고했다.

"부동산은 인간의 기본욕구 위에 얹힌 자산이고, 부자가 아니어도 접근가능한 게임이라는 생각이 들었습니다."

부동산은 실물과 금융 자산의 복합체였고, 투자와 생활을 한 데 엮는 독특한 재화였다. 그는 시장에 대한 체계적인 공부의 필요성을 느꼈고, '자본주의 학문' 경영학에 주목했다. 미국 최고 금융엘리트들의 등용문 하버드 비즈니스 스쿨을 목표로 주경야독한 끝에 합격증서를 받아 보스턴행 비행기에 올라탈 수 있었다.

하버드에서 그의 안목은 더욱 깊어지고 확장되면서, '부동산 → 모기지 → 증권 → 파생상품'으로 이어졌다. 현금이 불어날수록 투자를 늘렸고, 졸업 후에는 이미 18개 부동산을 소유한 백만장자가 되어 있었다. 다시 로스앤젤레스로 돌아온 그린은 오피스 빌딩을 중심으로 본격적인 부동산 개발과 투자에 뛰어들었다.

그런데 아이러니하게도 그린이 더 큰 수익을 올릴 수 있었던 계기는 미국의 부동산 시장이 무너지면서였다. 2006년 무렵 그는 이상징후를 감지했다. 금융회사가 아무에게나 소득의 검증 없이 모기지 대출을 퍼주고 있었다. 로스앤젤레스에서 방 한 칸짜리 아파트가 100만 달러(약 13억 원)에 팔리는 거래가 속출했다. 집값은 떨어지지 않는다며 거의 모든 미국인들은 확신했다. 하지만 집단의 확증편향이 강하게 나타날수록 시장이 왜곡되었다는 신호임을 그는 알고 있었다. 당시 그린은 10억 달러(약 1조3,000억 원) 규모의 부동산 포트폴리오를 구축한 큰손이었는데, 시장붕괴로 전 재산을 잃을 수도 있다는 위기감이 엄습해왔다.

그린은 고심 끝에 결단해야 했고, 신용부도스왑(CDS)을 선택했다. CDS는 쉽게 말해 시장이 붕괴되면 돈을 받는 일종의 보험계약이다. 보험가입자는 그린이었고, 보험판매자는 대형 은행이었으며, 보험대상은 주택담보대출을 묶은 채권(MBS)이었다. 그는 CDS를 매수한 대가로 매년 일정금액을 보험료처럼 금융회사에 지불했다. 위기를 전혀 예상하지 못한 사람들은 그린이 괜한 데 돈을 쓴다고 조롱했다.

2008년 서브프라임모기지 사태와 리먼브라더스의 파산으로 미국 부동산 시장은 결국 붕괴됐다. 그린의 베팅은 적중했고, CDS로 불과 1년 만에 약 8억 달러(약 1조400억 원) 이상의 고수익을 올렸다. 그린은 이 돈을 다시 상업용 부동산, 멀티패밀리 호화주택, 고급호텔 등에 재투자하며 자산규모를 키웠다. 2025년 기준 그의 순자산은 약 79억 달러(103조 원)로 평가된다.

그린의 CDS 투자는 미담으로만 끝나진 않았다. 당시 금융위기로 수백만 명이 집을 잃고 실업에 빠졌는데, 주택시장 붕괴에 베팅한 개인이 막대한 부를 얻는 게 과연 합당한가에 대한 논란이 불거졌다. 그린은 모럴해저드 혐의에서 자유롭지 못했다. CDS는 실물자산을 보유하지 않아도 타인의 부실과 파산에서 이익을 얻는 탓에 사회적으로 반감이 클 수밖에 없었다.

하지만 냉정하게 말해서 그린의 CDS 수익은 법적으로 정당했고, 윤리적으로 회색지대였으며, 사회적으로 불편한 진실을 드러냈다. 그린은 시장붕괴를 초래한 사람이 아니었다. 그는 위기를 예측했을 뿐이고, 본인의 자산을 지켜야 했다. 이를테면 화재보험을 들었을 뿐이지 불을 낸 건 아니었다.

실제로 당시 CDS는 시장붕괴를 경고하는 시그널 역할을 했다. CDS의 가격이 상승한 것은 위기가 고조됐다는 징후였다. 그런 까닭에 그린의 CDS 수익을 모럴해저드라고 몰아세우는 건 지나치다. 그는 부동산을 향한 집단적 맹신이 얼마나 무모한지를 투영했을 뿐이다. 위기를 겪고난 뒤 그의 말은 아프지만 사려깊다.

"가장 큰 위험은 모두가 믿는 걸 그대로 믿는 것입니다."

플로리다 웨스트팜비치 인근에 투자·개발한 주상복합 아파트 건물의 사진을 들고 있는 제프 그린.

구르는 검은돌에 낀 이끼에 관하여

슈워츠먼의 무결성

1980년대 월가는 '투자의 전성시대'이자 '탐욕의 시대'였다. 레이건정부는 시장중심 정책을 강화하면서 규제를 대폭 완화했고, 자본이동의 자유를 보장했다. 그러자 정크본드, 레버리지(LBO), M&A가 횡행했고, 고금리·고수익 채권으로 대형 인수자금이 넘쳐났다. 이를 통해 월가에는 엄청난 부를 축적한 금융스타들이 탄생했다. 정크본드 마술사 마이클 밀켄, 기업 사냥꾼 칼 아이칸, 채권왕 존 구트프룬드 등이 그 주인공이었다. 물론 세계적인 사모펀드 블랙스톤(Blackstone Group)의 창업자 스티븐 슈워츠먼Stephen A. Schwarzman, 1947- 도 빼놓을 수 없다.

슈워츠먼은 이미 삼십대 시절부터 투자은행 리먼브라더스의 M&A부문 공동책임자였을 정도로 월가의 유명한 스타였다. 하지만 리먼브라더스가 외부 자본에 인수되자 새로운 경영진에서 배제되는 아픔을 겪었다. 조직 내부의 권력다툼에서 밀려난 것이다. 순간 그는 더 이상 권모술수의 희생양이 되지 않겠다는 결심했고, 상무장관 출신 피터 피터슨과 공동으로 40만 달러를 투자해 블랙스톤을 창업했다. 당시엔 사모펀드라는 개념조차 생소했고, 대형 은행의 배경 없이 독립적인 투자회사를 시작하는 건 무모한 일이었다.

하지만 슈워츠먼은 남들이 불가능하다고 여기는 시장에서 기회를 봤다. 창업 초기부터 그는 작은 투자에도 철저함을 기했다. 규모가 크든 작든 모든 딜을 세밀히 검토하고 준비하는 태도는 블랙스톤의 신뢰를 쌓는 기반이 되었다.

1990년대 초 슈워츠먼이 보여준 대표적인 사례가 있다. 당시 일본 부동산 버블이 꺼지면서 도쿄의 고급호텔들이 헐값에 매물로 나왔다. 대부분의 투자자들이 일본은 끝났다며 외면할 때 슈워츠먼은 직접 도쿄로 날아가 3주간 머물며 현지상황을 파악했다. 그는 호텔 로비에 앉아 하루 종일 고객 유동량을 세고 직원들과 대화하며 운영현황을 확인했다. 심지어 새벽 2시에 호텔 근처를 돌아다니며 주변상권의 활력도까지 체크했다. 대부분의 투자자들이 재무제표만 보고 판단할 때 그는 발로 뛰며 현실을 파악한 것이다. 결과적으로 블랙스톤이 인수한 도쿄의 호텔들은 아시아 경제회복과 함께 막대한 수익을 안겨주었다. 이 과정에서 슈워츠먼은 중요한 키워드를 얻었고, 이를 회사경영의 신조로 삼았다. 무결성(integrity)! 왠지 지금 자본시장에 횡행하는 사모펀드들하고는 거리가 멀어 보이는 개념이다.

"무결성은 우리가 하는 모든 사업의 기반입니다. 신뢰 없이는 아무 것도 없습니다. 항상 윤리적이고 정직하게 행동해야 신뢰가 유지됩니다."

사모펀드의 본질은 타인의 자금을 대신 운용하는 사업이기에 무결성은 미덕이 아니라 철칙이어야만 했다. 단기수익을 위해 평판을 훼손하면 다음 펀드 모집이 불가능했고, 결국 장기 복리구조가 무너졌다. 일부 사모펀드가 한탕 위주의 돈놀이로 전락하는 이유다.

"신뢰는 복리처럼 쌓이지만, 무결성을 놓치는 순간 사업은 단 번에 무너질 것입니다."

슈워츠먼의 통찰력은 정보력과 관계의 힘에서 비롯됐다. 그는 한쪽으로 치우친 왜곡된 정보만을 신봉하거나 아예 정보 접근을 게을리 하면 투자자로서 올바른 선택을 할 수 없다고 생각했다. 블랙스톤을 구심점으로 전 세계에서 다양한 인재들을 끌어 모아 다층적인 문화와 관점으로 투자처를 판단하고자 했던 까닭이다.

1990년대 일본의 부동산 버블 이후에서도 알 수 있듯이 슈워츠먼은 주로 호황기보다는 불황기에서 기회를 모색했다. 가령 2007년 블랙스톤의 힐튼호텔 인수는 슈워츠먼 투자경영의 결정적 분기점으로 꼽힌다. 블랙스톤은 힐튼호텔을 약 260억 달러(부채 포함)에 인수했는데, 당시까지 사모펀드 역사상 최대 규모의 거래 중 하나였다. 하지만 곧이어 글로벌 금융위기가 터지자 시장에서는 무모한 고점매수라는 비판이 쏟아졌다. 서브프라임모기지 사태로 부동산과 호텔 업황이 크게 위축된 건 사실이었다.

슈워츠먼은 단기매각 대신 장기보유와 구조개선 전략을 선택했다. 힐튼 소유의 비핵심 자산을 최대한 정리했고, 호텔의 브랜드를 활용해 글로벌 신흥시장을 중심으로 프랜차이즈 사업을 추진했다. 호텔을 직접 경영하는 리스크를 줄이는 대신 힐튼이라는 브랜드만으로 로열티를 비롯한 수익을 창출해나갔다. 그 사이 리파이낸싱을 통해 호텔의 부채를 재조정했고, 현금흐름을 선순환으로 바꿨다. 2013년 힐튼은 재상장에 성공했고, 이후 단계적 지분매각을 통해 2018년 최종 지분정리를 마쳤다. 시장에서는 블랙스톤의 힐튼호텔 추정수익으로 약 140억 달러 이상을 평가했고, 이는 사모펀드 역사상 교과서적 성공사례로 꼽혔다.

2007년 당시 힐튼호텔 인수에 대한 비판에도 불구하고 슈워츠먼의 이른바 카운터사이클 투자(Counter-Cyclical Investing)는 계속됐다. 미국에서 대출금을 갚지 못해 압류되어 저가로 쏟아져 나온 주택들을 대량 매입한 것이다. 슈워츠먼은 인비테이션 홈즈(Invitation Homes)라는 주택임대 회사를 설립해 장기렌

털을 통해 안정적인 월세수익을 거뒀다. 인비테이션 홈즈 역시 2017년 뉴욕 증시 상장 이후 단계적 지분매각을 통해 투자 프로젝트를 성공적으로 마무리했다.

이후 블랙스톤은 인수한 보험사의 자금을 운용해 대출사업을 비롯한 다양한 금융투자업으로 안정적인 수익모델을 구축해나가고 있다. 사모펀드에서 1.2조 달러 이상의 운용자산(AUM)을 굴리는 종합 대체자산 플랫폼으로 성공적인 변신을 이뤄낸 것이다.

물론 슈워츠먼의 사업모델을 향한 비판적 시각도 존재한다. 특히 금융자본의 주택임대 사업을 두고 '월가가 동네 집들을 사들인다'는 비아냥을 듣기도 했다. 실제로 기관투자자가 저가로 주택을 대량 매입한 뒤 집값상승을 부추겼다는 혐의에서 자유롭지 못했다. 또한 기업형 주택임대 사업자가 시장을 지배하면서 임대료 인상 폭이 커졌다는 불만도 이어졌다. '주거의 금융화'를 초래해 주택을 거주공간에서 수익자산으로 변질시키는 데 기름을 부었다는 평가는, 장기간 부동산 버블을 겪고 있는 한국사회에도 시사하는 바가 크다.

슈워츠먼처럼 블랙스톤 규모의 투자회사를 경영하다 보면, '시장논리'와 '사회적 책임'이라는 가치의 충돌을 피해갈 수 없다. 월가의 스타가 겪어야 하는 통과의례는 마치 팝스타와 닮았다. 한때 마돈나는 공연이 너무 선정적이어서 아이들에게 교육적으로 해악을 끼친다는 학부모들의 거센 항의에 직면했다. 하지만 마돈나가 교육계와는 거리가 먼 인물이듯이, 슈워츠먼은 정책을 담당하는 고위공직자가 아니다. '엔터테인먼트건 금융이건 분야와 업종을 막론하고 '스타(혹은 셀럽)가 공인(Public Figure)인가?'라는 어려운 질문이 남아있다. 때론 구르는 돌에도 이끼가 끼는 법일까?

벤처투자계 선구자의
소크라테스식 질문법

밸런타인의 우문현답

세쿼이아캐피탈(Sequoia Capital)의 돈 밸런타인Don Valentine, 1932-2019은 실리콘밸리 벤처캐피탈(VC, Venture Capital)의 선구자로 불린다. 그의 투자철학은 사람에 투자하는 워런 버핏과는 전혀 달랐다.

"나는 기수보다 말을 먼저 봅니다."

실리콘밸리 초기 수많은 투자자들이 창업자의 능력이나 성격, 카리스마에 기대 투자를 결정할 때 밸런타인은 냉정하게 시장의 크기와 구조를 먼저 분석했다. 그는 평소 이렇게 말했다.

"좋은 시장에 나쁜 경영진이 들어가면 대개 시장이 이깁니다."

밸런타인은 창업자의 성격이나 리더십을 외면하진 않았지만, 초기 투자단계에선 시장의 가치와 규모, 성장성과 지속가능성 등 외부환경을 좀더 주목했다. 그는 스타 창업자를 발굴한 투자자라기보다 시장의 움직임을 먼저 읽고 그 흐름에 올라탈 수 있는 기업을 식별해낸 전략가였다.

1977년 스티브 잡스가 투자를 받으러 그를 찾아왔다. 청바지에 샌들 차림, 고집스러운 태도와 말투엔 천재형 인간의 자만심이 섞여 있었다. 밸런타인은 잡스에게 물었다.

"지금 하는 일에 정말로 인생을 걸 수 있어요?"

잡스는 주저 없이 답했다.

"제가 만드는 건 미래입니다."

잡스가 추상적인 답변을 내놓은 건 밸런타인의 질문을 상투적으로 이해했기 때문이었다. 하지만 밸런타인은 원론적인 질문을 통해 상대방으로 하여금 사업의 진짜 뼈대를 듣기를 원했다. 이를테면 잡스가 인생을 걸 만큼 사업의 구체적인 시장가치와 비전, 전략 같은 것들을 논리적으로 술술 풀어내주길 기다렸다. 밸런타인의 인터뷰는 실리콘밸리에서 '소크라테스식 질문법(Socratic Questioning)'이라 불릴 정도로, 깊이와 철학이 묻어난 답변을 요구했다. 그는 말했다.

"나는 맞는 답을 원하지 않습니다. 비즈니스엔 뚜렷한 정답이 있는 것도 아니기 때문입니다. 단지 내가 듣고 싶은 것은 생각의 구조입니다."

결국 잡스와의 만남 이후 밸런타인은 직접 애플에 투자하지 않았다. 대신 벤처투자자 마이크 마큘라에게 잡스를 소개했고 마큘라가 개인자금 9만 2,000달러를 애플의 시드머니에 보냈다. 신중한 스타일의 밸런타인은 시장의 성장가능성을 여러 번 확인한 후에야 애플의 후속 투자라운드에 참여했다. 잡스가 주도한 개인용 컴퓨터 시장은 당시로선 분명히 급속도로 성장할 조짐을 보였고, 밸런타인은 오로지 시장의 방향성에 베팅한 것이다. 다만 그는 잡스의 경영자적 애티튜드에 대해선 고개를 갸우뚱 했다. 잡스는 애플의 이사회와 잦은 갈등을 빚었고, 1985년 사표를 제출한 뒤 꽤 오랫동안 회사를 떠나 있어야 했다. 만약 밸런타인이 잡스라는 창업자만을 고려했다면, 세쿼이아캐피탈은 애플에 대한 투자기회를 놓쳤을 지도 모른다.

비슷한 시기 또 다른 젊은 창업자가 밸런타인을 찾아왔다. 오라클을 창업한 래리 엘리슨이었다. 그는 관계형 데이터베이스라는 개념으로 시장을 흔들려 하고 있었다. 하지만 그는 기술보다 야망이 먼저였고 자금은 늘 부족했다. 밸런타인은 엘리슨과의 대화 몇 마디로 그의 성향을 파악했다. 밸런타인의 눈에 비친 엘리슨은 지나치게 자신만만하고 경쟁자를 무시하며 모든 걸 통제하려 드는 사람이었다.

엘리슨은 분명 패기 넘치는 창업자였지만 밸런타인은 그의 열정보다 IBM과 대형 기업들의 시스템 수요에 기반한 시장구조에 집중했다. 오라클은 IBM 호환성을 무기로 빠르게 점유율을 넓혀가고 있었고, 밸런타인은 관계형 데이터베이스 시장의 성장가능성에 주목해 초기투자를 단행했다.

밸런타인의 철학은 창업자 숭배가 만연한 실리콘밸리 문화와는 일정한 거리를 유지했다. 잡스와 엘리슨은 분명 시대의 아이콘이 됐지만, 밸런타인은 그들의 뒤에 있는 시장을 먼저 보고 냉정하게 판단했다.

버블의 시대에 많은 사람들이 이른바 '기술흥분(Technology Hype)'에 휩쓸릴 때에도 밸런타인은 실질적인 비즈니스 모델과 기업의 현실가능한 성장 모멘텀을 분석했다. 그는 VC의 정체성에 대해 이익만을 좇는 도박사가 아니라 유니콘을 찾아 기업을 세우는 빌더(builder)라고 생각했다.

세쿼이아캐피탈이 1970년대 말부터 1980년대 중반까지 애플, 시스코, 오라클 등 당대 핵심 기술기업에 투자할 수 있었던 배경에는 밸런타인의 거시적 혜안이 있었다. 오늘날까지도 세쿼이아캐피탈이 실리콘밸리의 최고 벤처캐피탈 자리를 지킬 수 있는 까닭이다.

"당신이 아무리 똑똑하다고 생각해도
당신이 속한 시장이 별로라면 당신은 똑똑하지 않습니다."

소유가 아닌
사유[思惟]의 공간

잡스의 집

인도 최대기업 릴라이언스 인더스트리의 무케시 암바니는 뭄바이에 안틸리아라는 27층짜리 초호화 저택에서 산다. 건물에는 600명의 직원이 상주하며 헬기장이 3개나 된다. 헤지펀드 시타델 창립자 켄 그리핀이 거주하는 뉴욕 센트럴파크 펜트하우스의 시세는 약 2.38억 달러(약 3,500억 원)으로 미국 최고 주거가를 기록하기도 했다. 오라클의 래리 엘리슨은 하와이 라나이 섬의 98%를 소유하는 데, 섬 자체가 그의 저택과 정원인 셈이다. LVMH의 베르나르 아르노의 대저택 '샤토 드 라 콜 누아르'는 19세기 프랑스 귀족이 살았던 성(城)으로, 주거공간이라기보다는 문화재에 가깝다. 재벌들이 사는 저택은 집이 아니라 부의 요새다. 투자적 가치보다는 권력과 과시의 상징에 가깝다.

스티브 잡스Steve Jobs, 1955-2011는 생전에 수십 억 달러의 자산을 보유한 갑부였지만 그의 집은 단출했다. 실제로 잡스는 팔로알토에 위치한 주택에서 10년 넘게 소파 하나 제대로 들이지 않았던 일화로 유명하다. 잡스의 집을 방문했던 애플의 세 번째 CEO 존 스컬리는 이렇게 회고했다.

1980년대 초 캘리포니아의 집 거실에서 잡스.
어디에도 소파는 보이지 않는다.
그는 엠티룸(Empty Room)에서 미니멀리즘을 즐겼다.

횡한 거실에 앉아 매킨토시의 심플한

"스티브의 집에 갔는데 뭔가 휑했어요. 아인슈타인의 사진, 티파니 램프, 의자 하나, 침대가 다였죠."

이유는 간단했다. 정말 좋아서 마음에 드는 소파가 아니면 아무것도 갖고 싶지 않다는 그의 생활양식 때문이었다. 잡스는 단지 기능이나 가격이 아닌 의미와 미학, 본질에 집중한 철저한 미니멀리스트였다. 이 사고방식은 그가 만든 아이폰, 맥북 같은 제품에도 그대로 녹아 있다. 애플의 디자인은 불필요한 장식을 덜어내는 게 콘셉트다. 잡스에게 집도 다르지 않았다. 값비싼 물건들을 쌓아두는 과시공간이 아니라 삶의 태도가 담긴 그릇이었다.

"집은 내면을 반영하는 공간이기도 하지요. 주변이 어지러우면 정신도 혼탁해지죠."

잡스는 이런 철학 하에 극도로 단순한 환경에서 창조적인 사유를 이어갔다. 그의 집에는 흰 벽과 나무바닥, 꼭 필요한 가전과 가구 그리고 책들이 전부였다. 그마저도 철학과 디자인, 예술에 대한 책이 대부분이었다. 그는 집을 통해 필요한 것과 불필요한 것을 구분하는 훈련을 매일같이 실천한 셈이다. 잡스는 생전에 이렇게 말했다.

"단순함이 궁극의 정교함입니다. 그건 일상에서도 기술에서도 사업에서도 마찬가지입니다."

잡스의 집은 그 어떤 저택보다 철학으로 가득했다. 오늘날 우리가 집에 투자하고 소비하는 방식에 대해 다시 생각하게 만드는, 조용하지만 강력한 메시지였다.

서울 자가 김부장의 아파트와
네브래스카 버핏의 단독주택

버핏의 세 번째 좋은 투자

"그래도 서울에 집이라도 한 채 있으니 성공한 거야."

〈서울 자가에 대기업 다니는 김부장이야기〉란 드라마 속 김부장은 이렇게 되뇌며 실업자가 된 자신을 위로했다. 김부장의 생각에 공감하는 이들이 적지 않음은 드라마의 높은 시청률로 증명됐다. 문득 흥미로운 비유가 떠올랐다. 김부장의 말대로라면 버핏이 서울시민이라고 가정할 경우, 버핏은 경제적으로 성공한 축에 끼지 못한다.

1958년 워런 버핏Warren Buffett, 1930-은 네브래스카 오마하에 있는 집을 약 3만 1,500달러에 구입했다. 이 집은 1921년에 지어진 5베드룸, 약 610㎡ 규모의 스투코(stucco) 주택이다. 현재 이 집의 가치는 한화로 약 12억 원 수준이다. 같은 기간 서울 소재 84㎡ (33평형) 아파트의 평균시세(14억~18억 원)에도 못 미친다. 집만 놓고 보면 버핏의 재력은 드라마 속 김부장보다도 못하다.

물론 버핏의 집 역시 구입 당시에 비해 약 45배 이상 상승했지만, 세계 최고의 슈퍼리치 저택치고는 믿기지 않을 정도로 소박하다. 사람들은 여전히 이 집에 거주하는 버핏에게 왜 더 큰 저택으로 이사하지 않느냐고 묻곤 했다. 버핏은 웃으며 내게 필요한 것은 침실 하나뿐이라고 말했다. 버핏은 자신이 살고 있는 집의 투자가치가 주식보다 낮은 수익률을 보였다며 주변에 웃음꽃을 피웠지만, 그의 말 속엔 뼈가 있었다.

"내가 실행한 세 번째로 좋은 투자는 우리 집을 산 것이었습니다.* 하지만 집을 사지 않고 임대해서 살면서 그 돈으로 주식을 샀다면 훨씬 더 많은 돈을 벌었을 것입니다. 집을 소유하는 건 투자적 관점에서 재미없을 때가 많습니다."

그러면서도 버핏은 집이란 단순한 투자수단이 아니라 가족과 함께하는 삶의 공간이라고 강조했고, 그 어떤 주식도 가져다주지 못한 가치가 있다고도 했다.

"우리 집에 지불한 3만1,500달러로 나와 가족은 무려 52년 동안 멋진 추억을 쌓았고, 앞으로도 더 많은 행복을 만들어갈 것입니다."

집에 대한 그의 철학은 분명했다. 집은 과시용이 아니라 실제 생활을 위한 공간이어야 하며 오래도록 살아온 자신의 집에서 느끼는 만족감이야 말로 '부의 진정한 가치'를 매기는 기준 가운데 하나라는 것이다. 지금도 그는 옛집에서 살아가며 소박한 아침식사를 즐기고, 자신의 선택에 따른 자유를 누린다. 한편 매달 적지 않은 대출이자를 감당하며 집값이 오르길 학수고대하는 서울의 수많은 김부장들은 어떤 자유를 누리며 살아갈까?

버핏은 부자가 되기 위해서는 단순히 생활비를 줄이는 것보다 불필요한 욕망을 버리는 태도가 중요하다며 이렇게 덧붙였다.

"필요치 않은 것을 사면, 곧 필요한 것을 팔게 된 것입니다."

---

* 그는 첫 번째와 두 번째로 훌륭한 투자는 결혼반지를 산 것이라 했다. 버핏은 두 번 결혼했다. 첫 번째 아내 수전은 2004년 사망했고, 2006년 지금의 아내 아스트리드와 재혼했다.

틀렸을 때 얼마나 빨리
빼는지가 중요하다

소로스의 통증

자본시장의 거물들 중에는 투자과정에서 논리적으로는 설명이 곤란한 '감(感)'을 호소하는 이들이 있다. 조지 소로스George Soros, 1930-는 시장에서의 위험 신호를 차트보다 먼저 자신의 몸에서 읽었다. 그중에서도 등 부위의 통증은 그에게 매우 중요한 경고 시그널로 작용했다. 펀드를 운용하던 시절 등짝에서 급성통증이 시작되면 그는 분석보고서를 다 읽기도 전에 포지션부터 줄였다. 소로스는 이렇게 말했다.

"포트폴리오에 문제가 생기면 등에 견딜 수 없는 통증이 시작됐죠."

아들 로버트 소로스 역시 어린 시절부터 이런 모습을 지켜봤다.

"아버지는 앉아서 이것저것 이유를 설명하시지만 적어도 절반은 헛소리였어요. 진짜 이유는 아버지 등이 아프기 시작했기 때문이었죠."

이런 체질적인 감각은 오랜 투자경험 속에서 체득한 결과였다. 그는 매크로 분석과 정치·경제 상황을 읽는 능력으로 유명했지만 그 모든 계산의 배후에는 즉각적인 행동으로 옮기게 하는 촉매제로서의 신체반응이 있었다.

그에게 시장은 단순한 숫자의 흐름이 아니었다. 시장은 머리로 깨닫기 전에 몸의 반응을 투영하는 엑스레이 같은 존재였다. 소로스에게 통증은 예언이 아니라 자기오류를 감지하려는 내부경보 시스템이었다. 가령 그는 투자과정에서 확증편향된 선택을 감추고 이를 정당화할수록 내적동요를 숨길 수 없었고, 심할 경우 신체적 통증이 동반됐다는 경험을 털어놨다. 이때는 베팅을 중단했다. 내적갈등이 신체적 통증으로 이어질 정도라면 그냥 넘길 일이 아니라 다시 생각하라는 의미로 받아들였다.

"확신이 강해질수록 오히려 불안이 증폭되면서 통증도 심해졌습니다."

소로스는 대표적인 사례로 1994년 '채권대학살'을 꼽았다. 당시 미 연준의 급격한 금리인상으로 전 세계 채권가격이 폭락해 기관은 물론 헤지펀드와 개인투자자들까지 대규모 손실을 봤다. 채권은 주식보다 안전하고 변동성이 낮은 만큼 연기금과 은행의 핵심자산이기도 했다. 소로스 역시 미국의 금리가 낮게 유지될 것이라고 여겼고 대규모 채권 롱 포지션을 보유했다. 그런데 연준이 예상을 깨고 공격적으로 금리인상을 단행하면서 채권시장이 붕괴되었던 것이다. 중앙은행은 시장과 동반자적 관계가 아님을 고백한 역사적인 사건이었다. 실제로 연준은 시장이 아니라 인플레이션이 훨씬 중요했다. 소로스는 그 시절을 이렇게 회고했다.

"논리는 여전히 틀리지 않았다고 생각할수록 몸이 계속 경고를 보냈죠."

소로스가 취한 최선책은 손실이 더 커지기 전에 최대한 빨리 포지션을 줄이는 것이었다. 그는 덧붙였다.

"내가 세운 논리적 구조가 틀릴 수 있음을 인정하는 속도가 손실의 크기를 결정했습니다."

이후 1997년 아시아 금융위기와 2000년 닷컴버블에서도 소로스는 재차 깨달았다. 아무리 논리적으로 타당해도 통제불가능한 국면에선 모든 게 소용없다는 사실을. 그리고 등의 통증은 사라지지만 돈을 잃은 고통은 결코 사라지지 않는다는 사실도.

중학교 중퇴자가
전미투자대회 우승자가 되기까지

미너비니의 규칙

"세상의 모든 소문이 제거되고 오직 사실만 기록된 곳."

투자계에서 '스크린의 마법사'라 불리는 마크 미너비니[Mark Minervini, 1965-]는 스크린(주식차트 모니터)을 두고 이렇게 말했다. 많은 사람들은 이 말에 수긍하지 않았다. 스크린 속 그래프와 수치들은 온갖 루머와 조작, 꼼수가 반영된 지표라 여겼기 때문이었다. 하지만 미너비니가 애널리스트 리포트나 뉴스보다 오직 스크린 속 가격과 거래량을 주시했던 데는 그만한 이유가 있었다. 그는 이렇게 덧붙였다.

"시장전문가의 예측은 이미 주가에 반영된 뒷북인 경우가 많고, 뉴스 역시 항상 가격 뒤에 등장합니다."

호재가 뉴스로 나오는 순간 오히려 주가가 하락하는 '셀온뉴스(Sell on News)' 현상이 미너비니의 확신을 방증했다. 뉴스가 나왔다는 건 이미 살 사람은 다 샀고 이제 떨어질 일만 남았다는 얘기다. 실제로 하루 종일 그는 스크린 속 차트를 보면서 패턴과 수급, 추세만을 관찰하고 분석해 자신만의 그래프와 테이블을 만들었다.

사실 미너비니는 명문대에서 경제학을 전공하지도 않았고, 월가나 보스턴 금융지구의 손꼽히는 금융회사 출신과도 거리가 멀었다. 그는 뉴헤이븐의 이탈리아계 가정에서 태어나, 8세 때 부모의 이혼으로 중학교도 마치지 못한 채 불우한 유년기를 보내야 했다.

십대 시절엔 록음악에 빠져 드러머로 활동하며 여러 밴드를 전전했다. 잠깐 스튜디오 연주자로 일하며 MTV에 출연하기도 했지만, 대중적으로나 음악적으로 주목받진 못했다. 그는 스무 살도 되기 전에 뮤지션의 삶을 접었고, 가난에서 벗어날 수 있는 길을 찾아 나섰지만 여의치 않았다. 그러던 중에 지인을 통해 우연히 접한 주식투자는 학벌이나 백그라운드와 무관했다. 물론 월가의 투자 전문회사에 들어가는 건 불가능했지만, 개인투자자는 적은 돈으로도 누구나 될 수 있었다.

하지만 주식시장은 녹록지 않았다. 연주자로 모은 쌈짓돈을 투자를 시작한 지 반년도 안 되어 모두 잃었다. 시장에 대한 경험과 지식이 전무한 상태에서 주변의 정보와 뉴스에만 기대는 게 얼마나 바보짓인지 그는 깨달았다. 그리고 냉정한 자각은 중요한 자양분이 됐다. 미너비니는 오히려 편견 없이 모든 것을 처음부터 새롭게 배울 수 있었다.

통장잔고가 바닥이 난 상태에서 미너비니가 향한 곳은 뜻밖에도 도서관이었다. 그는 자본시장의 기본원리와 구루의 투자철학으로 채워진 책들을 반복해 읽으며 핵심요지를 노트에 옮겼다. 제시 리버모어, 니콜라스 다바스, 윌리엄 오닐. 그렇게 이들의 지시를 파고들며 시장이 아무리 급변해도 불변하는 투자원칙을 흡수했고, 또 해부했다. 추세만을 좇기에 급급한 베스트셀러는 피하고 오소독스한 투자원전들을 독파했던 것이다.

물론 이론만으로는 부족했다. 홈트레이딩 시스템이 없던 시절, 그는 직접 수천 개의 차트를 손으로 그리며 패턴을 찾았다. 밤잠을 줄이며 개장시간 전까지 차트를 들여다보고 승리한 주식들의 공통점을 분석했다. 그 과정에서 '컵 앤 핸들', '플랫 베이스', '더블 보텀' 같은 패턴이 대형 랠리의 전조라는 사실을 발견했다.

1988년 미너비니는 5년의 연구 끝에 마침내 자신만의 투자시스템 SEPA(Specific Entry Point Analysis)를 완성했다. 우리말로 '특정 매수지점 분석' 정도가 되는데, 여기서 특정 매수지점은 주가가 신고가 근처에서 횡보할 때를 가리켰다. 대개 이 지점에서는 변동 폭이 점점 줄어들고 거래량도 함께 감소했다. 이는 팔 사람은 다 팔았고 머지않아 다시 반등한다는 시그널로 그는 해석했다. 대다수 투자자들이 바닥에서 사고 꼭지에서 팔려는 불로소득 습성과는 정반대의 접근이었다. 하락 추세가 자신이 정해놓은 기준을 넘어서면 미련 없이 손절했다. 그는 손절은 손실이 아니라 게임에 참가하기 위한 비용으로 생각했다.

그때부터 그의 투자성적은 달라졌다. 1990년대 초 연평균 30%가 넘는 수익률을 올리기 시작했고, 1997년에는 155%라는 경이로운 기록을 세웠다. 전미투자대회에서 1997년과 2021년 두 차례 우승하며 '스크린의 마법사'라는 닉네임까지 얻었다. 하지만 마법사는 맞지 않는 별칭이었다. 그에게 신박한 투자기법은 없었다. 그는 고독한 시간을 견디며 시장의 명저들을 흡수했고, 차트를 꼼꼼히 분석했으며, 자신만의 투자규칙을 세워 철저히 따랐다.

불과 수천 달러로 시작한 그의 순자산은 약 7,200만 달러(약 1,000억 원)로 추정된다. 전 세계 모든 개미들의 꿈인 천억 원대 주식부자가 된 것이다. 현재 그는 미너비니 프라이빗 액세스(Minervini Private Access)라는 프리미엄 투자자문 서비스를 운영하며 개인투자자들에게 고언(苦言)을 마다하지 않는다. 그의 말은 오랫동안 축적해온 규칙에서 비롯한 것이다. 그것은 학벌이나 지위의 소산이 아닌, 오랜 시간 스크린을 헤집으며 찾아낸 금과옥조의 산물이다.

슈퍼리치의 자산이
자선이 되기 위한 조건

드조리아의 기부

1997년 한 지상파 방송에서 매주 〈성공시대〉란 다큐멘터리를 방영했는데, 20%에 가까운 높은 시청률을 기록했다. 1화의 주인공은 현대그룹 창업자 정주영 회장. 찢어지게 가난한 농가에서 태어난 그는 젊은 시절 동이 트기 도 전에 자다말고 뛰쳐나가 어두운 하늘을 향해 소리쳤다.

"빨리 일해야 하는 데 왜 아직도 해가 뜨질 않는 거야!"

국가부도 위기가 오기 직전 불안한 한국인들은 재벌영웅의 성공담에 잠시 안도했다. 하지만 IMF혹한기는 현실로 닥쳤고, 한국사회는 엄청난 시련을 겪 었으며, 일부 재벌들의 불법과 불공정에 분노했다. 이후 닷컴버블과 신자유주 의와 사회갈등, 몇 차례의 경제위기, 4차 산업혁명, 팬데믹 같은 대혼돈기를 거으며 사람들은 더 이상 재벌신화를 믿지 않았다.

그럼에도 불구하고 여기서 존 폴 드조리아 John Paul DeJoria, 1944- 라는 미국의 자 수성가형 슈퍼리치를 소개하는 이유가 있다. 사회적 기업에 이어 '사회적 재 벌'의 함의를 얼어보기 위함이다.

드조리아는 정주영처럼 어린 시절부터 지긋지긋한 가난과 싸워야 했다. 부모의 이혼으로 편부모 가정에서 자랐고, 고등학교를 졸업하자마자 곧장 생업 전선에 뛰어들었다. 전집판매원에서 잡지배달원, 보험설계사 등 온갖 일을 전전했지만 벌이는 신통치 않았다. 생활비를 벌기 위해 빈 병을 주워 팔기도 했지만 자존심 때문에 주변에 도움을 청하지도 못했다.

그는 이혼의 아픔을 세 번이나 겪었고, 두 차례나 홈리스가 되는 경험을 해야 했다. 이쯤 되면 볼 장 다 본 루저일 텐데, 인생막장에서 찾아온 기회와 열정이 그를 이번 서사의 주인공으로 만들었다.

1971년 드조리아는 지인 소개로 당시 헤어용품업체 레드켄에 영업사원으로 입사했다. 고급미용실 위주의 마케팅을 펼쳤던 레드켄에서 드조리아는 샴푸와 헤어제품의 용도를 꼼꼼히 파악하고 방문영업에 나섰다. 제품마다 특장점을 막힘없이 설명하면서 거래처가 하나둘 늘었고, 일에 대한 자신감도 붙었다. 한때 실패와 좌절의 끝판왕이던 드조리아는 어느새 일매출 1,000달러를 올리는 레드켄의 간판 세일즈맨으로 부상했다. 그는 6개월 만에 지점관리자가 되었고 18개월 후에는 매니저로 승진했다.

하지만 드조리아는 얼마 못 가 경영진과 갈등을 빚고 해고되고 말았다. 타고난 우직함과 반골기질이 발목을 잡았다. 그는 늘 직원들의 이익을 우선했고 회사로선 그의 태도가 못마땅했다. 상급관리진과의 사교활동에도 적극적이지 못했다. 그는 한마디로 줄서는 처세엔 벽창호였다. 이후에 입사한 헤어케어 업체에서도 출중한 실적을 올렸지만, 상급자와의 친목보다 후배직원들을 챙기는 인성 탓에 경영진과 잦은 불화를 일으켰고 결국 해고됐다. 이런 상황은 반복됐지만, 당시 미국경제는 노동자의 인권보다는 노동시장의 유연성을 우선했다.

1980년 드조리아의 진면모를 알아본 이가 나타났다. 꽤 실력 있는 헤어디자이너 폴 미첼. 두 사람은 몇 년간 우정을 쌓으며 각자의 전문성을 인정하게 되었다. 드조리아는 헤어케어 업계에서의 풍부한 영업력을, 미첼은 헤어디자이너로서의 창의성을 갖고 있었다. 두 사람은 50만 달러의 투자를 약속받았지만 막판에 투자자가 발을 빼는 불상사가 일어났다. 당시는 2차 오일쇼크 영향으로 인플레이션이 12%를 넘었고 금리는 18%에 달했으며 휘발유를 사기 위해 몇 블록씩 줄을 서야 할 만큼 경기가 나빴다. 두 사람이 긁어모을 수 있는 돈은 고작 700달러가 전부였다. 그럼에도 드조리아는 이렇게 말했다.

"우리에겐 두 가지만 있으면 돼. 좋은 제품과 일에 대한 진정성이야."

드조리아다운 결기였고 미첼은 그런 친구를 신뢰하지 않을 수 없었다. 드조리아는 20년 된 자동차에서 쪽잠을 청하며 청년 정주영처럼 일터로 나갈 아침이 오길 기다렸다. 초기 몇 년간은 고난의 연속이었다. 미용제품을 직접 헤어숍에 들고 다니며 판매하려 했지만, 문전박대가 일상이었다.

다행히 세상은 그의 진정성을 외면하지 않았다. 드조리아는 미첼의 조언대로 고급살롱에서 할리우드 스타들의 스타일리스트를 상대로 영업을 펼쳤다. 두 사람이 만든 헤어제품은 탁월했고, 유명 배우와 헤어디자이너들 사이에서 입소문을 타기 시작했다. 그러자 빠른 속도로 미국 서부 대도시의 고급살롱들로 제품이 확산됐다. 두 사람은 존폴미첼(John Paul Mitchell)이라는 브랜드를 정식 론칭했고, 주문이 미국전역에서 폭발했다. 2025년 기준 존폴미첼은 연매출 약 9억 달러(약 1조2,500억 원)의 글로벌 헤어케어 브랜드로 성장했으며, 현재 전 세계 100여 개국에 판매되고 있다.

그 사이 드조리아는 날개를 단 듯 여러 사업에 진출하며 성공적인 행보를 이어갔다. 그는 1989년 멕시코의 한 작은 마을에서 맛 본 테킬라의 매력에 빠져 파트론(Patrón)이란 주류회사를 론칭했다. 당시 테킬라는 저급한 술로 여겨졌지만 드조리아는 최고 품질의 프리미엄 테킬라를 주조해 대도시의 유명 바텐더들을 찾아다니며 시음회를 여는 등 마케팅을 펼쳤다. 고급미용실을 뛰어

다니며 헤어제품을 팔았듯이 이번엔 고급술이었다. 그는 모든 술병을 수작업으로 제작했고, 테킬라에는 100% 블루 아가베(푸른 용설란)만을 사용했다. 파트론의 테킬라는 상류층파티에서 빠지지 않는 주류목록 맨 위에 올라섰다. 2018년 바카디가 파트론을 51억 달러(약 5조6,100억 원)에 인수했는데, 이는 주류업계 역사상 최대 규모의 M&A 중 하나로 꼽힌다.

이밖에도 드조리아의 사업 포트폴리오는 끝이 없었다. 로키산맥의 스프링워터 브랜드인 크리스탈 헤드 보드카, 친환경 가정용품 브랜드 어네스트 어스 등 다양한 기업에 투자하며 사업영역을 확장했다. 그는 하우스오브블루스 나이트클럽 체인의 창립파트너가 되기도 했으며, 최근에는 로킷(ROKiT)그룹을 공동설립해 통신과 음료 분야로까지 진출했다. 「포브스」에 따르면 그의 순자산은 2026년 기준 약 28억 달러(4조 원)에 이른다.

그런데 드조리아의 성공스토리를 드라마로 만든다면 지금부터가 클라이맥스다. 그는 더 이상 돈을 버는 데만 몰두하지 않는다. 홈리스 지원, 동물보호, 환경운동 등 다양한 분야에서 왕성하게 활동하며 상당규모의 자금을 사회에 환원하고 있다. 빌 게이츠와 워런 버핏이 주도하는 기빙 플레지에 서명하며 재산의 절반 이상을 기부하겠다고 약속했다. 2008년에는 아프리카를 방문해 넬슨 만델라와 함께 1만7,000명의 결손가정 아이들을 위한 구호활동에 참여하기도 했다. 그는 자신의 기부활동에 대해 이렇게 말했다.

"나누지 않는 성공은 실패와 다름없어요."

드조리아의 사회환원은 대단한 업적임에 틀림없지만, 이에 대해 한걸음 더 들어가 볼 필요가 있다. 사실 앞에서 언급한 사회적 재벌은 형용모순일 뿐, 학계나 재계에서 쓰는 공식용어도 아니다. 특히 재벌(chaebol)이란 단어는 한국에서만 쓰는 고유명사로, 가족중심의 기업집단이 순환출자 구조를 통해 다각화된 계열사 지배와 세습경영을 기본으로 삼는다. 드조리아는 어느 하나에도 한국식 재벌에 해당되지 않는다. 방점은 '사회적'이란 수식어에 찍힌다. 그에게는 미국식 자선 자본주의자(Philanthrocapitalist)란 표현이 적절하다.

슈퍼리치의 기부가 자본주의의 구조적 불평등을 해결하지 못한다는 지적은 이미 오래 전부터 제기된 난제다. 실제로 거액의 기부는 사회에 적지 않은 영향을 미치지만 의사결정은 슈퍼리치 개인에 의해 이뤄진다. 어떤 분야와 단체를 어떤 방식으로 도울지가 민주적으로 선출되지 않은 기부자의 판단에 따라 좌우된다는 얘기다.

슈퍼리치의 기부가 세금회피와의 경계가 모호한 것도 분명한 사실이다. 기부금에 대해서는 세제혜택이 주어진다. 비영리재단에게는 세금이 감면되고 자산이전의 절세효과가 일어난다. 공적세금으로 들어올 자금이 개인이 만든 재단의 통제에 놓이는 비판이 제기되는 까닭이다.

그렇다고 앞서 깨알같이 소개한 드조리아의 성공담과 기부를 폄훼하는 건 아니다. 다만 슈퍼리치의 성공을 21세기에 맞게 접근한다면, 그가 성취한 과정과 환원에 이어 사회적 맥락까지 살펴봐야 한다는 얘기다. 기부를 통해 나온 자금은 더 이상 사적인 미덕이 아니라 공적인 의제로 관리되고 다뤄져야만 한다. 그들이 잠을 좇아가며 이룬 금쪽같은 자산은 진정 고귀하고 투명하게 사용될 책무가 있다. 그들이 세상에 베푼 공공선은 공공재이기 때문이다. 과거 드조리아가 세상이 권모술수와 타협하지 않고 성취른 이뤄냈듯이 그가 세상에 환원한 기부금의 용처도 오염되지 않아야 한다.

지루함에 투자하라

버핏과 멍거의 필터

어느 날 워런 버핏Warren Buffett, 1930-과 그의 오랜 파트너 찰리 멍거Charlie Munger, 1924-2023가 회의실에 앉아 있었을 때였다. 한 젊은 직원이 흥분한 얼굴로 들어와 최신 기술주에 대한 분석자료를 내밀었다.

"이 기업은 성장성이 엄청납니다. 시장도 반응이 뜨겁고요."

버핏은 한참 자료를 들여다보다가 고개를 저었다.

"좋네. 하지만 우리 스타일은 아닐세."

패기 넘치는 젊은 직원은 의아해하며 물었다.

"왜죠? 너무 매력적인 기회인데요."

그러자 옆에 있던 멍거가 특유의 무표정으로 말했다.

"우리는 혹한 걸 찾지 않네. 지루한 걸 찾지."

이 말에 직원은 더 혼란스러웠다. 버핏이 부연했다.

"코카콜라, 질레트, 보험회사 등 다들 지루해 보여도 사람들은 계속 콜라를 마시고 매일 면도를 하며 사고에 대비하지. 쉽게 말해 사람들의 일상에 투자하는 걸세."

버핏은 하루 종일 신문을 읽고 기업보고서를 들여다보고 아무 일도 하지 않는 날이 태반이었다. 때로는 행동하지 않음이 최고의 전략이 될 수 있다는 걸 그는 알고 있었다. 언젠가 그는 한 인터뷰에서 이렇게 말했다.

"뛰어난 투자자는 뛰는 게 아니라 기다리는 사람입니다.
마치 야구에서 완벽한 공이 올 때까지
방망이를 들고 기다리는 홈런타자처럼요."

기다림의 철학은 2008년 금융위기 때 빛을 발했다. 시장이 폭락하고 모두가 패닉에 빠졌을 때 버핏은 조용히 골드만삭스에 50억 달러, GE에 30억 달러를 투자했다. 아무도 관심을 두지 않던 냉담하지만 담대한 선택은 수 년 뒤 수십억 달러의 수익으로 돌아왔다.

버핏은 공포의 정점에서 투자했고, 단기 주가변동에는 개의치 않았다. 이 과정에서 구조적으로 안전한 조건(우선주+고배당)을 확보한 뒤 시장이 회복될 때까지 기다렸다. 당시 시장은 미국 금융시스템의 붕괴가 회자될 만큼 뒤숭숭했지만, 버핏은 미국의 금융은 그렇게 허약하지 않다는 장기적 확신에 베팅했다. 그 결과 우선주 상환 및 워런트 행사로 골드만삭스 투자에서는 30억 달러 이상을, GE를 통해서는 10억 달러 이상의 수익을 거뒀다.

지루함은 버핏과 멍거에게 모든 유혹을 걸러내고 본질만 남기는 투자의 필터였다. 덕분에 그들은 밤새 폭우가 내리치는 시장의 냉기를 견뎌낼 수 있었다.

"때론 비가 올 때 우산을 빌려주는 사람이 아니라, 태풍 속에서도 우산을 내어주는 사람이 되어야 하지요."

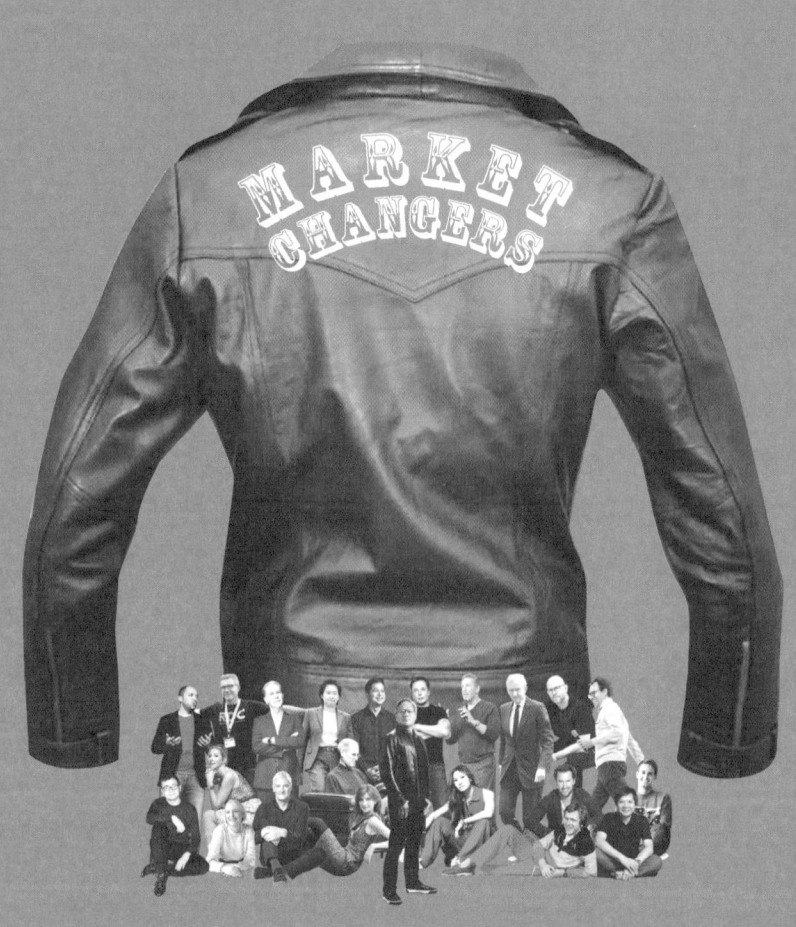

CHAPTER 6

시장의 정복자들

루이비통을 아마존에서
살 수 없는 이유

마세네의 큐레이션

"루이비통을 온라인에서 판다고?"

온라인명품몰이 지금은 어느 정도 보편화됐지만 2000년대 초만 해도 이 말
은 농담처럼 들렸다. 루이비통이나 크리스챤 디올, 프라다 같은 고가의 명품
은 반드시 손으로 만져보고 직접 착용해 본 뒤에야 구매하는 것이 상식이었
다. 특히 명품 브랜드들은 온라인이라는 낯선 무대가 자사의 고귀한 이미지
를 훼손할까 두려워했다. 그때 명품유통의 판을 송두리째 바꾼 여성이 등장
했다. 패션에디터 출신의 나탈리 마세네^{Natalie Massenet, 1965-}.

　　미국 로스앤젤레스 태생으로 파리에서 자란 마세네는 대학에서 저널리즘
을 전공한 뒤 「태틀러」와 「WWD」에서 패션에디터로 일하며 현장을 누볐다.
어느 날 촬영준비를 위해 고급의류를 인터넷에서 찾던 그녀는 명품을 구매할
수 있는 온라인채널 자체가 아예 없다는 사실이 아쉬웠다. 순간 그녀는 확신
했다. 소비자는 분명 원하고 있는데 시장의 어느 누구도 그 욕구를 충족시키
지 않고 있다는 사실을.

　　2000년 마세네는 온라인명품몰 네타포르테(Net-A-Porter)를 창업했다. 하지

만 주변에선 회의적인 반응이 쏟아졌다. 다른 건 몰라도 명품을 온라인에서 사려는 사람이 몇이나 되겠냐는 식이었다. 투자자들마저 좀처럼 계좌를 열지 않자 자금조달에 경고음이 커졌다. 결국 지인과 헤지펀드 매니저였던 남편의 도움을 받고, 집을 담보로 대출까지 받아 사업을 이어갔다. 명품브랜드들을 설득하는 일은 더 험난했다. 그들은 기존 온라인쇼핑몰의 과도한 가격할인에 난색을 표했다.

마세네의 해법은 역시 큐레이터다웠다. 네타포르테의 웰컴창을 명품사진으로 패션화보처럼 연출했고, 트렌드 기사와 스타일링 팁을 함께 제공하는 등 온라인 매거진과 편집숍의 경계를 허물었다. 오프라인 부티크를 방문한 듯한 감성을 클릭 몇 번으로 느낄 수 있도록 만든 것이다.

"인터넷은 취향을 바꾸지 않습니다. 다만 그 무대를 넓혀줄 뿐이죠."

무엇보다 마세네는 그동안 패션업계에서 쌓아온 인맥을 총동원했다. 다행히도 그녀는 유명 디자이너와 PR에이전시 네트워크를 보유하고 있었다. 이를 통해 자신이 외부인이 아니라 동종업계 사람임을 각인시켰다. 패션쇼 같은 오프라인 쇼비즈니스에 익숙한 명품 브랜드들은 기술보다 현장에서의 관계와 경험을 중시했다.

마세네는 명품고객군의 유입에도 심혈을 기울였다. 네타포르테는 쇼핑몰이 아니라 격조 높은 명품 플랫폼이자 미디어임을 각인시켰다. 엄선된 제품만을 취급했고, 고급 패키징과 배송을 통해 고객이 기대하는 감성과 품격을 온라인에서도 재현했다. 여기에 개인맞춤형 쇼핑, 다국어 고객상담, 해외배송 서비스까지도 탑재했다.

특히 네타포르테는 기존 아마존 같은 온라인쇼핑몰과는 전혀 다른 전략으로 접근했다. 명품회사에게 데이터는 제공하되, 브랜드주권은 침해하지 않는다는 시그널을 분명히 밝혔다. 가령 고객데이터를 무기로 브랜드들과 가격

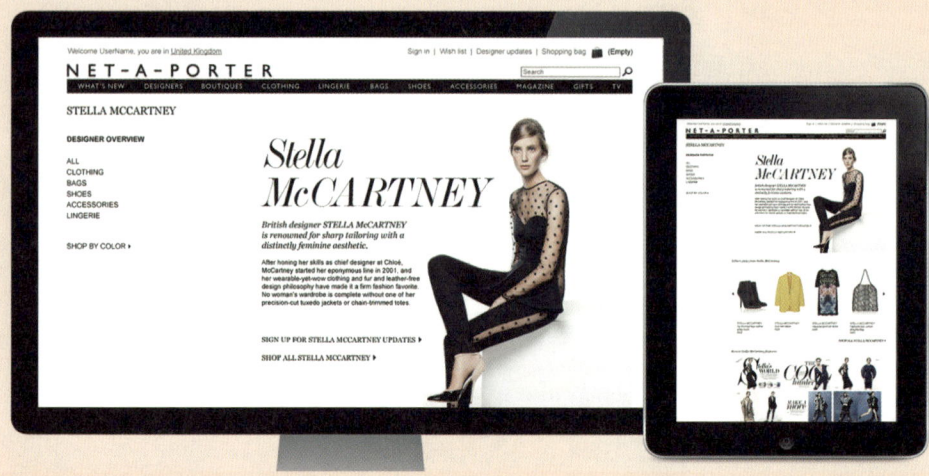

마세네는 역시 큐레이터다웠다. 네타포르테의 웰컴창을 명품사진으로 패션화보처럼 연출했고, 트렌드 기사와 스타일링 팁을 함께 제공하는 등 온라인 매거진과 편집숍의 경계를 허물었다. 오프라인 부티크를 방문한 듯한 감성을 클릭 몇 번으로 느낄 수 있도록 만든 것이다.

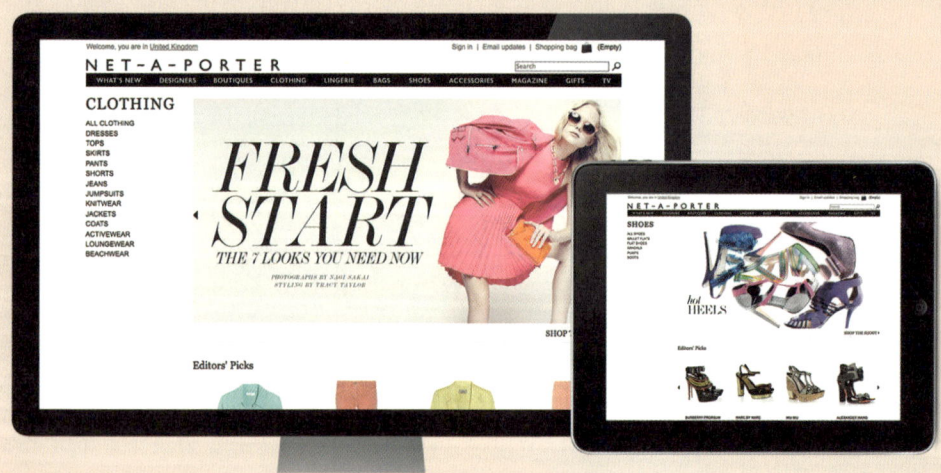

협상을 벌이는 일은 없을 거란 얘기다. 명품브랜드들이 플랫폼에 종속되는 위협을 불식시키는 게 중요했다.

드디어 명품브랜드들이 하나둘 마음을 열기 시작했고, 이에 고객들까지 반응하자 입점 브랜드들이 증가하는 선순환구조가 이뤄졌다. 그러자 투자자들도 네타포르테를 달리보기 시작했다. 마세네의 비전은 현실이 되어갔다.

그로부터 10년 후 결과는 수치로 증명됐다. 2010년 스위스 명품그룹 리치몬트는 네타포르테의 지분 절반을 인수했다. 당시 기업가치는 3억 5,000만 파운드(약 1조 6,600억 원)로 평가받았다.

이후에도 마세네는 회사를 계속 이끌며 남성 편집숍과 프리미엄 아웃렛 플랫폼 등을 성공적으로 론칭했다. 새로운 분야에 도전하기 위해 회사를 떠난 그녀는 2018년 벤처투자자 닉 브라운과 함께 이매지너리 벤처스를 공동설립하고 탁월한 패션테크 스타트업을 찾아 적극적인 투자에 나서고 있다. 온라인명품몰을 론칭시킨 장본인으로써 내친 김에 판을 좀더 키워보겠다는 복안이다.

마세네는 명품 큐레이터로서의 감각과 디지털 플랫폼을 절묘하게 융합했다. 전통 산업과 새로운 기술을 이질적으로 보지 않고 조화롭게 엮어내며 새로운 카테고리를 창출한 것이다. 그녀의 전문가적 혜안은 늘 확신에 차 있다. 오랜 현장경험으로 응축된 근거 있는 자신감에서 나온 일성은 콧대 높은 브랜드들을 충분히 설득할 만 했다.

"큐레이션만이 정답이에요.
맥락 없는 선택지는 고객을 지치게 할 뿐이죠."

데이터로 패션을 디자인하다

크리스의 온디맨드

크리스 쉬^{Chris Xu, 1984-}는 중국 산둥성 출신으로 칭다오과학기술대를 졸업한 후 난징에서 검색엔진 최적화(SEO) 전문가로 일했다. 그는 이 과정에서 글로벌 소비자들의 검색패턴과 중국산 제품에 대한 해외 수요의 연관성을 캐치할 수 있었다. 특히 웨딩드레스 같은 특정품목의 해외 수요가 꾸준하다는 점에 주목했다. 이것이 계기가 되어 2008년 온라인으로 웨딩드레스를 파는 사업을 시작했다. 창업 당시 회사명은 쯔코(ZZKKO)였지만, 이후 쉬인사이드(SheInside)를 거쳐 2015년 6월부터 현재의 이름인 쉬인(SHEIN)이 됐다.

비록 그는 패션업계 출신은 아니었지만 기술과 데이터를 무기로 기존 패스트패션의 공식을 완전히 뒤집는데 성공했다. 크리스는 2012년부터 웨딩드레스에서 벗어나 다양한 패션아이템으로 확장하기 시작했다. 이때 그는 소비자의 검색데이터를 분석해 실시간 트렌드에 맞춘 제품을 기획하고 테스트했다. 이 경험은 이후 쉬인이 온디맨드* 방식의 초소량 생산모델을 구축하는 결정적

---

* On-Demand. 미리 만들어 두지 않고 주문이 들어올 때마다 제작하는 방식으로, 수요에 맞춰 공급과 유통, 홍보 등 모든 것을 결정하는 시스템.

토대가 됐다.

기존의 패스트패션이 유행을 미리 예측해 대량생산하는 방식이라면, 쉬인은 데이터를 통해 지금 당장 유행하는 스타일을 감지하고 소량생산부터 시작했다. 한마디로 예측보다 반응을 중시했다. 반응이 좋으면 생산을 늘리고 그렇지 않으면 빠르게 단종시켰다. 이른바 테스트 앤 리피트(Test and Repeat) 전략이다. 덕분에 쉬인은 매일 수천 개의 신상품을 웹사이트에 올릴 수 있었고, 재고 부담도 거의 없었다.

쉬인의 생산방식은 중국 내 수백 개의 협력공장 네트워크와 실시간으로 연결돼 작동했다. 주문이 들어오면 즉각 소량생산에 착수해 납품까지의 시간을 최소화했다. 이로써 패스트패션의 생산주기를 더욱 단축시킨 것이다. 업계에서는 쉬인을 가리켜 패스트패션 앞에 '울트라'라는 수식어를 붙이기까지 했다.

패스트패션에서 기존 강자였던 자라가 오프라인 기반이었다면, 쉬인은 태생부터 철저히 온라인에서 출발했다. 자라가 스페인과 유럽을 중심으로 자체 생산망을 운영하는 반면, 쉬인은 유연한 위탁생산 체계로 더 빠르고 리스크 없는 공급망을 구축했다. 이러한 쉬인의 방식은 실시간 대응이 가능한 민첩함을 구현하는데 성공했다.

마케팅 전략도 철저히 디지털 중심이다. 쉬인은 틱톡과 인스타그램 등 SNS 플랫폼에서 인플루언서 마케팅을 적극 활용했다. 전 세계의 Z세대가 단돈 10만 원으로 쉬인상품을 여러 번 구매해 상품평을 올리는 인증샷 놀이인 '하울 콘텐츠(Haul Contents)'가 급속히 확산되면서 브랜드 인지도를 빠르게 끌어올렸다. 특히 쉬인앱은 게임과 리뷰, 할인쿠폰 등을 접목시켜 소비자참여를 유도해 재방문율을 높였다. 단순한 쇼핑 플랫폼을 넘어 하나의 디지털 엔터테인먼트 공간으로 만든 것이다.

SNS에 올라온 쉬인의 하울 콘텐츠들. 여기서 haul은 '(물건을) 한가득 들고 오다'를 의미한다. 쉬인은 인플루언서가 한 번에 다량구매한 물건들을 모아서 '자랑+리뷰' 형태로 보여주는 인증샷 놀이를 통해 프로모션 효과를 극대화 했다.

비상장기업인 쉬인은 2023년 5월 펀딩라운드에서 660억 달러(약 85조 원)의 기업가치를 평가받는 등 초고속 성장세를 이어갔다. 하지만 가파른 성장의 이면엔 그늘도 적지 않다. 초저가 상품을 뒷받침해온 열악한 노동조건과 환경파괴 이슈, 디자인 표절 등 구조적 문제가 꾸준히 제기됐다.

아무튼 쉬인을 한마디로 요약하면, 패션감각보다는 데이터감각이 탁월한 쇼핑몰이다. 데이터로 소비자욕망을 읽고 가장 빠르게 제작해 시장에 내놓는 영민함은 쉬인의 생존전략이자 성장동력이 됐다. 데이터가 중심이 된 시대에 패션 같은 전통산업이 나아가야 할 방향을 제시했음은 움직일 수 없는 사실이다.

가난한 멋쟁이들을 위한
검소한 패션제국

오르테가의 태그

스페인 북서부의 가난한 철도노동자 집안에서 태어난 아만시오 오르테가 Amancio Ortega, 1936- 는 14세에 학교를 중퇴하고 세탁소 점원으로 일하기 시작했다. 어느 날 그는 어머니가 동네 옷가게에서 외상을 거절당하는 장면을 보면서 씁쓸하게 읊조렸다.

"옷은 사치품이 아닌 생필품인데, 우리 어머니처럼 가난한 사람에겐 여전히 사치품이네……"

그 시절의 광경은 평생 오르테가의 기억에서 떠나지 않았다. 아픈 기억은 오히려 그에게 삶의 지향점을 선명하게 새겼다. 그는 이십대 초반 셔츠를 만드는 작은 봉제공장에서 일하며 디자인에서 재단, 봉제와 유통까지 전 과정을 몸으로 익혔다. 그리고 1975년 아내와 함께 고향 라코루냐에 약 30m²의 작은 매장을 열었다. 이곳이 바로 '자라' 1호점이다. 브랜드명은 원래 조르바(Zorba) 였으나 인근 바에서 같은 이름을 쓰고 있어 다툼을 피하기 위해 자라(ZARA)로 변경했다.

당시 패션시장은 '디자이너 → 공장 → 도매 → 소매'를 통해 소비자가 유행을 경험하기까지 1년 가까이 소요됐다. 그사이 이미 유행은 바뀌었다. 오르테가는 궁금했다.

"왜 유행이 지난 옷을 비싸게 팔까?"

사람들은 돈이 넉넉하지 않으면서도 유행이 지난 옷에 돈을 썼다. 그는 이 모순을 해결하고 싶었다. 방법이 떠올랐다. 고객반응을 매장에서 즉시 수집 → 디자인실로 전달 → 인근 공장에서 소량생산 → 2~3주 만에 진열하는 '패스트 패션' 전략이었다. 그 결과 유행을 빠르게 반영하면서도 가격은 백화점의 절반 이하로 책정할 수 있었다. 자라에 붙은 태그(tag)를 본 사람들은 안도했다. 아울러 이번 주에 자라 옷을 안 사면 다음 주엔 없다는 식의 희소성 개념을 젊은 세대에게 심어줬다. 그는 옷을 만들어 파는 사람이지만, 패션보다 패턴과 공정을 중시했다.

"디자인은 책상에서 나오는 게 아닙니다. 매장에서 고객이 느끼는 질감에서 나옵니다."

1985년에는 인디텍스그룹을 설립해 공급업체 및 외부 직원과 함께 모든 회사활동을 통합했다. 인디텍스그룹은 창업 40년이 지난 지금 전 세계 6,800개 매장에서 연간 30억 점 이상의 의류를 판매하며, 연매출 약 450억 달러(60조 원), 시가총액 약 1,270억 달러(170조 원) 규모로 성장했다.

「포브스」는 2016년 오르테가가 세계 1위 부호에 등극했다고 발표하기도 했지만 놀랍게도 그에겐 요트나 전용기, 호화주택도 없다. 아직도 라코루냐의 평범한 아파트에서 지내며 매일 본사식당에서 직원들과 같은 메뉴로 점심을 먹는다.

"고객은 거울입니다. 거울 앞에선 가장 겸손해야 합니다."

검소함은 경영스타일에서도 묻어난다. 자라는 화려한 광고를 하지 않는다. 광고비 대신 매장입지, 고객반응, 품질개선에 돈을 쓴다. 이러한 자라의 철학이 지금도 전 세계 수억 명의 옷장을 채우고 있다.

동네 요가수업에서
수조 원을 본 남자

윌슨의 틈새

1997년 캐나다 밴쿠버에 살던 칩 윌슨 Chip Wilson, 1955- 은 한창 피트니스 트렌드가 뜨는 걸 보며 고민하고 있었다. 그는 스포츠웨어 제조업체에서 20년 넘게 일한 베테랑이었지만 막상 자신의 사업은 실패하고 방황하던 시기였다.

당시 피트니스 업계는 남성중심의 근력과 유산소 운동이 주류였다. 스포츠웨어 역시 나이키와 아디다스 같은 거대 브랜드들이 운동화와 트레이닝복으로 시장을 장악하고 있었다. 하지만 1990년대 후반부터 서구사회에 조용한 변화가 일고 있었다. 스트레스가 많은 현대인들이 정신적 안정을 위해 요가와 필라테스 같은 마음챙김 운동에 관심을 갖기 시작한 것이다.

그러던 어느 날 윌슨은 우연히 여자친구를 따라 요가수업에 갔다. 그곳에서 그는 놀라운 장면을 보았다. 20명이 넘는 여성들이 불편해 보이는 면 트레이닝복을 입고 요가를 하고 있었다. 땀은 차고 실루엣도 흐릿했다. 그는 이런 생각을 떠올렸다.

"왜 지금까지 아무도 요가에 맞는 옷을 만들지 않았을까?"

당시 대부분의 사람들은, 운동복은 그저 운동복

일 뿐이라고 생각했다. 하지만 그의 눈에 비친 요가는 달랐다. 그것은 단순한 운동이 아니라 하나의 라이프스타일이라는 생각이 들었다. 요가를 하는 여성들은 대개 건강한 몸뿐만 아니라 아름다운 몸을 추구했다. 만약 세상에 요가 전용 운동복이 나온다면 기능성에 머물지 않고 미적 요소까지 동시에 충족해야 하지 않을까 어렴풋이 생각했다.

월슨이 요가전용 운동복 사업을 본격적으로 추진하기까지는 시간이 필요했다. 섣불리 창업에 나섰다가 실패한 경험도 있었다. 그럼에도 다시 뭔가를 시작한다면 본인이 가장 잘 알고 잘 할 수 있는 업종이어야 한다고 생각했다. 그는 한때 스포츠웨어 전문가였다. 하지만 그는 늘 복기했다. 스포츠웨어라는 큰 카테고리 안에서 아직 시장에 나오지 않았지만 많은 사람들이 필요로 하는 아이템이어야 한다고. 요가에 최적화된 기능성과 스타일을 갖춘 옷이 그의 머리를 떠나지 않고 있었다.

첫 매장은 밴쿠버 요가학원 옆의 작은 공간이었다. 룰루레몬은 단순히 옷을 파는 깃이 아니라 요가의 라이프스타일을 판다는 전략을 구사했다. 매장에서는 무료 요가클래스를 제공했고, 요가강사들을 브랜드 앤버서더로 고용했다.

윌슨은 여기저기 요가학원을 돌아다니며 시장조사를 했다. 그는 당시 거의 사용되지 않던 기능성 나일론, 라이크라 소재를 요가팬츠에 적용했다. 디자인은 엉덩이와 다리가 날씬해 보이도록 재단했고 단순한 로고와 도시적 감성을 입혔다. 무엇보다 중요한 포인트는 운동만을 위한 옷이 아니라 운동 후에도 입고 다닐 수 있는 옷을 만들겠다는 포부였다.

윌슨이 만든 브랜드 이름은 룰루레몬 애슬레티카(Lululemon Athletica). 첫 매장은 밴쿠버 요가학원 옆의 작은 공간이었다. 윌슨은 단순히 옷을 파는 것이 아니라 요가 라이프스타일을 판다는 전략을 구사했다. 매장에서는 무료 요가클래스를 제공했고, 요가강사들을 브랜드 앰버서더로 고용했다. 이는 고객들에게 제품뿐만 아니라 커뮤니티와 소속감을 제공하는 혁신적인 마케팅이었다. 입소문은 빠르게 퍼졌다.

"이 레깅스를 입으면 엉덩이가 달라 보인단 말이야."

레깅스 하나에 100달러가 넘는 고가였

요가학원을 다니는 여성들은 운동을 마치고도 룰루레몬을 벗지 않고 일상생활을 했다. 룰루레몬을 입은 여성들의 핏한 맵시는 다른 여성들에게 선망의 대상이 됐다. 그러자 룰루레몬은 요가를 하지 않는 여성들에게까지 확산됐다. 길거리에서 레깅스를 입고 다니는 여성들이 여기저기서 보이기 시작했다.

지만 그 기능성과 핏(fit)이 여성들 사이에서 폭발적인 인기를 끌었다. 그렇게 룰루레몬은 단순한 요가복을 넘어 프리미엄 패션스타일 브랜드로 포지셔닝에 성공했다. 룰루레몬을 입는다는 것은 건강하고 세련된 라이프스타일을 추구한다는 일종의 시그널이 됐다. 이는 브랜드의 확실한 진입장벽이 됐다.

룰루레몬은 이후 '애슬레저(Athleisure)'라는 새로운 트렌드를 만들었다. 스포츠웨어를 기반으로 활동적이면서도 편해 보이는 옷차림을 일컫는 개념이다. 애슬레저는 패션업계 전체에 거대한 변화를 가져왔다. 운동복이 일상복의 영역으로 확장되면서 편안함과 기능성을 추구하는 현대인들의 니즈와 완벽하게 맞아떨어진 것이다.

가령 요가학원을 다니는 여성들은 운동을 마치고도 룰루레몬을 벗지 않고 일상생활을 했다. 룰루레몬을 입은 여성들의 핏한 맵시는 다른 여성들에게 선망의 대상이 됐다. 그러자 룰루레몬은 요가를 하지 않는 여성들에게까지 확산됐다. 길거리에서 레깅스를 입고 다니는 여성들이 여기저기서 보이기 시작했다.

룰루레몬은 블루오션 전략의 완벽한 성공사례다. 경쟁이 치열한 스포츠웨어 레드오션에서 벗어나 아무도 주목하지 않던 새로운 시장을 만들어낸 것이다. 제품을 넘어 라이프스타일까지 판매하는 브랜딩 전략의 힘이었다. 2025년 룰루레몬의 기업가치는 한때 190억 달러(약 26조3,100억 원)를 기록했다. 아무도 눈여겨보지 않던 불편함, 그 틈새를 본 것이 거대한 시장을 만든 결정적 출발점이었다. 윌슨은 강조했다.

"가장 위대한 아이디어요?
이미 사람들 눈앞에 있어도 누구도 보지 못한 것에서 나옵니다."

아기 안고 불편했던
경험이 대박 아기띠로

프로스트의 극성

2002년 하와이에 살던 패션디자이너 카린 프로스트Karin Frost는 첫 아기를 출산하고 삶이 완전히 달라졌다. 그녀는 아기를 품에 안고 다니는 걸 좋아했지만 시중의 아기띠는 너무 불편하고 허리가 아팠다.

"아기를 편하게 안으면서도 엄마 몸도 보호할 수 있는 아기띠는 없을까?"

그 단순한 질문이 에르고베이비(Ergobaby)의 출발점이었다. 당시 육아용품 시장은 아기의 안전과 편의만을 우선시했다. 아기띠 역시 아기가 편하고 안전하면 그만일 뿐 정작 몇 시간씩 아기를 안고 다녀야 하는 엄마의 신체적 부담은 간과되고 있었다. 특히 기존 아기띠의 대부분은 아시아계 체형을 기준으로 설계돼 서구여성들에게는 맞지 않는 경우가 많았다.

내친 김에 프로스트는 미용이 아닌 인체공학에 맞춘 아기띠를 만들어보기로 했다. 직접 원단을 사고 재봉틀을 돌렸다. 한 번 시작하면 제대로 끝을 봐야 하는 프로페셔널 근성에 아기엄마의 위대한 극성(!)이 결합하는 순간 아무도 그녀를 멈춰 세울 수 없었다. 그렇게 수십 번의 시행착오 끝에 시제품을 만들었다. 아기엄마의 억척스러움이 에너지가 된 것이다.

프로스트는 주변 엄마들에게 테스트하며 무게분산, 자세보호, 아기의 안정감을 모두 충족시키는 구조를 찾아냈다. 그 중에서도 핵심은 무게분산의 과학이었다. 기존 아기띠가 어깨에만 집중되던 무게를 허리와 엉덩이로 분산시키는 구조를 개발했다. 등산용 백팩의 원리를 아기띠에 적용한 것이다. 또한 아기의 다리가 자연스러운 M자 형태를 유지할 수 있도록 설계해 아기의 고관절 발달에도 도움이 되도록 했다.

주변의 반응은 뜨거웠고, 이제 세상의 모든 아기엄마들을 위한 생산은 너무나 자연스러운 선택이었다. 2003년 드디어 에르고베이비를 공식론칭했고, '엄마를 위해' 만든 아기띠라는 콘셉트는 입소문을 타고 육아 커뮤니티를 중심으로 빠르게 퍼졌다. 기존 아기띠가 아기중심이었다면 에르고베이비는 엄마의 몸을 지키는 아기띠라는 포인트가 킥이었다.

더 중요한 것은 이 제품이 단순한 육아용품을 넘어 엄마들의 라이프스타일에 적지 않은 변화를 가져왔다는 사실이다. 아기띠 착용으로 허리가 아파 외출을 꺼리던 엄마들이 아기와 함께 적극적으로 활동할 수 있게 된 것이다. 이른바 '베이비웨어링(babywearing)' 문화가 확산되면서 부모와 아기가 함께하는 야외활동이 늘어났고, 이는 육아 패러다임 자체를 바꾸는 계기가 됐다.

프로스트가 설계한 인체공학적 아기띠 착용으로 허리가 아파 외출을 꺼리던 엄마들이 아기를 안고 적극적으로 활동할 수 있게 되면서 베이비웨어링 문화가 확산됐다.

무엇보다 아기를 안고 가사일과 장보기를 거뜬히 해낼 수 있고, 산책과 장거리 이동 중에도 엄마의 허리와 어깨에 부담을 크게 줄였다는 점이 전 세계 부모들에게 반향을 일으켰다. 에르고베이비는 글로벌 시장으로 뻗어나가기 위한 포석으로 2010년에 한 사모펀드 회사를 통해 9,100만 달러(약 1,300억 원)에 매각됐다.

에르고베이비는 사용자 중심 스타트업의 모범답안으로 회자된다. [1] 기존 시장이 놓치고 있던 진짜 사용자의 니즈를 포착한 뒤, [2] 그것을 추진력 있게 해결하는 동시에 [3] 제품생산에 돌입해 시장에 론칭한 삼박자를 젊은 아기엄마가 이뤄낸 것이다. 이른바 '본능적 MVP'*의 대표적인 사례다. 에르고베이비의 첫 번째 고객은 프로스트 자신이었던 셈이다. 그녀는 말했다.

"뭔가 탁월한 능력이 있어서 시작한 게 아니라, 단지 그것이 필요했기에 시작했을 뿐이죠."

에르고베이비는 힙시트, 유모차, 수유베개, 수면제품 등으로 라인업을 확장하며, 육아 전반을 아우르는 브랜드로 성장했다. 현재 유럽과 아시아 등 전 세계 50여 개국에서 700개 이상의 리테일러를 통해 판매되고 있다.

알토란 사업아이템은 거창하지도 멀리 있지도 않다. 당신의 평범한 일상이 가장 눈부신 엘도라도다. 프로스트처럼.

---

* Minimum Viable Product. 고객이 실제로 사용할 수 있을 만큼의 최소 기능만 갖춘 초기제품.

이탈리아를 내리는 머신

드롱기의 스타일

35세의 나이에 72년 된 가족사업을 물려받은 주세페 드롱기^{Giuseppe De'Longhi,} ¹⁹³⁹⁻ 앞에는 두 갈래 길이 놓여 있었다. 난방부품 공급업을 계속 이어가느냐, 아니면 과감한 변신을 시도하느냐. 1902년부터 시작된 드롱기가문의 작은 공작소는 이탈리아 트레비소 지역 제조업체들에게 산업용 부품을 공급하는 일을 해왔다. 특히 난방부품 제조에 특화된 이 영세한 공장은 1950년 정식 법인으로 전환했지만 여전히 다른 업체들의 하청업체에 머물러 있었다.

"부품이 아니라 제품을 만들자."

드롱기는 표변(豹變)을 결심했다. 1975년 회사 최초의 브랜드제품인 오일충전식 휴대용히터를 출시하며 승부수를 띠웠다. 이것이 오늘날 연매출 32억 유로(4조7,000억 원), 전 세계 75개국에 진출한 드롱기제국의 첫걸음이었다. 이후 드롱기는 다시 한 번 사세를 넓혀 히터회사에서 고급 주방가전 선문업체로 탈바꿈했다. 에어컨, 주방가전으로 품목을 확장한 것이다. 특히 1986년 출시한 펭귄이동식 에어컨은 수백만 가정에 보급되며 휴대용 에어컨의 내냉사가 됐다. 1980년대부터 미국 진출을 시작해 1985년 엠파이어 스테이트 빌딩에 첫 해외

지점을 열기도 했다.

1990년대로 접어들면서 드롱기의 고민은 다시 시작되었다. 모든 품목의 주방용 가전을 세계 최고로 만드는 건 무리였기 때문이었다. 선택과 집중이 필요했다. 뉴욕출장 중에 카페에 앉아 스스로에게 질문을 던졌다.

"이탈리아가 세계에서 절대 밀리지 않는 것은 무엇일까?"

카페의 작은 탁자 위에 놓인 밍밍한 아메리카노를 보는 순간 고향의 진한 에스프레소가 떠오르며 정신이 번쩍 들었다. 에스프레소를 만드는 가정용 머신! 이탈리아 커피의 풍미를 만드는 머신은 그 자체가 하나의 진입장벽이라 생각했다. 여기에 드롱기가 보유한 정밀금속 가공, 열 제어, 펌프·보일러 시스템은 커피머신의 핵심기술과 정확히 일치했다. 커피머신은 신사업이 아니라 기존 기술을 고부가가치로 전환할 수 있는 아이템이었다.

그는 무엇보다 커피머신이 반복구매를 부르는 대표적인 주방가전이라고 판단했다. 냉장고와 세탁기의 교체주기가 10년 안팎이라면, 커피머신은 취향이 업그레이드될수록 5년 안에 신제품으로 바꾸고 싶어질 것이라 봤다. 프리미엄 마케팅이 통하는 품목이란 얘기다. 히터나 에어컨이 '있어야 하는 제품'이라면, 커피머신은 '자랑하고 싶은 주방가전'이기도 했다. 카페의 전유물이라 여겼던 커피머신을 가정용으로 전환하겠다는 복안이었다.

이후 드롱기의 완전자동(Bean-to-Cup) 시스템은 커피머신의 글로벌 스탠더드가 됐다. '원두 → 분쇄 → 탬핑 → 추출 → 세척'까지 소비자는 선택버튼만 누르면 에스프레소에서 카푸치노까지 맛볼 수 있었다. 경쟁사의 캡슐용 머신과 달리 드롱기는 원두선택의 자유와 반복비용의 절감을 동시에 해결했다.

과도하지 않은 곡선과 금속 질감은 'Made in Italy' 감성을 살려 주방 인테리어의 격조를 드높였다는 평가를 받았다. 단순한 가전이 아니라 라이프스타일 제품으로 론칭한 것이다. 품목의 정교한 세분화 또한 돋보였다. 드롱기는

커피머신 세계 시장점유율 1위 네스프레소가
조지 클루니를 모델로 세운 데 맞서 드롱기는
로컬 브랜드라는 기존 이미지에서 탈피하기 위
해 브랜드 피트를 선택했다.

입문형(세미자동)에서 중급형(전자동)과 프리미엄형(라 마시마)을 구분해 출시하여
업그레이드로 이어지는 구매사다리를 구축했다.

　팔십대의 고령에도 여전히 기업의 경영에 참여하고 있는 드롱기는, 2019년
이탈리아정부로부터 카발리에레 델 라보로 훈장을 받는 자리에서 이렇게 말
했다.

　　"우리는 기계를 파는 게 아니라, 이탈리아의 스타일을 팝니다.
　　사람들은 우리의 커피머신을 구입하면서
　　이탈리아를 경험한다고 생각하지요."

　이케아가 스웨디시한 모더니티를, 트와이닝이 런더너의 티타임을, 샤넬이
파리지앵의 향기를 팔았듯이, 제품에 문화가 결합했을 때의 파급효과를 드롱
기는 간파했던 것이다.

팔리지 않는 열정의 쓴맛

파브르의 플레이버

1975년 스위스 네슬레(Nestle)의 젊은 연구원 에릭 파브르Eric Favre, 1946-는 로마 출장 중 우연히 들른 에스프레소바에서 이색적인 경험을 했다. 그는 바리스타가 포타필터*를 여러 번 펌핑하는 모습을 유심히 관찰했다. 그리고 바리스타가 건네 준 에스프레소의 완벽한 크레마와 깊고 풍부한 맛은 그의 인생을 완전히 바꿔놓았다.

출장에서 돌아왔지만 파브르의 머릿속에는 여전히 로마의 진한 에스프레소가 남아 있었다. 인스턴트커피의 최강자였던 네슬레가 도저히 낼 수 없는 풍미였다. 그는 당시 네슬레의 숙제이기도 했던 업그레이드된 인스턴트커피 맛의 지향점을 에스프레소로 설정했다.

문제는 인스턴트커피를 집이나 사무실에서 타 먹을 수 있듯이 카페의 바리스타 도움 없이 개인이 에스프레소를 만들 수 있는 방법을 찾는 것이었다. 파브르는 곧장 연구에 착수했다. 모든 향이 농축된 추출 셀을 만들기 위해 수많

---

* portafilter. 분쇄한 커피원두를 담아 에스프레소 머신에 끼우는 도구.

은 실험을 거듭했다. 강한 압력을 견딜 수 있는 반구형 설계를 채택했지만 높은 압력을 견디면서도 일정한 품질의 추출을 보장하는 캡슐소재와 밀봉방식을 찾는 것은 쉽지 않았다. 초기 캡슐들은 머신에서의 실패율이 높았고 캡슐 내 산소로 인해 커피가 쉽게 변질되는 문제에 직면했다.

파브르는 회사에 휴가를 내고 다시 로마를 찾았다. 그의 곁에는 커피애호가인 이탈리아 출신 아내가 있었다. 아내는 남편과 함께 이탈리아 전역의 에스프레소바를 탐방하며 통역과 정보수집을 도맡을 정도로 파브르의 진정한 파트너였다. 그는 말했다.

"커피 맛을 제대로 느낄 줄 아는 아내는 좋은 에스프레소를 마실 때면 세상에서 가장 행복한 표정을 짓곤 했어요."

이어서 파브르는 로마 근교 어느 작은 카페에서 한 바리스타가 했던 말을 떠올렸다.

"내가 내린 에스프레소를 마시고 행복감에 젖은 손님의 표정을 봤을 때 희열 같은 게 밀려오곤 합니다. 세상에 단돈 100리라로 이만큼 행복을 줄 수 있는 사람은 이탈리아에서 에스프레소를 내리는 우리들뿐이지요."

지금으로 하면 채 1유로가 안 되는 값이었다. 순간 파브르는 깨달았다. 인스턴트커피에서 느낄 수 없는 에스프레소만의 가치와 매력이 엄청나다는 사실을. 그는 이탈리아의 카페를 가지 않고도 에스프레소가 자아내는 희열과 행복감을 어디에서나 느낄 수 있는 캡슐이어야만 한다고 생각했다. 그리고 거듭된 실패 끝에 드디어 시제품을 만드는 데 성공했다.

새로운 도전은 언제나 기득권자의 저항에 부딪히기 마련이다. 네슬레 내부에선 파브르의 아이디어에 대한 회의적인 시각이 지배적이었다. 기존의 인스턴트커피 시장에서 성공을 거둔 회사로선 완전히 새로운 접근법이 위험해 보였다. 기존 밀리언셀러 브랜드인 네스가페가 쌓아온 이미지를 저해하는 건 아닌지 우려했다. 파브르의 프로젝트는 여러 차례 중단위기에 놓였고, 그는 끈질기게 설득해야 했다.

파브르가 캡슐방식의 콘셉트를 개발한지 거의 10년 만에야 네슬레는 그의 제안을 수락했다. 하지만 글로벌 기업 네슬레의 신사업이라고 하기엔 출발이 너무나 단촐했다. 5명의 직원과 4종의 커피캡슐 그리고 단 1종의 머신뿐이었다. 네슬레는 성공가능성이 거의 없다고 판단했지만, 그동안 파브르가 보여준 열정을 단칼에 자를 수는 없었다. 아무튼 우여곡절 끝에 1986년 네슬레의 100% 자회사인 네스프레소(Nespresso)가 독립법인으로 출범했다.

초기전략은 사무용 시장을 겨냥한 것이었다. 높은 품질의 커피를 사무실에서 간편하게 즐길 수 있다는 콘셉트였지만 시장반응은 기대이하였다. 1987년 네스프레소의 매출은 예상에 훨씬 못 미쳤고 고가의 커피머신 재고를 잔뜩 떠안고 말았다. 팔리지 않는 열정의 맛은 생각보다 썼다. 파브르는 깊은 절망에 빠져 있을 때 아버지의 조언을 떠올렸다.

"무언가를 발명만하고 그것을 팔 줄 모르면 결국 쓸모없단다."

1988년 네슬레는 필립모리스 출신의 장-폴 가이야르를 새로운 네스프레소 CEO로 임명했다. 파브르는 아버지의 조언을 상기하면서 신임 사장에게 제품의 특장점과 가치에 대해서 오랫동안 진심을 다해 브리핑했다. 제품을 홍보하고 판매를 책임질 사장의 마음을 움직이는 게 중요하다고 판단했다. 가이야르는 파브르의 진정성을 충분히 이해했다. 그는 판매전략을 완전히 바꿔 가정용 시장으로 눈을 돌렸다. 더 중요한 것은 단순히 제품을 파는 것이 아니라 경험을 제공하기로 한 것이다.

가이야르는 1989년 '네스프레소 클럽'이라는 회원제 시스템을 도입했다. 이는 커피업계에서는 전례 없는 일이었다. 네스프레소 클럽은 단순한 판매채널이 아니었다. 회원들에게는 전용 커피머신과 프리미엄 캡슐을 제공했고 개인맞춤형 서비스와 커피에 대한 전문지식을 공유했다. 이는 커피를 소비재가 아닌 고급한 문화적 경험으로 포지셔닝하는 획기적인 발상이었다. 고객들은 커피만 마시는 게 아니라 네스프레소라는 브랜드의 플레이버(flavor)를 향유하게 됐다.

품질에 대한 집착도 계속되었다. 네스프레소는 전 세계 최고급 커피산지에서 직접 원두를 조달했고, 각 지역의 독특한 풍미를 살린 다양한 브랜드를 론칭했다. 특허를 취득한 알루미늄 캡슐은 커피의 신선함을 완벽하게 보존하며 산소와 빛으로부터 보호하는 역할을 했다. 머신의 압력과 온도는 정밀하게 조절되어 매번 일관된 품질의 에스프레소를 만들어냈다.

네스프레소는 단순히 편리한 커피머신을 만든 것이 아니라 완전히 새로운 커피문화를 제안했고, 소비자를 설득했다. 집에서도 카페수준의 에스프레소를 즐기는 니즈를 찾아냈고, 커피를 일상의 고급한 '의식(ritual)'으로 격상시켰다.

오늘날 네스프레소는 전 세계 80여 개국에서 사랑받는 캡슐커피 브랜드 1위로 우뚝 섰다. 2024년 기준 네슬레의 총 매출은 약 980억 달러(126조7,600억 원)를 기록했으며, 네스프레소는 이 가운데 7%를 차지하는 것으로 추정된다. 하지만 도전도 만만치 않다. 특허만료로 인해 저가호환 캡슐들이 시장에 쏟아지고 있고 알루미늄 캡슐의 환경영향에 대한 우려도 커지고 있다. 그럼에도 불구하고 네스프레소가 처음 내세웠던 "한 잔 한 잔, 궁극의 커피경험을 제공한다"는 철학은 조금도 흔들림이 없다. 궁극의 커피란 도대체 뭘까? 파브르는 이렇게 말했다.

"최고의 커피란 어쩌다 한 번 완벽한 플레이버를 내는 게 아니라,
매번 완벽하게 재현되는 커피입니다.
완벽한 커피가 아니라 완벽한 반복성만이 존재할 뿐이죠."

파란 병 속 정성의 유통기한

프리먼의 **텀블러**

블루보틀(Blue Bottle)의 창업자 제임스 프리먼James Freeman, 1966-은 원래 오케스트라 클라리넷 연주자였다. 어린 시절부터 음악에 몰두하며 음의 높낮이와 리듬은 물론 소리에 대한 미세한 감각까지 키웠다. 하지만 연주자는 대개 유명 콩쿠르에서 입상하지 못하면 직업인으로 안정적인 생활을 영위하기가 쉽지 않다. 프리먼도 마찬가지였다. 늘 음악과 현실 사이에서 갈등하던 그를 위로한 건 향기로운 한 잔의 커피였다. 하지만 의기소침해 있던 어느 날 그는 매일 마시던 커피가 몹시 불편하게 느껴졌다.

"도대체 커피 맛이 왜 이런 거야?"

프리먼이 실망한 커피는 대형 체인점에서 파는 제품이었다. 그는 대량생산으로 인해 커피 본연의 맛이 희생되고 신선함이 유지되지 않는다는 점에 화가 났다. 내친 김에 원두를 사다 직접 볶아 커피를 내렸다. 때마침 우연히 집에 들른 친구들이 그가 내린 커피 향과 맛에 크게 반색했다. 순간 짜릿했다. 어려서부터 줄곧 해온 음악으로는 단 한 번도 누군가를 감동시킨 적이 없었다. 그날 이후 그의 책상에는 악보 대신 커피 관련 서적들이 쌓여갔다.

2002년 오클랜드의 작은 차고에서 프리먼은 블루보틀 커피를 창업했다. 일본의 사이펀 브루잉(Siphon Brewing, 진공흡입식) 방식을 연구하고 생두를 직접 수입해 로스팅을 시작했다. 차고 안에서는 온도와 시간을 1도, 1초 단위로 기록하며 수백 번의 실험이 이어졌다. 새벽까지 이어지는 로스팅의 냄새와 소음에 아내는 불만을 토로하기 일쑤였다. 고된 작업에 프리먼의 눈가에는 다크서클이 짙어졌지만, 눈빛은 더욱 밝아졌다.

프리먼이 커피 비전문가였음에도 불구하고 성공할 수 있었던 비결은 명확하다. 완벽주의와 장인정신을 포기하지 않고 고객경험을 최우선으로 생각하며 학습과 실험을 두려워하지 않았다. 전문지식이 부족했지만 스스로 서적과 현장경험을 통해 전문성을 쌓았다.

프리먼은 드디어 2003년 오클랜드 파머스마켓에 첫 스탠드를 열었다. 낡은 일본식 로스터와 수제 푸드카트가 전부였지만 그의 커피를 맛본 사람들은 놀라움을 감추지 못했다.

"이게 정말 커피인가요?"

고객의 질문에 그는 미소 지으며 답했다.

"이것이 커피가 정말 가져야 할 맛이지요."

그는 '로스팅 후 48시간 이내 판매'라는 원칙을 고집하며 업계의 조롱에도 흔들리지 않았다. 새벽 3시에 일어나 그날 판매할 원두만 로스팅하고 남으면 과감히 버렸다. 초기 직원은 이렇게 회상했다.

"보스는 첫 잔을 직접 내려 마시고 고개를 끄덕이거나 새로 만들라고 지시했죠. 그의 완벽주의 덕에 개점이 늦어도 고객들은 기다릴 가치가 있다고 믿었어요."

블루보틀이라는 이름에도 그의 철학이 담겼다. 17세기 오스트리아 빈에 문을 연 커피하우스는 신선한 커피콩을 푸른 병에 담아 보관하면서 사연스럽게

제임스 프리먼

업장의 상호가 됐다. 블루보틀에서 당시 유럽인들은 커피를 마시며 열띤 토론을 이어갔다. 한 잔의 커피 값으로 하루 종일 머물며 저마다 사고의 틀을 깨웠다. 커피 속 카페인의 각성효과가 카페를 찾는 이들의 뇌를 맑게 했다는 속설은 일견 그럴 듯 했다. 프리먼의 생각도 다르지 않았다. 커피를 단순한 음료가 아니라 생각을 나누는 매개체로 만들고 싶었다. 역사적 상징성이 담긴 푸른 병을 간판과 커피 잔에 그려 넣은 까닭이다.

2005년 샌프란시스코에 첫 매장을 열면서 그는 또 한 번 과감한 결정을 내렸다. 일회용 컵을 없애고 도자기 컵만 사용하겠다고 선언한 것이다. 투자자들의 우려와 주변의 반대에도 그는 흔들리지 않았다.

"커피는 예술이고 예술은 적절한 캔버스가 필요해요."

공간, 바리스타의 손길, 고객과의 대화 하나하나가 모두 설계된 경험이 되었다. 2008년 금융위기 때 매출이 급감하고 직원들을 해고해야 할 위기 속에서도 프리먼은 굳건했다. 마지막 남은 돈으로 최고급 자메이카 블루마운틴 원두를 구입하며 말했다.

"지금이야말로 사람들에게 정말 좋은 커피가 필요한 때이죠."

그는 돈으로 상처받은 사람들을 커피로 위로하고 싶었던 것이다. 그의 진심은 입소문을 타며 더 많은 고객을 불러 모았다.

"우리는 커피를 파는 것이 아니라 정성을 팝니다."

그는 이렇게 말하며 바리스타들이 고객과 대화하고 취향과 기분에 맞춘 커피를 내리도록 했다.

일본진출 과정에서도 그의 철학은 분명했다. 도쿄 골목에 매장을 열며 현지인의 취향과 문화를 철저히 연구하고 직원들에게 직접 커피교육을 시키며 수개월간 실험을 반복했다. 블루보틀이 일본에서 인정받은 건 단지 품질 때문만이 아니라 프리먼의 정성이 현지인들에게 전달되었기 때문이었다.

2017년 네슬레가 블루보틀의 68% 지분을 약 5억 달러(약 5,650억 원)에 인수해 자회사로 편입하며 블루보틀 브랜드는 글로벌화 되었다. 작은 차고에서 시작된 한 남자의 열정어린 맛과 향이 전 세계인의 카페인 취향을 저격하는 기회를 가져온 것이다.

하지만 거대 자본의 인수에 대한 평가는 엇갈린다. 블루보틀 특유의 풍미가 대량생산으로 변질되는 것이 아니냐는 우려 때문이다. 2026년 3월 그 우려는 현실이 됐다. 중국 내 1위 커피기업 루이싱커피가 네슬레로부터 블루보틀 전 세계 매장운영권을 사들였다. 이 뉴스는 블루보틀의 충성고객들을 심란하게 했다. 험난한 시장에 선 프리먼은, 그에게 주어진 텀블러에 무엇을 버리고 또 무엇을 새롭게 담아낼 것인가?

관심을 수집하다

실버만의 저장

벤 실버만ᴮᵉⁿ ˢⁱˡᵇᵉʳᵐᵃⁿⁿ, ¹⁹⁸²⁻은 어린 시절 게임을 즐기기 보다는 곤충 표본을 만들고 잡지에서 오려낸 사진을 스크랩하는 데 몰두한 소년이었다. 수집과 정리는 그에게 본능 같은 습관이었다.

예일대에서 정치학을 전공한 그는 한때 부모님의 뜻에 따라 의사가 되려고 한 적도 있었지만, 무언가를 만드는 일에 좀더 매력을 느껴 실리콘밸리로 향했다. 2006년 구글에 입사했지만 개발팀이 아니라 광고영업팀에 배정받았다. 안정적인 커리어였지만 직접 개발에 참여해 보고 싶은 갈망은 시간이 갈수록 커졌다. 결국 2008년 말 회사를 떠나 예일대 동창이자 벤처캐피탈 업계 출신인 폴 시아라와 함께 창업에 나섰다.

두 사람이 처음 선보인 서비스는 '토트'라는 모바일쇼핑 앱이었다. 사용자들이 관심 있는 상품을 저장해두고 나중에 확인하거나 구매할 수 있도록 하는 시스템이었다. 결과는 실패였다. 사람들은 실제로 물건을 구매하기 보다는 이미지를 저장하거나 친구들과 공유하는 데 토트를 사용했기 때문이었다.

사업이 왜 실패했는지 이유를 곱씹던 실버만은 사람들은 구매보다 저장하려는 욕구가 훨씬 크다는 점을 깨달았다.

"사람들은 사기 전에 오래 생각해요. 저장하고 비교하는 동안 영감을 받는 거죠."

2009년 그는 새로운 프로젝트에 돌입했다. 핀터레스트(Pinterest)였다. 쇼핑 기능은 과감히 제거하고 이미지저장과 분류기능에만 집중하기로 했다. 사용 자는 웹이나 스마트폰에서 마음에 드는 이미지를 찾아 주제별로 보드(board)에 모아 정리할 수 있도록 했다. 관심 있는 것(interest)을 핀(pin)으로 고정해서 저장 해 둔다는 콘셉트는 사명이 됐다. 한 마디로 온라인상에서 자신만의 수집 전 시 공간을 만들 수 있게 한 것이다. 실버만이 어린 시절 박제된 곤충들을 핀으 로 고정해 분류하고, 신문과 잡지에서 좋아하는 사진들을 오려내 스크랩했던 추억을 소환해 디지털 공간에 적용한 것이다.

2010년에는 페이스북에서 인턴 디자이너로 일했던 에반 샤프가 합류해 건 축도면에서 영감 받은 그리드(grid) 레이아웃을 고안해냈다. 이 레이아웃은 핀 터레스트만의 시각적 정체성을 구축하는 핵심이 되었다.

문제는 역시 자금이었다. 당시 이미지중심 SNS라는 개념은 낯설었고 수익 모델도 불투명했다. 대다수 투자자들 역시 회의적이었다. 실버만은 직접 투자 자들을 만나 여러 차례 설득에 나선 끝에 비로소 한 VC로부터 1,000만 달러 (약 106억 원)를 이끌어내는 데 성공했다. 뒤이어 VC 안드레센 호로위츠로부터 2,700만 달러(약 285억 원) 규모의 투자를 유치하며 안정적인 경영자금을 확보 했다. 이제 수익을 내는 일만 남았다.

2010년 3월 핀터레스트의 클로즈 베타서비스를 시작했지만 초기사용자 반 응은 미지근했다. 실버만은 긴장했지만 차분히 현실을 직시하며 사용자 한 명 한 명에게 직접 이메일을 보내 피드백을 받고, 파워블로거들과 협업해 입소문 을 키워갔다. 집요하고 꾸준한 실행력은 결국 변화를 만들기 시작했다.

대부분의 SNS가 '누구와 연결됐는가'의 관계 위주라면, 핀터레스트는 '누가 무엇을 좋아하는가'라는 관심에 착안했다. 그리고 정치나 경제 같은 무거운 주제가 아니라 패션, 인테리어, 여행, 맛집(음식) 같은 일상적인 취향에 초점을 맞췄다. 결과적으로 사용자의 다수가 자연스럽게 소비지향적인 젊은 여성들로 채워졌는데, 그들은 대체로 플랫폼에서의 체류시간이 길고 저장이나 분류에 친숙하며 무엇보다 구매전환율이 높았다. 이 점이 바로 광고주를 끄는 핵심포인트가 됐다.

2010년 1만 명에 불과했던 핀터레스트의 사용자는 2012년 1,000만 명을 돌파했다. 단기간에 세계에서 가장 빠르게 성장하는 웹서비스 중 하나로 떠오른 것이다. 핀터레스트는 가파른 성장세를 이어가며 2019년 4월 뉴욕증시에 상장했다. 2025년 기준 시가총액은 238억 달러(약 33조 원)에 달했다.

하지만 실버만은 여전히 돈보다 사람들의 관심사를 추적한다. 돈을 좇는 것보다 사람들이 저장해놓은 목록을 관찰하는 게 결국 수익을 창출한다는 원리를 터득했기 때문이다.

"사람은 자신이 무엇을 저장하는 지로 정의됩니다."

섬뜩한 협곡의 살풍경

팔란티어와 안두릴의 무장

히피들의 성지였던 샌프란시스코를 지근거리에 둔 실리콘밸리를 보고 있으면 첨단 과학기술 산업단지가 웬 말인가 싶기도 하다. 실리콘밸리가 공과대라면 샌프란시스코는 예술대라 할 정도로 두 곳은 서로 이질적이었다. 그런데 실리콘밸리에서 신흥부호들이 쏟아져 나오면서 샌프란시스코는 이제 웨스트 아메리카에서 가장 중요한 금융허브가 됐다.

실리콘밸리에 뿌리를 둔 일부 방산업체들의 존재도 마찬가지다. 샌프란시스코는 베트남전이 한창이던 1960~70년대 반전문화의 메카였다. 그 시절 플라워칠드런 세대는 머리에 마리화나를 꽂고 지미 헨드릭스의 불협화음과 리처드 브라우티건의 나른한 문장을 흡입했다. 히피와 빅테크처럼 반전과 방산두 이율배반적이란 얘기다.

실리콘밸리는 현실적으로도 방산과 배치되는 부분이 적지 않다. 우선 실리콘밸리의 핵심자산은 엔지니어인데, 그들은 자신의 기술이 사람을 죽이는 데쓰이는 것을 달가워하지 않는다. 실제로 개발자들은 포트폴리오에 방산업체이력이 올라가는 것을 꺼린다. 브랜드를 강조하는 빅테크와 실체가 드러나는 게 부담스러운 방산업체의 정체성도 차이가 크다. 방산업체는 대개 개발 중인 프로젝트와 고객, 기술 등을 비공개로 진행한다. 또한 캠퍼스도 폐쇄적이다. 미디어 등과 거리를 두고 조용히 사업을 전개한다.

그런데 역설적이게도 실리콘밸리의 근저에는 방산이 있었다. 우선 인터넷은 군사적 목적에서 출발했다. GPS 같은 위성기술도 마찬가지다. 초기 반도체의 트랜지스터나 집적회로(IC)도 미사일과 전투기에서 엄청난 효용을 거뒀다. 샌프란시스코에 있으면서 실리콘밸리 브레인들을 다수 배출한 스탠퍼드대의 경우, 연구비의 상당부분에 연방정부의 국방예산이 투입됐다. 혹자는 이렇게 말하기도 한다.

"실리콘밸리는 펜타곤의 외주 연구단지였다."

최근 실리콘밸리에서 주목받는 팔란티어(Palantir)와 안두릴(Anduril) 같은 방산업체들은 전통적인 방산업체들과 다른 면모를 보이고 있다. 가령 미국의 방위산업을 대표해온 록히드마틴이 미사일이나 전투기 같은 무기를 직접 만든다면, 팔란티어와 안두릴은 무기를 다루는 소프트웨어와 데이터를 개발하고 분석한다.

팔란티어는 2003년 설립 이후 데이터분석에 특화해왔다. 방대한 데이터를 수집·분석해 인사이트를 도출하는 것이 핵심역량이다. CIA, FBI 같은 정보기관부터 일반 기업에 이르기까지 다양한 고객에게 데이터 플랫폼을 제공한다. 총알이나 미사일 대신 국방정보와 인텔리전스로 승부하는 셈이다.

2017년 설립된 안두릴은 AI기반 자율방어 시스템을 개발한다. 국경을 감시하는 센서타워부터 적의 드론을 요격하는 자율시스템 등이 주력 기술이다.

이처럼 팔란티어와 안두릴은 미래 국방의 핵심축을 담당한다. 안두릴이 자율화된 물리적 방어체계를 구축한다면, 팔란티어는 정보 우위를 통한 의사결정 지원에 집중한다.

흥미로운 사실은 팔란티어와 안두릴 모두 존 로널드 톨킨의 소설 『반지의 제왕』에서 회사명을 빌려왔다는 점이다. 팔란티어는 '먼 곳을 보는 돌'이라는 뜻으로, 소설에서는 멀리 떨어진 곳까지 볼 수 있는 마법의 수정구슬이다. 빅데이터 분석회사인 팔란티어가 이 이름을 택한 이유는 분명하다. 데이터의 바다에서 숨겨진 패턴을 찾아내고 한치 앞도 보이지 않는 미래를 투시하겠다는 포부가 담겨 있다.

안두릴은 '서쪽의 불꽃'이라는 뜻이 담긴 아라곤의 검 이름이다. 부러진 나르실을 다시 벼려 더욱 강력해진 이 검은 권력의 회복을 상징한다. AI기반 방산업체 안두릴이 이 이름을 선택한 것은 미국의 군사적 우위를 첨단기술로 재무장시키겠다는 의지에서다. 전통적인 방산업체들이 놓친 혁신을 자율무기와 AI로 채우겠다는 것이다.

방산이라는 업종의 특성상 두 회사 모두 정부와 밀접한 관계를 맺고 있다. 팔란티어는 CIA 및 FBI와 협력하고 있고, 안두릴은 국방부의 파트너다. 마치 원작 속 팔란티어와 안두릴이 통치자의 도구였던 것처럼 말이다.

실리콘밸리의 방산업체들이 판타지 소설에서 회사명을 따오는 것은 결코 우연이 아니다. 이들이 선택한 이름 속에는 국방기술에 대한 실리콘밸리의 야심이 담겨 있다. 그들은 자신의 기술을 통해 국가 간 힘의 질서를 마법처럼 지배할 수 있다고 믿으며 스스로를 그 서사의 주인공으로 여긴다. 반전을 노래하고 자유를 외치다가 어느새 신기술과 빅머니를 움켜쥐더니 이제 국가권력에까지 입김을 불어넣으려 한다. 섬뜩한 협곡의 신풍경이 아닐 수 없다.

쇼핑혁명 다음은 농업혁명

콜린의 선택

테무를 운영하는 핀둬둬(Pinduoduo Inc.)의 창립자 콜린 황^{Colin Huang, 1980-}은 중
국 항저우 외곽에서 공장 노동자 부모 밑에서 태어났다. 이곳은 알리바바
창업자 마윈의 고향이기도 하다. 콜린은 교육을 통해 계층의 사다리를 오르
는 데 성공했다. 저장대에서 컴퓨터과학 학사를 마친 뒤 미국 위스콘신대에
서 석사학위를 취득했고, 2004년 실리콘밸리의 구글에 합류했다.

검색 엔지니어로 3년간 근무하며 글로벌 기업의 DNA를 익혔고 특히
2006년 구글의 중국 진출 프로젝트에서 핵심역할을 맡아 현지시장 이해와 비
즈니스에서의 국제적 감각을 동시에 키웠다. 2007년 구글을 떠난 그는 곧 창
업전선에 뛰어들었다. 온라인 게임사 시누디 스튜디오와 전자상거래 플랫폼
오쿠닷컴을 차례로 세우며 실전 경험을 쌓았고, 이 과정에서 중국의 소비자
심리를 꿰뚫는 통찰력을 얻었다.

그는 2015년 9월 인생의 전환점이 된 핀둬둬를 창업했다. 단순한 쇼핑몰이
아니라 메신저 위챗을 기반으로 한 공동구매형 소셜 쇼핑모델이었다. 그가 가
장 존경한 사람은 알리바바의 마윈이었다. 모든 사람이 비즈니스를 할 수 있

도록 한다는 마윈의 철학은 그에게 깊은 울림을 주었다. 콜린은 이를 바탕으로 자신의 경영철학을 세웠다.

"상하이 사람들이 파리지앵처럼 사는 느낌을 갖게 하는 것이 아니라 낙후된 안후이성 사람들이 질 좋은 화장지와 신선한 과일을 저렴하게 구입할 수 있도록 하는 것이 목표입니다."

핀둬둬는 위챗과 연동해 사람이 많이 모일수록 가격이 내려간다는 공동구매 전략으로 12억 위챗 사용자를 끌어들였다. 특히 대기업들이 장악하지 못한 농산물 분야에 집중해 1,200만 농가와 직거래를 추진, 중간유통 단계를 없애 초저가 상품을 확보했다. 또한 매일 1,100만 명 이상이 참여하는 둬둬과수원 게임을 통해 쇼핑에 엔터테인먼트 요소를 결합해 이용자의 앱 접속빈도와 구매전환율을 크게 높였다.

폭발적인 성장세는 곧 투자와 지표로 입증됐다. 회사설립 불과 3년 만인 2018년 나스닥에 상장했고, 2020년에는 가입자 7억8,000만 명을 돌파하며 알리바바를 추월했다. 주가는 상장 당시 24.6달러에서 160달러대까지 치솟았고, 시가총액은 1,780억 달러(약 248조 원)를 넘어섰다.

하지만 핀둬둬는 곧 본질적인 문제에 봉착하고 말았다. 극도로 저렴한 가격정책으로 인해 상품의 질에 대한 우려가 끊이지 않았다. 실제로 일부 제품에서는 안전기준 미달이나 허위광고 등의 문제가 지속적으로 제기됐다. 또한 배송지연, 고객서비스 미흡, 환불과정의 복잡함 등 운영상의 문제점들이 소비자들의 불만으로 이어졌다. 초고속 성장 속에서 과도고 지원에 시망히는 불상사가 일어났고, 중국정부는 테크기업 규제를 강화하기 시작했다.

결국 2021년 3월 콜린은 41세라는 젊은 나이에 과감히 CEO와 회장직을 내려놓고 경영 일선에서 물러났다. 그의 2선 후퇴에도 불구하고 핀둬둬의 성장은 멈추지 않았다. 2022년 9월 출시된 글로벌 쇼핑앱 테무는 글로벌 유통业

룽 아마존과 월마트의 강력한 대항마로 떠올랐다. 출시 단 5개월 만에 아마존과 쇼피파이 심지어 중국 패스트패션 기업 쉬인까지 제치고 쇼핑앱 1위를 차지한 것이다.

테무의 성공비결 중 하나는 AI기술의 적극적인 활용이다. 머신러닝 알고리즘을 통해 사용자의 구매패턴과 선호도를 분석하여 개인맞춤형 상품을 추천하는 시스템을 구축했고, 이는 사용자경험을 크게 향상시켰다. 또한 AI기반의 가격최적화 시스템을 도입해 실시간으로 수요와 공급을 분석해 가격을 조정함으로써 경쟁력 있는 가격정책을 유지할 수 있었다.

공급망 관리에서도 AI가 핵심역할을 했는데 예측분석을 통해 재고관리를 최적화하고 배송경로를 효율화하여 물류비용을 대폭 절감했다. 더불어 자연어 처리기술을 활용한 챗봇과 번역 시스템은 글로벌 고객들에게 원활한 서비스를 제공하는 데 기여했다.

하지만 산이 높으면 골이 깊다는 속담처럼 콜린에게도 자산가치 폭락이라는 시련은 여지없이 찾아왔다. 성장둔화 우려가 확산되며 2024년 8월 26일 하루 만에 주가가 28% 넘게 폭락했고, 그는 보유재산 가운데 18조 원이 증발하는 난감한 상황을 겪어야 했다.

현재 콜린의 관심사는 농업과 생명과학이다. 핀둬둬를 통해 중국 최대 농업 플랫폼을 구축하며 농민들을 위한 물류도구를 제공했던 경험 그리고 사회적 영향이 돈보다 중요하다는 철학이 그를 농업과 생명과학 분야로 이끌었다. 그는 식품과 생명과학의 혁신을 미래비전으로 제시하며 핀둬둬를 농업 플랫폼으로 확장해 스마트농업에 투자하고 있다. 농업을 풍년이 미덕이던 생산산업에서 데이터를 기반으로 하는 수요예측 산업으로 바꾼다는 장기적 아젠다를 세워두고 있다. 이른바 농업의 디지털전환이다.

핀둬둬의 스마트팜 사업은 단순히 농업에 AI기술을 도입하는 게 아니라, 데이터 기반 생산 및 유통을 통해 농업 전체 생태계를 플랫폼으로 전환하는 전략을 중심으로 한다. 그 일환으로 핀둬둬는 해마다 전 세계 영농인 및 연구자들을 대상으로 디지털 농업 기술개발을 장려하는 콘테스트를 개최하기도 한다.

"이길 수 없는 경쟁 대신 새로운 시장을 개척합니다.

대도시와 중산층, 브랜드 중심의 알리바바와 경쟁하는 대신 핀둬둬는 중소 도시와 가격민감층에 집중했고, 이어서 대다수가 트렌디한 신업은 좋은 때를 리운 인간의 가장 기본적인 생활양식인 농업을 선택했다. 공장노동자의 아들에서 중국 최고 부호가 된 입지전적 인물에 머물지 않고, 지속가능한 미래시장을 고민하는 기업인으로 거듭나려는 의지가 읽힌다. 그의 다음 행보를 진 세계 투자자들이 주목하는 까닭이다.

당신의 일을 시장이 원하는가

젠슨의 피벗

"우리는 고객이 아니라, 우리가 옳다고 믿는 기술을 만들었습니다."

전 세계 수많은 스타트업들은 대개 실패에서 출발한다. 엔비디아(NVIDIA)도 다르지 않았다. 1993년 젠슨 황^{Jensen Huang, 1963-}과 두 명의 공동창업자가 실리콘밸리의 커피 무한리필 카페에서 무한정 브레인스토밍에 돌입했을 때 그들은 시장이 원하는 게 아니라 자신들이 원하는 것을 첫 사업아이템으로 선택하는 우(愚)를 범했다.

초기 엔비디아는 세콰이아캐피탈 등 벤처투자자들로부터 자금을 모았지만 당시 시장에는 이미 여러 개의 그래픽칩 스타트업이 치열하게 경쟁하고 있었다. CEO를 맡은 젠슨은 우리가 만든 칩이 단 하나라도 시장에서 살아남지 못하면 회사는 끝난다는 절박한 마음으로 엔비디아를 이끌어갔다.

하지만 엔비디아가 1995년 내놓은 첫 번째 제품 'NV1'은 대실패였다. 게임업계 표준과 다른 방식으로 그래픽을 처리한데다 높은 가격 때문에 PC게이머들로부터 외면 받은 것이다. 첫 제품의 실패로 회사는 곧 존폐위기에 내몰렸다.

"우리는 잘못된 방향으로 너무나 빨리 달려갔습니다. 다행히도 우리는 실패의 경험이 훗날 좀더 나은 판단을 이끌어낼 수 있음을 깨달았지요."

그는 시장의 요구를 다시 냉정하게 분석했고 그래픽 가속화에 집중하기로 방향을 전환했다. 그의 피벗(pivot)은 적중했다. 엔비디아는 같은 실수를 되풀이하지 않았고 'RIVA128' 그래픽카드로 마침내 첫 성공을 거두었다. 엔비디아는 이 제품으로 기술력을 입증하며 회사의 성장기반을 마련했다.

당시 젠슨이 주목한 것은 게임업계의 변화였다. 1996년 존 카맥이 개발한 '퀘이크'는 게임 역사상 처음으로 완전한 3D 폴리곤(다각형) 그래픽을 구현했다. 기존 게임인 둠의 2.5D방식을 넘어 모든 배경과 캐릭터를 진정한 3D로 표현한 혁신이었다. 그러나 이런 복잡한 3D연산을 CPU(중앙처리장치)만으로 처리하기에는 명백한 한계가 드러났다. 첫 실패 이후 젠슨은 이 지점을 놓치지 않았다.

"퀘이크 같은 게임이 미래입니다. 하지만 CPU로는 더 정교하고 현실적인 그래픽을 실시간으로 처리할 수 없었어요. 게임개발자들이 원하는 것과 하드웨어가 제공하는 것 사이에 커다란 격차가 있었습니다."

당시 반도체 업계는 CPU 성능향상에 매달리던 시절이었다. 클럭(clock, 컴퓨터 프로세서의 처리) 속도를 올리고 캐시메모리를 늘리며 명령어처리를 최적화하는 것이 전부였다. 젠슨과 개발팀은 가장 먼저 그 한계를 읽었다. CPU는 본질적으로 순차처리에 특화돼 있어 방대한 데이터를 반복연산하거나 복잡한 그래픽을 빠르게 다루는 데 치명적이었다. CPU 성능만으로는 멀티미디어와 그래픽의 폭발적 수요를 감당하지 못할 것이 뻔했다.

이런 분석을 토대로 엔비디아는 1999년 GPU(그래픽처리장치)라는 개념을 처음 세상에 내놓았다. '지포스256'을 발표하며 세계 최초로 GPU라는 타이틀을 붙인 것이다. CPU가 모든 것을 처리하던 구조에서 벗어나 병렬연산을 통해 그래픽을 전담하는 프로세서라는 발상은 당시 파격적이었다. 이는 훗날 인공지능, 자율주행, 데이터센터 혁신으로 이어질 불씨였다.

더 중요한 전환점은 2006년이었다. 젠슨은 '쿠다(CUDA)'라는 프로그래밍 언어를 통해 GPU를 단순 그래픽 전용칩이 아닌 범용 병렬연산 장치로 확장시켰다. 당시 학계와 연구자들이 CUDA를 이용해 머신러닝 연산을 시도했고 2012년 알렉스넷이 GPU기반으로 이미지 인식대회에서 압승하면서 AI붐이 시작됐다. 젠슨은 그때를 이렇게 회상했다.

"우리는 전혀 다른 길을 개척했지만, 결국 인류가 필요로 하던 기술에 도달했습니다."

젠슨의 경영방식은 극도로 집요하고 장기적이다. 매출이 불안정하던 시절에도 그는 연구개발에 막대한 투자를 아끼지 않았다. 그는 회의에서 엔지니어들에게 항상 이렇게 강조했다.

"지금 당장 시장에서 팔리는 제품도 중요하지만,
5년 뒤 반드시 필요한 기술을 개발하는 게 좀더 중요합니다."

엔비디아는 마침내 그래픽칩 회사에서 벗어나 병렬 컴퓨팅플랫폼 기업으로 진화했다. 2012년 젠슨은 말했다.

"GPU는 단순히 그래픽을 빠르게 처리하는 장치가 아닙니다. 그것은 세상의 복잡한 문제를 풀 수 있게 해주는 새로운 연산도구입니다. 우리는 더 이상 그래픽칩 회사가 아닙니다. 이제부터 엔비디아는 AI 회사입니다."

그의 삶에는 늘 절박함과 원대한 비전이 동시에 자리했다. 사업초반의 실패를 딛고 GPU라는 새로운 패러다임을 탄생시킨 스토리는 단순한 기술혁신을 넘어 한 기업가의 냉철한 인식의 전환이 어떻게 미래를 정복하는가를 보여주는 대표 사례가 되었다.

5,126번 실패한 게 아니라
5,126가지 방법을 찾았다

다이슨의 흡입력

가구 및 실내 디자인을 전공했다가 이후 엔지니어링으로 방향을 바꾼 제임스 다이슨^{James Dyson, 1947-}은 1970년대 후반 진공청소기의 흡입력이 점점 약해지는 이유가 먼지봉투 때문이라는 사실에 주목했다.

"먼지봉투를 없애고 흡입력을 향상시킬 방법은 없을까?"

그는 질문했고 사이클론 원리*를 이용한 청소기를 만들기 시작했다. 흥미롭게도 그는 목재공장에서 먼지를 분리하는 거대한 사이클론 시설을 보고 이 원리를 소형화할 수 있다는 영감을 얻었다. 당시 그는 볼바로우(Ballbarrow)라는 휠바로우(wheelbarrow, 외바퀴 손수레)를 발명해 성공을 거둔 상태였지만 더 큰 도전을 원했다.

하지만 현실은 험난했다. 무려 5,126번의 프로토타입 만들기를 시도했지만 수년간 실패는 반복됐다. 계속된 실패로 가족의 생활비를 대기에도 빠듯했다.

---

* cyclone. 강한 회오리바람을 일으키는 인도양의 열대성 폭풍에 착안해 원심력과 중력의 상호작용을 이용해 입자와 공기를 분리하는 기술.

그는 15년 동안 하루에 16시간씩 지하실에서 작업했고 아내가 미술교사로 일하며 가계를 꾸려나갔다. 주변 사람들은 그를 '못 말리는 사람'이라고 혀를 찼다. 친구들은 이구동성 말했다.

"이제 그만큼 했으면 됐어."

다이슨은 주변의 반응에 화가 났지만 오히려 분노를 동력으로 삼았다.

"나는 화가 날 때 더 창의적이 된다는 말이지."

그는 매일 아침 실패한 프로토타입을 보며 '오늘은 뭘 다르게 해볼까?'라고 자문했다. 다이슨의 접근법은 남달랐다. 대부분의 엔지니어들이 컴퓨터 시뮬레이션에 의존했지만 그는 직접 손으로 만지고 테스트하는 것을 고집했다. 이론과 현실은 다르다는 것이 그의 철학이었다.

마침내 그는 5,127번의 시도 만에 시제품을 만드는 데 성공했다. 하지만 이번엔 영국 가전회사들이 봉투 없는 청소기가 기존 시장을 위협한다며 다이슨의 제안을 거절했다. 기존 기업들은 연간 5억 달러(약 6,945억 원) 규모의 교체용 봉투시장을 포기하고 싶지 않았던 것이다. 후버, 일렉트로룩스 등 주요 업체들은 소비자들이 투명한 먼지통을 원하지 않는다며 그의 아이디어를 일축했다.

다이슨은 일본으로 눈을 돌렸고 마침내 그곳에서 제품이 출시되며 큰 반향을 일으켰다. G-Force라는 이름의 제품은 2,000달러(약 278만 원)라는 고가에도 불구하고 혁신적인 디자인으로 인정받았다. 일본의 소비자들은 오히려 투명한 먼지통이 청소과정을 볼 수 있어 만족스러워했다. 이후 그는 직접 회사를 차렸고, 세계적인 브랜드 다이슨(Dyson)은 이렇게 탄생했다.

결국 1993년 영국에서도 다이슨 청소기가 출시되었고, 결과는 폭발적이었다. 출시 18개월 만에 영국 청소기 시장점유율 1위에 올랐고, 과거 그의 아이디어를 거절했던 기업들은 급하게 모방품을 만들어내기 시작했다. 다이슨은 이에 대해 담담하게 말했다.

"그들이 나를 모방한다는 것은 내가 옳았다는 증거이지요. 대부분 사람들은 세 번째 실패에서 포기합니다. 나는 5,127개의 프로토타입을 만들었고 5,126번의 실패가 있었지만 그 과정에서 5,126가지 방법을 얻었습니다. 실패의 숫자는 곧 신념의 깊이를 말해주는 것이기도 합니다."

제임스 다이슨

그는 이후에도 같은 철학을 유지하며 헤어드라이어, 선풍기, 로봇청소기 등으로 영역을 확장했고, 문제를 다르게 보는 것이 혁신의 시작이라는 신념을 실천하고 있다.

오늘날 다이슨은 세계적인 기술기업으로 성장했다. 2023년 기준 다이슨의 연매출은 약 75억 달러(10조4,200억 원)에 달하며 기업가치는 250억 달러(약 34조 7,000억 원) 이상으로 평가받고 있다. 전 세계 80개국에서 사업을 펼치고 있으며, 1만4,000명 이상의 직원을 고용하고 있다. 특히 R&D에 매출의 약 25%인 연간 18억 달러(약 2조5,000억 원)를 투자하며 혁신을 멈추지 않고 있다. 창립자 다이슨은 160억 달러(약 22조2,000억 원)의 개인자산을 보유한 부호가 됐지만, 여전히 매일 연구소에 나와 실패를 반복하고 있다.

"실패가 먼지처럼 쌓였을 때 봉투 없는 청소기를 개발했던 것처럼 정답에 가까워진다는 신호이기도 하지요."

외톨이 게이머들을 위한
거대한 디지털 클럽하우스

시트론의 커뮤니티

게임채팅 플랫폼 디스코드(Discord)의 창립자 제이슨 시트론 Jason Citron, 1984- 은 어린 시절 할아버지로부터 받은 컴퓨터 한 대로 인생의 방향을 결정했다. 13세 때 친구의 도움으로 큐베이직을 배우며 첫 번째 프로그램을 만들었는데 그것은 텍스트 기반의 롤플레잉 게임이었다. 파이널 판타지6을 좋아하던 게임마니아 소년은 이미 이때부터 게임과 기술이 만나는 지점에서 새로운 세계를 경험했다.

그의 진로는 전형적인 실리콘밸리 공식과는 달랐다. 시트론은 샌프란시스코 출신이지만 플로리다의 풀세일대에서 게임 디자인과 개발을 전공했다. 명문대 학벌도 대형 IT기업 근무경력도 없던 시트론은 오히려 자신이 진정 하고 싶은 일에 집중할 수 있었다. 엘리트들은 종종 화려한 배경에 휩쓸려 자신이 정말로 뭘 원하는지 잃어버리곤 한다.

시트론도 처음에는 직접 게임을 개발했지만, 강호에는 이미 셀 수 없을 정도로 많은 고수들이 있었다. 그는 수많은 천재개발자들이 익사하는 레드오션에 뛰어드는 대신 다른 방향을 모색했다. 게이머들을 연결하는 플랫폼(랭킹, 친구연결, 채팅 등)이 그의 시야에 들어왔다.

2009년 시트론은 모바일 소셜게이밍 플랫폼 오픈페인트(OpenFeint)를 창립했다. 개발자들이 게임에 리더보드와 채팅기능을 쉽게 추가할 수 있도록 돕는 서비스가 오픈페인트의 킥이었고, 반응은 무섭게 치솟았다. 불과 2년 만에 사용자 1억 명, 게임 7,000개를 확보하며 폭발적인 성장을 이어갔다. 시트론은 2011년 일본의 그리에 1억400만 달러에 회사를 매각하며 단숨에 억만장자가 됐다.

진짜 도전은 그 이후였다. 시트론은 매각자금을 바탕으로 2012년 게임개발 스튜디오 해머앤치즐(Hammer & Chisel)을 설립했다. 게임업의 본류는 역시 회사의 고유한 IP를 갖는 것이라는 미련을 버리지 못한 것이다. 2014년 선보인 첫 번째 게임 '페이츠 포에버'는 모바일 최초의 멀티플레이어 온라인배틀 아레나를 지향했지만, 상업적 성과는 미미했다. 처음으로 겪는 뼈아픈 실패였다.

그럼에도 중요한 소득이 있었다. 게임개발 과정에서 느낀 불편함 즉 팀 내 전술조율을 위한 음성채팅의 불완전성이 새로운 아이디어로 이어졌다. 팀스피크나 스카이프 같은 기존 도구는 복잡하고 불안정했다. 게이머들이 진정으로 원하는 것은 단순하면서도 안정적인 소통도구였다. 바로 여기서 디스코드의 발상이 시작됐다. 그는 다시 한 번 깨달았다.

"우리는 게임을 개발하는 것보다 게이머들이 잘 소통할 수 있는 채널을 만드는 데 강점이 있다는 걸 잠시 잊었던 것 같습니다."

2015년 시트론은 동료 스태니슬라브 비세네프스키와 함께 디스코드를 런칭했다. 처음엔 게이머를 위한 텍스트·음성·영상 기반의 채팅플랫폼이었지만 사용편의성과 안정성을 무기로 게이머를 넘어 다양한 커뮤니티로 확산됐다. 성장은 놀라웠다. 2020년 디스코드가 일반 소통서비스로 확장을 발표한 뒤 월간이용자는 2억 명으로 급증했다. 코로나19 팬데믹은 비게이미 이용자까지 끌어들이며 불을 붙였다. 이미 많은 경쟁자가 있었지만 디스코드는 커뮤니티 중심 전략과 직관적인 사용자경험 그리고 게이머가 진정 원하는 것에 집중하며 차별화에 성공했다.

그리고 2021년 디스코드에 매우 중요한 일이 벌어졌다. 마이크로소프트로부터 120억 달러(17조7,800억 원)에 인수제안을 받은 것이다. 시트론과 공동창업자 비시네프스키는 깊은 고민에 빠졌다. 마이크로소프트는 단순한 인수가 아니라 엑스박스* 생태계와의 완전한 통합을 계획하고 있었다. 엑스박스 게임사업부 책임자인 필 스펜서가 직접 협상에 나서며 적극적인 의지를 보였다. 틱톡 인수에 나섰다가 실패한 마이크로소프트로선 젊은 사용자층을 확보할 수 있는 절호의 기회였다.

하지만 몇 주간의 치열한 내부토론 끝에 시트론은 놀라운 결정을 내렸다. 120억 달러라는 천문학적 금액을 거절한 것이다. 그는 당시를 이렇게 회상했다.

"우리는 독립적인 회사로서 더 큰 가치를 창출할 수 있다고 믿었습니다."

마이크로소프트가 과거 스카이프나 기타 소셜플랫폼을 인수한 뒤 혁신동력을 잃어버린 사례도 판단의 근거로 작용했다.

디스코드의 거절은 실리콘밸리를 충격에 빠뜨렸다. 업계에선 대부분이 건방진 결정이라며 고개를 저었다. 하지만 시트론의 판단은 옳았다. 거절 직후 디스코드는 독립적인 펀딩라운드를 통해 150억 달러(20조9,800억 원)의 기업가치 평가를 받으며 마이크로소프트 제안보다 30억 달러 더 높은 가치를 인정받았다. 디스코드는 당연히 시트론에게도 엄청난 열매를 가져다 줬다. 시트론의 2025년 기준 순자산은 약 10억 달러(약 1조3,000억 원)로 추정된다.

디스코드의 성취는 경제적 효과에 머물지 않는다. 디스코드는 단순한 음성

---

* Xbox. 게임·하드웨어·구독·클라우드·PC를 하나로 묶은 마이크로소프트의 통합 게임플랫폼 전략.

채팅 툴을 넘어, 게임문화를 개인위주의 플레이에서 커뮤니티중심으로 이동시킨 플랫폼으로 평가받는다. 즉 게임을 혼자 즐기는 폐쇄적 유희에서 소통하고 관계를 맺는 매개체로 만든 것이다. 대개 게임이 끝나면 온라인상의 관계도 종료되었지만, 디스코드를 통해 게임을 하지 않아도 커뮤니티 활동으로 이어졌다. 디스코드는 이른바 '디지털 클럽하우스'가 됐다. 팬커뮤니티가 게임사의 공식채널보다 더 강력해지는 현상이 나타나기도 했다. 디스코드 보급 이후 등장한 게임들이 팀플레이 중심으로 변한 것도 이채롭다.

디스코드처럼 하나의 문화형성에 기여한 플랫폼은 기술기업에 머물지 않고, 하나의 '인프라'로 평가된다. 디스코드를 통해 게임 체류시간이 증가했고 친구기반 구매유도가 이뤄지면서 자연스럽게 게임산업의 선순환구조가 일어났다. 특히 커뮤니티기반 게임은 입소문 속도가 폭발적으로 빨라짐에 따라 게임사의 마케팅 비용을 줄이면서도 오히려 사용자를 늘리는 효과가 있다. 또한 디스코드는 팬 커뮤니티의 허브역할을 하며 스트리머 같은 크리에이터, 커뮤니티 매니저, 서버 관리자 및 e스포츠 운영인력 등 관련 직업군의 스펙트럼을 넓혔다. 언제가 시트론은 한 인터뷰에서 이렇게 말했다.

"디스코드에서 중요한 건 게임이 아니라 함께하는 친구들입니다. 소통은 우리가 게임을 즐기는 방식의 근본이기도 합니다."

그는 전 세계 게이머들이 진정으로 원하는 게 무엇인지를 찾았고, 그것을 만들어 운영했으며, 거대한 생태계로 이끌었다. 이제 게이머들은 더 이상 외 따 서이 아니다 서을 비추고 여결하는 디스코드라는 등대와 배기 있는 한 딸 이다.

'히잡'이란 편견을 물리친
바이오 여전사

장가네의 잭팟

이란 출신 바이오기업가 마키 장가네[Maky Zanganeh, 1970-]는 어린 시절부터 격동의 시대를 온몸으로 겪어야 했다. 1970년대에 이란-이라크 전쟁의 그림자가 어린 장가네의 일상에 드리워졌고, 소녀는 방공호에서 폭격의 공포 속에 살아야 했다. 혁명과 전쟁의 불안을 뒤로 하고 부모는 자녀들에게 더 나은 미래를 주고자 결단을 내렸다.

"어머니는 이렇게 말씀하셨어요. 환경은 바꿀 수 없지만 선택은 바꿀 수 있다고요."

가족은 유럽으로 이주했고 이 선택은 어린 장가네에게 새로운 세계로 향하는 문을 열어주었다. 장가네의 부모는 자녀들의 교육에 일생을 걸었고, 세 자매는 학업을 향한 열정으로 보답했다. 장가네의 두 언니는 모두 의사가 됐다. 그녀 또한 독일에서 학업을 이어간 뒤 프랑스 스트라스부르대에서 치의학으로 박사학위를 취득했다. 하지만 장가네는 의사도 연구자도 아닌 새로운 도전을 택했다. 남다른 교육관을 몸소 실천한 어머니는 그녀의 삶에 나침반이 되었다. 어머니는 강하면서도 정의로운 여성이었다.

"여성으로서 다른 사람을 도울 수 있는 일을 하되 항상 독립적이어야 해."

남성중심의 사회인 이란에서 자란 딸에게 이렇게 말할 수 있는 여성은 흔치 않았고, 장가네는 '종속적인 이란 출신 여성'이란 세상의 편견에 맞서야 했다.

그녀의 선택은 의과학 분야였다. 아직 21세기가 되기도 전에 의료용 로봇과 바이오 치료제는 많이 생소했다. 1998년 장가네는 세계 최초의 수술용 로봇기업 컴퓨터모션(Computer Motion)과 인연을 맺었다. 스트라스부르대에서 의료로봇 연구팀과 협업한 경험이 계기가 됐다. 혁신적인 원격수술 프로젝트에 대한 그녀의 전문성과 국제적 감각이 회사의 눈에 띄었고, 결국 유럽과 중동·아프리카 지역을 총괄하는 사장으로 발탁되었다. 2001년 9월 뉴욕과 스트라스부르를 잇는 세계 최초의 원격수술이 성공했을 때 그 중심에는 장가네가 있었다.

그녀의 도전은 여기서 멈추지 않았다. 2008년 파마사이클릭스(Pharmacyclics)라는 작은 바이오텍 회사가 연이은 임상실패로 벼랑 끝에 몰려 있을 때 장가네는 최고운영책임자로 합류했다. 모두가 회의적인 눈길을 보냈을 때 그녀는 어머니를 생각했다.

회사에서 장가네의 선택과 집중은 혈액암 치료제 임브루비카로 모아졌다. 만성 림프구성 백혈병 치료에 뚜렷한 임상효과를 인정받았고, 이를 계기로 회사는 2015년 빅파마 에브비에 약 210억 달러에 매각되었다. 당시 글로벌 바이오업계 최대 빅딜 중 하나였다. 임브루비카가 존슨앤존슨 계열사 얀센과의 공동 개발·판매 계약은 맺은 것이 매각의 성공포인트였다. 그녀는 로열티 배분 모델을 구축했고, 리스크는 분산하되 기업가치는 극대화하는 계약구조를 설계했고 이뤄냈다.

장가네에게 고비가 닥쳤다. 2020년 팬데믹의 한가운데서 유방암 진단을 받은 것이다. 항암제 개발의 최전선에 서 있던 리더가 이제 환자가 되어 병상에 누워있어야 했다. 방사선과 항암 치료를 거쳐 다행히 완치판정을 받았고, 투병의 경험은 그녀에게 환자중심 신약개발에 대한 가치관을 정립하는 계기가 됐다.

"암이라는 단어를 듣는 순간 인생이 멈춥니다. 환자는 정작 암 자체가 아니라 공포감과 항암치료, 합병증으로 큰 고통을 겪게 되지요."

장가네는 암환자들에게 완치의 확신을 줄 수 있는 신약개발의 중요성을 다시 한 번 깨달았고, 2020년 바이오텍 서밋테라퓨틱스(Summit Therapeutics)에 합류했다. 하지만 서밋테라퓨틱스 역시 이전회사와 크게 다르지 않았다. 항생제 후보물질 하나만 보유할 정도로 연구와 재정이 열악한 곳이었다. 그녀는 회사의 공동CEO로 취임한 뒤 핵심사업을 항생제에서 항암제로 전환했다.

결정적 승부수는 중국 바이오기업 아케소와의 컨소시엄을 통해 항암이중항체 치료제 후보 이보네시맙을 확보한 것이었다. 당시만 해도 중국 임상데이터에 대한 글로벌 바이오업계의 신뢰도는 낮았지만, 그녀는 철저하게 데이터로 승부했다. 장가네의 판단은 옳았다. 이보네시맙은 PD-1 면역관문 차단과 VEGF 억제를 동시에 수행해 암치료 효과가 뛰어나다는 데이터가 입증되면서 당시 세계 최고 매출 항암제 키트루다를 뛰어넘는 퍼포먼스를 창출했다.

장가네는 세상에서 가장 불필요하고 소모적 논쟁을 일으키는 게 편견임을 잘 알고 있었다. 그녀는 글로벌 제약업계에서 이란계 여성으로서 겪어야 했던 경험과 중국계 바이오업체 아케소에 대한 인식은 다르지 않다고 생각했다. 확신이 설 때까지 데이터를 여러 차례 반복해 검수했고, 그녀는 흥분을 가라앉히고 회사 동료들에게 덤덤히 말했다.

"이제 드디어 잭팟을 터트릴 때가 왔어요!"

서밋테라퓨틱스의 주가는 수백 퍼센트가 뛰었고, 장가네가 보유한 회사의 지분가치는 2025년 기준 7억3,000만 달러(1조109억 원)에 이르렀다. 「포브스」는 그녀를 미국 최고의 자수성가 여성 23위로 선정했다. 첫 이란계 미국여성 억만장자라는 타이틀도 그녀의 이름 앞에 붙었다.

바이오는 5~10년 단위의 긴 호흡이 필요한 사업이다. 뚜렷한 임상효과가 나오기 전까지는 투자자의 침묵과 의심의 시간이 이어진다. 이때 장가네는 자신의 역할을 분명히 캐치했다. 끊임없이 근거 있는 데이터를 확보하고, 전문적인 지식을 바탕으로 투자자를 설득하며, 조직의 인재가 유출되지 않도록 확실한 리더십을 발휘해야 한다는 사실을.

시장에서 바이오는 투자판단이 쉽지 않은 업종이다. 장가네는 바이오 투자에 명징한 세 가지 기준을 남겼다. [1] 블록버스터 신약은 데이터와 자본, 파트너십의 결합으로 탄생한다. [2] 파마사이클릭스나 서밋테라퓨틱스 같은 열악하고 작은 바이오텍도 임상전략에 따라 글로벌 빅파마를 움직일 수 있다. [3] 기업가치는 '제품'이 아니라 '과학'과 '서사'가 만든다. 그녀는 이렇게 덧붙였다. 투자자에게 이보다 더 설득력 있는 서사는 없을 듯하다.

마키 장가네

"바이오는 돈의 가치를 따지기 전에
인류의 생존이 걸린 과업입니다."

140억 달러 커피제국의 몰락 그리고 부활

정야오의 공과[功過]

루정야오^{Lu Zhengyao, 1970-}가 베이징 은마탕 지역의 작은 건물에서 럭킨커피(Luckin Coffee, 루이싱커피) 첫 번째 매장을 열었을 때 그는 이미 중국 인터넷업계의 전설적 인물이었다. 칭화대를 졸업한 뒤 신화통신 기자로 시작해 인터넷 업계로 뛰어든 그는 신랑닷컴의 최고운영책임자를 거쳐 우버차이나의 총괄사장까지 역임했다. 특히 우버차이나에서 디디추싱과의 치열한 경쟁을 이끌며 중국의 공유경제 전쟁을 직접 경험한 그에게는 시장파괴적 혁신에 대한 확고한 철학이 있었다.

2017년 말 정야오의 시야에는 또 다른 사업아이템이 들어왔다. 그는 스타벅스가 독점하고 있던 중국의 프리미엄 커피시장을 바라보며 기회를 포착했다.

"스타벅스는 중국에서 20년간 왕좌에 앉아 있었지만, 자리에 도취해 안주하고 있었습니다."

그의 전략은 단순했다. 모바일주문, 30분배송, 공격적인 할인정책으로 중국 소비자들의 커피소비 트렌드를 바꾸겠다는 것이었다. 그는 이렇게 말했다.

"우리의 목표는 단지 커피를 파는 게 아니라 커피 한 잔에 담긴 중국인들의 라이프스타일을 바꾸는 것입니다."

커피는 단순한 음료가 아니라 현대 도시인들의 습속이라고 그는 판단했다. 그 지점을 파고들어야만 오랜 세월 시장을 점령해온 스타벅스의 아성을 부술 수 있다고 본 것이다.

창업초기 정야오의 하루는 새벽 5시에 시작되었다. 베이징 시내 곳곳의 럭킨 매장을 돌며 직접 커피를 주문하고 배송시간을 체크하며 고객반응을 살폈다. 그는 직원들에게 강조했다.

"고객이 앱을 열고 커피를 주문한 순간부터 30분 이내에 페이퍼컵이 주문자의 손에 들려 있어야만 합니다. 31분이면 실패입니다."

한 번 세운 원칙을 철저히 지키려는 그의 완벽주의적 성향은 직원들을 고달프게 했지만, 럭킨의 성장속도는 가히 폭발적이었다. 2018년 1월 1일 첫 매장을 열고 그해 말까지 2,000개 매장을 중국전역에 오픈했다. 이는 스타벅스가 중국에 진출한 후 20년간 만든 매장 수와 맞먹는 수치였지만, 정야오는 여전히 허기졌다.

"우리는 하루에 8개씩 매장을 열고 있습니다. 이는 물리적 한계에 도전하는 것입니다. 중국인들은 편리함에 목말라있습니다. 우리는 그 갈증을 해결해주는 것뿐이죠."

2019년 5월 17일 럭킨커피는 불과 창업 17개월 만에 뉴욕증시 나스닥에 상장했다. 당시 중국기업 중 가장 빠른 상장기록이었다. 이미 그의 눈에는 승기의 확신이 가득 차 있었다.

"우리는 2021년까지 1만 개 매장을 만들 겁니다. 스타벅스를 넘어서는 것은 시간문제입니다."

하지만 성공의 이면에는 검은 그림자가 드리워져 있었다. 급속한 확장을 위해 럭킨은 막대한 마케팅비용을 쏟아 부었다. 신규고객에게는 첫 잔 무료,

기존고객에게도 지속적인 할인쿠폰을 제공했다. 정야오는 시장선점을 위해 필요한 투자라고 정당화했지만, 내부적으로는 손실이 눈덩이처럼 불어나고 있었다. 그는 경영회의에서 이렇게 말하며 공격적 전략을 고수했다.

"아마존도 20년간 적자였습니다. 우리도 시장점유율을 확보하는 것이 우선입니다."

진짜 문제는 성장에 대한 압박이 도를 넘어섰을 때 나타났다. 상장 이후 분기마다 투자자들의 성장기대치는 높아졌고, 정야오와 경영진은 이를 맞추기 위해 점점 더 위험한 선택을 했다. 매출 부풀리기를 시작한 것이다. 처음에는 약간의 숫자조정이라고 스스로를 합리화했지만 이는 곧 조직적인 회계부정으로 치달았다.

2020년 4월 럭킨커피의 회계부정이 폭로되면서 모든 것이 무너졌다. 미국 공매도 전문투자업체인 머디워터스가 회계부정 사실을 폭로하며 논란에 불을 붙였다. 한때 140억 달러였던 기업가치는 10분의 1로 줄어들었다. 주가가 폭락하자 럭킨커피는 결국 회계조작 사실을 실토했다. 2019년 매출의 40%인 22억 위안이 조작된 것으로 드러났다. 정야오는 즉시 회장직에서 물러났고 럭킨커피는 나스닥에서 퇴출당했다. 그는 공개사과문을 발표하며 고개를 숙였다.

정야오가 물러난 이후 럭킨커피의 경영진은 새로 선출된 CEO 궈진을 중심으로 재편됐다. 2020년 하반기부터 럭킨커피는 성장을 멈추고 내부개혁에 착수했다. 모든 매출과 고객 데이터는 실시간으로 검증가능한 시스템으로 전환했다.

"이제 한 잔의 커피도 허위로 계상할 수 없는 시스템이 만들어졌습니다."

새로운 경영진이 주목한 것은 럭킨이 이미 구축해놓은 방대한 디지털 인프라였다. 2억 명이 넘는 등록사용자와 누적된 주문데이터는 그 자체로 엄청난 자산이었다. 정야오가 이뤄놓은 성과임을 부정할 수 없었다.

2021년부터 럭킨은 AI와 빅데이터를 활용한 맞춤형 서비스에 본격 투자했다. 고객의 주문패턴을 분석하여 개인별 추천메뉴를 제공하고 지역별 선호도에 따라 매장별로 다른 메뉴를 배치했다. 가령 상하이의 금융가에서는 에스프레소 계열이 인기였지만, 청두의 대학가에서는 달콤한 라떼류가 선호된다는 분석결과를 바탕으로 지역맞춤형 운영을 시작했다.

럭킨커피의 재기는 숫자로도 확연히 드러났다. 2023년에는 매출기준으로 스타벅스를 제치고 중국 최대 커피브랜드로 올라섰다. 2024년 회계연도 기준 럭킨커피의 전 세계 매출은 약 47억 달러(약 6조5,000억 원)로, 전년 대비 38.4% 증가했다. 현재 중국 내 매장 수는 1만 6,200개에 달해 스타벅스의 6,800개 보다 두 배 이상 많다.

럭킨커피는 창업자 정야오의 공백에도 불구하고 회생했고, 더욱 견고하게 성장했다. 아이러니하게도 정야오의 야망은 그가 회사를 떠난 뒤에 이뤄졌다. 현재 럭킨커피는 단순히 과거의 스캔들을 극복한 기업에 그치지 않고, 중국소비자들이 가장 사랑하는 커피브랜드로 자리잡았다. 정야오 시절의 화려했지만 불안정했던 모습과 달리, 지금의 럭킨은 묵묵하지만 우직한 성장을 이어가고 있다.

럭킨의 회생은 기업의 지속가능한 가치가 창업자 개인의 카리스마보다 투명한 시스템과 진정성 있는 경영에 달려 있음을 보여주는 대표적 사례가 됐다.

아무리 안 팔려도
좌판을 접지 마오

히로타케의 다 있소

1972년 야노 히로타케矢野博丈, 1943-2024는 실패한 사업가였다. 생계를 위해 트럭에 잡화를 싣고 일본열도를 돌며 잉여재고를 팔던 중 상품가격을 일일이 외우기 힘들어 외쳤다.

"전부 100엔입니다!"

그렇게 다이소(Daiso)는 트럭 한 대에서 시작됐다. 거들떠보지도 않았던 사람들이 하나둘 트럭 주변으로 모여들었다. 열댓 명이 트럭을 둘러싸자 지나가는 사람들도 뭐가 있나 싶어 기웃거렸다. 더 많은 사람들이 몰리면서 물건들이 팔리기 시작했다. 당장 필요하지도 뭔가 신박한 것들도 아니었지만, 하나 사두기에 100엔이란 가격은 꽤 착했다. 트럭 위 잡화들은 얼마 안 가 완판됐고, 이런 일은 반복됐다. 그리고 히로타케는 깨달았다.

"고객은 싸게 사는 것만큼 고민하지 않는 선택도 원하는구나!"

그는 제법 돈이 벌리자 다시 점포를 계약했다. 이른바 '100엔 균일가매장'이었다. 히로타케는 중요한 원칙을 세워 고수했다. 우선 수요가 몰린다고 쉽게 가격을 올리지 않았다. 고객이 실패해도 괜찮다고 느끼게 하는 가격이 바로

100엔이었다. 이어서 직접 상품을 기획했고,
제조사와 협업해 수천 가지의 아이디어 상품
을 개발했으며, 품질만큼은 타협하지 않았다. '싼 게 비지떡'이란 소비자의 선
입견을 극복해야만 했다. 히로타케는 이렇게 말했다.

"고객은 속임수를 기억하거든요. 100엔이라는 제약이 우리를 더 창의적으
로 만들었죠."

무엇보다 압도적인 상품 수를 유지했다. 매장된 수만 새 품목을 찾기 쉽게
진열했다. 사람들 사이에서 다이소에는 없는 게 없다는 소문이 퍼져나갔다. 나
이소가 한국에 착륙했을 때 이런 우스갯소리도 돌았다.

"다이소엔 디 있소."

히로다게의 가성비 원칙은 경기를 타시 않았다. 심지어 불황에 더 강한 사

업모델이 됐다. 일본에서는 가성비(價性比)란 말 대신 코스파(コスパ)란 표현을 쓰는 데, 코스트 퍼포먼스(Cost Performance)의 줄임말이다.

그는 가격을 올려 마진을 높이기보다 판매량과 회전속도를 강조했다. 박리다매를 통한 이익은 곧 회전율에서 나온다고 봤다. 품질을 타협하지 않았지만, 그렇다고 완벽을 추구하지도 않았다. 그는 어디까지나 장인(匠人)이 아니라 상인(商人)이었다. 무엇보다 소비자의 기호를 세심하게 살폈다. 생필품에도 취향이 있다고 생각했고, 이를 즉시 파악하기 위해 현장을 중시했다. 그는 회사가 커질수록 본사 사무실보다 매장에서 더 많은 시간을 보냈다. 고객을 직접 응대하는 그를 본 거래처 사장이 매장은 이제 그만 나와도 되지 않느냐고 하자, 그는 웃으며 말했다.

"나는 경영자가 아니라 장사꾼이요."

오늘날 다이소는 연매출 5조 원에 달하는 일본 최대 생활용품 유통업체로 성장했다. 일본 전역에 직영·가맹 혼합형태로 4,600개의 매장이 있고, 해외사업으로 전 세계 26개국에 진출해 있다. 한국에서는 독립법인으로 자리 잡아, 약 1,150개 매장이 성업 중이다.

히로타케는 과거에 가정용 잡화를 납품하는 도매업을 했지만, 높은 거래처 의존도와 외상거래로 큰 빚을 지고 말았다. 아무리 작은 장사라도 사업을 실패해 본 사람만이 아는 황망함은 이루 헤아릴 수 없다. 하지만 그는 주저앉지 않았고, 재고물건들을 트럭에 싣고 다시 사람들이 모여 있는 장터로 향했다.

"아무리 실패해도 팔 물건이 있다면 좌판을 접지 말아야지요. 가게 문을 닫고 행상을 하는 한이 있더라도 말이지요."

다이소의 일본 법인명은 대창산업(大創産業), '크다'를 뜻하는 '다이(大)'와 '세우다'를 뜻하는 '소(創)'의 합성어다. 좌판을 접지 않는 한 대창의 순간은 누구에게나 찾아올 수 있다.

잡스가 뉴발란스만 신었던 이유

라일리의 닭발

스티브 잡스는 검은 터틀넥과 청바지 그리고 회색 뉴발란스992를 즐겨 신었다. 그의 패션은 늘 같았지만 그 안엔 철학이 숨어 있었다. 소위 결정피로를 줄이기 위해 매일 같은 옷과 신발을 신었던 것. 중요한 결정을 하는데 집중하기 위해 사소한 선택에 들이는 에너지는 최소화한 것이다.

그런 그가 택한 운동화 브랜드는 나이키도, 아디다스도 아닌 뉴발란스였다. 왜일까? 나이키는 마이클 조던과 함께 날아올랐고 아디다스는 월드컵과 올림픽에서 존재감을 강하게 드러냈다. 푸마, 리복, 언더아머 모두 스타를 등에 업고 시장을 장악해갔다.

하지만 뉴발란스는 스타마케팅도, 화려한 광고와 협찬도 하지 않았다. 대신 발에 꼭 맞는 착화감, 실용성 그리고 미국 내 제조라는 고집스러운 철학이 있었다. 이는 잡스가 평소 중요하게 여겼던 단어들과 정확히 겹친다. 심플함, 기능, 디테일 그리고 장인정신. 그는 뉴발란스를 통해 자신이 추구하는 '무표현의 표현'을 실현했다.

잡스는 신발에 관심이 없는 듯 보였지만 실은 누구보다 신중하게 브랜드를

잡스는 키노트 행사 뿐 아니라 일상생활에서도 검은 터틀넥과 청바지 그리고 회색 뉴발란스992를 즐겨 착용했다. 특히 그가 신었던 뉴발란스에는 자신이 추구해온 가치인 '무표현의 표현'이 담겨 있었다.

선택한 사람이었다. 아이폰을 만들던 그가 팀 쿡에게 자주 한 말이 있었다.

"제품은 겉으로 설명되지 않아야 합니다. 그냥 써보면 바로 알아야 돼요."

이건 마치 뉴발란스가 말없이 발에 감기는 느낌으로 고객을 설득하는 방식과 같다. 잡스는 세상을 바꾸기 위해 단순함을 택했고, 뉴발란스는 아무것도 과장하지 않음으로써 그에게 선택받았다.

발의 균형이 몸 전체의 균형을 만든다는 철학을 가진 윌리엄 라일리William J. Riley, 1867-1934가 1906년 미국 보스턴에서 창업한 이 회사는 원래 족부지지대* 제조업체였다. 그래서 브랜드 이름도 '완벽한' 균형을 의미하는 뉴발란스로 정했다. 여기서 new는 새로움을 넘어 완벽함을 담은 개념이다. 발의 균형감을

---

* 발바닥의 아치를 받쳐주는 맞춤깔창.

뉴발란스를 창업한 라일리는 닭이 세 발가락으로 균형을 잡아 착지하는 모습에서 영감을 받았다. '발의 균형감을 통한 몸 전체의 완벽한 조화'는 그렇게 뉴발란스의 모토가 됐다.

통한 몸 전체의 '완벽한 조화'를 모토로 삼은 신발은 뉴발란스가 최초이기도 했다. 라일리는 닭이 세 발가락으로 균형을 잡아 착지하는 모습에서 영감을 받았다.

광고 없이 오로지 발의 편안함으로 설득하는 신발 브랜드. 그래서 마라토너, 간호사, 경찰관, 군인, 프로그래머까지 충성고객이 생겼고 광고 한 줄 없이도 입소문만으로 판매가 이어졌다. 잡스뿐만 아니라 실리콘밸리 개발자들 사이에선 뉴발란스가 진짜 일하는 사람의 신발로 불리기도 했다. 결국 브랜드란 눈으로 보여주는 것이 아니라 신뢰를 쌓는 것임을 뉴발란스는 증명했다.

식욕 잃은 실험쥐로
연매출 10조 원을 올린 사연

크누센의 부작용

1990년대 초반 덴마크 제약회사 노보노디스크(Novo Nordisk)에서 당뇨병치료제 연구에 참여하던 로테 비에레 크누센Lotte Bjerre Knudsen, 1964- 박사는 어느날 동료연구자에게서 흥미로운 보고를 받았다. 'GLP-1 수용체 작용제'를 투여한 실험쥐가 식욕을 잃고 체중이 급격히 감소했다는 것이다. 독성 때문이 아닐까 의심했지만 이상하게도 그 쥐는 병든 것도 장기가 손상된 것도 아니었다. 단지 잘 먹지를 않는다는 것이었다. 이 보고를 접한 크누센 박사는 직감했다.

"이 현상은 수용체 작용제가 뇌에 작용해 식욕을 억제하고 있다는 뜻이다."

당뇨병 치료물질로만 알려졌던 GLP-1이 뇌신경계에도 영향을 줄 수 있다는 가능성에 눈을 뜬 순간이었다. 바로 그때부터 크누센의 연구는 기존의 혈당조절을 넘어 비만치료라는 새로운 가능성을 향해 나아가기 시작했다.

크누센은 연구방향을 내부회의에 제안했지만 반응은 미지근했다. 당시까지만 해도 비만은 질병이 아닌 생활습관 문제로 여겨졌다. 하지만 크누센의 생각은 달랐다. 비만에서 고혈압, 당뇨, 심장질환 등 각종 성인병이 비롯된다는 건 누구나 아는 건강상식이었다.

"왜 아무도 당뇨와 비만을 동시에 치료하려 하지 않는 걸까?"

크누센은 근본적인 질문을 던진 동시에 해결책에 대한 연구를 굽히지 않았다. 그 결과 GLP-1 작용제가 실제로 뇌에 있는 포만중추에 영향을 줘 식욕을 줄이고 체중감소를 유도한다는 것을 확인했다. 그의 연구는 혈당과 체중 조절이라는 이중작용 설계로 이어졌고, 2021년 위고비(Wegovy)라는 획기적인 비만 치료제를 탄생시키는 계기가 됐다. 위고비는 임상시험에서 평균 15% 이상 체중감소라는 놀라운 결과를 가져왔다. 비만을 개인의 식습관과 의지문제가 아닌 치료가능한 만성질환으로 재정의한 것이다.

크누센 박사는 2024년 미국의 노벨상으로 불리는 라스커-드베이키 임상의학 연구상을 수상하면서 그 공을 실험쥐에 넘기는 위트 있는 소감을 밝혀 좌중을 즐겁게 했다.

"실험쥐 한 마리의 이상행동을 무시했다면 우리는 위고비를 만들지 못했을 거예요."

크누센은 현재도 노보노디스크의 혁신연구 부문을 이끌며 GLP-1 계열 약물의 새로운 가능성을 연구 중이다. 그녀는 GLP-1이 알츠하이머 등 신경퇴행성 질환에도 긍정적 영향을 줄 수 있다는 가능성에 주목하고 있다. 위고비는 우연히 찾아온 단순한 부작용의 산물이 아닌, 그 안에서 기회를 본 과학자의 직관과 노력이 만들어낸 결과물이었다.

위고비는 니치시장에 불과했던 비만치료제를 글로벌 빅파마에게까지 확산시키며 이른바 '오젬픽* 이고 미 신드롬'을 일으켰다. 2025년 기준 위고비의 글로벌 매출규모는 약 71억 달러(10조2,000억 원)에 이른다. 이 수치는 덴마크 GDP에 영향을 줄 정도의 수출효과를 창출한 것으로 보고된다.

---

*Ozempic. GLP-1 수용체 작용제를 가리키는 주사형 처방의약품으로, 2형당뇨병 환자의 혈당조절 개선과 심혈관질환 위험감소를 위해 사용되다가 체중감량 효과까지 발견되면서 거대 부가가치 상출.

AI가 넘볼 수 없는,
한 땀 한 땀의 손맛

아르노의 콧대

루이비통 같은 명품브랜드의 오너 주변은 온통 유명 모델과 셀럽들로 북적이고, 그들은 슈퍼카를 타고 파리 8번가 몽테뉴 같은 화려한 거리를 누빌 것만 같다. 그런데 LVMH 회장인 베르나르 아르노^{Bernard Arnault, 1949-}는 은둔의 경영자로 불린다. 많은 사람들은 명품브랜드를 초호화 아이콘이라 여기지만, 정작 아르노는 매우 현실적인 경영자일 뿐이다. 그는 명품브랜드야말로 철저한 관리와 제조공정을 통해 완성된다고 봤다. 가령 루이비통, 디올, 펜디 같은 브랜드를 인수하고 나서 그가 주도적으로 한 일은 화려한 쇼비즈니스와는 거리가 멀었다. 아르노는 전 세계 매장마다 조명의 밝기, 진열방식, 물류시간표, 생산라인 등을 하나하나 반복해서 점검하고 최적화하는 데 늘 골몰했다.

그는 프랑스 시골마을에 가죽공방을 짓고 장인들을 직접 교육하며 하루 종일 가방손잡이의 촘촘한 바느질을 독려하면서 한결 같은 반복작업을 강조했다. 창의성은 디자이너에게 맡기되 브랜드의 품질은 경영자가 직접 관리한다는 원칙에 그는 혹독하리만치 철저했다.

"재능 있는 디자이너만으로는 충분치 않습니다. 경영진은 디자인의 영감을 상품화하기 위해 이성적으로 판단하고 행동해야 합니다. 창작과정은 즉흥적이고 감각적인 무질서가 허용되지만, 생산과정은 빈틈없고 합리적이어야 하지요."

루이비통을 제작하는 아르데슈 공방에서 장인의 바느질

일관된 품질을 유지하는 지루한 반복을 견뎌야 브랜드의 신뢰가 쌓이고 그것이 명품의 가치를 결정한다고 그는 믿었다. 그렇게 아르노는 LVMH를 세계에서 가장 가치 있는 명품브랜드 그룹으로 키웠고, 2023년에는 한때 세계 부자순위 1위에도 올랐다. 업계에서는 그를 이렇게 평가했다.

"아르노는 LVMH에서 루이 14세 같은 존재이지만, 궁정 같은 저택의 거실 대신 시제품으로 즐비한 회의실에 앉아 하루를 보내는 사람입니다."

LVMH의 브랜드들은 화려한 '빛'을 발광하지만, 정작 아르노는 '그림자'를 자처했다. 그는 SNS 활동조차 거의 하지 않고, 사적인 인터뷰나 공개적 연설을 자중하며, 정치적 발언이나 사회적 논쟁에 참여하는 것도 부담스러워 했다. 이러한 태도는 타고난 기질에서 비롯되기도 했지만, 언젠가 그는 이런 얘기를 한 적이 있다.

"CEO의 이미지가 브랜드를 삼켜서는 곤란합니다."

아르노는 외부적으로는 조용한 행보를 고집히지만, 회사 내부에서는 강력한 통제형 리더십을 고수한다. 특히 가문중심의 경영구조 탓에 유럽의 전통적인 명품브랜드의 한계에서 벗어나지 못했다는 비판을 받기도 한다. 그의 자녀들은 현재 LVMH 주요 계열사에 포진해 있다.

여기서 한 가지 더 궁금한 건 LVMH의 미래다. 명품브랜드는 유독 전통과 희소성을 강조하는 탓에 비전 같은 개념과는 거리가 멀다. LVMH는 이른바 명품의 대중화를 지양하고 좀더 최상위층 소비를 독점하는 럭셔리 플랫폼을 지향한다. 가령 지속적인 가격인상을 통해 볼륨보다 마진에 치중한다. 한정판과 VIP고객 전용상품 확대 포지션을 강조하는 이유가 여기에 있다. 이런 모습의 기업이미지는 고답적이고 보수적으로 비춰지기 마련이다.

다만 유럽시장에서 벗어나 미국을 가장 중요한 성장 플레이스로 삼는 전략적 변화는 눈여겨 볼 만 하다. 여기에는 실리콘밸리 중심의 신흥 빅테크 고소득층을 통한 달러자산 확보와 지정학적 리스크 분산이라는 계산이 깔려 있다. 중국에서의 명품소비 둔화를 한국과 동남아, 인도, 브라질 등 신흥 경제블록으로 대체하려는 글로벌 전략 역시 과거 콧대 높은 LVMH에서 볼 수 없는 모습이기도 하다.

LVMH는 미래시대로 대변되는 AI에 대해서도 신중하다. 물론 AI를 무조건 배척하진 않는다. 데이터를 통해 VIP고객의 취향을 좀더 섬세하게 분석하거나 위조품을 선별하는 탐지장치 및 온라인 불법판매 루트추적 등에 AI를 선별적으로 활용한다. 다만 디자인에 AI를 주도적으로 쓴다거나 알고리즘을 통한 고객확보에 대해서는 여전히 조심스럽다. LVMH로선 AI에 대한 호기심보다는 경계심이 강한 편이다. 최근 경영진이 밝힌 주장에서 AI와의 긴장관계를 엿볼 수 있다.

"명품은 디지털로 복제되는 순간 희소성이 훼손됩니다."

빅테크는 기술을 전면에 내세워야 하지만, 명품브랜드는 기술을 숨겨야 제품의 희소성이 올라간다. 한 땀 한 땀 장인의 손길로 완성되는 명품의 가치는 어쩌면 AI가 넘볼 수 없는 난공불락의 영역일지도 모르겠다. AI시대에도 아르노의 콧대가 꺾이지 않는 까닭이다.

이르는 70여 개 명품브랜드를 거느린 LVMH 왕국의 루이14세 같은 존재이지만, 브랜드의 이미지를 훼손하는 대외활동을 극도로 자제하는 은둔형 경영자다.

새는 알을 깨고 나오려고 버둥거린다

그로브의 편집증

1990년대 초 인텔(Intel)은 메모리칩 시장에서 일본기업들과의 경쟁에 밀려 어려움을 겪고 있었다. 오랫동안 회사의 핵심이던 DRAM사업은 수익성이 떨어졌지만, 내부에는 여전히 '우리는 최고의 메모리회사'라는 자부심이 강했다. 당시 인텔의 CEO 앤디 그로브Andy Grove, 1936-2016는 현실을 직시했다. 그는 기존 경영진이 사업의 근본적 변화에 대응하려면 감정적 집착을 버리고 객관적 판단을 해야 한다고 믿었다. 전략적 변곡점의 필요성을 고민하며 이사회 의장인 고든 무어와의 치열한 숙고 끝에 회사가 나아가야 할 방향을 재정립했다.

그 결과 인텔은 과감히 DRAM 사업을 축소하고 PC의 두뇌인 CPU에 집중했다. 내부의 반발도 있었지만 그는 흔들리지 않고 전략을 밀어붙였다.

"기업은 살아있는 유기체입니다. 계속해서 껍질을 벗어야 합니다. 방법을 다시 찾아야 하고, 타깃을 재조준해야 하며, 가치도 바꿔야 합니다. 이러한 변화의 총합을 우리는 '혁신'이라 부릅니다."

그로브의 선택과 집중은 인텔인사이드 캠페인과 맞물려 인텔의 CPU를 전 세계 컴퓨터 표준으로 만들었고 마이크로소프트와 함께 '윈텔(Wintel) 동맹'을 형성하며 제2의 전성기를 맞이했다.

그로브는, 혁신이란 안정 속에서 오는 것이 아니라 절박함에서 비롯함을 깨달았다. 조직이 외면하려는 불편한 현실을 직시했고, 안일한 저항을 물리치고 무엇을 포기하고 어디에 집중해야 하는지를 결정하고 실행할 때 비로소 구태의 껍질이 벗겨진다는 경영철학을 실천했다.

아쉽게도 인텔의 전성기는 그리 길지 못했다. AI라는 시대적 괴물의 취향이 CPU에서 GPU로 옮겨간 것이다. 인텔은 미래전략으로 과거 PC·서버 위주 사업에서 AI와 데이터센터 및 맞춤형 반도체 분야로 전환하고 있다. 차세대 AI지원 CPU를 출시했고, AI가속기 및 에지컴퓨팅 제품개발에도 주력하고 있다. 하지만 업계에서는 인텔의 미래행보에 대해 긍정보다는 우려의 목소리가 크다. 이미 엔비디아가 자체설계 AI칩 기술을 선점한 상태에서 인텔의 타이밍이 다소 늦은 게 아니냐는 평가도 제기된다.

인텔의 상징적 존재 그로브마저 2016년 오랜 투병 끝에 영면했다. 그는 알을 깨고 세상에 나오려는 새의 절박한 버둥거림을 이렇게 은유했다.

"성공은 자만을 낳고 자만은 실패를 낳는다.
오직 편집증(paranoid) 환자만이 살아남는다!"

그로브가 남긴 절박한 투쟁는 인텔의 편집증적 생존DNA를 다시 깨운 것인가.

메타버스 놀이시장을 열다

바수츠키의 가상블록

데이비드 바수츠키David Baszucki, 1963-는 어릴 때부터 만들기와 조립에 열중한 소년이었다. 스탠퍼드대에서 공학과 컴퓨터과학을 전공한 그는 형 그렉과 함께 1989년 교육용 소프트웨어 기업 노리지 레볼루션을 창업했다. 회사는 학생들이 직접 물리실험을 설계하고 결과를 시각화할 수 있도록 만든 2D 시뮬레이션 도구를 판매했다. 그는 당시를 이렇게 회고했다.

"아이들이 스스로 실험하며 물리법칙을 이해하는 모습을 통해 창의적 학습이 실현된다는 걸 깨달았어요."

1998년 노리지 레볼루션을 MSC소프트웨어에 매각한 그는 새로운 방향을 고민하기 시작했다. 단순한 교육도구를 넘어 누구나 창작자가 돼 상호작용할 수 있는 디지털 플랫폼에 대한 아이디어가 떠올랐다. 오랜 동료 에릭 카셀과 함께 2004년 프로토타입을 개발했고 역동적인 블록이란 의미를 담아 다이나블록이란 이름을 붙였다. 이듬해 두 사람은 게임의 정체성을 더욱 명확하게 보여주기 위해 로봇과 블록을 조합해 로블록스(Roblox)로 이름을 바꿨다. 정식 서비스 출시는 2006년이었다.

초기 로블록스는 단순한 블록 그래픽과 제한적인 기능만 제공했지만 비전만은 분명했다.

"수십억 명이 자신만의 경험을 만들고 공유하는 공간을 만들자는 확실한 목표가 있었지요."

하지만 공동창업자 카셀이 45세의 나이에 암으로 세상을 떠나자 바수츠키는 깊은 상실감에 빠지며 1년 가까운 침체기를 겪어야 했다. 우여곡절 끝에 제자리를 찾은 그는 플랫폼의 완성도와 크리에이터 생태계를 구축하기 위해 다시 집중했다. 무엇보다 더 많은 수익을 창출하려기보다 창작자를 우선하는 플랫폼 구조에 초점을 맞췄다. 그래서일까, 그의 사업모델은 투자자들의 호감을 사는 데 어려움을 겪었다.

"고작 아이들이 만든 게임이 무슨 가치가 있을까?"

이런 반응이 대부분이었다. 2005년부터 2012년까지 무려 7년간 유치한 투자금은 1,050만 달러였다. 적지 않은 돈이었지만 7년이란 기간을 감안하면 투자금을 집중해서 개발에 투입하기가 애매했다. 로블록스를 정식 출시한 지 제법 많은 시간이 흘렀고 이렇다 할 성과는 없었으며 투자자들도 지쳐갔다. 다행히도 바수츠키는 흔들리지 않았다.

"가장 위대한 개발은 단순히 문제를 해결하는 것을 넘어 사람들이 생각하고 행동하는 방식을 바꾸는 것이지요."

코딩지식이 없는 십대도 얼마든지 가상공간의 크리에이터가 될 수 있다는 로블록스의 가치는 게임사업의 고정관념에 작은 균열을 내기 시작했다. 바수츠키의 의도대로 십대 사이에서 입소문이 퍼지기 시작했고, 바이럴 효과가 일어나면서 플랫폼 사용자가 눈에 띄게 증가했다. 그즈음 회의적이었던 투자자들의 시선도 서서히 바뀌고 있었다.

전환점은 2013년 인덱스 벤처스가 주도한 9,200만 달러 규모의 시리즈B

투자였다. 로블록스의 미래가치를 제대로 알아보기 시작한 투자사(호로위츠, 타이거 글로벌, 텐센트 등)들이 나타난 것이다. 로블록스는 본격적인 성장궤도에 진입했고, 2021년 뉴욕증시에 상장했다. 당시 기업가치는 약 46조 원에 달했다.

로블록스의 핵심 성공포인트는 자체 콘텐츠가 아니라 사용자들이 직접 게임과 경험을 만들어내는 플랫폼 구조에 있다. 인기게임 목록이 빠르게 확산되었고, 플랫폼 내 상위 크리에이터가 수익을 올리는 구조는 탁월했다. 하루 활성 사용자(DAU)가 1억 명을 훌쩍 넘었고, 사용자 체류시간도 크게 늘었다. 플랫폼 내 수백만 개의 유저제작 게임이 존재했고, 인기게임은 10억 회 이상의 방문수와 사용자를 기록하는 등 거대한 생태계를 형성했다.

플레이어가 플랫폼 내 화폐인 로블록스를 구매해 아이템과 게임을 소비하는 메커니즘은 탄탄한 수익구조를 이뤘다. 실제로 개발자와 크리에이터가 로블록스 안에서 수익을 창출해 환전할 수 있는 구조는 개발자 참여를 강화해 플랫폼의 선순환을 촉진했다.

로블록스는 전 세계 2억 명 이상이 이용하는 거대한 플랫폼이 됐지만, 바수츠키는 여전히 초심을 잃지 않았다. CEO 보다는 '함께 만드는 사람'으로 남고 싶다는 그의 가치관은 예나 지금이나 그대로다. 그는 지금도 빌더맨이라는 닉네임으로 로블록스 안에서 활동하고 있다.

한편, 바수츠키와 로블록스가 해결해야 할 당면과제는 제법 무겁다. 미국 여러 주에서 로블록스를 상대로 아동 성범죄자의 플랫폼 접근으로부터 미성년자를 충분히 보호하지 못하고 있다며 여러 건의 소송이 진행 중이다. 심지어 튀르키예와 러시아 등 몇몇 국가에서는 아동유해 콘텐츠 및 사회적 가치문제를 이유로 로블록스를 차단했다. 로블록스는 보호자 관리도구, AI기반 필터링 등 모더레이션 조치를 도입해 대응하고 있다. 경영자로서 바수츠키의 문제해결 능력을 확인해 볼 시간이다.

한 이상주의자의
경제적 해자 혹은 독점

질레트의 유토피아

19세기 말 미국 병뚜껑 제조업체의 영업사원이던 한 청년은 늘 생각이 많았다. 그는 소비자들이 반복적으로 구매할 수밖에 없는 제품에 대한 아이디어를 애타게 찾고 있었다. 1895년 어느 날 아침 평소처럼 면도를 하던 그는 무뎌진 면도칼 때문에 얼굴에 상처를 입고 만다. 당시엔 값비싼 면도칼을 평생 사용하면서 날을 직접 갈아야 했고 방심하면 상처를 입기 일쑤였다.

"왜 매번 이런 고통을 감수해야 하는 걸까?"

그는 내친 김에 안전하면서도 무뎌지면 간단히 교체할 수 있는 면도날을 직접 개발하기로 결심했다. 청년의 이름은 킹 캠프 질레트King Camp Gillette, 1855-1932. 그의 이름대로 훗날 면도기제국의 왕이 된 남자.

하지만 아이디어가 실제 제품이 되기까지는 첨난한 여정이 기다리고 있었다. 6년 간 200여 가지의 시제품을 만들었지만 실패를 거듭했다. 얇은 강철 날을 안전하게 고정하는 기술적 난제 때문이었다. 이 문제는 1901년 MIT 출신 엔지니어 윌리엄 니커슨과의 만남을 통해 선환점을 맞았다. 니커슨은 날을 양면에서 지지하는 혁신적인 구조를 개발했고 이것이 오늘날까지 사용되는 면도기의 원형이 되었다.

　그러나 진짜 혁신은 제품이 아닌 질레트가 창안한 마케팅 모델에서 나왔다. 면도기 본체는 저렴하게 판매하고 지속적으로 교체해야 하는 면도날을 통해 수익을 창출하는 모델을 구축한 것이다. 질레트는 말했다.

　"고객이 원하는 것을 주되 그들이 계속 돌아올 수밖에 없도록 만드는 게 중요했습니다."

　그는 제1차 세계대전 중 미군에게 면도기를 무료로 제공해 사용습관을 들게 했고 전쟁 이후에도 그들이 질레트 제품을 계속 사용하도록 유도했다. 단순한 일회성 제품판매가 아닌 지속적인 관계구축의 중요성을 일찌감치 간파했던 것이다. 오늘날 미끼상품 전략으로 불리는 이 마케팅 방식은 프린터와 잉크 카트리지, 게임기와 소프트웨어 등 다양한 산업에서 널리 활용되고 있다.

　그가 만든 사업모델은 훗날 워런 버핏의 마음마저 사로잡았다. 1989년 버핏은 질레트 우선주에 6억 달러를 투자했고, 2005년 P&G가 질레트를 570억 달러에 인수하면서 약 40억 달러의 수익을 올렸다. 버핏이 질레트에 주목한 이유는 명확했다. 소비자들이 평생 반복적으로 구매할 수밖에 없는 제품, 즉 '경제적 해자'를 갖춘 비즈니스였기 때문이다.

　오늘날 구독경제나 플랫폼 비즈니스의 핵심개념 역시 질레트의 통찰에서 비롯되었다. 시대를 앞서갔던 그는 단순히 면도기를 만들어 판 게 아니라 편리한 면도경험이라는 라이프스타일을 영업했던 것이다. 오늘날 성공한 기업들 대부분이 제품이 아닌 경험과 가치를 판매한다는 점에서 질레트식 경영은 여전히 유효하다.

　한 가지 더 흥미로운 건 질레트가 살아생전에 내 건 '경쟁 없는 유토피아적 산업사회'에 대한 철학이었다. 그는 면도기 사업모델에서 반복구매 제품과 대량생산 시스템을 결합한 효율적 생산구조가 기업에서 산업 전체로 확장

질레트 초기모델

되면 소모적 경쟁과 낭비를 줄일 수 있다고 생각했다. 그의 철학은 저서『The Human Drift』에 잘 나타나 있다. 즉 경제적 효율로 얻어지는 이윤을 사회적 복지로 돌리는 사업모델이 각 업종마다 실현된다면, 자본주의적 불평등을 극복해 유토피아적 산업사회로 갈 수 있을 것이라 여겼다.

하지만 질레트의 가치관은 그의 회사에서조차 결실을 맺지 못했다. 질레트는 2005년 P&G에 인수돼 이후 면도기를 포함한 다양한 글로벌 소비재 시장에서 유니레버 같은 회사들과 치열한 마케팅 경쟁을 벌이고 있다.

오래 전 질레트가 구상한 경쟁 없는 단일기업 체제는 독점적 구조와 유사하다. 질레트 같은 단일기업이 전 세계 면도기시장에서 모든 생산과 유통을 통합하면 경쟁은 존재하지 않지만, 그 순간 독점이 된다. 결국 질레트가 그린 유토피아적 산업사회는 이론적으로 '사회적 목적을 위한 독점'의 다른 개념이 아닐까. 녹섬의 딜레마가 아닐 수 없다.

인명 찾아보기

가나다 순

| 사 · 아 · 자 |

"당신의 열망이 실현불가능하다고 여기는 사람들이 많다는 건
오히려 좋은 일입니다. 그들은 당신을 진지하게 받아들이지 않을 것입니다.
따라서 경쟁에서 자유롭게 당신이 확신하는 바를 이뤄낼 수 있습니다.
그들이 뒤늦게 알아차렸을 때 당신은 이미 독점하고 있을 것입니다."

피터 틸 [페이팔] _ 026쪽

"인생은 외줄타기와 같아요. 멈추는 순간 균형을 잃지요."

가이 랄리베르테 [태양의 서커스] _ 031쪽

"(AI의) 위험을 연구하는 이유는 그것이 우리가 근본적으로
긍정적인 미래에 도달하는 데 유일한 장애물이기 때문입니다."

다리오 아모데이 [앤트로픽] _ 037쪽

"사람들이 고프로를 구매하는 이유는 단지 성능이 좋아서가 아니라
그들의 삶에 대한 다큐멘터리를 찍기 위해서입니다."

닉 우드먼 [고프로] _ 042쪽

"싸우지 않고 이겨야 진정한 승자입니다."

사티아 나델라 [마이크로소프트] _ 046쪽

"디자인은 눈에 보이는 것이 아니라, 사용했을 때 느껴지는 것이지요."

엔드류 리지 [브롬톤] _ 049쪽

"GPS의 가치는 편익이 아니라 안전에 있습니다. 그것을 잊는 순간
비극이 찾아옵니다. GPS가 기술을 넘어 표준이 되어야 하는 까닭입니다."

민 카오 [가민] _ 055쪽

"나는 애플에서 제품을 만드는 법을 배웠다면,
픽사에서는 사람을 믿는 법을 배웠습니다."
스티브 잡스 [픽사] _ 062쪽

"유통회사의 비전이요? 별거 없어요.
현장의 직원들을 제대로 존중하면, 직원들은 고객들을 성심껏 응대하고,
그러면 고객들이 다시 찾아오며,
결과적으로 회사의 수익이 증가해 주주들도 이익을 봅니다."
제임스 시네갈 [코스트코] _ 070쪽

"나는 만 가지 킥을 한 번씩 연습한 사람을 두려워하지 않습니다.
하지만 한 가지 킥을 만 번 연습한 사람은 두렵습니다."
이소룡 _ 74쪽

"기술은 단련에서 나오고 단련은 반복에서 나옵니다.
반복은 지루하지만 숙련은 지루함을 통과한 자의 것입니다."
이소룡 _ 074쪽

"오늘 힘든 건 견딜 수 있지만 내일은 더 힘들겠죠.
하지만 모레는 멋질 것입니다.
안타까운 건 대부분의 사람들은 내일 밤을 넘기지 못한다는 사실입니다."
마윈 [알리바바] _ 079쪽

"단순함은 복잡함보다 어렵습니다.
단순하게 만들기 위해 생각을 정리하는 데 엄청난 노력이 필요하죠.
하지만 단순함에는 그만한 가치가 있습니다.
일단 거기에 도달하면 산을 움직일 수 있습니다."
스티브 잡스 [애플] _ 095쪽

"고객은 제품을 보기 전까진 자신이 무엇을 원하는지 모릅니다.
우리의 임무는 고객이 아직 원한다고 생각하지 못한 것을 읽어내는 것입니다."
스티브 잡스 [애플] _ 096쪽

"가장 강력한 사람은 이야기꾼입니다.
서사를 만들 수 있는 자가 다음 세대의 비전, 가치, 의제를 설정합니다."
스티브 잡스 [애플] _ 097쪽

"AI는 (인간의) 도구가 아니라 파트너가 되어야 합니다.
그리고 인간의 창의성을 대체하는 것이 아니라
증폭하는 존재여야 합니다."
데미스 하사비스 [딥마인드] _ 101쪽

"유튜브는 콘텐츠를 소유하지 않음으로써
콘텐츠 시장 전체를 점유하게 되었습니다."
벤 톰슨 [스트레터처리] _ 105쪽

"무엇을 더 넣을까 고민하기 전에 무엇을 뺄 지를 먼저 생각해야 해요.
복잡하고 불필요한 요소를 거둬내면
사람들이 무엇을 원하는 지가 좀더 선명하게 드러나죠."
케빈 시스트롬 [인스타그램] _ 112쪽

"그들이 우리를 따라했다고요? 좋은 일 아닌가요?
우리가 옳았다는 증거니까요."
에반 스피겔 [스냅챗] _ 118쪽

"기술적 약속은 지킬 수 있을 만큼만 하되, 반드시 준수합니다.
그리고 기술수준보다 늘 앞서나가는 시장주의자들의 버블을 경계해야 합니다."
리사 수 [AMD] _ 128쪽

"설명서가 길다는 건 설계부터 실패했다는 증거에요.
박스에서 꺼내는 순간 누구나 쉽게 (드론을) 조종할 수 있어야 하지요."
왕타오 [DJI] _ 132쪽

"좋은 기술이란 공기처럼 드러나지 않아야 해요."
다니엘 에크 [스포티파이] _ 138쪽

"아무리 기술이 탁월해도 비싸면 미완성 혁신이지요.
그 기술을 모든 사람이 사용할 수 있게 만들 때
혁신은 비로소 완성됩니다."

일론 머스크 [테슬라] _ 141쪽

"산업혁명은 인간의 체력을 넘어섰지만 AI혁명은 인간의 지능을 넘어설
것입니다. 인간은 인간보다 똑똑한 존재와 살아본 적이 아직 없습니다.
AI에 모성본능을 심어야 인류는 생존할 수 있습니다."

제프리 힌턴 [알렉스넷] _ 142/145쪽

"당신과 당신의 이웃이 겪는 불편을 허투루 여기지 않다보면
바로 그곳에 기회가 있습니다."

잭 도시 [스퀘어/블록] _ 154쪽

"지식은 소유할 때가 아니라, 공유될 때 힘을 가집니다."

지미 웨일스 [위키피디아] _ 150쪽

"미래를 예측하는 가장 좋은 방법은 미래를 발명하는 것입니다."

앨런 케이 [제록스] _ 157쪽

"일단 시작하세요. 완벽한 아이디어를 기다린다며
아무것도 하지 않는 것만큼 최악은 없습니다."

지미 도널드슨 [미스터비스트] _ 162쪽

"스타일이 취향이라면 편안함은 권리이지요.
우린 못생겼지만, 세상에서 가장 편한 신발입니다. 우린 알고 있습니다.
예쁜 것은 주목을 끄는 데 그치지만 편안함은 구매를 이끈다는 사실을."

스콧 시먼스 [크록스] _ 164쪽

"사람들은 물건이 아니라 정체성을 삽니다. 그들에게
당신이 누구인지를 말해주는 브랜드여야 하는 까닭입니다."

디트리히 마테쉬츠 [레드불] _ 167쪽

"유머는 비용이 들지 않지만, 때론 엄청난 수익을 가져다주지요.
"사람들이 웃음을 멈추는 날이 우리가 진짜 걱정해야 할 날입니다."
허브 켈러허 [사우스웨스트항공] _ 170/171쪽

"컨설팅 시장에서 고객의 불만은 우리에겐 교과서입니다."
루 거스너 [IBM] _ 174쪽

"가장 위험한 순간은 무너질 때가 아니라 무너지고 있다는 걸 모를 때이죠."
예르겐 비그 크누스토르프 [레고] _ 177쪽

"중국과 미국 사이에 1~2년 격차가 있다지만,
진정한 격차는 독창성과 모방 사이에 있습니다.
이것이 변하지 않는다면 중국은 영원히 추종자가 될 수밖에 없습니다."
량원펑 [딥시크] _ 181쪽

"3초 안에 사용자를 사로잡지 못하면, 그 다음은 없습니다."
장이밍 [바이트댄스] _ 185쪽

"나의 일은 미래를 예상하는 게 아니라
올 수밖에 없는 미래를 준비하는 것이죠."
샘 알트먼 [오픈AI] _ 193쪽

"기술이 복잡해질수록 고객에겐 더 단순하게 다가가야 합니다."
레이 쥔 [샤오미] _ 195쪽

"좋은 바람이 올 때까지 기다리는 사람이 아니라,
좋은 바람이 있는 곳으로 찾아가는 사람에 베낍니다."
래리 엘리슨 [오라클] _ 197쪽

"사업의 성공비결은 고객이 원하는 것을 주는 것이 아니라
고객이 원한다는 사실조차 몰랐던 것을 찾아 제공하는 것입니다."
헤르베르트 크밥트 [BMW] _ 201쪽

"모두에게 책임이 있다는 말은 아무에게도 책임이 없는 것과 같습니다."
제프 베이조스 [아마존] _ 207쪽

"고객은 언제나 만족하지 않습니다. 그게 바로 우리가 살아남는 이유입니다."
제프 베이조스 [아마존] _ 208쪽

"브랜드는 스스로가 왜 존재하는지에 대한 질문에
답할 수 있어야 합니다. 당신이 그 가치를 진심으로 믿는다면
굳이 마케팅이 필요 없습니다."
이본 쉬나르 [파타고니아] _ 210쪽

"사업의 아이디어를 내는 건 쉬운 일이죠.
성패는 '실행'에 달렸습니다.
마크 큐반 [샤크 탱크] _ 221쪽

"실패로 시작해 불편에서 기회를 찾고 익숙함 속에서 새로움을 만드는 것,
그리고 시장이 이해할 때까지 끈질기게 설득하는 것, 그게 바로 사업이죠."
아서 프라이 [포스트잇] _ 225쪽

"걷는 법은 규칙만을 따라서 배울 순 없습니다.
일단 일어나서 발을 내디뎌보고 넘어지면서 배우는 법입니다."
리처드 브랜슨 [버진항공] _ 229쪽

"큰 물고기가 되려 하지 말고,
큰 물고기가 놓친 먹이를 노리는 게 우리의 목표였습니다."
마이클 인트레이터 [코어위브] _ 231쪽

"창업은 절벽에서 뛰어내리면서 추락하는 도중에
비행기를 조립하는 것과 같습니다.
아무리 절박한 순간에도 한 번의 기회는 더 찾아옵니다.
추락하는 것에도 날개는 있기 때문입니다."
리드 호프만 [링크드인] _ 237쪽

"직장생활과 창업은 생계와 모험이라는 두 가지 가치가
서로 갉아먹지 않고 상생하도록 도왔습니다. 대책 없는 시도가 아니라
계획된 시작이었습니다. 나에게 'Just Do It'은 그런 의미였습니다."
필 나이트 [나이키] _ 241쪽

"나는 일을 복잡하게 만들기엔 너무 머리가 나빴습니다.
그래서 내가 가장 잘할 수 있는 것에만 집중했지요.
나는 도넛과 커피만큼은 우리가 최고라고 생각했습니다."
윌리엄 로젠버그 [던킨] _ 245쪽

"지금 우리가 스스로를 파괴하지 않으면
누군가가 우리를 파괴할 것입니다."
리드 헤이스팅스 [넷플릭스] _ 261쪽

"좋은 아이디어보다 중요한 건,
그 아이디어마저 버릴 줄 아는 결단입니다."
제프리 보이드 [부킹닷컴] _ 265쪽

"실패의 유일한 수치는 그것으로부터 아무 것도 배우지 못하는 것입니다."
크리스 말라초스키 [엔비디아] _ 268쪽

"리더의 가장 중요한 태도는 학습자로서의 자세를 잃지 않는 것입니다."
줄리 스위트 [엑센추어] _ 273쪽

"아이디어의 첫 단추는 저렴해 보이지만,
치밀하고 적극적인 실행력을 통해 마지막 단추가 채워지는 순간
세상에서 가장 비싼 셔츠를 입게 됩니다."
크리스 사카 [로어케이스캐피탈] _ 298쪽

"강세장은 비관 속에서 태어나 회의론 속에서 자라고,
낙관 속에서 성숙하며 열광 속에서 숙습니다."
존 템플턴 _ 315쪽

"시간과 가치가 비례하는 기업을 사세요."
찰리 멍거 [버크셔해서웨이] _ 324쪽

"나는 머리가 비상해서 돈을 번 적은 없습니다.
반대로 바보짓을 하지 않았기에 큰돈을 잃지도 않았습니다.
평생 모은 돈을 잃지만 않아도 결국 이기는 투자지요."
찰리 멍거 [버크셔해서웨이] _ 325쪽

"가장 큰 위험은 모두가 믿는 걸 그대로 믿는 것입니다."
제프 그린 [플로리다 선샤인 인베스트먼츠] _ 329쪽

"나는 맞는 답을 원하지 않습니다.
비즈니스엔 뚜렷한 정답이 있는 것도 아니기 때문이죠.
단지 내가 (창업자에게) 듣고 싶은 것은 생각의 구조입니다.
돈 밸런타인 [세콰이아캐피탈] _ 335쪽

"당신이 아무리 똑똑하다고 생각해도
당신이 속한 시장이 별로라면
당신은 똑똑하지 않습니다.
돈 밸런타인 [세콰이아캐피탈] _ 336쪽

"단순함은 곧 궁극의 정교함입니다.
그건 일상에서도 기술에서도 사업에서도 마찬가지이지요."
스티브 잡스 [애플] _ 339쪽

"필요하지 않은 것을 사면, 곧 필요한 것을 팔게 될 것입니다."
워런 버핏 [버크셔해서웨이] _ 341쪽

"내가 세운 논리적 구조가 틀릴 수 있음을 인정하는 속도가
결국 손실의 크기를 결정했습니다."
조지 소로스 [퀀텀펀드] _ 343쪽

"뛰어난 투자자는 뛰는 게 아니라 기다리는 사람입니다.
마치 완벽한 공이 올 때까지 방망이를 들고 기다리는 홈런타자처럼."

워런 버핏 [버크셔해서웨이] _ 353쪽

"디자인은 책상에서 나오는 게 아니라,
매장에서 고객이 느끼는 질감에서 나옵니다."

아만시오 오르테가 [자라] _ 364쪽

"가장 위대한 아이디어요? 이미 사람들 눈앞에 있어도
누구도 보지 못한 것에서 나옵니다."

칩 윌슨 [룰루레몬] _ 369쪽

"우리는 기계를 파는 게 아니라, 이탈리아의 스타일을 팝니다. 사람들은
우리의 커피머신을 구입하면서 이탈리아를 경험한다고 생각하지요."

주세페 드롱기 [드롱기] _ 375쪽

"최고의 커피란 어쩌다 한 번 완벽한 플레이버를 내는 게 아니라,
매번 완벽하게 재현되는 커피지요.
완벽한 커피가 아니라 완벽한 반복성만이 존재합니다."

에릭 파브르 [네스프레소] _ 379쪽

"사람은 자신이 무엇을 저장하는지로 정의됩니다."

벤 실버만 [핀터레스트] _ 386쪽

"지금 당장 시장에서 팔리는 제품도 중요하지만,
5년 뒤 반드시 필요한 기술을 개발하는 게 좀더 중요합니다."

센슨 황 [엔비디아] _ 398쪽

"GPU는 단순히 그래픽을 빠르게 처리하는 장치가 아닙니다.
그것은 세상의 복잡한 문제를 풀 수 있게 해주는 새로운 연산도구입니다.
우리는 더 이상 그래픽칩 회사가 아닙니다.
이제부터 엔비디아는 AI 회사입니다."

젠슨 황 [엔비디아] _ 396쪽

"사람들은 대개 세 번째 실패에서 포기합니다.
나는 5,127개의 프로토타입을 만들었고 5,126번의 실패가 있었지만
그 과정에서 5,126가지 방법을 얻었습니다.
실패의 숫자는 곧 신념의 깊이를 말해주는 것이기도 합니다."

제임스 다이슨 [다이슨] _ 399쪽

"고객은 속임수를 기억합니다. 100엔이라는 제약이
우리를 더 창의적으로 만들었습니다."

야노 히로타케 [다이소] _ 413쪽

"아무리 실패해도 팔 물건이 있다면 좌판을 접지 말아야지요.
가게 문을 닫고 행상을 하는 한이 있더라도 말입니다."

야노 히로타케 [다이소] _ 414쪽

"제품은 겉으로 설명되지 않아야 합니다. 그냥 써보면 바로 알아야 하지요."

스티브 잡스 [애플] _ 416쪽

"실험쥐 한 마리의 이상행동을 무시했다면
우리는 위고비를 만들지 못했을 것입니다."

로테 비에레 크누센 [노보노디스크] _ 419쪽

"기업은 살아있는 유기체입니다. 계속해서 껍질을 벗어야 하고,
방법을 다시 찾아야 하며, 타깃을 재조준해 가치도 바꿔야 합니다.
이러한 변화의 총합을 우리는 '혁신'이라 부릅니다."

앤디 그로브 [인텔] _ 424쪽

"가장 위대한 개발은 단순히 문제를 해결하는 것을 넘어 사람들이
생각하고 행동하는 방식을 바꾸는 것입니다."

데이비드 바수츠키 [로블록스] _ 427쪽

"고객이 원하는 것을 주되,
그들이 계속 돌아올 수밖에 없도록 만드는 게 중요했습니다."

킹 캠프 질레트 [질레트] _ 430쪽

444

문학의 숲에서 경제사를 산책하다
개츠비의 위험한 경제학
| 신현호 지음 | 352쪽 | 20,000원 |

경제학이 소설처럼 읽히고, 소설이 경제학처럼 풀린다!

'인간은 왜 욕망하는가'란 질문에서 문학이 출발한다면, 경제학은 욕망의 효용가치를 계측하는 도구로 작용한다. 19세기 마르크스에서 20세기 케인스, 21세기 피케티에 이르기까지 경제학자들은 인간의 욕망이 지나치게 비대해지면서 시장이 과열되고 세상이 혼돈에 빠질 때마다 잠시 경제학적 사고(思考)를 멈추고 문학의 숲을 산책했다. 마르크스는 발자크의 '인간희극'에서 자본과 계급의 본질을 되새겼고, 케인스는 블룸즈버리그룹에서 디킨스를 읽으며 '절약의 역설'과 소비 진작을 위한 정부 역할에 대해 논쟁했다. 그리고 양극화와 불평등에 대한 피케티의 연구는 디지털 소외계층의 디스토피아적 삶으로 향한다. 16세기 금융투기의 역사로 시작해 17~18세기에 터진 '3대 버블'과 19세기 산업혁명, 20세기 신자유주의, 21세기 신기술에 얽힌 패권전쟁 그리고 가까운 미래에 펼쳐질 AI시대로의 패러다임 전환 등 경제사(事)의 변곡점들을 40편의 소설을 통해 풀어냈다.

5000p 시대를 위한 투자 대전환
| 김학균 지음 | 364쪽 | 22,000원 |

"거대한 자본의 이동은 이미 시작됐다!"
5000p 시대를 여는 18가지 투자열쇠

1. 낙관론의 승리 : 수익률과 시간의 함수관계를 읽는 눈
2. 비관론의 솔깃한 유혹 : 그 어느 때보다 불확실하다는 착각
3. 왕관을 내어줄 시간 : 대장주 그리고 지주사의 재평가
4. 냉랭한 경기를 비웃는 뜨거운 증시 : 중앙은행의 유동성 선물
5. 고가 매수의 덫 : 현행 편향에서 벗어나는 혜안
6. 분산투자의 배신 : 달걀은 나눠 담을수록 깨지기 쉽다
7. 성장주 투자에 내재된 게임의 룰 : 테슬라를 키운 건 8할이 버블
8. 시장의 열기를 재는 온도계 : 버핏지수와 유동성지수 톺아보기
9. 격변의 시그널 읽기 : 커다란 변화 앞에 나타나는 시장의 쏠림현상
10. 투자하지 않는 것도 투자다 : 인내력과 실행력을 오가는 묘수
11. 패시브 투자 : 버핏이 아내를 위해 세운 마지막 투자 전략
12. 한국 증시 : 3~4년 주기로 나타나는 상방 변동성 이용법
13. 미국 증시 : 또다시 드리운 장기 횡보장세의 시그널
14. 미국 우량기업의 자본 파괴 : 성장둔화 시대가 낳은 자본주의의 변종
15. 중국 증시 : 성장을 짓밟는 공급 과잉과 지배구조 리스크
16. 코리아 디스카운트 해소의 열쇠 : '1주 1표'의 주주자본주의
17. 코스닥의 딜레마 : 좀비 기업을 걸러내는 선구안
18. 시간의 힘과 투자자의 맷집 : 미스터 마켓의 변덕을 이기는 법